Staread
星文文化

Fascinating
• History Of
China

看不够的中国史

《国家人文历史》
——— 编

四川人民出版社

图书在版编目（CIP）数据

看不够的中国史 /《国家人文历史》编 . -- 成都：
四川人民出版社, 2021.12（2023.11 重印）
ISBN 978-7-220-12484-6

Ⅰ.①看… Ⅱ.①国… Ⅲ.①中国历史—通俗读物
Ⅳ.① K209

中国版本图书馆 CIP 数据核字（2021）第 232080 号

KANBUGOU DE ZHONGGUOSHI
看不够的中国史
《国家人文历史》编

出 版 人	黄立新
出 品 人	柯 伟
总 策 划	周 斌
监 制	纪 彭 詹茜卉 郭 健
责任编辑	范雯晴
特约编辑	宋 鑫
装帧设计	八牛设计
责任校对	邓永勤
责任印制	周 奇
出版发行	四川人民出版社（成都三色路 238 号）
网 址	http://www.scpph.com
E-mail	scrmcbs@sina.com
新浪微博	@ 四川人民出版社
微信公众号	四川人民出版社
发行部业务电话	（028）86361653 86361656
防盗版举报电话	（028）86361653
照 排	天津星文文化传播有限公司
印 刷	三河市嘉科万达彩色印刷有限公司
成品尺寸	166mm×235mm
印 张	21
字 数	367 千
版 次	2021 年 12 月第 1 版
印 次	2023 年 11 月第 7 次印刷
书 号	ISBN 978-7-220-12484-6
定 价	59.80 元

■版权所有·侵权必究

本书若出现印装质量问题，请与我社发行部联系调换
电话：（028）86361656

目录 contents

制度篇
审时顺势，以变应变

商鞅缔造一个强大到极点的政府 / 002

户口册上的中国史 / 009

古代的轻徭薄赋政策，真给百姓减负了吗？ / 015

中国古代的征兵制度，为何总是变来变去？ / 021

大家都叫"州"，差距为何那么大呢？ / 028

古代"全国统考"前的"自主招生"为什么会走向失败？ / 035

唐代"公务员考试"的困惑：外挂为何这么多？ / 039

"王者荣耀"的封禅制度为何止于宋朝？ / 044

宰相制度的终结：胡惟庸为何必须死？ / 051

分封诸子，洪武朝最大的失策 / 057

古代也有"宅急送"：从前的车马未必慢 / 064

奠定中国大一统的制度基础——羁縻统治 / 072

目录 contents

经济篇
没有最好的,只有最合适的

古代版的"石油战争":盐战 / 080

为什么古代发生战争后,粮食的需求会大量增加? / 086

汉武帝的烧钱与赚钱 / 090

汉末三国谁最有经济头脑? / 096

唐人炫富、宋人增收的香料贸易 / 105

成也黄河,败也黄河的开封 / 109

大运河:北宋立国的生命线 / 115

长江流域的崛起:中国的南北差异从何而起? / 121

生意越做越大、格局越来越小的广州"通海夷道" / 127

目录 contents

朝堂篇
人心不如水，平地起波澜

外籍人士打造的大秦强国智囊 / 136

舅爷、公公、书生，谁才是朝廷心腹？ / 143

汉献帝为什么不能直接杀了曹操？ / 148

"子贵母死"制为何无法遏制太后专权？ / 154

帝国番将：唐朝皇帝手中锋利的双刃剑 / 160

中国古代的秘书政治：万言万当，不如一默 / 166

"大宋第一伯乐"欧阳修举荐了多少人才？ / 171

北宋第一名将的巅峰即悲剧 / 175

王安石如何成为靖康之变的背锅侠？ / 182

"半仙"刘伯温既然那么神，为何结局那么惨？ / 187

明英宗在土木之变被俘后，于谦为什么选择了朱祁钰？ / 192

清末PS门事件：袁世凯为何要栽赃慈禧宠臣？ / 199

目录 contents

战略篇
内强外柔，才能进退自如

六国合纵为何总是铩羽而归？ / 206

没有纸上谈兵的赵括，赵国能赢得长平之战吗？ / 212

邯郸之围：战国时代最后一场大国博弈 / 217

争雄镇边两不误的三国时代 / 224

隋炀帝南巡开凿了大运河，西巡时又干了什么？ / 229

李渊何以凭借 3 万兵马 7 年定天下？ / 234

燕云十六州为何如此重要？ / 240

北宋为何要设置 4 个京城？ / 246

吾养百万兵，为何不费百姓一粒米？ / 251

崇祯是如何远程"帮倒忙"的？ / 259

"亚洲第一舰队"的全军覆没 / 263

目 录
contents

军事篇
攻人以谋，用兵以智

秦能够统一六国，在地利上究竟沾了多大的光？ / 272

"破釜沉舟"的巨鹿之战，何以成为秦末最关键一战？ / 276

"官渡之战"中袁绍军队突然崩溃背后的军事逻辑 / 282

吕布没杀过一个名将，为什么还被称为三国"第一猛将"？ / 288

当战术天才吃了战略短板的亏 / 294

宋太宗北伐失利，辽人报复南侵，结局却来了个大反转 / 300

熙宁开边无愧为大宋第一军功 / 306

靖难之役开始前，没人猜到朱棣会赢 / 313

抵挡后金功不可没的熊廷弼，为何摆脱不掉被杀的命运？ / 320

制度篇

审时顺势，以变应变

商鞅缔造一个强大到极点的政府

公叔痤是战国时期魏国的国相,对魏国忠心耿耿,病重之际,他向前来探望的魏惠王说:"我手下有一人叫卫鞅,年纪虽轻,却有奇才,希望国君把国家交给他来治理!"魏惠王听罢默然不语。公叔痤又说,"如果国君您不采纳我的建议,那就要杀掉他,不要让他到别的国家去。"魏惠王前脚刚走,公叔痤又急忙召见卫鞅,并向他道歉说:"我必须先忠于君上,然后才能照顾属下;所以先建议惠王杀你,现在又告诉你。你赶快逃走吧!"卫鞅摇头说:"国君不能听从你的意见来任用我,又怎么能听从你的意见来杀我呢?"卫鞅没有出逃。果如其所料,魏惠王离开后,便不屑地对左右近臣说:"公叔痤病入膏肓,真是太可怜了。他先让我把国家交给卫鞅去治理,一会儿又劝我杀了他,岂不是糊涂了吗?"

在魏国未受重用的卫鞅有一天听到一个消息,西边的秦国新君主登基,下了"求贤令"招揽人才,正为怀才不遇而郁闷的卫鞅于是打点行囊,西进秦国,开始其"西漂"之路。

若干年后,已经"择木而栖"的卫鞅举兵攻魏。魏使公子卬率军抵御。卫鞅俘虏了公子卬并乘势攻魏。魏军无备,遭受重大损失。魏惠王被迫割让大片河西之地向秦求和。这为秦国东出中原创造了有利条件。遭此大败,魏惠王才开始后悔当初没有听取公叔痤的建议,可惜悔之晚矣。

卫鞅本姓公孙,曾是卫国贵族,打败魏军回来以后,因秦孝公把於、商十五个邑封给了他,封号商君,所以又被人称为商鞅。他在秦国主政19年,正是借助于他的变法,秦国实现了富国强兵,从而奠定了其统一的根基。

西出秦地"霸道"治国

自以为怀揣利器、壮志未酬的商鞅看到秦国发布的"求贤令",立即收拾行囊,西出函谷关,来到秦国。他通过秦孝公近臣景监的引荐,得以见到国君。两人一共交谈了四次。第一次,商鞅向秦孝公大谈"帝道",也就是如何用三代圣君的办法统治国家,秦孝公对此毫无兴致,不时低头打瞌睡;第二次,商鞅向秦孝公讲解"王道",也就是儒家提出的仁义治天下的主张,这个还是没能提起秦孝公的兴趣;第三次,商鞅开始给秦孝公讲"霸道",终于提起了秦孝公的兴趣。如果前两次谈话还只是互相试探的话,这一次则是君臣之间的深入交流,当然,到了第四次召见,会面所谈的内容属于机密,没有人知道。二人一连谈了好几天,"语数日不厌"。想必就是通过这次长时间的秘密会谈,秦孝公终于下定决心,进行变法,并由此敲定了改革路线图。

之所以说商鞅之前向孝公说的"帝道""王道"只是一种试探,那是因为商鞅其实对此也不感兴趣,他擅长的是刑名之学,来到秦国时,他随身就携带着李悝的《法经》。《法经》是我国历史上第一部比较系统的成文法典。传说商鞅和吴起都曾师从李悝,商鞅是青出于蓝而胜于蓝。

在那个"落后就要挨打"的年代,刚刚上台,年仅21岁的秦孝公正面对生存和发展的危机,痛感"诸侯卑秦,丑莫大焉"。他当务之急要考虑的是迅速地富国强兵,为此,甚至可以不择手段。正如商鞅对景监所言,若用帝王之道,耗时太长,况且贤能的君主,在位期间就要扬名天下,哪里能默默无闻地等待几十年、几百年来成就帝王之业呢?秦国东有三晋扼其咽喉,南面强楚虎视眈眈,随时都有被倾覆的危险。而秦偏处西陲,文化发展相对落后,又保留了游牧民族的彪悍民风,在历史上形成了崇武尚战、重功利、轻伦理等观念。儒家的礼乐制度、"王道"思想并没有传播的土壤,在商鞅之前秦国基本没有产生过有影响的思想家,儒家、道家等思想都少有市场,这样就使商鞅推行法家思想与政策时遇到的阻力相对要小。虽然秦孝公三年(公元前359年),在朝堂之上,爆发了一场关于要不要变革祖宗之法的大辩论,商鞅面对以甘龙、杜挚为代表的旧贵族的责难,慷慨陈词。商鞅在辩论中的表现诚然非常精彩,但比起其他六国,商鞅变法所要突破的思想藩篱要少得多。

废世卿世禄,按军功授爵

得到秦孝公的全力支持后,一天,商鞅派人在秦国首都栎阳城的南门立了一根三丈长的木棍,并宣称,如果谁愿意把这根木棍从南门扛到北门,赏十金。栎阳虽是秦国都城,但从南门到北门,也就两三公里。当时,十金相当于一个普通人家的全部财产,以如此高额的赏金募人完成如此简单的工作,围观的人都在窃窃私语,却没人接招。晌午刚过,商鞅又加价了:还是这根木棍,还是从南门扛到北门,赏五十金。好半天,终于有个人抱着试试看的态度,把这根并不沉重的木棍扛到了北门,这人果然得到了高达五十金的奖赏。商鞅策划的这场南门徙木,就是在向老百姓传递一个信号:推行新政绝不是儿戏,令出必行,有功必赏,有禁必止。经过此事之后，商鞅拉开了变法的序幕。

公元前356年，商鞅被任命为左庶长，开始了第一次变法。这次改革的核心是"农"与"战"。农，就是发展农业生产，非农不足以富；战，就是强兵，非战不足以强，甚至不能自保。为此，商鞅制定了一系列措施以鼓励农耕和征战。

商鞅变法以前，秦国保留着那种凭借"龙生龙、凤生凤"的寄生性世袭特权传统，而商鞅则规定只有具有军功的人才能得到爵位，依爵位定尊卑等级。军功授爵制一共分为二十个等级。普通士卒积累军功可以获得相应爵位，并依据爵位得到田宅。法令规定，普通士卒凡是能够杀敌获得甲士首级一颗的，可赐爵一级、田地一顷、宅地九亩，并赐予奴隶一人，而且可以担任军队或朝廷的官员。获得爵位者，还可以免除劳役和用爵位抵罪，如果一个士兵在战场上斩敌人两个首级，家中坐牢的亲人就可以获得自由，做奴隶的家人就可以变为平民。

秦军功爵制还规定，根据爵位高低，可享受不同标准的"传食"待遇。秦代官吏出差，都要住在官办的传舍（招待所）里。传舍对于住宿的各级官吏及其随员，根据有爵无爵和爵位的高低，供应不同标准的伙食。这个规定当时叫作《传食律》。同样在军队生活中，爵位不同，士兵的伙食标准也不一样。根据《睡虎地秦墓竹简》，三级爵位的士兵，伙食标准每天有精米一斗，酱半升，菜、羹各一盘；两级爵位的士兵只能吃粗米；没有爵位的大约仅能填饱肚子。

经此变化，秦国建立了一个以军功等级制为基础的社会，宗室若无军功，不得列为贵族；普通民众则可以凭军功得到荣华富贵。"有功者显荣，无功者虽富无所芬华"，只要奋勇杀敌，身处底层的人们就可以获得爵位、田宅、官职，甚至是免役、免罪的特权。"军功"成为人们改变命运的途径，在爵位和特权的诱惑下，秦国百姓听说要打仗，就像饿狼见到肉。本来秦国就有尚武的传统，军功授爵制更使秦国变成了一辆战争的推土机，缔造出了一支令山东（崤山以东）六国闻之胆寒的虎狼之师。

奖励农耕、什伍连坐

有人认为，商鞅变法的目的，就是要把秦国民众统统变成两种人，一种是农民，另一种是战士。他以农业为"本业"，商业为"末业"。因弃本求末或游手好闲而贫穷者，全家罚为官奴。而生产粮食和布帛多的，可免除本人劳役和赋税。

为发展农业，先要挖掘人力，然后再用人力去尽掘地力，为此商鞅颁布了《分户令》，即家里有两个以上儿子（成年）却不分家的，赋税翻倍。通过加倍征收赋税来强制推行一夫一妻及其未成年子女构成的小家庭。通过析分民户，一夫一妻制的小家庭成为秦国社会最小的组成单位,这样就形成了大批的个体小农。他的第二次变法更为严苛,即父与子、兄与弟只要在同一房屋内居住均属违法行为。

《分户令》除了有利于土地开发、增加国家税收、扩大兵源之外,还为编订户籍、实行什伍连坐制度创造了条件。商鞅为把农民固定在土地上,建立起了一套基层什伍组织和治安联保制度。他把秦国居民按五家为一伍,两伍为一什的形式编订户籍,并严禁社会斗殴。居民登记名籍之后,要承担国家的赋役义务。为躲避赋役而脱籍逃亡者,被视为有罪。在此基础上形成相互告发和同罪连坐的制度,一个编制里的百姓,若有人逃亡或犯法,其他人不向政府告密,会被株连腰斩。不独邻里之间,夫妻、父子之间也负有检举揭发的义务。据《睡虎地秦墓竹简》的秦律规定:丈夫行盗,妻、子知情,并共享所盗之物,妻、子与丈夫以同罪论处。反之,如丈夫犯罪,妻子在案发前主动告密,则妻子的嫁妆可以不被没收。"连坐法"不仅用于百姓之间,也同样用于军队中。在战争中,五人为一伍,如果一人逃亡,其他人将受到处罚。他还限制人口迁徙流动。当时秦国人丁稀少,民众自由迁徙,如果是迁到秦国境外,必然会使秦国国君治下的民众减少,民众减少必然会影响农业生产。因此商鞅制定法律,不管去哪里,都要官府出具身份证明和通关文书。旅客住宿要有官府凭证,客店收留没有凭证的旅客住宿,主人与"奸人"同罪。

商鞅一方面限制秦国人口外流,另一方面招徕地少人多的"三晋"之民来秦国垦荒,为此他制定"徕民"政策。他规定:三晋民众来秦国定居,就有地有房,三代免除徭役,不用参加战争。让秦国人当兵打仗,新来的人种田解决粮食问题,从而解决了秦国的兵源和粮食问题。

商鞅在"重农"的同时,却大力抑制商业。他认为,除了农耕和作战,其他如商贾、隐士、学者、游士、手艺人等职业,对国家都是有害的。国家要富强,就必须打击商人,全面取缔商业。商人是游民,来往四方,以追逐利润最大化为目的,虽然可以使经营者致富,但对国家却有很强的腐蚀性。原本在家里踏踏实实种地的农民,要是看到商人经商致富,就会荒废本业,这就动摇了以耕战为核心的基本国策。是故,商鞅对商人无情打击。

商鞅认为,仁义不足以治天下,法令是民生、治国的根本。只有法令昭彰,刑罚严明,才能稳定社会秩序,使政策得以贯彻。他还认为,人民弱势,国家就强大,人民强大,国家就弱势,所以治理有方的国家一定要使人民处于弱势。所以他"燔诗书而明法令",用以耕战为内容的法治教育代替"先王之教"。

铁腕行新法，刑也上太子

商鞅的变法法令在"徙木立信"之后出台，他也确实以雷霆万钧的铁腕手段来执行新法。在商鞅看来，要震慑民众，使他们不敢触犯朝廷的法律，必须轻罪重刑。用重刑来惩罚犯轻罪之人，以此来加强刑罚的威慑作用。据载，当时一天之中在渭河边行刑的囚犯就多达七百余人，渭水被染成红色，号哭之声震天动地。严密而残酷的法律一时间令国民难以接受。新法推行一年间，前来国都上书反对者数以千计，一时间形成一股强大的反变法风潮。商鞅对孝公说这些人都是扰乱教化之民，将他们全部流放到边关。后来，在奖励耕战中尝到甜头的秦民有人称赞变法，结果也被商鞅抓起来全家流放边关。商鞅认为，人民要做的就是不折不扣地执行法令，不应该对新法说三道四，哪怕是赞美的声音。

历来改革遇到的最大阻力都来自既得利益集团，商鞅的爵制改革，无疑是动了世袭贵族的"奶酪"。新法颁行一年后，太子犯法。这显然是旧贵族不甘心放弃特权，企图阻挠变法。商鞅为了维护法令的严正，认为太子犯法，也必须严肃处理。但因太子是未来的国君，无法直接对其施法，便对太子太傅公子虔处以刑罚，对太子太师公孙贾处以黥刑。黥刑是古代的一种肉刑，在犯人面部或额上刺刻后涂上墨炭，作为犯罪的标志。又过了几年，公子虔再次触犯新法，又被依法处以劓刑。劓刑就是割去犯人的鼻子。在当时人的观念中，"身体发肤，受之父母"，肉刑是对先人的大不敬，是莫大耻辱，因此有"刑不上大夫"的规定，对贵族豁免肉刑。但商鞅认为，"法之不行，自于贵戚"，如果想要顺利推行新法，必须先拿太子开刀。公子虔受刑之后，因受辱而八年杜门不出。

几次事件后，再也没有人敢议论、触犯新法，新法在全国顺利推行开来。三年后，变法成效初步显现。史载："道不拾遗，山无盗贼，家给人足。"公元前350年，秦国迁都咸阳，咸阳位于沣水和渭水交汇之处，"据天下之上游，制天下之命"，是控制东西交通的重要通衢。秦迁都于此，志在向东扩张。升任为大良造（相当于丞相地位）的商鞅又以迁都为契机，启动了第二次变法。

这一次的变法废除了井田制，掘开阡陌（就是田间的大路）封疆，实行土地私有，并允许自由买卖，赋税则按照各人所占土地的多少来平均负担。当时的秦国土地空旷，百姓耕地更受阡陌封疆的限制，变法之后，只要百姓有劳动力，便可开垦荒地，进一步发展了秦国的农业生产。其次，进一步推广县制，县直属中央政府，与属于封君的封邑不同，商鞅把原本分散的小乡、邑、聚等自然聚落，按照大致相当的规模编制在一起，设立地方行政组织——县。全国共设置31县。县设县令，掌管一县行政，县尉掌管军事。经过商鞅变法，秦国成为各个诸侯国里第一个彻底实行县制的国家。县制使分封制下分散的权力高度集中于中央，有利于秦国将全部力量汇聚在一起，使秦国形成了巨大的动员能力。商鞅还颁布统一的度量衡标准，统一了斗桶、权衡、丈尺，颁发了标准的度量衡器。

商鞅变法使秦国成功崛起，成为战国时期的一大强国，他创建的法律制度最为严整并且坚持得最为彻底，从而改变了战国的格局。在商鞅变法以前，各国也都进行了不同的变法，新法也参考了其他各国变法的既有成果，实行法治、重农业、奖军功、废特权等内容，在当时的魏国、齐国、赵国都有不少实践。如魏国李悝在政治上主张废止世袭贵族特权，主张选贤任能，赏罚严明；在经济上也鼓励农民增加生产，保护农民积极性；推行以法治国，制定一系列法律规范，形成比较完整的法律体系等。又比如，晋国的赵鞅主政时也明确提出废除特权，以军功定爵的思想。而源于齐国的《管子》一书就明确提出了"以法治国"的思想；春秋时期的郑国子产主政时，也有以法治国的实践，并最早将法律铸在鼎上。在中央集权方面，楚国比秦国更早实行县制。这些政策，为什么唯独在秦国取得了重大的成果呢？一方面，这得益于秦孝公对商鞅变法的坚决支持和商鞅坚持到底的精神；另一方面还在于商鞅变法对魏、齐、赵等国的变法实践进行了总结，并在此基础上进行了创新，改革得更彻底，从而大大超越了魏、齐、赵等国。

商君虽死，秦法未败

商鞅的变法虽然容易在短期内奏效，但国家政令的贯彻实行，若仅仰仗予富予贫、予贵予贱和施用严刑峻法的权力，具有极端功利主义的性质。司马迁《史记》为商鞅立传，不讳言他的政绩，却对他的为人为政颇有微词，批评他"刻薄""少恩"。现代有学者认为商鞅变法"为秦国缔造了一个强大到极点的政府、一个萎缩到极点的社会以及一群沉默到极点的个人"。

商鞅也通过变法和战功为自己赢得了荣耀，成为拥有15座封邑的商君，但就在他如日中天之时，突然来了一个不速之客——赵良。赵良和商鞅进行了一次长谈，指出他一味崇尚暴力和严刑苛法，完全排斥传统道德，炫耀权势，这必然给自己积累怨恨，带来后患，莫不如现在放弃权力，归还15座封邑，并劝说秦王多做好事，或许能安全一些。但商鞅哪里听得进盛世危言，依旧我行我素。

就在这次谈话五个月后，秦孝公死去，太子即位，即秦惠文王。秦惠文王的老师就是那个被商鞅整得很惨的公子虔，他立即举报商鞅谋反。一朝天子一朝臣，商鞅尽管已经是贵为拥有15座封邑的商君，但在讨厌他的新君主面前，也只能仓皇出逃。他先逃到老东家魏国，商鞅的地位有一半是踩着魏国上来的，魏国人早已把他当作敌人，拒绝收留他，商鞅无奈只好折回秦国，他在逃亡途中，好不容易找到一家旅馆。商鞅欲匿名投宿。旅馆前台的工作人员以无证件为由，严肃地警告商鞅："按照商君制定的法律，如果接纳没有身份证件的客人住宿，我就要负连带责任。"商鞅听罢，仰天长叹："没想到新法的弊病，竟然把我弄到这般田地呀。"最后走投无路的商鞅回到封地，组织手下门客造反，这反倒坐实了公子虔等人的指控。这支于仓促之际组织起来的乌合之众的结果可想而知，商鞅兵败，被杀于郑国黾池（今河南渑池）。其尸身被带回咸阳，秦惠文王又下令处以"车裂之刑"。

虽然商鞅被处死，但"商君虽死，秦法未败"，他打造出了一个雄心勃勃、强大富有的秦国，完成了为秦帝业奠基的历史任务。

（作者：黄金生）

户口册上的中国史

中国的户籍制度最早可以追溯到两千多年前的春秋战国时期。当时诸国征战，人口成为最重要的资源，没有之一。赋税、夫役、兵丁，皆出于人口。秦国在商鞅的主持下，率先建立了严密的户口登记制度，"四境之内，丈夫女子，皆有名于上，生者著，死者削"。并禁止民众自由迁徙，"废逆旅"，"使民无得擅徙"，人民不得已外出住店，必须持有官方开具的介绍信，否则客人与店家一块儿治罪。通过建立严密的户籍制，秦国获得了强大的财税汲取能力与全民动员能力，在争霸战中胜出。秦末，刘邦的军队攻入咸阳，诸将忙着抢金银财宝、抢美女，萧何则抢先收缴了秦王朝的户籍档案，这体现了他过人的政治远见，后来"汉王（刘邦）所以具知天下厄塞，户口多少，强弱之处，民所疾苦者，以（萧）何具得秦图书也"。

户籍制度有两个最重要的功能：一是保障征税征役，二是实现社会控制。历代王朝建政之后，首先必做的事情之一便是统计、登记全国人口。

汉代：从公民到私民

大汉王朝的某年仲秋（农历八月），西北，万里晴空。张掖郡居延县的县衙门口，排了长长一大溜人，那是居延县的居民，他们按照国家的法令，扶老携幼，前来县衙登记户口，并接受官府的验查。这个过程叫作"案比"。

居延县西道里的一名燧长（边疆哨所所长）徐宗，也夹在人群中。他今年50岁，家有7口人，家产（包括住宅、田产及耕牛）共值13000钱。这些户籍信息，他必须如实报告衙门，由衙门登记造册。

汉代继承了秦朝的全民户口登记制度，将全国的地主、自耕农、雇农、佣工、商人，全部编入国家的户籍，这叫作"编户齐民"。国家要求各县在每一年的仲秋，都要进行案比，更造户籍，户籍登记的信息包括：户主姓名、性别、年龄、身份、籍贯、家庭成员的数量和性别、家庭成员与户主的关系以及财产状况（包括奴婢数目）等。然后，县衙将各户户籍造册上报郡国，郡国汇总又上报朝廷，朝廷则设立"计相"与"户曹"，管辖全国户籍。

从法律意义上说，所谓"编户齐民"，是指所有编入户籍的大汉居民，不论东西南北，不分男女老幼，都是国家的公民（请注意，"公民"一词，早在先秦时已经出现了，意为"国家的人"，与隶属于贵族的"私民"相对），具有平等的权利与义务。其中最重要的义务是向国家提供赋税与徭役。汉代实行过按家赀多少"算赀"的财产税，但主要还是征收人头税，包括"算赋"（向15岁至56岁的成年人征收）、"口赋"（向未成年人征收）和"户赋"（按户征收）。另外，每一个成年男丁，还必须为国家服2年兵役、每年"戍边"3天，并在本县服1个月的无偿劳役。徐宗所担任的燧长，应该就属于"戍边"的徭役。汉代也限制自由迁徙，人户要迁移户籍，须经"乡啬夫"批准。脱籍流亡是触犯法律的。所有赋税与徭役的征收及社会控制的实现，都必须通过发达的户籍制度来支持。

"编户齐民"的出现，乃是中国自封建制进入郡县制的一大嬗变。在西周封建制下，是不存在全国性户籍制度的，全民登记户口既不必要，也不可能，因为周天子除了保留王畿的土地，其余的大部分土地与人口，都分封给无数的诸侯国。而诸侯也是只保留一小块封邑，将其余土地分封给各个大夫。也就是说，周天子能够直接控制的土地，只有狭小的王畿。虽然周朝设有"司民"之官，"掌登万民之数，自生齿以上，皆书于版"，但这里"书于版"（计入户籍）的人口，显然只是生活于王畿的臣民而已。至于各诸侯国的人口，周天子是管不着的。同样道理，各大夫封邑上的人口，诸侯也是管不着的。这样，经典封建制下的人口，分属于不同层次的贵族（周天子、诸侯与大夫），他们是各级贵族的"私民"，而不是国家的公民。这样的社会，也是一个多层次的塔状社会。

先秦封建制瓦解之后，社会结构变得扁平化，不再有贵族，因而也不再有"私民"，全体臣民都成了国家的编户齐民。这可以看成是时代的进步，因为编户齐民意味着将国民从隶属于贵族的人身依附状态中释放出来。但同时这也可能是一个历史陷阱，因为失去了贵族这个中间阶层，国家直接统辖无数的"编户齐民"，极容易造成国家对国民的奴役、国民对国家的依附。

当汉王朝的居民徐宗在排队申报户口的时候，他应该想不到户籍制度背后的深刻历史变迁，但他一定知道，如果他漏报或虚报户籍信息，将受到官府的惩罚。两千年后，在中国西北居延等地出土了一批汉简，其中便有徐宗的户籍档案。感谢这批在两千年的风沙中保存下来的文物，让我们今日仍有机会见识一下汉代户籍档案的面目：

徐宗，年五十；妻一人；子男（户主儿子）一人；男同产（户主兄弟）二人；女同产（户主姐妹）二人。宅一区，直三千；田五十亩，直五千；用牛二，直五千。

唐代：良民与贱民并立

如果徐宗生活在唐朝，那他在申报户籍信息的时候，还必须接受一道叫作"团貌"的程序。"团貌"，继承自隋朝的"貌阅"制度，意思是说，县衙门在居民登记户籍时，要验查户籍上所有人的年貌，以防止有人虚报年龄或假冒残疾来逃避赋役。验查无误之后，便根据年龄大小在户籍档案上注明"黄小中丁老"，按唐朝的法律，男女 3 岁以下为"黄"，15 岁以下为"小"，20 岁以下为"中"，男性居民 21 岁以上为"丁"，60 岁为"老"。成丁即意味着要承担赋役。

包括"团貌"在内的户籍登记，每 3 年举行一次。因为有了"团貌"的程序，唐代的户籍档案通常还记录有人户的体貌特征，如肤色、身高、面部有何特点。在敦煌出土的唐代籍账残卷中，就发现不少户籍资料都注明了诸如"右足跛，耳下小瘤，面有黑子"之类的文字。古代没有照相技术，这些对体貌特征的描述相当于照片，可以防止作伪，也可作为民户脱籍逃亡后的追捕线索。这也显示唐代的户籍制度已发展得更加严密了。

唐朝因承创自北魏的均田制，国家要按照户籍上的丁口向每个家庭授田，18 岁以上的男丁每人授田 100 亩，其中 80 亩为"口分田"，受田之人去世之后，则由国家收回；另外 20 亩为"永业田"。口分田与永业田原则上都不允许自由买卖，只有在户籍迁移或无力丧葬时，才准许出卖永业田。女性一般不授田，只有当户主时才得授田 50 亩，寡妻妾也可授田 30 亩。商人的授田数量是平民的一半。贵胄与官僚则可以拥有从 200 亩至 100 顷的田产。获得了国家授田的百姓，需要为国家纳税和服役。唐朝的赋役也属于人头税，每丁每年纳粟二石，叫作"租"；输绢二丈，叫作"调"；每年服徭役二十日，若不应役，则按每日三尺绢折纳，叫作"庸"，合起来，就是"租庸调"制度。

均田制是一种比较均平的财产制度，大体上实现了耕者有其田，抑制了土地兼并。但农民也因此被束缚在土地上，无法自由迁徙。老百姓要出个远门，需向户籍所在地的官方申请"公验"（类似于通行证），才可以出入关津。我们以为长安城可以来去自由，那是浪漫的想象。守城的门卒若放了没有"公验"的人入关，要被罚服 1 年苦役。

但唐代户籍制度跟秦汉时期的最大差异，并不是增加了"团貌"的程序，而是形成了"编户"与"非编户"两个不平等的阶级，编户为良民（自由民），非编户为贱民（非自由民）。换言之，国家的编户齐民只覆盖一部分人——良民，另一部分人则属于贱民，没有资格编户，只能附籍于主家。唐代的贱民主要包括给官府服役的官贱民，如工户、乐户、杂户；还有依附于门阀世族的私贱民，即部曲、奴婢，他们是属于私人的财产，可以像货物畜产一样交易。

唐代良贱制度源于魏晋南北朝的"第二次封建化"：一批士族慢慢演变成垄断政治权力、经济特权与社会地位的门阀世家，他们十分重视谱牒的修订，并只在豪门中通婚，以保持高贵的血统；而另一批失去土地与财产的平民，则成了依附于门阀的部曲、奴婢，丧失了独立的法律地位。这有点像先秦的贵族与私属的关系，不过魏晋以后的"封建"并不是国家建制，而是表现为一种社会结构。

如果我们想穿越到唐朝，那请先祈祷：别降生在贱户之家。

宋代：迁徙的自由

由唐入宋，中国社会发生了一场天翻地覆的大变革，拉开中古与近世的历史分期。我们这里只介绍与户籍制度有关的变迁：经过五代的厮杀，门阀世族土崩瓦解，消失于历史烟尘之中，原来的部曲也得以摆脱人身依附状态，获得良民的身份，纳入国家的编户齐民。即从前的贱民，不管是部曲，还是奴婢，到了宋代，基本上都消失了，或者说，都成为自由民了。

宋朝的户籍制度也不再将国民区分为"良民"与"贱民"，而是根据居城或居乡，划为"坊郭户"与"乡村户"，这是中国历史上最早的城市居民户口，意味着城市人口的扩张，市民阶层已然形成。又根据居民有无不动产，划分"主户"与"客户"，再以家庭财产之多寡，将主户划为不同户等。宋朝的户籍档案叫作"五等丁产簿"，每隔3年编造一次，虽然带着"丁"字，但实际上五等户的划分跟各户人丁数目毫无关系，而是以各户财产多少为标准。这里有个背景需要交代清楚：中唐之后，均田制已经解体，宋朝立国，即承认土地彻底私有的现实，允许产权自由流动，不抑兼并，于是贫富分化并经常互相转换。汉朝的那位徐宗，家产只有"一万三千钱"，按宋代的标准，最多只能混个下等户。当然，如果他辛勤劳作，积累财富，购买田地，以后上升为上等户也并非不可能。要知道，"贫富无定势"，乃是宋代社会的一个特点。

按财产划分户等，是出于征税、征役之需。宋朝的税制，完成了从以人头税为主到以财产税为主的转变——建立在"均产"理想上的"租庸调"此时已退出历史舞台，代之以"以贫富为差"的"两税法"，上等户纳税多，下等户纳税少，客户由于没有田产，则不用缴税。因宋朝实行募兵制（雇佣兵），国民也不再需要服兵役，只剩下差役，从前的徭役是按人头摊派的，宋朝则出现了以钱代役的趋势，并且跟户等挂钩，即富户要承担更重的服役义务。从人头税到财产税，正是社会从中古进入近世的特征。

户籍对于老百姓的人身束缚，也正在减弱中。宋代商品经济发达（来自商业的税收与征榷收入超过了农业税，这是史无前例的），宁静而安定的小农社会秩序已被打破，农民弃耕从商的事很常见，如南宋初，岳州农民"自来兼作商旅，大半在外"。客户没有田产，更不会被束缚在土地上，"一失抚存，明年必去而之他"，而按宋朝立法，客户要退佃离开，主户是不可以阻挠的。客户因其飘浮不定，又被称为"浮客"。一些地方，由于"主户少而客户多，往来不定，口尤难记"，连户口登记都出现困难。城市中的流动人口更多——宋代城市是开放的，任何人都可以流入，商人、佣工、流民，如建康府曾为"留都之地，四方失所流徙之民，往往多聚于此，皆无作业"。宋朝的户籍管理也具有一定的开放性：一个人移居到一个地方生活一年以上，便可获得当地户口。

宋代社会因其显著的开放属性与商业属性，而呈现出远远强于前代的流动性与活力。一位宋朝人感叹说："古者乡田同井，人皆安土重迁，流之远方，无所资给，徒隶困辱，以至终身。近世之民，轻去乡土，转徙四方，固不为患。而居作一年，即听附籍，比于古亦轻矣。"

明代：职业户制的建立与瓦解

历史的发展并不总是向前进步，有时也会倒退。宋朝时，农民抛弃田产，外出经商，地方政府提出将这些田产收回，而受到户部的批评和拒绝。也就是说，农民的产权与经商权利，得到朝廷的承认。到了明朝初期，农民就没有这种择业的自由了，朱元璋严禁农人弃耕从商，令民专守田业，"市村绝不许有逸夫"。

开创明王朝的朱元璋重建了一个以小农为本的宁静秩序。体现在户籍制度上，明政府将全国户口按照职业分工，划为民户、军户、匠户等籍，民户务农，并向国家纳农业税、服徭役；军户的义务是服兵役；匠户则必须为宫廷、官府及官营手工业服劳役。各色户籍世袭职业，不容更改，农民的子弟世代务农，工匠的子孙世代做工，军人的子孙世代从军。

这一职业户制度，继承自元朝的"诸色户计"。元人入主中原之后，为强化国民对国家的人身依附，设立富有草原特色的"诸色户计"制度，境内居民被划为民户、军户、站户、灶户、匠户、儒户、医户、阴阳户、打捕鹰户等近百种户籍，职业一经划定，代代相承，不得随意变动。"诸色户计"的本质是"全民服役"，各色职业户均要向官府提供不同的劳役，较之宋代出现的赋役向财产税转化的近代化趋势，"诸色户计"无疑是历史的逆转。

朱元璋以明代元，于洪武二年下诏："凡军、民、医、匠、阴阳诸色人户，许各以原报抄籍为定，不得妄行变乱；违者治罪，仍从原籍。"户籍登记完全照抄元朝的"诸色户计"。次年，朱元璋下令进行全国人口普查，登记造册，一册两份，户籍保存于官府，类似于今日的户籍档案；户帖交给居民，类似于今日的户口簿。这一户籍制度还是沿袭元朝"诸色户计"，分为各色职业户。同时，建立在户籍制度上的社会控制也进一步加强，明政府规定农民的活动范围限于户籍所在地的一里之间，做到"朝出暮入，作息之道互知"，任何人离乡百里，"即验文引"；商人外出经商，也必须领取官府颁发的"路引"（类似于介绍信），否则按游民处置，"重则杀身，轻则黥窜化外"；商人户籍所在地的邻里被要求务必知道外出经商之人的归期，若两载不归，要向官方报告。

明初的户籍制度，有利于建立一种井然、安静的社会秩序，但居民的人身被紧紧束缚在户籍上，不得自由流动，社会的活力也因此丧失殆尽。直到明代中后期，随着职业户制度的松懈、商品经济的兴起，明朝社会才恢复了两宋时代的开放性、流动性及近代化色彩。

清代时，朝廷宣布"摊丁入亩"，户籍不再作为征税的依据。但户籍制度的社会控制功能，还是一直保留着。这里不展开细述。现在，我们来回顾一遍从秦汉到唐宋再到明清的户籍制度变迁，将会发现，中国传统社会并非如一些历史学者所说的，是一个"超稳定结构"，是一段"停滞"的历史，而是一直变动不居，曾经自发演进到近代的门口，又阴差阳错出现倒退。大历史的得失，也能从户籍制度这个小小窗口，略窥一二呢。

（作者：吴钩）

古代的轻徭薄赋政策，真给百姓减负了吗？

国计民生，首重财赋。从孟子提倡"民为贵，社稷次之，君为轻"开始，历代王朝都标榜"民本"理念，奉行轻徭薄赋的政策。

"轻徭薄赋"四个字出自《汉书·昭帝纪》，即"海内虚耗，户口减半，光知时务之要，轻徭薄赋，与民休息"。轻徭薄赋，即减轻徭役、降低赋税，让老百姓可以安居乐业。

不过，理想很丰满，现实很骨感，历代的赋税思想虽然大都倾向轻徭薄赋，但在赋税制度的运行过程中经常反其道而行之，可以说是屡改屡败，屡败屡改，最终也没多大成果。最终，轻徭薄赋成为中国古代纸面上的政策，百姓的负担依然相当沉重。

何为"徭"与"赋"？

所谓"徭"，就是役，这两个字常常连用，徭役是古代平民所要承担的政府派给的无偿劳动。

自周代起，徭役就有力役与职役之别。

力役是人们在一定时间内为某种事项所提供的劳役，如开运河、修城池、修宫殿、修道路堤堰、运输军需物资等，即所谓"力役之征"。

职役是指按照户等高低，轮流征调乡村主户担任州县公吏和乡村基层组织某些职务，也就是为各级地方行政机构承担无偿公职，它比力役存续的时间更长。

徭役的起源很早，《礼记·王制》中就有关于周代征发徭役的规定，《孟子》则有"力役之征"的记载。在秦汉及更早之前，力役又称为"更"或"更役"，《左传·成公十三年》："秦师败绩，获秦成差及不更女父。"颜师古注《汉书·百官公卿表》中对"不更"的解释是"谓不豫更卒之事"，而"更卒"就是对徭役之卒的称呼。

夏、商两代，徭役比较轻微，大约每个男性壮丁，每年只需要服役1至3日。到了周代，力役之法变得繁密起来，已有所谓兵役、徒役、胥役、乡役等种种服役类目，老百姓服役时间也有所增加。

周代实行"井田制",八家为一井,八八六十四井为一甸,每甸512家,是一个徭役单位,其服役人数按土地好坏分为上、中、下三等,政府设有司徒,专门负责依据每家每户的土地好坏来定出役多少。政府还设有族师,负责查验民众多少来定每个人服役的先后顺序;设有乡大夫,负责辨别老百姓的老幼,以确定每个人需不需要服役。这些分别受理力役税的各种事务的职官还有好几种,在此不再多说。

赋就是税,但赋的出现早于税。赋字从武,原指军事上车马军需人力的征调,《周礼·小司徒》郑玄注:"赋谓出车徒给繇役也。"战国以后,赋与税逐渐混合,常常也指对土地课税,并连用为赋税。

古代赋税,最早是以包括田赋在内的"贡"为其基本形式。贡即贡纳者必须履行的奉献义务。根据文献记载,夏、商、周三代都是定额贡纳制度,征收标准是若干年农业收成的平均数。历史学家普遍认为,这个征收的额度应该是十分之一,也就是著名的"什一税"。后来"十里抽一"这个比例在古代中国持续了很久。随着社会经济的发展,赋税与徭役被视为基本征课方式,贡退居次要地位,但其残余形态直到封建末期仍未完全消灭。

轻徭薄赋的财税思想

前面说过,到了周朝,老百姓的徭役和赋税负担逐渐加重。而到了春秋战国,各诸侯国统治者大兴土木、骄奢淫逸。对内实施苛政,大幅增加赋税和徭役;对外不断征伐、鱼肉百姓,导致国库空虚,苛捐杂税随之而来,令百姓无比痛苦。

民众为什么饥饿?老子认为,因为统治者"食税之多"。统治者苛捐杂税太多,老百姓则不堪重压,就没有能力从事生产,改善生活,也就不可能有持续的财富积累。而统治者"食税多"的原因,就是生活奢靡无度。他们讲排场、讲享受,住华美的宫殿,兴建奢华的娱乐设施,美食珍馐、华屋笙歌,消耗了大量的民力民财,老百姓苦不堪言。

因此,要使老百姓免于饥饿贫困,就要轻徭薄赋,减轻老百姓的赋役负担,使老百姓休养生息。轻徭薄赋的根本落脚点应在于控制国家财政支出,而降低支出的落脚点在于统治者控制自己的欲望,对己俭约,对民慈爱,清静寡欲,与民休息。

楚国大夫伍举,也就是伍子胥的爷爷,也是一位主张轻徭薄赋的政治家。一次,楚灵王在章华造了一座高台,非常高大华丽。史载章华台"台高十丈,基广十五丈",曲栏拾级而上,中途得休息三次才能到达顶点,故又称"三休台",可见章华台的修建耗费了举国之民的心力体力。

造好后,楚灵王与大夫伍举一起登台,楚灵王很得意地问伍举:"高台很美吧？"伍举并没有点头称美，而是提出了相反的意见。他对楚灵王说："夫君国者，将民之与处，民实瘠矣，君安得肥？"另一位大夫斗且也对消耗民财民力发出过这样的警告："夫古者聚货不妨民衣食之利，聚马不害民之财用。"两个人都认为，聚敛过多，人民就会有"离叛之心"。

诸子百家中，儒家"薄税敛"的号召影响最大，成为秦汉以来反复宣扬的财政教条。孔子主张"君子之行也，度于礼。施，取其厚；事，举其中；敛，从其薄"，国家兴办大型工程项目要适中，不能太多，要符合礼的标准，做到"节以制度，不伤财，不害民"。为此，他还曾斥责学生冉求帮助鲁国的季氏聚敛搜刮百姓，公开表示要大义灭亲，他说："非吾徒也，小子鸣鼓而攻之，可也。"

孔子希望当下的统治者都能像周朝初年那样，农民为贵族耕种公田，公田收入归贵族，商贾则根据其财产和收入的多少而征税。徭役以户计数，免除老人和小孩的服役义务，并照顾鳏寡孤疾。关于税率，孔子则主张"敛从其薄"，最好是恢复行什一税率。

孟子从其"仁政"的观念出发，"易其田畴，薄其税敛，民可使富也"，"君不乡道，不志于仁，而求富之，是富桀也"，他也主张征取十分之一的农业税，他还建议"去关市之征"，不征收商业税，而独征农业税。

荀子认为，要想国家安定团结，轻徭薄赋是一条有效的途径。"轻田野之税，平关市之征，省商贾之数，罕兴力役，无夺农时，如是则国富矣。夫是之谓以政裕民。"这表明，荀子还把轻徭薄赋看成是为国家开辟财源和实现富国的目的和手段。

儒家"薄税敛"思想反映了战国时期被残酷压榨的群众要求减轻自己负担的共同主张，对后世影响深远。

汉朝轻徭薄赋的真相

秦始皇统一全国后，对外不断征战，对内大兴土木，都要征用大批劳动力，人民的徭赋负担十分沉重。据记载，秦朝营建阿房宫，动用70万人；在骊山修始皇陵，动用70万人；北筑长城，动用约50万人；屯戍岭南，动用约50万人；北防匈奴，动用约30万人。仅这几项征调就已动用劳力近300万人，约占全国人口总数2000万人的15%。

至于为保证官府和军队所需官物粮草的转输，又有大批劳力被调发。当时为供应河北（黄河以北、潼关以东）戍守军士的粮草物资，男性劳力基本上全部当兵服役，冻饿而死者不计其数。

同先秦相比，秦代"田租、口赋、盐铁之利，二十倍于古"，出现了"男子力耕不足粮饷，女子纺绩不足衣服；竭天下之资财以奉其政，犹未足以澹其欲"的严重局面，到秦二世时，"赋敛无度"，"百姓困穷，而主弗收恤"，使社会生产力受到严重摧残。

秦朝灭亡之后，西汉建国之初，统治者为了不走前朝横征暴敛、迅速覆亡的老路，选择了道家的"黄老思想"作为治国总体思想，以"清净无为"治天下，达到"无为而无不为"的效果。在财税思想上体现为主张节制政府开支，减轻人民赋役负担，反对重税，认为"上求薄而民用给"。从汉高祖刘邦确立"轻徭薄赋"政策开始，一直到汉景帝刘启时，依然继续执行"无为而治，轻徭薄赋"。这种"以民为本，与民休息"政策，为汉朝能够逐渐强大起来奠定了不可磨灭的基础，同时也为后来汉武帝攻打匈奴奠定了坚实而又稳固的经济基础。

不过，汉朝的轻徭薄赋也只是相对于秦朝的横征暴敛而言，汉朝税赋低，其实低的只是田租一项，田租一般交实物，例如谷物和刍稿，刍稿就是草料。田租税率是"十五税一"或"三十税一"，的确不高。

但是，汉朝老百姓需要交很多其他赋税。

第一是"口赋和算赋"，属于人头税，按一家的人口数量交。当年，未成年人交得少，每人每年交二十三钱，成年人交得多，每人每年交"一算"，一算为一百二十钱，一直要交到56岁。

如果你家养奴婢了，每个奴婢每年交两算，这笔钱是需要主人交的，这是政府为了抑制豪强势力的膨胀，如果你家是商人家庭，也要加倍，每人每年交两算，这是政府重农抑商的表现。

家里有15岁以上还没有结婚的女儿，也要加倍征赋，最高可达五算。政府这么做，显然是为了鼓励结婚，多生育人口。不过，如果这个女儿到了30岁还没有出嫁，你家也不用再加倍交算赋了。

第二是"更赋"，属于代替自己服役的"免役税"。那时的成年男子每年都要给国家服役，要是在家乡为当地政府义务劳动一个月，挖个水渠、修个城墙还算能接受的，但如果要你去戍边，你家又离边境很远，那就惨了，路上来回都得走几个月。所以朝廷就出了个法子，你不去戍边也可以，但得交钱，国家花钱雇人替你干，一年一次三百钱。

第三是"献费"，就是老百姓要为皇帝孝敬一些钱，每人每年六十三钱。

第四是"户赋"，以家庭为单位，每户每年交二百钱。

第五是特殊商品消费税。汉朝时实行盐铁官营政策，因此与人们生活息息相关的盐是国家专卖，价格很贵，买盐就是变相向国家交税。

注意，汉朝田租在全部赋税中只占小部分。也就是说，老百姓虽然可以少交田租,但是自身的负担依然相当沉重,只是相对秦朝来说稍微好一些而已。

政策与现实的差异

汉朝以来,历朝的统治者都标榜自己"轻徭薄赋",但历朝轻徭薄赋政策实行的时间都不长。

一个新王朝在建立之初,开国之君由于亲眼见到横征暴敛导致人民起义和前朝的灭亡,因此能够注意减轻对人民的剥削,实行一些轻徭薄赋的政策。然而,随着政局稳定,经济得到恢复和发展,政府财政收入增加,统治集团的贪欲也随之增加,横征暴敛现象重新出现。就算统治集团厉行改革,也依然无法做到轻徭薄赋,例如明代张居正改革实行"一条鞭法"之后,赋与役合一,随地亩征收钱粮,"薄赋"也就意味着"轻徭"。但这只具有理论意义,征敛赋税与摊派徭役在很多情况下并不相同,明朝人民的负担依然相当沉重。

即使是新王朝建立初期实行的轻徭薄赋政策,在现实层面观察也会大打折扣。例如清朝初年,顺治皇帝在一道上谕中曾做过明确表白:"国计民生,首重财赋,明季私征滥派,民不聊生,朕救民水火,蠲者蠲,革者革,庶几轻徭薄赋,与民休息。"

但是由于清初战争相继、兵马过往不息,加上河工城防、土木工程,徭役非但不能轻减,滥加差役派夫反而成为突出的问题。时人称:"王师屡出,河工告急,派粮科、派梢草,转运数百里之外。其一二仅存之孑遗,困于征输,颠仆道路,憔悴家室者,不知其几何。"四川巡抚张德地奏疏亦称:"搬移王眷,会剿逆贼,叠差烦累,日无休息。且蜀道险峻,行李等项俱系背送,皮骨俱穿。"展现了四川人民在艰苦的徭役中生不如死的境地。

清政府也一再声明要废除明末朝廷的繁重税赋,但是由于清初赋役制度的混乱,加上财政困难、军需紧急的双向制约,有关废除明末加征的谕令形同虚文,私征暗派十分严重。

此外,顺治又重新开征辽饷,只是清代为避"辽饷"之恶名,一般改称"九厘银""九厘饷"或"九厘地亩",用以自欺欺人;在军需紧急的情况下,清政府也会打破赋税征收定例,进行田赋的预征。明末还只是预征三分,清初却是预征五分,由于当时粮价飞涨,更加加重了人民的负担;曾经被明令革除的"练饷",也因财政困难、军费不足而重新于顺治十八年(公元1661年)开始加征;而清政府在关税征收上,比之于田赋与盐课,更为繁重、混乱不堪。根据历史学家陈支平先生所指出的,清初的市征税率比明代高得多,清初对明代关税的沿革,是明减暗增。

结语

轻徭薄赋作为一种要求国家政权减少向人民征课财物、调用劳动力的经济学说，在中国历史上经久不衰，反映了人民要求减轻剥削的强烈愿望。另一方面，轻徭薄赋的呼声之所以不断，反映了古代君主专制对人民的横征暴敛从来也没能在较长时间内杜绝过，轻徭薄赋的各种具体主张也没有完全实现过，这是轻徭薄赋思想在中国君主专制社会贯穿始终的客观原因。

（作者：柏舟）

参考资料：

[1] 高敏. 秦汉史探讨 [M]. 郑州：中州古籍出版社，1998.

[2] 张守军. 中国古代的赋税与劳役 [M]. 北京：商务印书馆，1998.

[3] 刘孝诚. 中国财税史 [M]. 北京：中国财政经济出版社，2007.

[4] 陈锋. 清初"轻徭薄赋"政策考论 [J]. 武汉大学学报（哲学社会科学版），1999（02）.

[5] 张宏杰. 简读中国史 [M]. 长沙：岳麓书社，2019.

[6] 郑仲兵，孟繁华，周士元. 中国古代赋税史料辑要（纪事篇）[M]. 北京：中国税务出版社，2003.

[7] 葛惟熹. 中国税收理论与政策 [M]. 上海：上海财经大学出版社，1999.

中国古代的征兵制度，为何总是变来变去？

在古代，一个运行良好的兵役制度（以下简称兵制）可以有效减轻国家在安全和财政方面的负担，但现实总与理想相差甚远，我国古代兵制在建立之初，就不断面临着各种矛盾，可谓一波三折。

先秦时代：从奴隶制到封建制

早在商周时期，中国就已经建立了较为完整的兵制。

这一时期，中国实行的是国人兵役制。

征服者为了防御和镇压被征服者的反抗，修筑武装设防的城市作为统治基地和中心，这个中心被称为"国"。

居住在国中及近郊的居民被称为"国人"，他们是征服者；国以外地区被称为野，居住在这里的人被称为"野人"，是被征服者。只有"国人"有权服兵役，而"野人"只能从事农业劳动、服劳役。国人兵役制属于寓兵于农、兵农合一的民兵制，即平时务农、战时作战。

商代后期还出现了一种常备军制度——"三军"（"三军"最后也演变成指代全体军队的名词），而除了"三军"常备军外，遇有较大规模的战争，也可以随时征收平民为兵。

西周时，不仅周王室拥有军队，受封的各国诸侯也有自己的武装力量，相当于商朝后期常备军的编制和人数。春秋战国时期，各国诸侯混战。此时，军事制度也发生了很大变化。西周以来形成的军规军制早已形同虚设，各国都在疯狂扩充自己的军队。有的诸侯国为扩大兵源，取消了士兵的身份限制，并推行郡县征兵制，实行按军功授田晋爵的办法，提高庶人地位。过去无权服兵役的"野人"，此时也有了服兵役的权利。国人兵役制被普遍兵役制代替，为当时各国大规模征兵提供了条件。

《周礼·地官》就记载：国中凡身高7尺以上，60岁以下的男子都在被征集之列。家中男丁数目多者，一人为正卒，其余为羡卒。

不过，战国时也存在严格选拔标准的募兵制。最著名的例子就是魏国建立的"武卒"，《荀子·议兵》记载："魏之武卒以度取之，衣三属之甲，操十二石之弩，负矢五十，置戈其上，冠胄带剑，赢三日之粮，日中而趋百里。"可以看出，征兵对士兵体能有严格要求，而只有符合这个要求才能被征入伍。所以，魏武卒也算是"职业军队"的雏形。

在著名的阴晋之战中（公元前389年），魏国大将吴起率领着"五万"魏武卒击溃秦国"五十万"大军，《吴子·励士·第六》就记载："兼车五百乘，骑三千匹，而破秦五十万众。"当然，"五万"与"五十万"的数字是夸张的说法，但可以看出，魏国与秦国之间兵力差距非常悬殊，而因为当时秦国大军多为征召民夫，缺乏训练，与"职业军队"魏武卒相比，战斗力不在一个档次，所以才让魏国在阴晋之战中以少胜多。

总的来说，这时兵役制度的改革趋势，是废除军队组织中的世袭制，任人唯能，实行功绩制；军队开始成为独立的职能化部门，结束了军政合一的军队组织形式，走上了专业化道路。

秦汉时代：征兵制成为主流

秦始皇统一六国，建立秦朝，成为我国历史上第一个封建大一统王朝的皇帝。为了实现对全国统治，进一步加强皇帝对军队的掌控力，秦朝实行普遍兵役制，规定17岁的男性公民都要进行兵役登记，并且随时都有可能应征入伍。

西汉兵制承袭秦制，有一支由皇帝亲自控制的国家军队，对于户籍也有更严格的登记制度。

徐幹在《中论·民数》中说："民数者，庶事之所自出也，莫不取正焉。以分田里，以令贡赋，以造器用，以制禄食，以起田役，以作军旅。国以之建典，家以之立度。"大体意思就是统计人口很重要，从徭役、分田地、服兵役到国家创立法典，都需要完善的户籍制。

汉代兵役征调的对象主要是农民，服役年龄为17~60岁。汉民一生需服兵役2年。1年在本郡服役，称为正卒；1年在京师或边防军服役，称为卫士或戍卒。

但是在汉武帝多次征讨匈奴，导致国库亏空、民生艰难后，建立在稳定经济系统上的征兵制变得无法实行。于是，西汉在北军（守卫京城门内之兵）中增置八校尉，所属士卒大多募自熟悉胡、越情况的汉族或匈奴族人民，这是西汉募兵的开始，目的是弥补征兵的不足。

公元25年，刘秀称帝，建立东汉王朝。鉴于长期战乱对社会生产力的巨大破坏，刘秀决定采取与民休息的政策，实行罢兵。

罢兵的重点是郡国兵。从建武六年（公元30年）到建武二十三年（公元47年），5次罢省郡国兵。建武六年，罢郡国都尉，都尉原来执掌的权力并入太守，并且取消郡国兵每年秋后的军事演习。这一措施使郡守从此掌握了军政大权。建武七年，"罢天下轻车、骑士、材官、楼船及军假吏，尽还民伍，惟更赋如故"。这一改革，把郡国兵基本上取消了，郡县服兵役一年的制度也从此取消。但是，此举也让地方郡守权力极大，遇上地方叛乱时，中央兵不足以应付，只得临时征集，最后不得不改为募兵制。随着募兵规模越来越大，给东汉带来了严重的影响。首先，募兵制导致了军队战斗力衰弱。由于挑选不严，应募者未经军事训练，素质不高，加上一旦应募入伍便终身从军，导致疲老衰弱之兵充斥部队，而且，这么做也破坏了农业生产，对国家经济造成了不良影响。其次，募兵制给地方豪强和官吏割据一方提供了便利条件。这种情况，最后也就演变成了东汉末年的军阀割据局势。

三国魏晋南北朝：府兵建立

东汉末年，各地的豪强贵族和宦官集团瓜分了国家的土地，百姓没有土地，只能到豪强贵族的私人田庄里做工，叫作"徒附"，就是依附于地主豪强的农奴。豪强地主从这些人之中选出一些身强力壮的做私人保镖，成为自己的"部曲"。

当然，身在乱世，人口数量大幅下降，兵源也不丰富。各个势力为保证充足兵源，都在事实上建立了全面的征兵制度，比如曹操就将士兵家属聚集起来，以获取后备兵员。其兵称士，以服兵役为终身义务；其家称士家或兵户、军户。士家另立户籍，与民户分离，子孙世代为兵（世兵）。

《三国志·魏书·武帝纪》就记载：兴平二年（公元195年），吕布、陈宫率万人袭曹操，时操兵皆出取麦，"在者不能千人，屯营不固。太祖乃令妇人守陴，悉兵拒之"。意思就是吕布、陈宫来偷袭曹操，曹操的士兵都出去农作了，在场的没几个人。于是，曹操令随营妇女操戈拒敌，表明随军家属与兵士同住所，受将帅的严格控制与支配。在这样的环境中，妇女在必要时尚且须操戈拒敌，有战斗能力的男子继父兄为兵，自然是顺理成章的事了。

吴国也有类似的世袭制度，世代为兵。但是光这样也不够，在兵源上，三国乱世总体还是募兵、征兵、收降等多种征兵方式结合。

之后的两晋南北朝时期，除了继承三国时期的士兵制度外，开始出现府兵制。府兵制创立于西魏、北周时期。当时，朝廷挑选身强力壮的民众充当府兵，免除他们的赋税负担。农闲时间进行军事训练，府兵一人所用马匹粮食武器，由六家供给。

共设百府，每府设一郎将，分属二十四军统率。

《后魏书》云："西魏大统八年，宇文泰仿周典置六军，合为百府。每府一郎将统之，分属二十四军，开府各领一军。大将军凡十二人，每一大将军统二府，一柱国统二大将军，凡柱国六员，复加持节都督以统之。十六年籍民之有才力者，为府兵。"只是这里讲的府兵制并未兵农合一，而是专一的职业士兵，在和均田制结合后，兵农合一才真正开始。

南北朝结束后，府兵制并未消失，被隋唐继承下来。

唐宋：募兵制的回归

《新唐书·兵志》称："兵列府以居外，将列卫以居内，有事则将以征伐，事已各解而去。"这就是把府、卫作为府兵制的基本单位。杜牧在《樊川文集》卷五《原十六卫》中也说："内以十六卫畜养戎臣……外岬折冲果毅府五百七十四以储兵伍。"

但是，想有效实施府兵制这种小范围的义务兵制度，需建立在社会、经济皆稳定运行的基础上，一旦遇上动乱，其社会经济基础必定被破坏。唐中期，特别是"安史之乱"后，由于藩镇割据，中央政府掌握的户口和土地数量大量减少。潼关和虎牢关之间几百里内，仅有"编户千余"。由此建立在均田制基础之上的府兵制就难以维系了。因为每个士兵能分到田，才能达到兵农一体的效果。但是"安史之乱"后，由于土地集中，均田制被破坏，农民大批破产，无力自备器械粮食，府兵制也就无法推行。

另一方面，节度使控制的各大藩镇为了自保，又或者为了拥兵自重，自然会放弃单一来源的府兵制，转而采用可以征召更多兵源的募兵制。

于是，200多年的府兵制，最终还是被募兵制所代替了。

到了宋朝，皇帝将兵种分为四等，禁军、厢军、乡兵、番兵。而这些兵种的共同点都是实行募兵制。北宋检选禁兵时，初有"兵样"，按身长、体魄划分若干等，分送诸道，令如样选募。以后用木梃代"兵样"，差以尺寸高下。对应召者，根据身长、体魄以及技巧等确定等级，再按等级编入不同部队。凡"亢健者"拣入禁兵，"短弱者"即入厢兵。应募以后，家属可以随营，本人须黥面涅臂为号，中途不得退役，实则终身为兵。兵员空缺则有时从子弟中补选。如果逃亡或犯罪，惩罚极重，甚至株连亲属和乡里。每遇凶年饥岁，就大量招募破产农民，又往往收编"盗贼"为兵，即所谓"除盗恤饥"。在兵源缺乏时，甚至罪犯也成为兵士的来源之一。

所以说，北宋的募兵制是畸形的，募兵制虽有选拔要求，但是在实际操作中往往来者不拒。所谓宋"积贫积弱"，其中"贫"就是因为养了一支庞大的军队。而其中难民、流民是重要组成部分。咸平三年，宋真宗诏"募饥民堪役者隶军籍，得万人"；庆历八年，河北地区发生水灾，出现大量难民，宋仁宗诏"州县募饥民为军"；熙宁元年，宋神宗诏"募饥民补厢军"；并且在宋仁宗明道元年放宽了对难民身体素质的限制，"有愿隶军而不中者，听隶下军"。

招募难民入军使得宋朝军队庞大但战斗力低下，还增加了财政负担。就连战斗力强悍的岳家军，也是由岳飞老乡收编的降军甚至流民组成。不过岳飞本身是有极高军事素质的将领，依然能凭借自己的能力将队伍训练成难以撼动的"岳家军"。另一方面，宋朝的军事指挥体系更让军事雪上加霜。宋太祖赵匡胤先是收回禁军大权，不再设置禁军统帅殿前都点检一职（毕竟他自己就以此职搞过兵变），把禁军的指挥权紧紧抓到自己手中，然后夺去禁军将领的兵权。宋太祖还将军权一分为二，设置了两个机构，一个是枢密院，一个是三衙。

枢密院是最高军事决策机关，负责军事政令、调动军队、招募军队、后勤供应、军事训练等军国大事。它的长官是正副枢密史，其地位与宰相相当。枢密长官虽然负责军事，但一般由文职人员担任，目的是杜绝武人参政之路。枢密院的职权虽大，但只有发兵之权，却无统兵之权。

三衙，指的是殿前都指挥使司、侍卫亲军马军都指挥使司、侍卫亲军步军都指挥使司。三衙的职能是统帅天下禁军。三衙之间又互不统属，他们皆归天子掌握。不仅如此，三衙只有领兵权，却没有调兵权。这就使他们完全成了皇帝的御用工具，没有皇帝和枢密院的命令他们就寸步难行。

这个制度的弊端也显而易见，在对外作战、抗击强敌的过程中，由于将帅平日受约束太甚，什么事都要请示皇帝，以致临阵不能决策，往往错失时机。譬如在应对西夏时，就是因为边防决策导致战略失误。

宋太宗后期，西夏就开始不断扩张，蚕食北宋领土，至道二年（公元996年），开始围攻西北战略重镇——灵州。宋真宗即位后，西夏势头更甚。在曹玮驻守西北期间，多次大败西夏，在西夏李继迁（夏太祖，公元1004年去世）死后，曹玮就上奏朝廷，此时是消灭西夏最好的时机，但是继位的李德明有意卑躬屈膝讨好宋朝，宋真宗认为西夏不足为虑，错失了消灭西夏的大好机会，最后直接酿成李元昊叛乱。

综合来看，宋朝很钟情募兵制，但是募兵制建立职业军队的初衷并未在宋朝体现，也正是这种"畸形"的募兵制度，使得宋朝军事体系冗杂，作战效率低下，使得宋朝"积贫积弱"。

明清：卫所兵制和八旗兵

明代初年，以卫、所作为军事基层组织。5600 人为一卫，1120 人为千户所，112 人为百户所，分别设指挥使、千户、百户统率之。中央初设大都督府统辖全国军队。洪武十五年（公元 1382 年），撤销大都督府，改设前、后、左、右、中五军都督府管理全国卫所军队，但没有调兵权。兵部有调兵权，但手中无兵，只有皇帝才掌握最高的兵权。

遇有战事，由兵部禀报皇帝，皇帝直接任命将领统兵。战事结束，将领缴印回任，官兵各归卫所。卫所军以各省都指挥使为最高统兵官，各省都指挥使又分别统属于中央五军都督府。京师地区卫所，则由五军都督府直接统辖。卫所的军籍与民户有别，世袭而不得更改，以此保证兵源。兵的任务为出征、防守和屯田。平日，军队实行屯田自养，并进行操练。整体看来，卫所兵制和府兵制颇有相似。

但是其经济基础完全不同。府兵制是建立在均田制基础上的，划分一定地方为"府"，在这些地方实行均田制。把因战争而无主的农田分给士兵，让士兵在此地定居，平时为民，耕种训练，战时为兵，出兵打仗。而卫所兵则是一人当兵，世代当兵，而且还要给朝廷种地，其经济基础和府兵制完全不同。

明嘉靖时期，边患严重，急需兵力，募兵制重新兴起。抗倭名将戚继光组建戚家军时，就是义务招募了大量农民入伍。只是和岳家军一样，戚继光本身颇具将才，他建立的一套战术体系使得戚家军在面对倭寇时极其有效。

但由于募兵制破坏了早期卫所制"兵帅分离"的构想，内阁不得不将兵权下放于将领，朝廷无法完全掌控兵权，加以募兵日多，国库日绌，军官克扣粮饷，士兵不断逃亡，募兵制日趋腐败。

清代初年，军队主要有八旗兵和绿营兵。八旗兵是在入关前的兵制基础上发展起来的，它是用八种不同颜色的旗帜进行编制的武装，入关以后继续沿用"以旗统兵"的建制。而八旗兵采取世袭制，年龄 16 岁以上的八旗子弟人尽为兵。

统一全国后，因为幅员辽阔，清王朝传统的八旗兵不足以守卫庞大的国土，于是便招募汉人和收编来的汉族地主武装建立绿营兵，用来配合八旗兵，以拱卫京师和驻防各地，且绿营也为世袭制，世代为兵。在这里可以看出，清朝事实上就是小范围的义务兵制（征兵制）。虽然早期绿营兵为募集而来，但是绿营兵是世袭的，所以绿营就成为和八旗一样的世兵制了，其实就是针对一部分家庭的义务兵制度。

与前朝末期一样，一旦时局动荡，现有兵制就不能满足需要，被迫出现变化。太平天国让朝廷对绿营和八旗失去了信心，其中重要原因就是兵户世袭让军队失去战斗力。

起初，朝廷重新采用老办法"团练"，所谓"团练"，即由地方士绅发起组织的民兵。它用于地方自保，而其口粮费用也主要由地方自筹解决。但是这些团练战斗力低下，且装备落后，根本不堪大用。

曾国藩为此还是通过募兵制，招募了一批人组建了湘军，之后的淮军也一样是由募集而成。

可以看出，募兵制很多时候充当了救火队员的角色，当目前的主要军事动员方式无法满足军事需求时，就必定需要扩大征集范围，重新启用募兵制。

纵观中国历史上的征兵制度，其本质无非就是适龄男性都有可能"中奖"的征兵制和有严格选拔条件（或者来者不拒）的募兵制，两者时常结合在一起，构成古代王朝重要的军事基础。同时也可以发现，兵制的变化和国家财政时常是捆绑在一起的。比如战国时期的魏武卒，就是募兵制下的产物，这种常备军虽然促成军队职业化，战斗力也很强，但是它给国家财政带来了巨大负担，遇上大型会战时，国家仍会招募民夫上战场。

唐朝、明朝都试图建立兵农合一的兵制，其原因也很明显，就是为了解决历朝养不起兵的问题。然而，最初设计看似完美的兵制，最后总会因为各种因素被废弃。需要注意的是，任何一个朝代的兵制都不是单一的，往往都是募兵与征兵相结合。兵制同时又牵涉到如何处理军权的问题，为削弱军阀割据的基础而削弱将领权力，虽巩固了皇权，但最后在外敌入侵时，"将不知兵，兵不识将"的情况则严重削弱了军队战斗力。

（作者：佐伊）

大家都叫"州",差距为何那么大呢?

在中国众多地理和行政区划名词中,"州"一字频频出现。根据民政部 2020 年 11 月统计的中华人民共和国县以上行政区划,当今全国范围内,除去 30 个自治州外,总共有 122 个包含州字的行政区域,诸多"州"覆盖了省、市、区(县)多个不同级别的行政单位。

要知道,历史上的"州"属于一级行政单位,相当于今天的"省",为什么今天会产生出级别跨度如此大的分化呢?

从"禹贡九州"到"十三刺史部"

我们所知道的"州",从地理意义上来说,最早起源于先秦时期。虽然各类史籍对"州"的记载略有出入,不过有一点十分默契——关于"州"的由来,几乎都指向大禹。

"禹别九州,随山浚川,任土作贡。"

《禹贡》记载了大禹划分九州之事,大禹奉舜帝之命治理天下水患。大禹游历各地,根据山川地貌的特点将天下划分为九州,分别为冀州、兖州、青州、徐州、扬州、荆州、豫州、梁州、雍州。大禹在九州划定的基础上,因地制宜疏通治水。

《禹贡》的说法在先秦时代得到广泛采信,"九州"的概念因此深入人心。到了西汉中期,汉武帝为加强中央对地方的控制,决定重新划分区域,派遣官员监察当地的郡国勋贵。西汉元封五年(公元前 106 年),汉武帝循例禹贡九州,改九州中的梁州为益州,雍州为凉州,增设并州、幽州、朔方、交趾,除京师七郡直辖外,设立了十三刺史部。"州"正式从文本中走出,成为行政上的区域名词。

这时候的"州",与其说是行政区,倒不如说是"监察区"。各个州中,由朝廷派遣刺史一人,负责监察这一区域各个郡县、封国的吏政,同时监察强宗豪右,身负调解、评判等职责,定期向中央汇报地方的情况,州作为监察区的情况,也一直延续到东汉末年。

"苍天已死,黄天当立,岁在甲子,天下大吉。"

黄巾起义后，黄巾军打出"周穷救急，平均财富"的口号，星火燎原迅速波及全国八州，黄巾军势如破竹，州郡接连失守，军队崩溃，消息传至洛阳，举朝大震。

东汉朝廷虽然拿出了镇压策略，也一度斩杀张宝、破棺张角，但黄巾起义一直没能扑灭。中平五年（公元188年），汉灵帝在朝堂上问询群臣如何能彻底消灭黄巾军，宗室刘焉站了出来。

刘焉是湖北江夏郡竟陵县（今湖北省天门市）人，西汉鲁恭王刘余之后，以汉朝宗室身份入仕，历任要职。刘焉目睹了灵帝时期国家政治混乱，各地方力量过于孤弱的情况，对灵帝说："当今各地刺史、太守官员，以重贿得到官职，平时剥削百姓，才导致各地叛乱不息，选择清名重臣出任州牧出镇地方，才能解决燃眉之急。"

刘焉的建议看似为汉灵帝分忧，实际上，他是想求得远在岭南的交趾牧一职，躲避中原连年纷乱。东汉朝廷的危机四处弥散，侍中董扶也嗅到这一气息，暗中对刘焉说："京师大乱将至，益州有天子气，不如寻求出镇益州。"于是，刘焉开始极力促成州牧出镇一事。

汉灵帝同样清楚，在各州设置州牧，由宗室或重臣担任，确实可以加强地方实力，有效进剿黄巾残部，但与之相对的，地方权限过大又缺乏监管，也就意味着尾大不掉。汉灵帝最终还是选择饮鸩止渴，由此打开了东汉末年军阀混战的"潘多拉魔盒"。

州牧不同于刺史，州牧执掌军、政，权限极大。随着州牧的设立，州的行政管理性质也愈发明显，随着东汉末年各地混战，州牧的职责更加明确，在历史强大的惯性下，州也在汉魏交际逐渐取代郡，成为中央常置地方的一级行政单位。

州的"通货膨胀"

西晋统一之初，在继承曹魏的基础上，从益州分置梁州、宁州，雍、凉、梁三州分置秦州，幽州分置平州，同时因袭了东吴，将交趾分为交州、广州，总共不过十九州，基本保留了三国时期州的区划设置。

随着西晋"八王之乱"糜烂中原，洛阳、长安纷纷失守，西晋处于崩溃边缘。上至王公大臣、下至黎民百姓，凡有实力的纷纷举家南迁。其后，司马睿登基，东晋建立。王公贵族偏安江南，无力收复北方领土，州也随之发生了"通货膨胀"。

当时的中原百姓乡土观念浓厚，南来的北方人民与士族大多依据原籍相聚而居。但随着南迁人数的增多，南北士族的矛盾也日益凸显，南迁过程中的流民武装也让东晋朝廷十分头疼。

初立江左的晋元帝司马睿总觉得自己如同寄人篱下，心下难安，于是找来跟随自己多年的重臣王导。司马睿清楚，自己能在南方站稳脚跟，很大程度是依靠王敦、陶侃等世家大族们镇压了多支自北方南下的流民武装，同时，王导积极调和南北士族关系，稳定了局势。

南渡的难民源源不断，不可能一味镇压，对南来士族也没法一直和稀泥。

对此，王导给出了建议——设立侨置郡县。所谓"侨置郡县"，早在东汉就已出现，指的是政府对沦陷地区迁移的移民进行异地安置，重建迁移民众州郡县，沿袭州郡县的旧名。

王导的建议一方面能解决当下问题，另一方面又可以持续吸纳北方南来的民众。于是，东晋建立伊始，就开始大规模设置侨州、侨郡、侨县来安置北方士族。随着南北朝时期战争频仍，侨置州郡也变得越来越多，州的数量开始急剧增加。

此前，州的数量虽然增加，但尚有所控制，一直到南北朝晚期，在分州析置上，南北方体现出了罕见的一致。

公元386年，鲜卑族拓跋珪建立了北朝的第一个王朝北魏。公元493年，北魏孝文帝拓跋宏迁都洛阳，进行大规模的汉化改革。但是，到了北魏孝明帝末年，北方六镇（沃野镇、怀朔镇、武川镇、抚冥镇、柔玄镇、怀荒镇）的鲜卑贵族和将士发现，他们的待遇远不及洛阳鲜卑贵族，便于公元523年发起叛乱，史称"六镇起义"，关陇、河北各族纷纷起兵响应，北魏统治濒临崩溃。北魏朝廷不仅在军事上接连失利，财政上也变得一塌糊涂，北魏中央广颁诏令于各地，召集豪强组织武装配合北魏台军作战。

各地豪强纷纷卷入平灭起义的战争，其中以尔朱荣实力最强。最终，北魏成功镇压了六镇起义，但随之而来的问题更加棘手，全国的官职爵位就那么多，要如何合理地论功行赏呢？

如果同官多授，那么形同卖官鬻爵。因此，设立新州郡，创建新的空缺官职，成为一种简单易行的办法。从此，北魏朝廷也开启了州郡制。

六镇之乱平定后，州郡数量相较以往迅速膨胀。后来，北魏分裂为东西两魏，到东魏武定年间，全国上下州数已达80个，平均每州不过辖制四郡、五郡，其中夸张的州，如东魏武定二年（公元544年）设立的北荆州，全州也不过933户。

北朝在迅速析置州郡的时候，南朝同样不甘落后。

梁武帝萧衍在位期间，积极开发四川、岭南两广地区，两广山脉走势各异，将广袤土地切割成大小不等的各个地理单元，因此，两广地区设置州郡也相对密集。仅仅萧衍统治期间，就从天监初年的23州，增加到大同五年（公元539年）的107州。

无论南北，此时的州作为一级行政单位，已经过于碎片化了。

州的演变与分化

隋唐时期，州逐渐完成它作为一级行政单位的历史使命。唐代实行"道府制"，"道"之下设立"州"和"府"，州府之下设立县。

到了北宋，各州因为重要性不同出现了很大差别，人口较多的州可以达十数万户，最少的则不过几百户。

为什么宋代之后的各州差距越拉越大？其实，早在南北朝州大量设置时，虽然各州为同级行政单元，但彼时的州郡划分，更多的是参照山川河流的走势划分，经济、人口等因素退居其次。因此，在析置之初，各州之间的先天条件就有了很大的差距。

时光流转，宋初政权稳定之后，确立了路、州、县的三级行政体制，在州一级的行政单位中，还有府、军、监与之同级，其中府的地位最高，一般只有京师所在及皇帝潜邸、军事要地才可设府。各州也在此时划分成了节度州、观察州、防御州、团练州和刺史州。

这五种州中，节度州位列其首，除了处理政务外，还担负拱卫京师、立足边地等较重的军事职责。此外，北宋也有定制，州若想升格为地位更高的府，首先要升为节度州。因此，那时素有"未有称府，而不为节度者"一说，节度州作为诸州之冠实至名归。

既然节度州地位如此之重，我们就来看看节度州在设置时遵循了怎样的基本原则：

　　第一，以州的经济地位，以户口田赋的数量多寡为衡量；
　　第二，以州的军事地位，在宋代，一般可以地形和驻军多少来衡量，宋辽、宋夏边境往往多设节度州；
　　第三，以区域位置，距离首都远近，是否为该地区的中心城市为原则。

不难发现，节度州对北宋而言不仅是个地理坐标，更是该地区的行政中心、军事要地。宋辽边境的节度州定州，就是因为被设置节镇兴起的。

北宋想收复幽云，辽国图谋问鼎中原，两国围绕河北地区战火连绵。在边地各州的布防设置上，北宋朝廷围绕是分散驻军于各地还是集中军力于节度州这两种意见争论不休。

争论直到宋真宗时期才解决，宋真宗认为，每年秋季防患辽军南下，大军聚集在定州，是国家的旧制。如果分散屯驻士马，分路进讨时，各军的兵力不一，必然难以抵挡辽军。

因此，集中驻军于节镇的意见逐渐占了上风，定州从此成为宋辽边境的前哨站，并在北宋一代日渐繁荣，到徽宗时期则成功升格为中山府。有了定州的先例，各地节度州进一步得到了国家政策、资源的倾斜，人口、经济上逐步与其他类别的州拉开差距。

观察州、防御州、团练州和刺史州，除了官员的差遣名号外，无论职能还是级别都相差不多，这几类州逐渐走向了没落。

辽国也采取了同样的措施。有所不同的是，辽国增设的头下军州，分化了山海关外诸州。头下军州，又称投下军州，是指诸王勋贵出征后，安置掳掠而来的人口的州。

头下军州除节度使外，各级官吏皆由统治该州的勋贵任命，几乎等同于辽国勋贵的私产，州的规模也就可想而知了。辽亡之后，头下军州被逐渐取缔。曾经的州即便不被彻底废置，也只能成为县一级的行政单位。

今日的雏形

经历了唐末五代到宋、辽、西夏、金的多年纷乱，很多地方虽然同称为州，但在管辖的人口和地域上，早已是霄壤之别。元朝以武立国，基层统治历来为人诟病，直到明初，经过朱元璋、朱棣父子的区划改革，州也逐渐有了今日的雏形。

贵州省的设立就是明初州演变的缩影。贵州之名最早出现在宋初，宋朝征讨西南时，在敕书中有"惟尔贵州，远在要荒"一语。不过，贵州成为正式的行政区划后，彼时的管辖范围也只限今日贵阳附近，实质上仍是土司世袭的羁縻统治。

贵州地区在土司长期的统治下，势力根深蒂固、错综复杂。明朝平定云南后，贵州诸多土司势力又聚集在湖广通往云南的道路上。

消息传回南京，朱元璋对此事十分重视，过了不久，朱元璋认为，管不住贵州，云南也难以安定，这便有了后来的改土归流。明军沿着湖广通往贵州、云南的交通线上的毕节、赤水、七星关、黑张（赫章）、瓦店等地设置卫所，实行军事管制，控制云贵交通线。洪武十五年（公元1382年）正月，明朝置贵州都指挥使司，贵州的管辖范围从原本的贵阳附近拓展到今日的贵州地区，膨胀数倍。

永乐年间，明朝正式在贵州设省，设立贵州承宣布政使司，治贵州宣慰司城，改部分宣慰司为府、卫。贵州也由宋时不起眼的羁縻州扩展为省，并由这个基础沿袭至今。现在贵州省的区域规划，早在明初就已大致确定。贵州升格为省并为后世因袭，但由州至省也仅此一例。大部分的州，或者保持原有直隶州（即省直管，与府同级），或者升为府，它们在后世多成为地级市、县级市，比如明朝兖州府后来成了今天山东省济宁市的兖州区，而登州府则消失在历史中，成为今天的山东省烟台市。

同时，也有不少州被撤改为卫、县，后世变成区县级行政单位。

大江南北之所以兴起撤州设卫的风潮，主要是因为人口太少，无法维持行政机构的管理。当时随军出征东北的唐之淳留下一句诗："骑马过山看不尽，更多芳树没人家。"

骑马而过，重峦叠嶂，树木发芽，却没看到几处人家，诗中的荒凉之意跃然纸上。东北地区经过元末辽东军阀割据，到了明初人口非常稀少。

明军占领辽东时，军户不够，只能从江淮、山东军事移民。即便移民后，辽东人口也不过50万人，明初在此设立的一府四州难以为继，只能用实土卫所这种军队驻扎、都司卫所兼管民事的方法对辽东进行统治。辽东尚且如此，其以北则更加惨淡。不得已，朱元璋放弃了东北地区行政机构的建制，转而设置都司、卫所（军事机构，代理兼管民事）。

因此，金州变为金州卫，盖州变成盖州卫……沿袭而来，金州成了如今辽宁大连的市辖区，盖州成了营口市下的县级市。

一路向西越过崇山峻岭，当时的甘肃地区同样赤地千里，人丁十不存一。于是，明朝不再设甘肃行省，改置陕西行都司，甘肃各州一并撤销。

今日甘肃多以旧时汉代的张掖、武威等郡名命名地级市，以甘州、凉州等州名命名市辖区，也是明初甘肃行政区划变革的因缘际会。

明清两代，明初的区域规划基本得到沿袭。到了清末，仍维持了省、府（直隶州、直隶厅）、县（散州、散厅）三级，但在省和府之间设置了道，属于准区划。

民国时期，这一格局得以改变。章太炎向袁世凯建议，将省、道、府、县的四级区划改成道、县二级，权衡之下，民国政府废掉了府这一级别，变了省、道、县。因州与县同级，为方便管理，大量的州被改名为县。宣统三年（公元1911年），河北省原本的24个州（7个直隶州、17个散州），全部改为县，如沧州、冀州、赵州等州分别改名为沧县、冀县、赵县。

1927年，国民革命军北伐成功后，国民政府又颁令废除了道，在原有基础上设置市，一部分地区根据原本的府名、州名来命名新设置的市名，大量的"×州市"开始出现，还有一些存在感较低的州则变成了新县名，州也变成了"×州区""×州县"，这个命名习惯在此后被保留下来。

中国的"州"字地名，自两汉开始不断析置拆分，从最初的参考自然山水设置，到根据军政需要拆解。到了明初，经过行政区划大改革，州的行政区域性质被大幅减弱，称谓性质则不断强化，各个州逐步作为历史名称的延续，出现在了不同的行政单位中。这或许就是历史、地理与文化的巧合碰撞。

（作者：湘桥蓬蒿人）

参考资料：

[1]周书灿."大禹与九州"诸问题辨析[J].南都学坛（人文社会科学学报），2015（05）.

[2]林牧之.梁武帝的析州政策与国家统治[D/OL].台北：台湾政治大学，2012.

[3]严耕望.中国地方行政制度史（乙部）——魏晋南北朝地方行政制度[M].上海：上海古籍出版社，2007.

[4]郑维宽.论明代贵州地方流官政权的建立过程及特点[J].贵州：贵州文史丛刊，2011（03）.

古代"全国统考"前的"自主招生"为什么会走向失败?

在中国,在科举制产生之前有一条非常漫长的道路。从最早的贵族、门客,到军功、推荐(察举、征辟),最后是九品中正制,隋唐起,才开启了科举制度。

最早的时候当然是世袭

如果我们把历史追溯到周朝,就会发现那个时候的社会和后来的宋、元、明、清完全不同,在制度层面上,反倒更像《冰与火之歌》里的七大王国。和七大王国一样,西周也是一个封建制的贵族国家。这里所说的"封建制"指的是其本义,就是"封国土、建诸侯"的制度。它是一个金字塔式的等级社会,而不是后来君权至上的扁平化社会。

在这样的社会里,选拔官员自然会倾向于世袭制。这是很简单的一个逻辑推理。世袭是人类的一种本能。人们得到一些好处后,会很自然地倾向于把这些好处传给后代。既然大家地位并没有本质区别,天子能世袭,诸侯能世袭,我们卿为什么就不能世袭?大夫为什么就不能世袭呢?

因此,西周主要采取世官制,这个制度到了春秋时期虽然开始有所松动,但依旧占据主流位置。我们翻翻《左传》就会发现,许多家族都是世世代代为卿,比如晋国的荀、范、栾、韩、赵、中行,鲁国的三桓,郑国的七穆,齐国的高、国,都是如此。这个时候也不太需要经常从外界选拔官员,让官员生官员就行了。

世官制其实是个蛮稳定的制度,它具有可预测性,减少了贵族内部的摩擦,很适合于静态的社会。但是,它没有能够永久持续下去。在春秋中后期,它就出现了崩塌的征兆。问题出现在两个方面。一个是周王朝不再能维持大一统局面,各个诸侯国各自为政,静态社会变成动态社会,所有的政治实体都面临巨大压力。第二个变动来自民间。在西周的时候,只有官学而没有私学,民间完全处于无知无识的状态,国君即便想从民间选拔官员也无从选起。但是到了春秋时期,知识开始普及,知识分子呈现爆炸式增长。而这种来自民间的求职压力也推动了选官制度的变化。

到了战国时期，世官制度就整体性地崩溃了。

让官员举荐官员

汉朝建立后，中国进入了很长的统一期。大一统的帝国再不能像战国七雄时期那样，它需要一个稳定的选官制度。这个制度不仅要考虑到选拔人才的效率，还必须兼顾政治上的平衡。汉朝本能地选择了另一个替代方案，那就是推荐制。

推荐包括两种，一种叫征辟，一种叫察举。辟召就是高级官员可以自己招募下属，这些下属有机会得到朝廷的承认，进入仕途。不仅丞相、三公有这个辟召权，就是刺史、郡守、县令这些地方长官也有这种权力。在后来的王朝里，地方上的官员不能由一把手任命，必须由中央委派。但是在汉朝，一把手却可以自己组建领导班子。这样一来，只要地方长官看中了你，你就有可能成为朝廷官员。

但是更重要的是"察举"。所谓察举，是指让官员们进行考察后，向朝廷举荐人才。察举又分成两种，刺史以上的高级官员举荐秀才（后来为了避汉光武帝刘秀讳改称茂才），郡守推荐孝廉，所谓"州举秀才，郡举孝廉"。这里的秀才可不是后来范进那种秀才，他们的身份要高得多，往往是现任官员，所以推荐秀才更像是官员系统内部的提拔，而举孝廉才是真正的选官，一旦被选为孝廉，就可以进入朝廷郎署，从平民变成官员。

举孝廉就像后来的科举制一样，非常的正规。每年都要举孝廉，而且有严格定额指标。西汉的指标是每个郡国两个指标，东汉的指标是每二十万人口分配一个孝廉指标。正常情况下，全国一年能出两百多个孝廉。这个制度听上去跟科举制有点儿像，但是当孝廉不是靠考试，而是靠推荐，就是现在升学里所谓的"推优"。

那"优"到底怎么推呢？当然按照规定也有个标准，这就是所谓的"四科"。孝廉至少应该满足下面的四个条件之一：德行高妙（孝悌）、学通行修（经学）、明晓法令（文吏）、刚毅多略（能从政）。但话是这么说，但到底怎么才算德行高妙，怎么才算刚毅多略？这就凭长官的自由心证了。

那么我们站在地方长官的角度去考虑，他们该选拔什么人当孝廉呢？古代长官和现在领导不同，他们技术控制能力比较原始，要想保持地方上的稳定局面，往往要依赖当地上层人士的配合，因此他们举孝廉的时候，不得不考虑"物情"。那推荐什么人算是合"物情"呢？只有两种人合适，一种是在当地势力大，一种是势力虽然不一定大但口碑好。因此，察举制导致了两个结果。

第一个结果是地方大族力量的上升。他们一代又一代向朝廷输送官员，获得权势，然后这种权势又进一步转化为在家乡的影响力，以确保他们的下一代继续被"察举"。这样一来，他们在当地的力量像滚雪球一样越来越大。于是，汉朝出现了权力的地方化。这种权力在关键时期甚至可以转化成军事力量。

第二个结果就是掀起了打造个人声望的热潮。在科举制度下，你能不能当官主要看考试成绩，舆论环境对你影响不大。周围的人要是都夸你，当然那感觉也不错，但毕竟不能直接拿来换好处。可是在汉朝，别人夸你"德行高妙""学通行修"，你就能直接当官。那不用想，你肯定天天琢磨着怎么让别人夸你。这个风潮一旦形成就不可收拾。大家都夸奖的人，就成了大名士，然后这些大名士夸奖你，你也能跟着成为小名士。而名声本身又是做官的渠道。这样就形成一条牢不可破的利益链。于是，中国历史上第一次爆炸性地涌现"名士"。这些人极其显赫，有的名士回老家，送行的车就有好几千辆。有的名士去世，送葬的有六七千人之多。翻翻《后汉书》，到处都是这些名士的光辉事迹。

除了名士，孝子也雨后春笋一般大量涌现。郭巨也开始埋儿了，黄香也开始扇枕了。当然也有造假的孝子，就像安乐的赵宣。人家守孝都是三年，他守孝二十多年，就住到坟旁的墓道里。然后在墓道里接二连三地生孩子。领导本来要"察举"他，后来发现他在墓道里生了五个孩子，勃然大怒："你在父母坟旁干了些什么勾当！"反而把他治了个"诳时惑众，诬污鬼神"的罪。

从皇上的角度看，这也是个头疼的事情，选官选出来一堆豪族和名士，给朝廷添乱。但是除此之外，一时也没有更好的办法，只能改善一些细节。比如汉顺帝时期，就搞了一个"阳嘉新制"。地方送上来的孝廉，朝廷不直接任命，还要出题考一考，"诸生试家法、文吏课笺，奏副之端门，练其虚实"，勉强算是有点儿科举制的影子。但是这个改革影响很小，无法撼动整个社会风气。

九品中正制

一直到了汉朝崩溃后，中央政府才对察举制有了一个大改动，这就是著名的九品中正制。九品中正制起始于曹魏，定型于晋朝。大家都知道，这个制度导致了门阀的兴起，但是在开始的时候，中央政府制定这个制度并不是为了培养门阀，它的本意是要把察举的权力从地方收到中央。门阀兴起是一个计划外产物。

九品中正制大致说起来是这个样子：察举的本质还是保留，但是不再用"德行高妙"之类的标准，而是让察举者对人物进行评议，分为"上上"到"下下"九个品级。上上一品没有人能得到，二品就是最高级别了。而品级越高，入仕时的官品就越高。一般来说，人品与官品大约相差四品。也就是说，如果被评议为"二品"，那么你担任的起始官职大约是六品官。当然，这里有一个问题，谁来"品"呢？如果按照汉朝的办法，应该是地方官员。但是魏晋朝廷把这个权力拿了回去。它让中央官员兼任州郡的"中正"官，对人物进行评议。

如果粗粗一看，这似乎和汉代的察举制也差不太多，但实际上这里有两个绝大的不同。首先，在汉代，你是孝廉，我也是孝廉，大家进入仕途的时候是平等的，但是九品中正制给入仕官员划分了严格的等级。第二个大不同是这个品评的权力被集中起来了，尤其被集中在"州中正"的手里。地方官员要考虑到当地舆论，而州中正是中央官员，在这方面的顾虑要小得多。只要会造势，会打造个人品牌，汉代草根还经常能逆袭一下，但是在东晋南朝时期，这个途径就慢慢被关闭了。你守孝三十年又如何？州中正就是不买你的账，就是给你个七品八品，你能怎么样？

让一个小圈子的人去接着选下一波小圈子，结果可想而知，高级职位很快就变成他们的囊中物，这个小圈子也就成了所谓的门阀。开始的时候大家可能还觉得不公平，但天长日久，大家对这种情况习以为常，觉得事情本来就该这样，潜规则变成了明规则，中正们直接用家谱世系来给人定品级。"下品无势族，上品无寒门"说的就是这种情况。当然，这是一个潜移默化的长期过程，在九品中正制刚刚推行的时候，大家是预料不到这个结果的。

"寒门"还不是最糟糕的，他们至少还有担当低级官职的机会。至于级别更低的"役门"，甚至连被品评的机会都没有。这样一来，中国社会又重新变得具有浓厚的等级色彩。但是它和西周春秋的贵族社会还是不同。在封建贵族社会里，贵族拥有明确的特权，同时对上级和下级也都具有明确的义务。而对于士族来说，一切特权、一切好处，都像是从这个社会系统里临时窃取来的，因此也没有产生相应的义务。相对于贵族，士族被免除了责任感。而责任感一旦不存在，荣誉感也就变成了单纯的傲慢。士族很快发生了堕落，其堕落的程度远远超过了春秋时期的贵族。到了南朝末期，士族已经变成了颜之推笔下的一群废物，"皆尚褒衣博带，大冠高履，出则车舆，入则扶持，郊郭之内，无乘马者⋯⋯建康令王复，性既儒雅，未尝乘骑，见马嘶贲陆梁，莫不震慑，乃谓人曰：'正是虎，何故名为马乎？'"这样一群堕落的废物当然没有办法永远掌控权力，权力最终像沙子一样慢慢地从他们手中流走，流到了"寒人"的手中。九品中正制已经失去了存在的意义。在延续了大约四百年之后，随着隋唐帝国的兴起，这个制度终于消亡了。

当这一个方法也失败的时候，人们就顺理成章地走到最后一步：既然直升也不行，推优也不行，那索性放开了考试，谁考上谁就当官。科举制的发展终究是不可遏制的。

（作者：押沙龙）

唐代"公务员考试"的困惑：外挂为何这么多？

细心的历史学家可以为科举找到更早的源头，但一般情况下，泛泛说来，还是把隋唐视为科举制度的第一个阶段。

以后世的标准看，这个阶段的科举很多地方都怪怪的。

功夫在诗外，高分靠场外

第一，就字面意思说，科举就是分科举士的意思，只有隋唐，才符合这个标准。因为后来考科举几乎等于是考进士，而隋唐时期，考试科目，那是真多。

除掉曾经很煊赫，但后来因为太难很少有人参加的秀才科，唐代最基本的考试，有明经和进士。此外，皇帝随时可能根据具体需要，新增加一种考试，这称之为"制科"。各式各样的"制科"考试，统计下来起码有六七十种（传统说法是"无虑百数"）。至于制科的名目，什么贤良方正、博学鸿词、能言极谏之类都还比较正常，但还有什么志烈秋霜科、临难不顾徇节宁邦科、长才广度沉迹下僚科、手笔俊拔超越流辈科、哲人奇士逸沦屠钓科……招牌华丽如圣斗士的拳法，真是看得人眼花缭乱。

第二，唐代流行一种特别有观赏性的活动，叫作"行卷"。就是考试之前，来应考的举子，把自己的作品送给王公大人们甚至主考官看。如果得到赞赏，那么真到考试的时候，现场作文写得怎样，也许根本无所谓。

也就是说，考场外的各种活动公开且大量存在。《文献通考》说，天下的士子荟萃于长安，他们成群结队，衣衫不整，骑着一只只跛腿小驴，千方百计奔走于权贵之门。第一次送出作品，叫"寻找知己"；送出后没有回音，就再来一次，叫"复习功课"；如此还没有回音，就干脆带着礼物在大路上拦住人家马头，口称"某人拜见"了。

由此产生的各色段子，真是不知道有多少。

如王维参加考试之前，为了得到玉真公主的推荐，竟然假扮优伶，演奏了一曲《郁轮袍》，引起了公主的注意，然后成功把自己的作品送到了公主的手里。结果公主赞叹说:"京兆得此生为解头,荣哉!"大意是,今年京兆府把这位同学作为推荐的第一顺位,是我们长安城的光荣。这是考试还没开始,解头就已经定了。

更夸张的,如唐文宗大和二年(公元828年),礼部侍郎崔郾到洛阳去主持科举考试,太常博士吴武陵向他推荐杜牧。杜牧是高干子弟,文才也确实好,崔郾当然也很赞赏,但同时也很为难,因为这次考试,第一名到第四名都已经内定,最后他和吴武陵说定,给个第五名。崔郾对其他官员说起这件事:"刚才太常的吴博士,送给我一个第五名人选。"于是说出了杜牧的名字。

从这个场景来看,谁来通的关系,为谁通的关系,确实就是当众聊天的话题。这就是唐朝,宋以后的主考官,借多少个胆子也不敢的。有人提反对意见,杜牧这人不行,"不拘细行",就是日常生活不检点。这当然并不是诬陷,"十年一觉扬州梦,赢得青楼薄幸名",这杜牧自己交代得很清楚的。但崔郾很重然诺:"已许吴君矣。牧虽屠沽,不能易也。"已经答应人家的,哪怕杜牧是个杀猪的卖酒的,这个第五名,不换了。

唐武宗会昌三年(公元843年),王起主持科举,问宰相李德裕有没有中意人选,李德裕的回答那叫掷地有声:"安用问所欲为,如卢肇、丁棱、姚鹄,岂可不与及第邪?"你问我干什么,像卢肇、丁棱、姚鹄这几位,不录取他们你觉得合适吗?

这几位也就理所当然地在那一榜都高中了。

不管后人怎么理解,这些故事,唐朝人都是当"佳话"讲的。

第三,考场外的竞争如此重要而且被视为合理,考场里的规矩,就小得多了。

进考场本来要搜身,但有的考官觉得这么防作弊很无聊,就不搜了,还把各种考试参考书放在考场里,任由考生翻阅。据有的小说描写,考场里也不禁止考生交流,考生要是对考题不明白,向考官询问也是可以的。

宋以后的科举故事,一大主题是偷考题——直到今天,重要考试的考题泄露仍然会是大新闻。在唐代,就不怎么有这种故事的土壤。因为出什么题也没那么重要,有时竟是可以临场改的。

有个叫乔彝的,参加京兆府的解试。喝得醉醺醺的,清晨开考,他中午才到,但试官还是放他进场了。拿到题目,是《幽兰赋》,乔彝说:"两个男人相对,写《幽兰赋》有什么意思,快点儿换题。"

于是试官就真的给他换了,改成《渥洼马赋》。乔彝说,这还有点儿意思,奋笔一挥而就,警句云:

　　四蹄曳练,翻瀚海之惊澜。
　　一喷生风,下湘山之乱叶。

两位试官一看写得真好，还真的就打算判乔彝为第一名。最后京兆尹发话：乔彝头角峥嵘得过分，当解头怕他骄傲，给个第二名吧。

糊名、誊录之类的程序，只有武则天偶尔会搞，唐朝其他时候当然是没有的。

大诗人刘禹锡，自己官运很不好，儿子刘咸允参加科举，也总是不能考中。原吏部尚书崔群同情刘禹锡的遭遇，心心念念要拉他儿子一把。刚巧崔群的学生张正谟做了京兆府试官，崔群就把张正谟找来，当着刘禹锡的面把这事托付给他，希望让刘咸允中个解头。等到发榜，刘咸允倒是中了，但名次很靠后。崔群非常生气，跟门人说："以后张正谟来找我，就不要通禀了。"表示不再认这个学生。

可以讲一个清代的故事作为比较。南通那位实业家状元张謇，曾科场蹭蹬好多年。其实，张謇很早就得到两代帝师翁同龢的赏识，他每次去考试，那些考官们往往就是翁同龢的学生，所以阅卷时几乎就是在找张謇的卷子想给个高分，但次次认错了人，高分给了旁人，张謇却被他们刷掉了。但翁同龢不能像崔群一样，为这事向学生发飙，因为他知道学生们确实没有办法。事实上，他老人家自己也认错过，光绪十八年（公元 1892 年）会试，翁同龢自己是主考官，收到一份卷子，其中大谈朝鲜问题——张謇年轻时做淮军军阀吴长庆的幕僚，曾在朝鲜和日本人斗过一回，谈这个是他的爱好。翁同龢于是认定这份卷子是张謇的，当即录取。

然而，这偏偏是另一个考生知道张謇的文风也知道翁同龢的想法，刻意模仿的，真的张謇再次落榜，最后，老头气得新进士们的谢师宴都不去了。

这两个故事都带有段子气，不过明显可以看出时代差异：清代考官只能根据卷子猜作者，猜错的可能性很大；唐代的考官，却很清楚考卷后面的考生是谁。所以，后世科举，即使你很得主考官赏识，你也未必考得中；唐代的主考若是想录取你，却总是能做到的。

第四，唐朝人考中了进士，并不意味着就有官做，还要去参加吏部的"关试"。而关试的考核，有四条标准：身、言、书、判，即所谓体貌丰伟、言辞辩证、楷法遒美、文理优长。很明显，"身"和"言"，不面试是考不出来的。

众所周知，面试这个环节，考官的自由裁量权是最大的。何况即使不作弊，世家子弟这时也明显占优势。假设一个苦孩子，白天要下地干活，肯定晒得乌头巴脑，晚上才能看书，又点不起灯，于是什么凿壁偷光、囊萤映雪之类的招数纷纷用上，长时间下来眼神多半也会搞得比较奇怪。而门阀贵胄从小居移气，养移体，形象气质自然培养得比较好。要是从小没见过比村长更大的干部，关试时面对眼前一排吏部大员，怕也难免紧张得不行。和人家名门之后一进来，就能亲热地喊"崔叔叔好，卢叔叔好……"那也完全没有可比性。

当然，这个假设比较极端，因为真的出身太低微的，前面的考试早就被刷掉了，几乎不可能进入关试环节。但关试时只是二三流的门第，那吃亏也是非常明显的。如著名的大文豪韩愈，韩姓本来就名声不够响亮，他又是出自一个不起眼的分支，只能自吹"郡望昌黎"而已。所以他虽然哼哧哼哧过了进士考试的门槛，关试就再也通不过，最后只好满心失落地跑到节度使那边当幕僚去了。

最后当然还应该注意到，唐朝进士的数量，是很少的：平均每年23人，不但不能望年均340人的宋朝之项背，比之明清的每年100人左右，也差得远。

这么一点点数量，根本不足以为大唐的国家机器提供足够的官员。事实上，科举也确实不是唐朝人最主要的入仕途径。从数量上来说，唐代每年新增入流的官员有时高达1000人以上，而即使加上明经，科举入仕的也不过百人；从释褐（进入官场后担任的第一个职务）级别来说，高干子弟靠着"门荫"，可以一上来就做从五品的官，而进士一般是担任校书郎或者县尉，在正九品、从九品之间。

当然，这不是说对于唐朝人而言，进士身份就不重要。各类史料中那么多赞美进士的话，可都不是瞎说的。只不过，拥有一个进士身份，价值不在于你可以因此获得一张官僚队伍的入场券，而是将来在通往高级官员的道路上，你从此多了一个重要的加分项。

总之我们可以看出，唐代科举的竞争，既在考场内，也在考场外，是关涉到才华、声望、人脉的综合性全面较量。这种较量的结果，就是"上林新桂年年发，不许平人折一枝"，体现在两《唐书》（即《新唐书》和《旧唐书》）中，就是够格拥有一篇传记的人物，90%出身是官宦家庭。

当然，有不少材料上提到唐代后期的科举中，"孤寒"对"子弟"往往占据优势。但现代学者做过量化分析，发现所谓"孤寒"，泛指"公卿子弟以外所有的入仕者"，就是把中下层官僚家庭的孩子，还有破落的旧士族统统包括在内。高门甲族瞧不起他们，但于普通人而言，这已经是高攀不上的身份。

也就是说，唐代科举最多是在社会上层内部提供了一种流动性，至于给中下层出路这件事，科举基本是不负责的。

从选拔人才的角度说，唐代科举也有点儿尴尬。看不上进士办事能力的观点，在唐代也很流行。最著名的例子如李德裕说："朝廷显官，须公卿子弟为之。"因为公卿子弟从小耳濡目染，对政府机器运作的规则和套路，自然比较熟悉。而出身贫寒的士人纵使才华过人，进入朝廷后也会有个麻烦的磨合期。

作为普遍原理，这话有走极端的地方。但李德裕确实有说这话的底气，作为出身高贵的官员，不论胸襟、见识、才具，他都比他那些进士出身、文采风流的对手如牛僧孺辈，高出不知道多少。

进士考诗赋，而唐朝人对这种文学创作的能力，多少怀有一点儿类似宗教般的感情。文学才能被视为一种与生俱来的神圣素质（没天赋努力也没用），而一旦拥有了这种素质，就应该尽量避免被具体工作所玷污。

如唐武宗时，盐铁判官姚勖要升任职方员外郎，就遭到了尚书右丞韦温的反对："郎官最为清选，不可以赏能吏。"其实，姚勖是玄宗时名相姚崇的五代孙，著名诗人姚合的从侄，他本人也在长庆元年进士及第，本来从各方面看都不可谓不清贵，但仅仅因为从事过盐铁方面的具体工作，在韦温看来，已经被开除出清流的行列。

韦温当然在"文学教"里也是原教旨主义者，但确实能代表很大一批人的倾向。所以到了唐代末期，"浮薄""轻薄"之类的形容，干脆成了进士的代名词。

（作者：刘勃）

"王者荣耀"的封禅制度为何止于宋朝？

中国乃是礼仪之邦，各种祭祀仪式自然不少。而在诸多祭祀典礼之中，最为隆重盛大的自然是封禅。所谓"封"就是筑土为坛，报天之功；"禅"就是辟场祭地，报地之德——说白了，封禅就是人间帝王在一统天下之后，对天地之功的报答。

自秦汉以来，中国历史上共计7位帝王进行过封禅，其中6位帝王封禅泰山，武周女帝武则天封禅嵩山。最后一位进行封禅的帝王是宋真宗赵恒，他于大中祥符年间封禅泰山，此后元、明、清三代虽然屡屡有人提议封禅，但最后却都不了了之。

为什么宋代之后的帝王主动选择放弃封禅呢？在进行封禅的7位帝王中，武则天为什么又另辟蹊径，封禅嵩山而非泰山？

秦始皇：被嫌弃的封禅先驱

有史可证的封禅第一人是秦始皇。虽然司马迁在《史记·封禅书》中借管仲之口言之凿凿地声称："古者封泰山禅梁父者七十二家，而夷吾所记者十有二焉。"但毕竟没有确凿的证据，因此后人大多认为上古七十二家封禅说不足为信。

秦始皇统一天下后面临的一个棘手问题，就是自己虽然通过武力征服六国，但在意识形态上并没有完全征服这些国家。因此他效仿上古帝王的"四方巡狩"制度，先后数次巡视全国，在各地名山刻石颂功。而齐鲁之地儒生们鼓吹的上古帝王"封禅"大礼，自然也跃入了他的眼帘。秦始皇迫切需要通过一场隆重的典礼来彰显自己的功绩，同时也向天下的子民们表明，自己一统六国，靠的是上天的意志。对儒生们来讲，这可谓是一步登天的机缘。然而在如何封禅这个问题上，儒生们却犯了难。

由于春秋时期的封禅说大而化之，因此当满怀期待的秦始皇找到齐鲁儒生，让他们拿出一个具体可行的封禅典礼流程时，大家才惊愕地发现：究竟要怎么封禅，先做什么、后做什么，完全没有章法！于是儒生们展开了激烈的讨论，这些意见完全不合秦始皇心意。最后秦始皇索性抛开儒生——那就用秦国的仪礼来完成这场封禅！

这下麻烦了，秦国长期地处西陲，在雍地建立了自己的一套"雍四畤[1]"祭祀礼仪。这套东西，跟齐鲁之地儒生们所推崇的礼仪大相径庭，秦始皇更是提出了修路以方便他乘车上山、刻石以歌功颂德的要求。最后，秦始皇先登泰山之顶封天，再下山到梁父山禅地——不料半路上风雨大作，一度将秦始皇给拍到了树下！

　　这下儒生们可算扬眉吐气了：秦始皇这个封禅，老天爷不认可啊！不然怎么会忽然风雨大作呢？这分明就是上天不满，降下警兆啊！之后，秦二世而亡，更坐实了儒生们的臆测，因此等到汉朝，大家集体否定秦始皇的封禅行为，《文选》李善注曰："古封禅者，七十二君，今又加之二汉。"完全把秦始皇封禅给无视了。

　　不过，始皇帝的封禅虽不被儒生认可，却还是为后来的帝王留下了宝贵的遗产——比如登泰山顶以封天、下山后到梁父山禅地、在山顶刻石以颂德等。

两汉：日趋成熟的封禅体系

　　汉武帝时，儒生地位得到提高，封禅大典自然也被瞧上了。汉武帝在解决了内忧外患之后，觉得自己功德圆满，天命所归，而且恰逢元鼎四年（公元前113年）在汾阴得到宝鼎，大家鉴定一番之后认为此乃"周鼎"，"天祚有德而宝鼎自出"，是祥瑞，说明眼下时机成熟，是时候封禅泰山了。

　　这次封禅礼的流程异常复杂。汉武帝先到梁父山"礼祠地主"，然后在泰山下东方某处举行公开的封礼，再单独携霍去病之子、当时年仅10岁的霍嬗一同登泰山，在山顶又行了一次完全私密的封礼。最后下山，在泰山下趾东北肃然山行禅礼。

　　东汉开国之后，光武帝刘秀想再度封禅，下令求访当年汉武帝封禅时的礼仪制度。结果大家费了好大的劲儿，总算是根据各种文献复原出来一部分。然而，汉武帝第二次封礼整个过程秘不示人，随行的只有10岁的霍嬗，偏偏这孩子封禅之后没过多久就病死了，所以第二次封礼是个什么情况，大家谁也不知道。

　　不过没有关系，没有现成的制度，咱们就改良一下。光武帝将当年汉武帝的两封一禅变成了一封一禅，山下的那次封礼变成柴燎祭天和祭祀泰山的山神，而上山的那次秘不示人的封礼则变成了公开的封礼。其他仪式也有所变化，然而这些都不是关键，关键是刘秀的这次封禅，开了一个很有意思的先例。

　　封禅本质上来讲，是王朝更替、帝王"受命易姓"之后，"功成封禅，以告天地"的仪式。刘秀虽然是东汉的开国皇帝，却并没有"受命易姓"——那还搞什么封禅呢？

---

[1] 春秋战国时期，秦人先后在雍地建立了包括鄜畤、密畤、吴阳上畤、吴阳下畤的雍四畤祭祀系统，它是秦人的最高祭祀系统。

所以，刘秀的这次封禅，日后也遭到了许多人的批评。

不过这些批评刘秀的人可能没有想到，下一次封禅要等到 600 多年以后了。

李唐：最有资格的太宗为什么不封禅？

东汉灭亡之后，魏晋南北朝持续动荡，战乱频发。在近 400 年时间里，无数帝王来了又走，如流星般划过历史的长夜，直到唐朝才算安定下来。在这期间，数位帝王都曾动过封禅的念头，其中魏明帝、隋文帝等皇帝甚至着手制定了封禅礼仪，但最终还是由于这样那样的原因未能成行。其中最为可惜的，当属唐太宗李世民。

在许多人心中，唐太宗李世民是当之无愧的千古一帝，他在位 23 年，文治卓越，武功不俗。无论从哪个角度讲，他去封禅，都是够格的。可偏偏就是这样厉害的唐太宗，在位时"五议封禅"，最终却未能成行。

唐太宗未能封禅的原因十分复杂，总的来说，贞观初年他回绝群臣的封禅之请，主要是考虑到国家刚从隋末的战乱中恢复过来，"民物凋残，惮于劳费"。但据学者揣测，这其中也有他担心自己是通过"玄武门之变"夺权上位，怕因为封禅而引得老天不满折损阳寿的因素在里边。到了贞观中期，唐太宗的权力日趋稳固，封禅的心思也慢慢变得迫切起来，却因为距秦汉太久，相关礼仪无从考据，最后浪费了太多功夫在制定礼仪上，结果从贞观十一年（公元 637 年）一直拖延到贞观十四年（公元 640 年）。贞观十四年时，唐太宗总算是下定决心，结果这决心刚下不久又碰上彗星之变，只得无奈取消原定的封禅计划。而等到贞观二十一年（公元 647 年），封禅之议再起，唐太宗再次下定决心，却因为边衅不断、河北水灾而被迫再次取消。就这样，唐太宗稀里糊涂地与封禅擦肩而过。

唐太宗虽然没能成功封禅，但他在位时所确定的封禅礼仪却被留了下来。唐高宗麟德二年（公元 665 年）十月，高宗一行人从东都洛阳出发，携文武百官及诸国酋长前往泰山封禅，队伍"相继数百里"，人鸣马嘶，声势浩大，尽显大唐国威。不过这次封禅最大的特点，却是禅礼的参与者，加入了后宫嫔妃。

而提出这个建议的人，正是当时的后宫之首——武则天。很快，中国历史上唯一一次由女性主持的封禅也将到来了。

武周：乱入的嵩山封禅

永淳二年（公元 683 年）十二月，唐高宗崩于洛阳，唐中宗李显即位。7 年之后，武周革命，武则天于洛阳称帝。第二年，群臣上表请求封禅，只不过他们这次请封的不是泰山，而是中岳嵩山。

武则天从善如流，在天册万岁二年，也就是公元696年腊月封嵩山，禅少室山。这次封禅所采用的礼仪与乾封元年（公元666年）唐高宗封禅的礼仪基本一致，封禅过程更是极为顺利。后世学者们认为，武则天的这次封禅打破了传统中国历史上只有男性能够主持国家祭祀典礼的局面，同时也打破了自古以来封禅"唯泰独尊"的局面。

自秦汉以来，中国古代的大一统王朝往往呈现出一幅非常有趣的局面，即文化中心与政治中心并不完全重合。而封禅作为齐鲁之地儒生及方士所推崇的古礼，其举行的地点自然要落到泰山头上，恰如一些学者所指出的那样："秦汉虽帝关中，单纯作为政治中心的长安却不得不屈从于文化中心、宗教中心'泰山'。"

然而，随着秦汉以来文化交流的日趋频繁，大一统帝国内部这种文化中心与政治中心不重合的现象逐渐得到了解决。等到了唐朝中叶，即使是世家大族，往往也是举家移居京城，长安、洛阳这些都城成了前所未有的政治、经济和文化中心。而随着文化中心的不断迁移，在魏晋时期就有人提出了"五岳皆可封"的观点。其中嵩山作为"六合之中"，更是得到不少人的推崇。唐太宗在与群臣讨论封禅地点的时候也曾有过"朕意常以嵩高既是中岳，何谢泰山？"的感慨。所以武则天封禅嵩山，多少有点儿历史发展的必然因素在里边。

不过当然，除了秦汉以来文化中心迁移的内在原因之外，封禅嵩山也有其他因素的影响。其中最重要的，当属武则天的个人喜好。她认为自己的武姓源于姬姓，而姬姓自然要追溯到周天子的身上，周武王曾在嵩山祭天，认为嵩山乃是天下之中心，武则天自然也就认定了嵩山是自己的本命之山。唐高宗封禅泰山之后，她就积极推动再封嵩山，虽然后来由于种种原因未能成行，不过等到了武周开国之后，新的封禅计划便自然而然地将地点定在了嵩山。

武周之后，李隆基再兴唐室，并一手开创了盛唐局面。因此在开元十三年（公元725年），唐玄宗李隆基封禅泰山，颇有拨乱反正之意。唐玄宗的这次封禅继承并完善了唐高宗和武则天留下的封禅礼仪，并形成了详细的文字记载，可谓是"集封禅之大成"。

武则天的"本命神山"思想在唐玄宗身上留下了深刻的印记。玄宗属鸡，生于乙酉年，而酉为金子，金在西方，西岳乃是华山！所以照这么推断，玄宗的本命神山自然就是华山了。因此在封禅泰山之后，玄宗很快就动起了封禅华山的念头。天宝九载（公元750年），玄宗正式做出决定，封禅华山，然而却因为华岳庙大火而不得不放弃了这一构想。这之后天宝十四载（公元755年）安史之乱爆发，唐朝由盛转衰，也就更不可能举行什么封禅大典了。

纵观从秦汉到唐朝的6次封禅，我们能够看到这样的特点：首先在规模上，是愈发盛大。汉代封禅仅仅是百官随行，顶多加上藩王，而唐高宗和唐玄宗封禅时则拉上了番邦酋长和各国代表，从行人员数以万计，纵然远如东瀛、波斯，亦有使节参与；其次在心态上，是愈发自信。

可谁都想不到，这种盛大典礼，在中国古代史上再没有出现过了。

宋代：封禅的绝响

时间匆匆而逝，转眼间五代乱世结束，赵宋从旧王朝的废墟中冉冉升起，然后大家惊愕地发现，眼下的时代已经跟过去有了太多不同，其中最要命的一点，就是现在天下竟然有两个并驾齐驱的王朝？！

一个自然是大宋，而另外一个，则是大辽。

辽国，是中国古代王朝中经常被人所忽视的一个特例。辽国的前身虽然是契丹国，然而却在公元947年打进中原，在汴梁改国号为辽。而北宋开国之后又一直没能收回燕云之地，最后双方在宋真宗一朝时订澶渊之盟，约为兄弟之国，所以当时的人们不得不面对这样一个尴尬的问题，宋和辽究竟哪个才是正统？

宋真宗对这个问题十分头疼，然而军力孱弱，又死活灭不掉辽国，夺不回燕云之地，所以最后只得转向其他方面来寻求帮助。而在太宗朝就逐渐兴起的封禅之议，自然而然地进入了他的视野。

宋太宗时，朝中就屡有封禅之议，民间献上的各种祥瑞也层出不穷。太平兴国九年（公元984年）四月的时候，太宗皇帝甚至连封禅的日子都定了下来。结果这边刚定下日子，那边乾元殿和文明殿就着了火。同年，魏王赵廷美在房州抑郁而亡，吓得宋太宗赶紧取消了封禅行程。而眼下真宗刚跟辽国订立澶渊之盟，外部军事压力陡然减轻，那么用一场封禅来宣扬大宋天命正统，不仅在理论上显得十分诱人，在现实层面也颇具可操作性。

真宗皇帝跟臣子们意识到自己功绩不足，因此强行封禅压力很大，必须要制造祥瑞，让世人明白是老天爷想让自己封禅才行。因此，真宗为了这次封禅可谓是费尽心机，他不仅亲自出手贿赂可能阻挠封禅的宰相王旦，更与几位臣子一起策划了"天书"闹剧。公元1008年正月，宋真宗宣称自己接到神人托梦，有三卷天书要从天而降，结果打开一看，天书上写的是"赵受命，兴于宋，付于恒，居其器，守于正。世七百，九九定"。真宗当下大喜，改元"大中祥符"，然后老天爷在当年四月再次降下天书！于是真宗下诏，当年十月封禅泰山。

真宗所采用的封禅仪式基本上继承了唐玄宗所确定下来的封禅仪式，只是在细节上进行了调整，以便实施。而搞笑的地方在于，在封禅之前真宗特地派人去辽国送信，说自己封禅在即，封禅时六军随行，还请友邦人士不要莫名惊诧。辽国方面则礼貌地做了回应。大中祥符元年十月二十四日，真宗于泰山顶行封礼；二十五日，下山至社首山行禅礼。此次封禅大获成功，据说"帝自东封还，群臣献贺功德，举国若狂"。群臣的表现极大地鼓舞了真宗皇帝，此后真宗宛若癫狂，四处出击，封禅泰山祀汾阴，祀罢汾阴祀西岳，祀完西岳封五岳，而大宋境内的各种祥瑞也如雨后春笋般层出不穷。直到天禧三年（公元1019年），真宗在祭祀南郊之后突然"得风疾"，此后频繁发病，从丧失语言能力一直发展到半身不遂，这才稍稍停下了脚步。

但是，北边的辽国强盛如故，而辽国一天不灭，宋朝就必须按照澶渊之盟的约定，与它互称南北朝，这感觉实在是太糟了。因此宋人试图通过另外一种方法来论证自己王朝存在的正当性，结果论证来论证去，把封禅的神圣性给论证没了！

其背后有着复杂而深刻的政治逻辑。秦汉时期，人们对自然规律的掌握尚不深刻，"五德始终说"和"谶纬说"风行一时，构成了古代中国所特有的政治神学。一个王朝的兴衰，自然与天意休戚相关。一个政权的执政合法性，主要取决于上天是否认同。而这种认同有时是通过有形的物件——比如说传国玉玺——来完成的，有时候是通过无形的东西——比如说谶语——来完成的，而封禅，自然是上天对一个政权的终极认可。

可自魏晋之后，天下分裂，南北朝对峙一百多年，征战不休。大家自然不肯随意放弃自己的执政合法性，反而都试图用种种手段来论证自己存在的合理性，最后争来争去，大概形成了三点基本意见：一是这王朝"道义"必须要正，像晋朝那样乱臣贼子篡位夺权的，不行；二是这王朝所在的地理位置必须要正，占有中原那是起码的要求；三是这政权必须来路清晰，"授受如贯"，要么接受禅让，要么吊民伐罪。而这些意见经过唐末五代的再次洗礼之后，终于被宋人捡起来再度发扬光大。

宋人对上述三点意见间的关系进行了梳理，结合当前局势，抛弃了"授受如贯"的要求，提出了以地理因素为基础、结合历史功绩来进行考量的"正统论"。这一理论的集中体现，就是欧阳修所著的《正统论》和苏轼所著的《正统总论》，在文章中苏轼明确指出："正统者，名之所在焉而已。名之所在，而不能有益乎其人，而后名轻。名轻而后实重。吾欲重天下之实，于是乎始轻。"

从某种角度上来说，这个理论可谓震撼人心。北宋中期儒学复兴运动开始，而欧阳修等人又是其中的领军人物，所以这个理论自然而然地扩散开来，被广泛接受。金章宗时期甚至在官方奏章中提出了"辽据一偏，宋有中原，是正统在宋，其辽无可继"的观点，算是彻底圆上了宋真宗的心愿。

明清：帝王们选择了放弃

宋代"正统论"的确立，对中国古代政治史具有无可估量的重要意义。从此，一个王朝的兴衰更替逐渐与虚无缥缈的天意脱了钩，大家开始更加关注统治的实际功效，传统儒家政治神话逐渐被消解。因此，明、清两代虽然也屡有封禅之议，然而最终帝王们却不约而同地选择了放弃。

明永乐十七年（公元 1419 年），朝中再起封禅之议，却被朱棣用一句"在德不在封禅"给噎了回去。清乾隆五十五年（公元 1790 年），乾隆皇帝前往泰山祈福，却并不封禅，而是在泰山神庙留下碑文，将封禅这事大大地抨击了一番：历朝历代皇帝的封禅之举乃是"矫诬侈大之事"，我大清皇帝那是绝对不会效仿的。

封禅的兴衰深刻地反映了中国封建王朝的政治文化变迁，皇权在长达千年的不断演变中逐渐膨胀，对皇帝来说，论证自己"受命应天"的动机当然也没有那么迫切了。封禅逐渐从帝王们趋之若鹜的至高大典，沦为儒"不著于经"的渎天淫祀，最终消逝在历史的长河之中。

（作者：刘志斌）

宰相制度的终结：胡惟庸为何必须死？

天下初定，朱元璋大封功臣。洪武三年（公元1370年），他一口气封了150位功臣为公、侯、伯三等爵位。大名鼎鼎的胡惟庸被封了什么爵位？什么都没有，因为他还没有出道。一个在明朝开国中毫无建树的胡惟庸，又是如何火箭般飙升至丞相的呢？

洪武四大案之首

明朝第一个丞相，即中书省左丞相李善长是胡惟庸的老乡，濠州定远人。在李善长的提携下，胡惟庸从知县干起，整整在官场混了10余年，虽然一直处于官场快速通道上升期，可终究因为资历浅，更不是朱元璋身边的红人，所以未能得到一个爵位。但是，在朱元璋大封功臣的时候，他获得了一个职位——参知政事。在明初，朱元璋在中书省设立左右丞相、平章政事、左右丞、参知政事。参知政事就是丞相的副手。很显然，李善长想把胡惟庸作为自己的接班人加以培养。

在这个职位上，胡惟庸勤勤恳恳、谨小慎微，很受朱元璋的赏识。彼时，朱元璋正在清理对自己有威胁的开国功臣们，稍有不慎很可能遭到牵连、人头不保。但是，胡惟庸作为李善长的亲信，得到了保护。李善长退休前，朱元璋考虑新丞相人选时，咨询过开国功臣——在很多戏剧、小说中被说成"半仙儿"的刘伯温。刘伯温在胡惟庸当丞相这个问题上是这么表态的："陛下好比是一辆马车的车夫，丞相好比驾车的马，我担心他会将马车弄翻。"意思就是不同意胡惟庸做丞相。可最后，胡惟庸还是做了丞相。当然，主要原因是李善长虽然告老还乡，但在朝中的势力和影响还是很大。

刘伯温病重，朱元璋派胡惟庸与太医探望他。在吃了太医开的药后，刘伯温的病更重了，很快病死。后来，在胡惟庸案事发时，太医说是胡惟庸暗自下令，毒死刘伯温。

胡惟庸在李善长的推荐下，在公元1371年当上了右丞，之前的左丞汪广洋顺理成章地被提拔为右丞相。可汪作为右丞相，根本提不出什么有建设性的意见和建议。

所以汪广洋被朱元璋一脚踹到广东，由胡惟庸继任右丞相。胡惟庸作为独相，一直干到公元1377年。大权在握的胡惟庸开始得意起来，有时生杀大事，根本就不报告朱元璋便执行。呈递给皇帝的奏章，先私自审阅，凡是对自己不利的，便扣下不上呈。一些蝇营狗苟之辈，见胡惟庸如此大权在握，纷纷给他贿送金帛、名马、玩好之物，为的是获得一官半职，胡惟庸一边笑纳，一边把这些人视为心腹。

公元1377年，汪广洋重新回来和胡惟庸一起当丞相。可汪广洋仍旧随波逐流，等于是任胡惟庸继续独断专行。不久，发生了占城国进贡事件。公元1379年，先是占城国进贡，汪广洋和胡惟庸竟然不上报，这事被捅了出来，朱元璋大怒。两人磕头谢罪，最后将事情推到礼部身上，礼部又将事推到中书省身上。后来御史中丞涂节将胡惟庸毒死刘伯温的事捅到了朱元璋案头。朱元璋问汪广洋，汪广洋说不知道，朱元璋一听怒了，先是大斥汪广洋尸位素餐，将他贬谪到海南；当船行到路途当中，朱元璋又为他加了一些罪，最终下诏赐死。

这次胡惟庸勉强过关，但命运已经注定。公元1380年，在胡惟庸定远老家的井中，突然生出了石笋，出水数尺深，献媚的人争相说这是祥瑞之兆啊。胡惟庸非常高兴。《明史》中说他这时已经有了反叛之心，所以他邀请明太祖前来观赏，说这是大明的祥瑞。朱元璋便摆驾亲自前往，可走到西华门时，却发生了一件意想不到的事情。这件事情史称"云奇告变"。

在《明史纪事本末》里将这件事的前因后果说得明明白白。看守西华门的一个太监云奇，预先知道了胡惟庸的谋反之事，便拦在朱元璋马前，不让朱元璋走。卫士们立刻上前，差点儿把他打死。可是云奇就算快死了，也还是指着胡惟庸家的方向，就是不动。朱元璋感到事情不妙，立即登上宫城，远远地就看到胡惟庸家墙道里都藏着士兵，刀枪林立。朱元璋立即下令将胡惟庸逮捕，当天即处死，不给胡惟庸任何申辩的机会。紧接着，胡惟庸案前后审查株连竟达十多年之久，诛杀了3万多人，成为明初一大案，列洪武四大案之首。

事后朱元璋还亲自颁布《昭示奸党录》，告诫臣下，一定要以胡惟庸为鉴，别做出格的事。这案件始末让人不由得想起《春秋》中所记载的"郑伯克段于鄢"的故事。郑庄公为了国家稳定，或者说是自己的权力，先是放任弟弟段胡作非为，等到了一定程度才将其一举拿下。

胡惟庸才干过人，单独任丞相长达多年，因此与控制欲极强的朱元璋产生了不可调和的矛盾，最终被朱元璋以谋反的罪名族诛。之后，朱元璋以胡惟庸案为契机，下令废除延续两千年之久的丞相制度。

朱元璋是鸡蛋里挑骨头吗？

关于胡惟庸案，明代史籍中的记载多有矛盾，在史学界，关于胡惟庸谋反，怀疑的声音很多。明代史学家郑晓、王世贞等皆持否定态度。还有学者指出：所谓的胡惟庸案只是一个借口，目的就在于解决君权与相权的矛盾，结果是彻底废除了宰相制度。清朝人更是为这件事造了一个名词"凿空说鬼"，意思就是说胡惟庸谋反之事子虚乌有。历史真实到底是怎样的呢？那我们就立足史籍，来仔细分析一下。

首先一个是马前碰瓷记载是否可靠。据《明太祖实录》记载，在朱元璋去胡惟庸家参观的四天前，中丞涂节已经告胡惟庸谋反，以朱元璋猜忌多疑的性格，不可能还去胡惟庸家看所谓的"祥瑞"。可见，"云奇告变"纯属子虚乌有。在《明史》中从未记载有所谓看祥瑞的事情，更没有"云奇告变"的事情，只说御史中丞涂节将胡惟庸谋反的事情捅了出去，就直接将其问罪了。

之前导致汪广洋倒台、被赐死的"隐瞒占城国进贡"的外交大事件中，胡惟庸真的有错误吗？实际上，汪广洋和胡惟庸两个丞相的做法是按规定来的。明朝万历年间，刊行的《大明会典》中，卷一百零五有这么一段："自占城以下……诸国来朝时，内带行商，多行谲诈，故沮之。自洪武八年，沮至洪武十二年，方乃得止。"洪武十二年是哪一年？公元1379年。占城国进贡时按《大明会典》的要求就是应该被阻止，不让其入朝的。也就是说，胡惟庸确实是按照规定来的。但是，朱元璋帝王一怒，你按规定来，我不认可也是你的错，汪广洋、胡惟庸当然只能认错请罪。

关于胡惟庸案是明初的党争问题，学者也梳理过。明初虽然已经有了科举考试，但公元1373年就停止了，到公元1384年才恢复。因此，明初主要是荐举制，不靠科举，所以当官和被提拔主要是靠已经被封的功臣们推荐。权力最大的便是掌握大权的丞相，他的用人逻辑，往往成为下面选官的基础，结果丞相周围自然形成了一个小圈子。

明初政坛上最大的势力是淮西派。淮西派是最早跟朱元璋打江山的那拨人，他们的首领是官居左丞相的李善长。另一个势力稍小的派别是浙东派，是指跟随朱元璋打天下的浙江东部——包括宁波、舟山等地的功臣们，包括宋濂、刘伯温这些文人，这一派实力不如淮西派厉害，首领是当时的诚意伯刘伯温。

这两派，本来是相安无事的，偏偏淮西派首领李善长心胸狭窄，当了丞相后更是眼里揉不得沙子，目中无人，因为刘伯温斩了他的犯法亲信李彬。他恼羞成怒，从此开始针对浙东派斗争，但刘伯温也不是善茬。两派首领暗自较劲儿，还在朝上安插人手，作为各自的代言，斗得起劲儿。最后，属于"淮西派二代目"的胡惟庸打败了"浙东派二代目"的杨宪。淮西派大获全胜，产生了一个问题：淮西派一家独大。当朝中一派势力独大之后，皇帝便有被架空的危险。这正是朱元璋不愿意看到的结果。

所以，为了打倒胡惟庸，朱元璋就是鸡蛋里挑骨头，把身为丞相的胡惟庸，还有他的亲信大臣们办了。当然，仅有这些谋反的说法和发现是不行的，还得有一些真凭实据。所以在公元1386年，发现胡惟庸私通倭寇，公元1390年，又发现胡惟庸私通蒙古人。但这已经是定罪杀掉胡惟庸之后的第六年和第十年的故事了。因此说，形势迫使朱元璋必须将胡惟庸案包装成一个大案、要案，才能达成自己的政治目标。

不立丞相的真实原因

朱元璋从一开始便有心重新定义皇帝和皇权。首先是中枢行政之权，拿中书省的首领开刀是应有之义。在明初，中书省是国家的执政中枢，由丞相直接管理、统辖六部。这个制度体系中，中书省在唐宋时期，权力就已经非常大，比如著名的"两份关白，一份给皇帝，另一份给丞相"。这里的"关白"指的是官员们呈给皇帝的相关报告。可是每天呈上的关白太多，皇帝也看不完，所以一些不重要的关白就由丞相以及中书省给直接答复了，皇帝只需要处理比较重要、比较棘手的就行了。这也就是为什么当年胡惟庸做丞相的时候可以先于皇帝私自审阅官员的奏章，并及时将不利于自己的奏章拿掉的真实原因。

洪武十一年（公元1378年），朱元璋命令"天下奏章不得关白中书省"，这是什么意思呢？就是说以前给丞相的那个奏章副本免了，以后直接给朱元璋自己看，甭管朱元璋本人是否能看得完，总之中书省的权力被削减了，丞相地位已经岌岌可危，当时谁当丞相谁倒霉，胡惟庸正好是在这个倒霉位置上的倒霉蛋。

明朝一共有四位丞相，分别是李善长、徐达、汪广洋和胡惟庸。除了徐达成年累月在外打仗外，另外三位还是比较尽职尽责的。但问题是胡惟庸所代表的相权和朱元璋心目中的君权有不可调和的矛盾。也就是说，不管是胡惟庸还是汪广洋当丞相，要么不做事被他嫌弃赐死，要么就是做事被他认为侵犯君权杀死。最后，已经告老还乡的李善长，也难逃被赐死的下场。宰相制度破坏了朱元璋所认为的中央集权，是一定要解决的。后来，为了进一步集权，公元1393年，锦衣卫指挥蒋瓛告发大将军蓝玉谋反，令蓝玉也成了其刀下之鬼。这是后话。

朱元璋重构中央架构

拿掉丞相之后，首先是重新定义中央的文官与武官首脑。在明朝建立之初，王朝的机构基本全部是沿袭自元朝的。《明太祖实录》中称，对此，朱元璋曾批评道："胡元之世，政专中书。凡事必先关报，然后奏闻。其君又多昏蔽，是致民情不通，寻至大乱，深可为戒。"因此，在公元1376年，朱元璋先是废除了元朝的行中书省（元朝时期，行中书省总管地方所有事务，在元末几乎如同唐朝的藩镇一般不听中央管辖），用三个不同的机构来取代。

这三个机构分别是承宣布政使司、提刑按察使司和都指挥使司。承宣布政使司管理地方行政和财政事务；提刑按察使司管理监察和司法；都指挥使司管辖军事防务。它们直接隶属于六部。然后在公元1378年，他先是将涉及六部三司的日常事务，直接移交到他本人手中，然后又大量地取消丞相的职能。到公元1380年，最终废除中书省和丞相。等于是朱元璋身兼国家元首和政府首脑的职能。

公元1380年，朱元璋设立了四辅官，辅佐自己，让他们帮自己出谋划策。公元1382年，朱元璋又废了四辅官，自称效仿宋朝的官制，将四辅官改为大学士（即殿阁大学士）取而代之。后来明成祖朱棣在文渊阁设立内阁，大学士开始参与军国大事的商讨，这些就是后话了。总之，在废除丞相这一事上，相应的就必须要求皇帝自身要精力充沛、经验丰富，否则一定会出现各式各样的偏差。

朱元璋一手废除丞相制度，另一手废除了一个军事类机关——大都督府。在明朝还没建立时，朱元璋就已经设立了统军大元帅府，后来明朝初期改为枢密院，然后又改为大都督府，目的是节制中外诸军事。公元1380年，朱元璋认为"权不专于一司，事不留于壅蔽"，所以将大都督府一分为五，成为中、左、右、前、后五军都督府。这些都督府都设有左都督、右都督、都督同知、都督佥事。

同时以中军都督府断事官为五军断事官。他们分别管理京师和各地卫所，掌管相关地区的军事活动。五军都督府的权力仅限于地方的军事管理，不能调动军队，调动军队的权力归皇帝所有。后多有变迁，但五军都督府不变。从朱棣开始，五军都督府与兵部互争上下，直到明中晚期兵部管辖五军都督府才结束。不过因为调动军队的权力一直在皇帝手中，也就避免了元朝时期的军队失控现象，以及地方军阀比皇帝还强的局面。

进一步是司法体系的变更。在明朝，司法体系最重要的是监察机构和监察制度。最初，朱元璋设立御史台，作为监察机构。但公元1380年，御史大夫陈宁和御史中丞涂节受到胡惟庸案的牵连，被处死，御史台也被废除。公元1382年，朱元璋重建其为都察院，由都御史总管。这个机构设立的目的就是充当皇帝的耳目，检举和遏制大臣们贪赃枉法、滥用权力，甚至可以向上级推荐好官。在都御史下面是各个省的监察御史，他们作为派到地方的耳目，专门巡查和汇报在当地发现的官员违法行为，以及在人民那里听到的传闻等。

除都察院外，司法体系里最为人所知的就是大理寺，也就是最高法院。它的职能就是重新审查都察院和刑部做出的判决，与都察院和刑部组成三法司。

第三个就是公元1377年朱元璋所设立的通政司（察言司），功能就是接收各地发给政府的奏章。这里，都察院和六部在明朝被称为"七卿"。

明朝刚刚建立，社会领导管理阶层急剧削弱。虽然朱元璋在位之时，政治和社会危机尚未产生，但后面的继承者则接手了一个衰弱的政权。政府体系中因缺乏有能力的官员，政权便不可能维持有效运作。公元1398年，他的孙子继承皇位时，竟无合适的贤臣辅佐。

朱元璋完成了皇帝权力的扩展与宰相制度的终结，还以最严厉的口吻教育子孙，决不允许再有"丞相"，但是，他的子孙们迟早会再次将丞相以别的什么名目请回中枢，比如首席殿阁大学士什么的。因为，宰相的事不可能由皇帝一个人全处理了，生于深宫之中，长于妇人之手的继承者们，确实是无力完成繁重的行政治理工作。当然，这个所谓的"宰相"已经失去了制度上的法定权力，后世无论是前期的杨士奇、杨荣、杨溥，还是中后期的杨廷和、夏言、严嵩、徐阶、张居正，他们只能以新的方式行使权力，延续着宰相的传说。

（作者：李楠）

分封诸子，洪武朝最大的失策

洪武九年（公元 1376 年），一位名叫叶伯巨的明朝低级官员，胆大包天地上万言书，指责皇帝朱元璋施政中的三大弊端，即"分封太侈也，用刑太繁也，求治太速也"。刚愎自用的朱元璋自然无法容忍如此尖锐的批评，叶伯巨最后落得瘐毙牢狱的下场。但，解决了指出弊政之人，却并没有真正解决问题，三大弊政尤其是其中的"分封太侈"，不仅成为整个洪武时期的政治基调，更伴随明朝近三百年统治始终……

祖宗家法

朱元璋在建立明朝之初确立一代之制时，就将分封视为一项核心制度。他于洪武二年（公元 1369 年）四月开始着手"诏中书编《祖训录》，定封建诸王国邑及官属之制"。第二年四月辛酉，朱元璋更是在大封功臣之前，先行完成分封的议程，以确立诸王、功臣尊卑之序："诸子之封，本待报赏功臣之后。然尊卑之分，所宜早定。"到了洪武六年（公元 1373 年），《祖训录》大功告成，分封制度以"凡我子孙，钦承朕命，无作聪明，乱我已成之法，一字不可改易"的"皇明祖训"形式固定下来，朱氏政权"家天下"的格局由此奠定。

朱元璋想得很远。他在祖宗家法里所分封的不仅是自己的儿子，还包括未来繁衍而来的子嗣们。按宗法制度，除了皇帝嫡长子即为皇储之外，朱元璋的其余儿子皆封亲王，官服一品。亲王以下，其嫡长子"世袭罔替"亲王爵位，其余子皆封郡王，官服二品；郡王嫡长子世袭郡王爵位，其余子封镇国将军，官服三品；镇国将军子皆封辅国将军，官服四品；辅国将军子皆封奉国将军，官服五品；奉国将军子皆封镇国中尉，官服六品；镇国中尉子皆封辅国中尉，官服七品；辅国中尉子皆封奉国中尉，官服八品。镇国将军至辅国中尉属于"降袭"，而奉国中尉以下则不再降，"虽十世之外，犹赡以禄"，皆封奉国中尉不变。

为了维护家族秩序，避免子孙重名，朱元璋又借鉴宋代的做法，为皇族各房分别拟定派语二十字。"子孙初生，宗人府依世次立双名，以上一字为据，其下一字则取五行偏旁者，以火、土、金、水、木为序，惟靖江王不拘。"如长房太子朱标一支派语是："允文遵祖训，钦武大君胜，顺道宜逢吉，师良善用晟。"朱标诸子中，除早夭的虞怀王朱雄英外，其余四子名字皆属允字辈，火旁。再如朱元璋第四子燕府即后来的明太宗（成祖）后裔派语是："高瞻祁见祐，厚载翊常由，慈和怡伯仲，简靖迪先猷。"末代的崇祯皇帝即为燕府第十世，名由检，属由字辈，木旁。这种拟名方法，可以清楚地区分宗室成员的支属和世次。后世，清人声称所册封的明室后裔"延恩侯"朱之琏为"明太祖第十三子代简王之后"，而明代简王谱系中，并无"之"字辈，足见其明朝宗室后裔身份十分可疑。至于各房宗室后裔在年满5岁时，需向朝廷请名，经宗人府审核合格后，再由礼部官员按照派语拟定双名，最后以皇帝名义赐名，并列入玉牒（皇帝家谱）。获得赐名者，年龄稍长，再依次请封、请婚、请禄，就可以得到相应的爵位。

明朝亲王地位之隆，为历代罕见。凡公侯大臣见亲王，都要俯首拜谒，亲王实是一人之下万人之上。除皇帝之外，任何人都无权节制亲王和亲王府。甚至当皇帝为亲王晚辈时，亲王还可在便殿内与皇帝互行家人礼，坐受天子四拜，其地位之隆崇可见一斑。但更为重要的是，亲王各有封地，诸王在各自的封国里建立王府，凡王府文武官属于境内选用，武官千户、百户等于所部军职内选用。"凡亲王所自用文武官吏并军士，生杀予夺，从王区处，朝廷毋得干预"，"凡所居国城及境内市井乡村人民，敢有违犯及侮慢王者，从王区处，朝廷及风宪官毋得举问"，从这些规定可以看出，分封的诸王在自己封国内，不但具有官员任免的权利，而且还有司法上的特权。

朱元璋共封二十四王，后几经变动，各个藩王镇守之地划分如下：韩王（开原，后改为平凉）、辽王（初建藩于广宁，后改为荆州）、宁王（南昌）、燕王（北平）、谷王（宣府，后因罪废除）、代王（大同）、晋王（太原）、秦王（西安）、安王（平凉，后因暴薨无子，封国取消）、庆王（韦州）、肃王（甘州）、齐王（青州，后因罪废除）、鲁王（兖州）、周王（开封）、沈王（潞州）、伊王（洛阳，后因罪废除）、唐王（南阳）、郢王（安陆）、楚王（武昌）、湘王（荆州，后因罪废除）、蜀王（成都）、潭王（长沙）、岷王（武冈）、靖江王（桂林）。大明版图之内，"惟吴、越不以封，以其膏腴，闽、广、滇、黔不以封，以其险远"，而除此之外的边塞和内地名城均有诸王坐镇，足以"据名藩，控要害，以分制海内"。

按说在历史上，秦亡之后汉有分封，魏灭之后晋有分封。然"封建"之不可恃，亦不足恃。故自隋迄宋，终于沉寂了七八百年。此时朱元璋为什么会想到恢复这个制度呢？

对此，朱元璋自己在洪武三年四月"以封建诸王告太庙"后，对廷臣说明其建立宗藩体制的缘由："先王封建，所以庇民，周行之而久远，秦废之而速亡。汉晋以来，莫不皆然。"问题在于，汉代封王遂有"七国之乱"，晋朝分封亦生"八王之乱"，朱元璋大开历史倒车封建诸王，如何谈得上是为国家长久之计呢？这也正是叶伯巨所说的"臣恐数世之后，尾大不掉"。

近忧远虑

实际上，与其说朱元璋分封诸子的渊源上可追溯至西周，并附会了汉制，倒不如说他是受到了元代蒙古制度的影响。蒙古自成吉思汗兴起漠北以来，将领地视为"黄金家族"的共有家产，分封给诸子、弟，组建各"兀鲁思"。"太祖皇帝（成吉思汗）初起北方时节，哥哥、弟弟每商量定，取天下了呵，各分地土，共享富贵。"元朝建立后，由于汉地并无北方草原那样的广阔土地可供分配，元世祖忽必烈在坚持家产制传统的前提下，借鉴汉族政治文化中加强皇权的思想，着力培养诸子势力，以其出镇地方，充任地方军事长官，拱卫皇室，从而建立了新型的分封制度——宗王出镇制度，出镇宗王在地方上代表皇帝镇戍一方。元朝享国近百年，家产制传统与宗王出镇制度想必给包括朱元璋在内的汉地民众留下了深刻印象，特别是元代忽必烈庶子镇南王脱欢及其子孙威顺王宽彻普化、宣让王帖木儿不花等管辖江淮地区，宣让王还曾参与平灭元末农民战争。如此一来，朱元璋建立明朝之后，继承蒙元家产制传统，模仿宗王出镇制度的形式大行分封，实是当时顺理成章之举，就连明初群臣也将朱元璋行分封视为元代分封之自然延续，而不加反对。

或许，最能体现朱元璋分封诸王与元代宗王出镇之间渊源的就是，明初亲王与元代宗王一样拥有指挥一方军事的权力。洪武五年（公元1372年），朱元璋下令设置亲王护卫指挥司，每王府设三护卫，卫设左、右、中、前、后五所，所千户2人，百户10人，又设围子手二所，每所千户1人。若按明代每卫5600人计算，那么，13个塞王各领三护卫，兵额则为21.84万人；若将洪武分封的24位亲王均以领有三护卫计算，则纯为宗室控制的兵额超过40万人。实际上某些塞王所领之兵远在三护卫之上。比如肃王"就藩甘州，诏王理陕西行都司甘州五卫军务"；庆王"就藩宁夏"，诏王理庆阳、宁夏、延安、绥德诸卫军务；宁王就藩大宁，为边塞巨镇，"带甲八万，革车六千，所属朵颜三卫骑兵，皆骁勇善战"。朱元璋在《祖训录》中更对藩王的军事权力做出了明确规定："凡王国有守镇兵，有护卫兵，其守镇有常选指挥掌之，听王令旨。凡百征进，若合于理，惟命是听。其护卫系本国军马，并从王调遣。"根据这项规定，无论是王国的护卫兵，还是由朝廷派往镇守于藩封的守镇兵，都由亲王掌握。地方镇守官即使得到了皇帝的御宝文书，也还须有亲王的令旨，才能发兵。

亲王领兵，所为者何？在朱元璋的构想里，儿子们握有兵权，对外可以"防边御侮"，对内则能"藩屏帝室"。这两个任务，在洪武年间，看起来都完成得不错。在边疆上，明朝虽将元廷逐出长城，但后者退回蒙古本部之后，继续保持"大元"国号（史称"北元"），亟图卷土重来。偏偏明朝建都应天（南京），距北陲太过遥远，鞭长莫及。但遏止故元的再起，对明统治者来说，又是关系到巩固统治的大事。洪武四年九月，朱元璋告谕群臣："惟西北胡戎，世为中国患，不可不谨备之耳。"明王朝与故元残余势力之间的关系始终是剑拔弩张的。洪武二十年以后，对蒙古各部征战的任务就主要依靠边塞诸王。他们屡次将兵出塞，多次大败北元军队，尤其是洪武二十三年（公元1390年）时，朱元璋命晋王、燕王"率师北伐"，大获全胜，"元降军先后归附"。捷报传到南京，朱元璋非常高兴地说："朕无北顾忧矣！"

实际上，明初将主要的军事职能交给宗室，还有一层更深刻的对内用意，是老奸巨猾的朱元璋所不愿明言的。那就是通过培养宗室势力，把军权从功臣宿将手中转移到自己儿子手里，为大规模屠戮功臣做好了准备。朱元璋为了防范权臣把持朝政，进而赋予诸王"清君侧"的权力。在《祖训录》里竟赫然有着这样一段文字："凡朝廷新天子正位……如朝无正臣，内有奸恶，则亲王训兵待命，天子密诏诸王，统领镇兵讨平之。"

谁承想，正因如此，朱元璋机关算尽，反误了太孙性命。按照封建时代嫡长子继承制，朱元璋早在称吴王时就立嫡长子朱标为世子；称帝后，又立为皇太子。朱元璋不惜"广选勋德老成及新进贤者，兼领东宫官"，这些人包括李善长、徐达、常遇春，以便太子将来能够成为一个贤德爱民的仁君。朱标在20多岁时就学习并协助其父处理日常政务，行政经验丰富，再加上为人温厚仁慈，在父亲面前，对群臣、宗亲极力维护，所以朝中人望极高。谁知天有不测风云，洪武二十五年（公元1392年）四月，太子朱标不幸病逝。朱元璋"白发人送黑发人"，其悲伤不问可知。但大明帝国继承人之位毕竟不能久虚，按宗法制度应该轮到朱标的嫡长子。偏偏朱标的嫡长子朱雄英更已先于乃父乃祖亡故，结果天上掉下的馅饼（"皇太孙"）就砸到了朱标的二儿子朱允炆（后来的建文帝）身上。一来，朱允炆的继位资格并不是毫无争议（他并非太子妃常氏所生）；二来，他也不像太子朱标那样有丰富的治国经验。因此，很可能是为了清除朱允炆登基后的不安定因素，朱标死后仅一年，朱元璋就兴起大狱，诛戮了当时军中第一名将——曾领兵大破北元的蓝玉。本来，这个人是朱元璋留给朱标将来用的。

尽管朱元璋生前已经担心诸子纷争，谆谆告诫帝位继承人与藩王"各守祖宗成法，勿失亲亲之义"，但他一手培植起来的宗室势力，却已是尾大不掉，对朝廷构成了巨大威胁，最终酿成了"靖难之变"。燕王朱棣正是打着"清君侧"的旗号，举兵南下夺去了侄子建文帝的皇位。假使朱标没有意外早逝，加上他与蓝玉的亲密关系（蓝玉是太子妃常氏的舅父），朱棣有没有胆量起兵挑战与己素来不睦的蓝玉，实在是要打上一个大大的问号。就像查继佐所言："使懿文（朱标）长视，燕（朱棣）当奈何？"可惜历史毕竟没有如果，朱元璋分封诸子，终究铸成了大错。

森严藩禁

话说回来，燕王靖难的成功，是中国历史上大一统王朝背景下，罕见的地方藩王起兵造反成功的例子，毕竟从实力对比、人心向背，甚至三年战争的实际进程看，此一结局都具有绝大的偶然性，或许更应该归咎于建文帝及其臣僚缺乏政治军事经验。

耐人寻味的是，朱棣篡夺皇位后，一边摆出"亲亲之义"的姿态，将建文帝"削藩"时所废诸王尽数复爵，大行赏赐，博得了诸王"祖宗成法维护者"的赞誉；另一方面却逐步颁行各项限制诸王权力的敕谕，对宗室"防闲过峻，法制日增"，甚至不惜动用"厂卫"进行监督，"自京师及天下，旁午侦事，虽王府不免"。

不过，明成祖虽然跟建文帝一样不信任自己的兄弟藩王（永乐朝，13 位手握重兵的亲王近半数被削夺了护卫），对自己的儿子统兵还是很放心的。因此，他援引祖训，赐汉王高煦、赵王高燧各三护卫。作为叔父的汉王手握重兵，与明宣宗俨然又是当年朱棣之于朱允炆的关系。于是，宣德元年（公元 1426 年），朱高煦效法其父，举兵反叛其侄，企图重温成祖的美梦，再一次证明宗室典兵后患无穷。从宣德朝开始，藩王失去兵权，其王府护卫也被削夺殆尽，除了极个别亲王"特赐以护卫"之外，"时护卫不设久矣"。明宣宗本人对于朱元璋的祖宗家法也不以为然，在他看来，周朝国祚之所以比秦朝久远，是因为"周得之以忠厚，守之以忠厚，故其祚长"，而与"封建"无甚关系。

宣德朝之后，随着削藩政策的推行，诸王的政治地位一落千丈，在森严"藩禁"政策的约束下，其活动空间日渐逼仄，所谓"一不律则夺禄，再不律则夺兵，三不律则夺爵"。这时期的"藩禁"，与朱元璋对亲王们的优容简直来了个一百八十度大转弯。宗室再也不具备土地的所有权或占有权，不能征发徭役赋税，也不再是封国内行政、军事、司法和财政的最高长官，不再享有领民亲政的权力，一如《明史》所说："有明诸藩，分封而不赐土，列爵而不临民，食禄而不治事。"

明成祖时期开始规定，"自今王府非得朝命，不许擅役一军一民及敛一钱一物，不听从者有罚"，并责令地方官员："若王府事有相关，即遣人驰奏，不待报而擅承行者，论以重罪。"从永乐朝开始，宗室姻亲，渐渐从民间选取；发展到宣德一朝，实行"王府姻婚不得除授京职"，"以故诗礼故家，衣冠世胄，俱不愿与王府结亲"。从宣德初年始，亲王就藩之后便永无再入京机会，相互之间也不能再相见，甚至不准出城。朝廷进一步禁止宗室出仕，违者严惩不贷。这就又把朱元璋留下的《皇明祖训》中的"郡王子孙有文武才能堪任用者，宗人府具以名闻，朝廷考验，授以秩，其迁除如常例"扔到九霄云外去了。直到明朝灭亡在即的崇祯九年，唐王还因为"请特奉敕收诸砦义勇以靖乱"，经"廷议以为非所当言，从谋叛例，发南京高墙"，沦为囚徒。明宣宗接着又规定宗室不得种田纳税，商贩盈利，排除了宗室子弟自食其力和在经济领域任意发展的可能。如此"藩禁"政策实施以后，宗室子弟不可从军、不可从政、不可出城、不可从事"四民之业"。明末遗民所著《謏闻续笔》中曾就此叹道："天子家儿……不肖者，但蓄财货，聚声色以自娱。即有贤者，不过怡情翰墨，较量音律，奉事玄释，称出类拔萃耳……"

如果说此后的宗室对于大明王朝还有什么政治意义的话，大概也只称得上是为明朝皇统的延续提供了存亡继绝以防不测的"保险"。明世宗（嘉靖帝）继承死后无嗣的堂兄弟明武宗（正德帝），自然是这方面最为"成功"的一个例子。崇祯皇帝吊死煤山之后，南明小朝廷能够一个接一个地推出皇位继承人（福王、唐王、桂王等），也是拜此所赐。

啖民膏脂

尽管"藩禁"森严，但明朝宗室与朱家皇帝毕竟属于同一血统，囿于封建宗法观念，皇帝对宗室还是要略尽"亲亲之义"。宣德之后的宗室已然成为"不得与有司之事，不得为四民之业……食租衣税，无所事事"的寄生阶层，顾炎武曾一针见血地指出："为宗藩者大抵皆溺于富贵，妄自骄矜，不知礼义……名曰天枝，实为弃物。"而宗室的巨额"宗禄"也就愈往后愈成为明廷沉重的财政包袱。

出于对皇子皇孙的怜爱，朱元璋从一开始就给予其十分优渥的经济待遇。与其对文武百官的吝啬形成了鲜明对照，洪武二十五年明廷"更定百官禄"："正一品月俸米八十七石，从一品至正三品，递减十三石至三十五石，从三品二十六石，正四品二十四石，从四品二十一石……自后为永制。"换句话说，堂堂正一品官员的年俸不过千石，只堪堪与镇国将军的待遇相埒，更只及亲王年俸的十分之一！

根据明朝政府的规定，宗藩一生之大事，诸如婚丧嫁娶、宫室造作等全部由政府负责，朝廷除了要为藩王建造宅地、提供俸禄之外，甚至诸王府的官属俸禄也由政府支给。除了《皇明祖训》明确规定的岁禄，明代藩王还享有田地、湖泊、商税及支盐等其他经济优待,这些优待并无明文规定,藩王享有的方式和额度皆表现出很强的随意性。到弘治年间(公元 1488~1505 年),"天下额田已减强半","中州地半入藩府"。无怪乎时人感叹:"我朝亲亲之恩,可谓无所不用,其厚远过前代矣!"

更严重的问题在于,"天潢之派无穷,国赋之入有限"。明初,宗藩人口数量并不多。洪武年间,亲王、郡王、将军共 49 位,另外加上宗女 9 位,共计 58 位。永乐年间,增封亲王、郡王、将军 41 位,宗女 28 位,通计前项,共 127 位,这对于当时的国家财政来说,还谈不上有多大影响。然而,朱元璋不顾"君子之泽,五世而斩"的古训,执意要泽及自己的每一个后人,使得享受国家福利的宗室根本没有"退出"机制。这两方面加在一起,就导致宗室人口的恶性膨胀。根据后来徐光启推算,明宗室人数 30 年左右即增加 1 倍,到崇祯十七年,在籍宗室人口超过 33 万人。实在令明朝财政难堪重负。早在弘治三年,户部就已惊呼:"宗支蕃盛,禄米日增!"而嘉靖后期,全国每年岁输京师粮 400 万石,而全国应支宗禄竟达 853 万石,"借令全输,已不足供禄米之半"!

明代的宗藩禄廪,成了中后期财政的一大毒瘤。万历时曾任山东巡抚,后升任工部尚书的何起鸣在其《条议宗藩至切事宜疏》中认为,宗禄问题已经是天下第一大难事:"邸禄岁增,民财日绌,比之边防,尤为难处。"

明廷解决宗禄不足的主要办法就是加征加派。陕西白水县,"嘉靖加派一百八十两八钱七分,万历加派七百三十五两五钱五分,俱系宗室日繁,剜肉补疮"。白水是当时全国"贫困县",尚且如此加派,以此可以想见全国其他各地人民由于宗室繁衍而额外增加的负担了。宗室日益沉重的压迫剥削,激化了社会阶级矛盾,终于酿成明末农民大起义。明代农民战争发自陕西,流动作战于山陕、两河、山东、四川和湖广,这些地区都是宗室最集中的省份。农民起义的矛头,也首先对准了藩王宗室。农民军所到之处,烧藩府、杀宗室。李自成在洛阳镇压福王的时候,向民众宣布:"王侯贵人,剥穷民,视其冻馁,吾故杀之,以为若曹!"明朝宗室"追遭闯、献之祸,屠戮几尽焉"。这就是朱元璋在"祖宗家法"里苦心孤诣制定的宗室政策,为子孙后代创造的最后归宿。

(作者:郭晔旻)

古代也有"宅急送"：从前的车马未必慢

人类对信息的需求是与生俱来的。

从遥远的古代开始，人类为了生存，想方设法地借助呼叫、手势、动作或者做标记，交流信息。但是在过去很长一段时间里，信息的传播在很大程度上需要依赖国家良好的交通设施和高效可靠的传递方式，换言之，需要由政府建立起一套完整可靠的系统，确保内部信息传播。在这方面，勤劳善良的中国人民发挥自己的聪明才智，摸索着建立了一整套中国古代邮驿系统，让各种重要信息在中华大地上传递，使之成为世界邮政史上一段佳话。从有文字记载的商朝算起，中国古代国家通信（后人称其为邮驿）就已经显露出雏形，距今已有3700多年。作为古代政府为传递文书、接待使客、转运物资而设立的通信和交通组织，邮驿在古代一般不对民众开放。平时，它是传达政令、沟通中央与地方及地方间联系的纽带；战时，它是飞报军情、指挥作战的得力助手；一遇重大灾异或事变，它又成为政府采取特殊措施，处理非常事故的重要手段。

中国最早邮驿系统

早在传说中的三皇五帝时代，中国就有记载说尧曾设"诽谤之木"采纳民间意见，为了使交通顺畅，还特地修了一条康庄大道。到了舜的时代，就将"诽谤之木"制度化，专设喉舌之官——"纳言"，夙夜出入各地听取民间意见，负责将舜意往下传达。在国家通信组织诞生之前，这些通信员就成了疏通信息渠道、"明通四方耳目"的关键。

不过，这些传说过于久远，缺乏更可靠的旁证，使得人们往往对此存疑。而中国现存最早关于政府组织通信活动的记载，还是来自河南安阳殷墟出土的甲骨文。根据专家的研究解读，他们认为在商纣王时期，政府已普遍利用音传通信的手段。商朝君主武丁因不放心妻子妇好带兵出征，常常用卜辞问："妇好有信？"或"妇好无信？"此信既指消息，也有询问信使是否到来之意。

据说，殷商王朝与外地的消息往来传报，已逐渐形成了驿传制度。商都城内城外,大道纵横交错,四通八达,在通衢大道沿线,为了旅途方便,商朝政府设立了许多供贵族阶级人员过行食宿的"羁"舍,不少学者视其为中国最早的"驿站"一类的特别设置。"羁"舍以王都为交通中枢,设在通往四方的干道上,以数目顺序编次,由近及远共立5站,据估计每一站相隔30里,第五羁当距王朝约150里。

在殷商王朝里有专门传递信息的信使,商王出行时会跟随左右,以供君主随时向臣下发布命令。殷商的信息传递是由专人送达,没有后世多级传递的迹象,所以信使在行途中会很辛苦,遭遇各种艰难险阻。有一片商王武丁时期的甲骨文记载,一位年迈信使在路上走了26天,差不多600里的路,结果还没到达目的地就"过劳死"了。在那个交通不便的年代,走上几十天、几百甚至几千里路,对信使来说,是再正常不过的事。

"烽火戏诸侯"背后的西周邮驿系统

西周时期,周幽王为了博宠妃褒姒一笑,不惜点燃烽火欺骗各地诸侯来救,以至于后来真有外敌入侵之时,反而无人出兵,导致亡国。这个烽火戏诸侯的故事,早已经成为后世著名典故。抛开其中的各种教训意义不谈,从中我们可以发现,至少在西周时期,在军事上用烽火传讯示警的制度已经确立了起来。在边境的道路上,每隔一段距离就筑有烽火台。烽火台上驻扎戍卒,一遇紧急情况立即点燃烽火,然后一座座烽火台传递下去。这种信息传递方式一直延续到后世,还演化出了许多规定,比如白天举烟、晚上举火;500人以下一道烽火,500人以上两道烽火,等等。不过,这种方式仅适合传递紧急警报,无法传达具体消息内容。所以,更加可靠的官方邮驿制度应运而生。

西周就已经建立了一套可靠的传递系统,这从汉字中就能反映出来:以车传递称为"传","传车"是轻车快传,主要供使者乘坐,用来征召大臣通报紧要事项;而另一种则称为"驲",是供级别高的人乘坐的"特快专递"传车;让善于奔跑的人跑步传达,则叫作"徒";而在边境负责传输的机构,则被称为"邮"。从这些丰富且含义准确的名词中我们可以看出,西周的邮驿制度已相当完善。资料显示,西周沿途设置的休息站设备齐全,大约8里设饭铺,32里设客栈。在驿道上还有叫作"委""馆""市"的休息站,在里面可淋浴、休息和放松。西周时,全国有一套相当完整的邮驿通信职官系统:在天官冢宰的全面领导下,秋官司寇主要负责平时通信,夏官司马负责战时紧急通信,地官司徒负责馆驿供应和交通凭证及道路管理,春官宗伯负责起草内外文书,司寇下面,还有大行人、小行人、行夫等,行夫为日常通信的主要执行者,组织十分严密。

简牍和符节：春秋战国时代的邮驿系统

由于春秋战国时期各种战争频频发生，各诸侯国的统治者们，也不得不对紧急信息的快速准确传递加以足够的重视。因此，这时期有关邮驿系统的记载，也变得相当丰富，不仅在历史类书籍诸如《左传》中关于郑国子产的记载中能看到，甚至连孔子也说过："德之流行，速于置邮而传命。"可见当时的邮传系统已经并不罕见，至少在孔子和其弟子眼中，已经是熟悉到可以用来打比喻的常见事物了。在这个时期，单骑通信和接力传递已经开始出现。而在战国时期，简牍和符节也流行开来。

邮驿系统发展，既有传递系统的建设和发展，也包括所传递信息本身的发展。到了战国时期，人们也逐渐开始重视信息内容的加密和保护。当时的人们将文字书写在竹简上，称为简书或简牍。在邮传这些简牍之时，短的一般字面向内，然后加封；而长简则用皮条卷成一卷，在外面整体加封。除此之外，传递信息时，还要使用通信或通行的信物——符和节。节一般是使者的身份证明，只有在其出示节的情况下，传舍才能给他提供必要的饮食和住宿服务。而符的意义则更加重大，一般用于军事用途。比如我们熟知的"信陵君窃符救赵"的故事，就是凭借符才能调动军队。只有在信使所持的符和在外领军的将军手中的符合上之后，这位信使的军事命令才算生效。

行书律：历史上最早的邮政法

秦始皇统一全国后，强调以法治国，对于邮驿，也是如此。湖北云梦睡虎地秦墓出土的《行书律》是目前所见我国历史上最早的邮政法。《行书律》里面提到，制定它的目的是为了保证公文、书信及时准确地到达目的地。《行书律》规定，文书应该分两大类：急行文书和普通文书。急行文书包含皇帝诏书，必须立即传达，不能有片刻稽留。普通文书也要当日事当日毕，不许耽搁，有耽误的以法律处置。传送律令公文，有关部门必须登记发文和收文的时间，收到后须及时回复，公文若有遗失，应立即报告有关官府另行做出应变处理。

秦时邮传事务传递者，身份更为低下，不再由士以上官吏担任，而转用民间役夫，凡年老体弱和不诚信的人，不可担任文书传递工作。车同轨、书同文后，秦朝将春秋战国时期对于邮驿通信的不同称呼"驲""置"等统一称为"邮"——负责长途公文书信的传递任务，近距离的则派人步行传递。不同于西周专人送达模式，秦代传送方式改为固定路线的接力通信，沿政府规定的固定路线，由负责邮递的人员一站一站接力传达下去。

为了保证途中不泄密，秦王朝做出若干法律规定。比如，不同的文件使用不同的文字，"简册用大篆小篆，符传用刻符，印玺用缪篆，幡书用鸟书，公府文书用隶书"，等等。在书信交邮发寄前，一般还要将竹简包扎捆好，绳结处使用封泥，盖上玺、印，以防私拆。

邮驿分离：汉魏时代的大发展

按秦制，30 里一传，10 里一亭，亭设有住宿的馆舍，不仅负责信使的传马给养，还负责供应行人口粮，除开设于交通干线上的亭与邮驿事务有关外，其他的亭皆为基层行政组织的一部分。亭长相当于基层小吏，主要负责维持当地治安，如曾担任过泗水亭长的刘邦。

汉承秦制，又在秦的基础上有所发展，张骞通西域后，顺带也开辟了国际邮路。当时邮驿通信速度是比较快的，马传一天可行三四百里，从西边金城郡（今兰州市西北）用快马到长安，1450 里的距离，7 天可跑一个来回。据记载，有一次，张衡制作的地动仪西边一个龙头含珠掉落在蛤蟆嘴中，当时的洛阳城民们很难相信地震已经发生，几天后，陇西飞马来报，迅速准确地传达了那里曾发生地震的消息，足见两汉邮驿制度之完善及传递信息效率之高。

而汉代在邮驿系统上最大的改革，就是将邮和驿加以分别管理。汉代以后，长途骑马传递都被称为"驿"；而短途步行传递信件的，都被叫作"邮"。而对应驿和邮的管理机构也分别叫作"驿置"和"邮亭"。在汉代，每 30 里设立一个驿站，而每 10 里则设置一个邮亭。而且汉代还给这些驿使和邮差定制了统一的制服：头着红巾、臂佩红袖、身负红白两色包裹，异常醒目。

三国时代，曹魏制定了《邮驿令》，里面的内容不仅涉及国家邮驿系统的建设，还对战争中如何进行通信做出了规定。尤其是还创造出了一种新的通信系统：信幡。这是一种由不同颜色和图案制成的旗帜，可以在敌我对阵的敏感场合，有效地传达保密信息，不可谓不是一个创举。而与之对峙的东吴，也因地制宜，创造出了水驿，开辟了水上通邮的新方式。

"驻京办事处"：隋唐时代邮驿大发展

到了隋唐盛世，随着国力蒸蒸日上，邮驿系统也随之有了大规模的发展。在隋唐两朝，驿又取代了以前的"邮""亭""传"，将多种功能集聚于一身：不仅负责公文、军事情报的传输，还得负责迎送官员和外国使者，追捕罪犯、抚慰灾民和运输贡品的诸多职能。比如我们耳熟能详的"一骑红尘妃子笑"，李隆基为杨玉环千里送荔枝的故事，就是利用这些密布在全国的驿站，才能让新鲜荔枝限时专递到京城的。据统计，唐代全国驿站多达 1600 个（陆驿 1200 个；水驿约 260 个；水陆通用 80 多个），全国驿站系统雇员总数达到了 2 万多人的规模。除了这些人员之外，根据大小，每处驿站还保养 8 ~ 80 匹驿马。在传递紧急军情时，这些驿马一天要跑 10 个驿站，即 300 里。

除了这些常规的驿站驿马外，唐代最有特色的还是"明驼使"。顾名思义，这是一支使用骆驼作为交通工具的邮递系统，在一些笔记小说中，曾夸张地说到这种骆驼"腹下有毛，夜能明，日驰五百里"。虽然这些小说家言不足为凭，但是从中也可以看出，唐代和西域交往频繁，也会根据实际情况，从国外进口"交通工具"，用在自己的邮驿系统之上。由于唐代中后期藩镇大量涌现，为了和京城取得联系，传递公文和获得朝廷通报，在京城设立了"进奏院"，这个机构非常类似后代的"驻京办事处"。

令岳飞痛恨的 12 道金牌：宋代的急脚递

邮驿传递发展到宋朝时，趋向军事化。宋代中央主管邮驿的机关有二：一为兵部，一为枢密院。兵部具体过问邮驿的规约条令、人事调配、递马的配备等；枢密院负责管理驿马的发放、颁布驿递的凭信符牌。两个机构相互制约，不得擅自专权。北宋实行以兵卒代替百姓为邮驿人员的方法，将传递书信的机构完全按军事编制。

宋代邮驿另一大特点为，将邮件文书的递送与过往官员投宿的馆驿从职能上完全分开。馆驿演变为单纯的政府招待所，在它之外，另行设立了一套专司官方文书传递的递铺组织。递铺的分布，以汴京为枢纽，辐射于天下。递铺设有铺长 1 人，铺兵多人，一般每铺为 10 ~ 12 人，僻路 4 ~ 5 人，繁忙干道则 15 ~ 20 人，前线边防要道有时多达百人。

按北宋知名科学家沈括在《梦溪笔谈》里所载，宋朝的邮驿传递统称为"递"。主要有三种形式：一是步递，一是马递，一是急脚递。"步递用于一般文书的传递，是接力步行传递。这种传递同时承担着繁重的官物运输的任务，速度是较慢的。马递用于传送紧急文书，一般不传送官物，速度较快。但因负担这种传送任务的马匹大部分都是军队挑选剩下的老弱病马，所以也不能用最快的速度承担最紧急文书的传递。因此，在紧急情况下，从北宋开始，又出现了一种叫作'急脚递'的新的传送文书的形式。"

急脚递日行 400 里，起源于北宋真宗时期。最初用于军事上，为边境上的一种快速传信形式。景德元年（公元 1004 年）九月，辽军大举侵宋，隔年一月，宋辽签订和约，即"澶渊之盟"，宋在边境设急脚递，以日行 400 里的速度"传送边（关）上机宜切要文字"，直抵首都汴梁。后来宋神宗在交趾开战时，自京师至广西邕桂沿边置急脚递。为了让"急脚递"跑起来，朝廷在许多交通要道上都每隔 10 里设立一个"急递铺"，急脚递的驿马白天鸣铃，晚上点火把，"铺铺换马，数铺换人"，还被授予了"撞死人不赔命"的特权，为的就是让紧急军情能以最快的速度从边疆传递到京城。最初只是要求这些急递文件每天跑 400 里，到了北宋神宗熙宁时期，又出现了金字牌急脚递，用于传送皇帝下达的敕书和军机要务，要求每天跑 500 里。

金字牌为一种通信檄牌，它被规定为急脚递使用，沈括概括其为古时的"羽檄"，即相当于后世作为紧急文书的"鸡毛信"。"朱漆刻以金书"，上刻"御前文字，不得入铺"，由御前直接发下，不经枢密院或门下省，省去很多不必要的交接手续，它沿途接力传送，不分昼夜，不入递铺交接，"鸣铃飞递，前铺闻铃，预备人出铺就道交受"。高宗绍兴十一年（公元 1141 年），中央政府一日连发 12 道金牌勒令岳飞退兵，岳飞"十年之功，废于一旦"。

那惹人恨的 12 道金牌，走的就是金字牌急脚递的通信方式。除金字牌外，南宋还有青字牌和红字牌，亦为急递的一种通信凭证，青字牌规定日行 350 里，红字牌日行 300 里。

连接欧亚大陆的"站赤"：元代的邮驿系统

在宋朝，只在某些地区重点设置急递铺。而到了元代，元世祖忽必烈将这种通信方式推广到全国。由于元代是一个地跨欧亚的超级大国，所以这种"急递铺"如雨后春笋一般遍布中原、西域，甚至远到欧洲，形成了一个贯穿欧亚大陆的邮驿网络，元人称其为"站赤"制度。

所谓"站赤"，其实就是蒙古语"驿站"的音译。元代的站赤制度包括驿站管理、负责人的相关职责、设备保养和税收等诸多方面。当时在中国内地设立的驿站约有 1500 多所，而"急递铺"则多达 2 万。除少量重要文书由专人驰送外，其余大量官方文书都是经急递铺传送。按元制，每 10 里、15 里或 25 里设 1 个急递铺，每铺安置十二时轮子 1 枚，红色门楼 1 座，牌额 1 枚。铺兵由"各州县所管民户及漏籍户"充役，每月口粮 3 斗，生活之艰辛导致常常会出现铺兵逃亡的情形。

关于当时的铺兵工作，马可·波罗有一段很详细的描述："从京城到各省的干道上，每隔几十里就有一座建筑宏伟、陈设华丽的驿站；驿站中饮食起居所需物品无不俱全……驿站还负责给使者和贵宾配备交通工具……东北边远地区甚至还有拉雪橇的驿狗……在各个邮站之间，每隔约 5 公里的地方，就有小村落，这里住着步行信差，他们身缠腰带，并系上数个小铃，以便当他们还在很远的地方时，听见铃响，人们就知道驿卒将来了。他们只跑约 5 公里，从一个步行信差站到另一站，铃声报知他们的到来。因此使另一站的信差有所准备，人一到站，便接过他的邮包立即出发。这样一站站依次传下去，效率极为神速。只消 2 天 2 夜皇帝陛下便能收到很远地方的消息，按平时速度要 10 天才能接到，碰到水果采摘季节，早晨在汗八里（今北京）采下的果子，第二天晚上便可运到上都（今内蒙古）。这在平日是 10 日的里程。"可以想见，当时的皇帝已近乎过上拥有"快递"的生活。

最后的辉煌：明清时代的邮驿系统

明代邮驿制度基本沿袭元代制度。朱元璋在登基之后并没有对"站赤"制度做出根本性的改变，仅仅是对使用过滥过频的状况做出了限制，先后颁布了几道命令规定"非军国重事不准给驿"，为此还不惜处罚了 2 个驸马。不仅是朱元璋，到了明中后期，张居正也对滥用驿站的风气做出了改革，颁布了 6 条规定限制和减少官员们使用驿站。当然，张居正改革驿站有其自身原因。明代中后期，频频出现财政危机，张居正是想借此节省开支（改革后全国邮驿经费减少了三分之一）。到了明代末年，内外交困的崇祯帝朱由检又面临着极端财政危机，这时给事中刘懋建议他裁撤天下驿站，每年可以因此节约 30 万两白银。大喜过望的崇祯帝立即下诏付诸实践。哪里想到，这些下岗人员之中，就有一个人叫作李自成。后来，失业的李自成加入了轰轰烈烈的明末大起义之中，最终推翻了明朝，可谓是邮驿史上一段最传奇的故事了。

清朝在继承明代制度的基础上又有所发展。中国邮驿发展到清代，又有了巨大的变化，就是将"邮"和"驿"再度合并。汉唐以后，历朝历代虽然总是将"邮""驿"相提并论，但实际上都是用"邮"来负责公文和重要军情的传递（亦称"递""传"），而"驿"更多地负责接待过往公务人员，给他们提供交通工具。清代则将驿站从提供服务的部门，直接提升为承办通信事务的机构。

由于清代前期国力强盛，幅员辽阔，其驿站系统也比以往诸朝更加发达。除了将驿站建设到了县级（"县递"），在许多边疆地区，如东北、西北和西南地区，也破天荒地开设了许多新驿道，建设了邮驿机构，将这些边陲地区牢牢地纳入了中央的统治之下。

在清代，邮驿系统随地方称呼有所不同，大多数情况下被称为"驿"，军用则称为"站",而对军站的利用限制很严,往往是军机处发往西北两路将军、大臣的加急信函及返回文件才允许使用;其他督、抚文书,则分成缓件或急件,通过兵部负责管理的驿站发递。这些驿站在新疆、甘肃等地被称为"塘"或"所",而在蒙古地区则被称为"台"。有些军机处发出的紧急文件会注明"马上飞递"字样,规定每天300里,如遇紧急情况,最快可达600里,所以民间才会有"六百里加急"的说法,指的就是这种传递方式。

当马尔嘎尼携英国使团访华时,英国人注意到朝廷的书信往来频繁。建立在庞大的物力组织基础上的邮件传驿使他们大为惊叹!大量的驿站从北京开始,星罗棋布地伸向全国,它们由驿丞来负责。使团离京越远,传送书信的速度就越快。前往天津途中,传送的速度是每天400里,而南下时,达到了最高速度——每天600里。北京到广州10天可达,而使团将用80天左右的时间完成这段行程。对此,英国人钦佩至极,并感叹道:"在同一时代,英邮政创下的最辉煌的成绩远远比不上中国邮政。"

大清邮驿集前代之大成,包括以驿站为主体的水旱驿路网、以急递铺为主体的步班递铺网以及为军事通信服务的塘站网,各网交织,相互衔接,联系密切。可惜,随着时代变迁,社会经济发展,民间通信需求逐渐增加,19世纪后期,古老的通信体系受到新式邮政的激烈竞争,曾经傲视全球的中国邮驿不得不让位于新式交通体系。1913年1月,北洋政府宣布将驿站全部裁撤。中国邮政新的一页由此翻开。

(作者:湘北 白泽)

参考资料:

[1] 刘广生,赵梅庄.中国古代邮驿史[M].北京:人民邮电出版社,1999.
[2] 臧嵘.中国古代驿站与邮传[M].北京:中国国际广播出版社,2009.

奠定中国大一统的制度基础——羁縻统治

从两汉至隋唐，中原王朝一直致力于对边远少数民族地区的经营，但因距离遥远、文化迥异等原因，对边疆地区的治理成本过高，只能采取不同于中原州郡的管理方式。在中原州郡，郡县制取代分封制，成为中国地方行政制度的主要模式，而在边远少数民族地区则采取羁縻统治。《史记·司马相如列传》司马贞索隐："羁，马络头也；縻，牛缰也。"此后，羁縻被引申为笼络控制。实行羁縻政策的地区名义上从属朝廷，实际由当地原住民首领自行统治。这种统治模式延续了2000多年，成为中原对边远少数民族地区的主要统治策略。

商周：羁縻统治的起源

羁縻统治的政治思想起源很早，可以追溯到商朝。商朝统治者建立了"越在外服，侯甸男卫邦伯"的内外服制度。在这个制度当中，中原王朝的君主是内外服的共主。君主在王国中心地区（内服）设立行政机构直接管理。在直属地区之外的外服，则由接受中原王朝册封的地方统治者进行统治，内服和外服相互保卫。

武王伐纣而建立周朝之后，面临两个国家安全问题：一个是殷遗民对新建立的周王朝的反抗，另一个是四夷部族对周朝的侵扰。为解决这两个问题，周朝统治者确立了"普天之下，莫非王土"的世界共主思想，分封本族人士到异族地区做诸侯，要求他们对当地民族因其俗而治。又就地册封异族君长为诸侯，让他们与王朝中央保持臣属关系，分封诸侯从此成为周朝统治者用来处理民族关系和解决民族问题的重要手段。

在此基础上，周朝统治者进一步发展出了五服、六服和九服的概念。所谓服，就是朝廷将王都以外的地区，按其与王朝的关系以及离王都的远近划分为几个大区域的一种制度。最外围的"服"，也就是所谓边远少数民族地区，要服只需要每岁上贡一次，荒服甚至只需要一代人朝见一次，可见周朝对这些地方只有名义上的管辖权，基本上都是放任自流。而在《周礼·秋官·大行人》中，周人还第一次提出了"九州之外，谓之蕃国"的概念，试图将这一制度推广到中原王朝尚未实际掌控的更广阔的地区去。

周朝的这种做法不仅在治式上，而且在治术上，为后来的羁縻政策树立了榜样，也就是说，后世的羁縻政策是由周朝的封建制度演变而来的。

汉朝：务实的羁縻政策

汉朝是中国历史上第一个长期存在的统一帝国，其"广地万里，重九译，致殊俗，威德遍于四海"。汉朝对边疆地区大约有三种统治方式：一是设郡县直接管理；二是设属国间接管理；三是设都护、中郎将、校尉等，对西域各部、匈奴、羌、乌桓、鲜卑各部进行管理。后二者都是羁縻统治，成为确保国家边地安宁的基本国策。

汉朝在边远非华夏部族地区的大规模羁縻，始于汉武帝时期。当时，汉朝经过与匈奴人长年的争斗后，击败匈奴，版图延伸到西域一带，以中原王朝为中心的朝贡体系正式得以确立。公元前60年，西汉王朝设置西域都护府，郑吉为首任都护，其管辖范围东起阳关、玉门关，西到巴尔喀什湖以东以南和帕米尔高原的约50个方国，确定了西域诸国对汉朝的臣属关系。汉朝封其部族首领为"王""侯""长"，又用和亲、朝贡、互市等笼络方法，羁縻当地部族，保护东西交通，正如郑吉所言："中国与夷狄有羁縻不绝之义。"

汉宣帝时，匈奴分裂，南匈奴呼韩邪单于降汉，被安置于北部诸郡。但由于汉朝羁縻不力，其部落日渐强盛，重返漠北。公元9年，外戚王莽篡夺汉朝政权后，他基于狭隘的儒家"夷夏之辨"和大汉族主义思想，一改自昭、宣、元帝以来汉朝与周边民族政权的平等友好关系，对边疆部族及各属国采取了一系列错误政策，致使边疆形势日趋恶化。西域各国先是互相征伐，继而攻杀汉廷所设西域都护。

公元16年，王莽派五威将王骏等人率兵出征西域，被西域诸国联合袭杀，几致全军覆没。在这次较量中，匈奴重新占据了西域大部分地区，汉武帝以来辛苦经营的对西域的羁縻统治被毁于一旦。直到东汉中期，汉廷在班超的领导下在西域逐渐获得军事优势，西域诸国"皆纳质内属"，东汉王朝才再次统一西域。

总体来看，汉代"羁縻"管理的对象主要是汉初的南越、朝鲜、匈奴，西汉中后期的匈奴，东汉的北匈奴和不受西域都护"领护"的西域国家。汉朝对待他们的原则是"来则惩而御之，去则备而守之。其慕义而贡献，则接之以礼让"。诸国无须向汉朝贡赋纳税，只需尊重汉朝主权，保障汉朝边境安全，不主动挑衅、侵犯即可。此种"圣王制御蛮夷之常道"，是三代以来华夏农耕政权在对"西戎""北狄"等游牧政权的长期斗争中总结出来的，对后世中央王朝的对外战略与边疆政策，均产生了深远影响。

值得一提的是，汉朝的羁縻政策相当务实，仅仅册封其有能力控制或者自行前来投附的地方政权。这些政权如若敢于挑战汉朝的共主地位，就会遭到果断的军事打击，汉武帝就因此先后击灭南越（南粤）、闽越、朝鲜，并远征大宛。而在其控制范围之外的国家，如安息、大秦等，汉朝都承认其独立地位，并不试图进行册封。

唐朝：羁縻州制度的创立

随着隋唐帝国的统一，朝贡制度得以重建。

大唐盛世，中原王朝利用军事优势构筑了基于羁縻统治形式的庞大帝国，如渤海被封为"忽汗州都督"、疏勒被封为"疏勒都督"等。随着唐朝的向西推进，原先附属于西突厥的诸多中亚小国，也纷纷归附唐朝。唐朝在中亚诸国设置羁縻府州。这是中国历史上第一次也是唯一一次把中亚纳入羁縻统治范围。唐朝设置了安西都护府，作为西域的最高军政机构。

除了西域诸国外，邻近的吐蕃、回纥、日本、新罗陆续派遣唐使并展开贸易。日本历史学家中村修也在《天智天皇的日本：白村江之战后的律令国家与东亚》一书中提供了一种富有想象力的推论，他认为在白村江之战中惨败并失去所有精锐部队的日本，没有决心和能力抗拒被纳入大唐支配的羽翼之下，唐朝对日本实施了一贯的羁縻支配原则，并对日本进行一系列战后处理措施，特别是引入户籍、律令等中国式统治制度。

唐太宗还创立了"羁縻州制度"，就是由朝廷任命部落首领兼任州、县长官，管理程序则沿袭部落原有的管理方式。它名义上是以"州、县"划分属民或属部，实际仍维持原有的部落组织习惯，不向中央政府承担赋役，只是形式上接受政府管辖，属于非正式州、县，故与朝廷直辖的"正州"有着本质的区别。羁縻州制度又称为"蕃州"，首领须接受朝廷颁发的印信，实行一种有限制的自治管理方式，由朝廷的派出机构都督府或都护府代行具体管理职责。例如唐朝对契丹部落就采用"羁縻州制度"，在唐太宗设立的松漠都督府下，大批的契丹部落人口成为唐朝的"属部"。

唐朝的羁縻制度就土著部落设置郡县，以其部落酋长为都督、刺史、县令，制度弹性更大，因此领土扩张能力就略强于汉代。据统计，唐代的羁縻州达到856所，但是稳定性又相对不足。例如万岁通天元年（公元696年）发生的契丹反叛战争，使营州的军政统治体系被彻底摧毁，此后二三十年内，营州成为唐朝军政势力无法达到的"弃地"。

宋朝：羁縻州残缺不全

宋代承袭唐代的羁縻州制度，但发生了许多变化。部分"羁縻州"入宋以来就本不存在。如宋人赵升所言："受本朝官封，而时有进贡者，本朝悉制为羁縻州。"即使依照这种标准来衡量，宋代的羁縻州制度也是残缺不全的。

宋朝建立之初，由于无力抗衡北方的游牧部族政权，其羁縻州绝大多数存在于南方，主要是西南地区，包括益州路（成都府路）黎州、雅州、茂州、威州；梓州路（潼川府路）戎州、泸州；夔州路黔州、施州及渝州；荆湖路北江、南江流域；广南西路宜州、邕州。但是，诸书所载只给了我们一个关于宋代羁縻州零散而模糊的印象。这些南方羁縻诸族所居之地几乎都为山地川壑，经由山谷、河流、隘口通向宋朝直辖地区。南方诸族分布区被形象地称为溪洞，如广西、湖南交界地区多个山口、通道"皆可以径至溪洞"。宋朝在主要通道上设寨扼守，阻止"蛮人"进入省地。

宋朝也没有羁縻州的准确数字，不过可以肯定的是总数比唐朝减少了很多。而且，史籍所载的部分羁縻州入宋以来已名存实亡，仅具名而已。

北宋中后期，宋朝政府有过两次大规模的"开边"活动，集中在神宗熙宁（公元1068～1077年）、徽宗崇宁（公元1102～1106年）至政和（公元1111～1118年）两段时期。两次开边使宋朝政府与西南边疆民族的关系发生了很大变化，宋政府把原先一些实行间接统治的地区，纳入了直接统治的范围之内，羁縻州不复存在，包括：成都府路的威州、茂州，潼川府路的泸州、戎州（叙州）以及夔州路之施州，荆湖路的北江和南江地区。地域广阔，情况各异。

为了维持羁縻地区的稳定，宋朝在常规措施之外，采取了一系列特别的措施，如遣使诏谕、盟誓、以贸易优惠及经济援助换取和平、"以蛮夷治蛮夷"等。这些措施总体上取得了预期的效果，维持了宋"蛮"之间的长期和平。但建立"隔离带"的政策却有违历史发展的潮流，不利于汉"蛮"之间的交流与融合。

元朝：创建土官制度

元朝由于军事实力空前强大，实现了较高水平的全国统一。元朝治边有两个重要的特点：一是在全国推行行省制度；二是在全国边远部族地区施行形式和内容有异的管理制度，尤其以在西南边疆实行的土官制度最具创意，成效也十分明显。

土官制度的主要内容，是朝廷任命边远部族首领为土官，成为国家的正式官吏，虽可世袭，但不可随意废除。土官有正式的品秩，在待遇、权利与义务方面与官吏大致相同。朝廷同时设立军事统兵性质的宣慰司等机构，广泛任用土官为宣慰司及下属机构的官吏。在行省的部署之下，土官及所管辖的土军负责地方治安，并参加屯田等开发活动，必要时土军可由朝廷调用。

土官制度的突出特点，是元朝将任用土官与设置统治机构相结合，土官任职的统治机构虽仍有羁縻的性质，但纳入国家官吏系统管理。官府掌握收回边远部族首领资源占有合法性的权力，有效减少了因边远部族首领独占资源或为资源争夺导致动乱的现象，大致实现了对边远部族地区资源相对合理的分配，因此对稳定边远部族社会起到积极的作用。

不过，土官制度仍然有很大缺陷，如云南行省任用一些蒙古人、色目人为土官，年久甚至允许其世袭。另外，元朝对土官待之过宽，缺乏监督、处罚的规定与机制，也带来无穷祸患。例如，黄胜许是广西左江地区的土官，内附后元朝授以上思州土知州之职。黄胜许"雄据一方，伪立名号"，联络安南以为外援，聚众二万劫掠上思州附近的92座山寨，屡次作乱，难以镇压。到了元代后期，边远地区已出现土官权重众大，甚至割据一地的情形，但元朝并无有效的应对办法，至明代发展为严重的祸害。

明朝：改土归流的尝试

公元1368年，大明王朝建国，经过20年努力，明王朝基本完成了统一大业。明朝继承元朝的边远非华夏部族地区统治策略，其土府、州、县等级建置和设官制度类似于中原府、州、县，只是知府、知州、知县及其佐贰官均由不同等级的民族首领充任，宣慰、宣抚、安抚、招讨、长官诸司为统辖各部族的专门机构。按《明史·地理志》记载，有土府19个、土州47个、土县6个、宣慰司11个、宣抚司10个、安抚司22个、招讨司1个、长官司169个、蛮夷长官司5个，主要分布于湖南、广西、贵州、云南、四川等边远省区。

明朝在西南非华夏部族地区建置土府、州、县的同时，于东北、西北等地建置了羁縻都司、卫、所，以当地部族首领、酋长为都督、都指挥、指挥、千百户、镇抚等官，而由朝廷赐予敕书、印信，使各统部民，因俗而治。

不过，朝廷为了对边远非华夏部族地区实行有效的控制，还采取了"流官辅佐"的办法。不久，明朝遇到了跟元朝一样的麻烦，土官承袭纠纷、争地仇杀、不服朝命、虐其属民的现象时有发生。为了永除后患，明朝政府在完善土司制度的同时，开始实行改土归流，即革除土官世袭，以流官代替土官，使土府、州、县纳入地方行政系统。但由于土官势力甚大，改土归流在明代进展甚为缓慢。至清代中期，改土归流的速度才得以加快，至民国时期基本完成。

明朝的羁縻统治明显地加强了边远地区各部族与明朝政府的政治、经济与文化联系，为中华一统的最终形成打下了良好的基础。

明朝中后期，朝政紊乱、政治腐败，官僚形式主义愈演愈烈。当土司办理承袭手续时，官府经常拖沓推诿，迫使一些申请承袭的土司势力愤而反叛。隆庆年间（公元1567～1572年），云南土司莽瑞体等作乱边陲，便有这一方面的原因。民间流行这样的民谣："官府只爱一张纸（指土司任职委任状），打失（云南语'遗失'之意）地方两千里。"

还有些土司因获得朝廷的保护，并逐渐掌握与官府打交道的方法，平时借多征税收而自肥，条件具备时则逐渐坐大，甚至凭借掌握的土军分裂割据。明代中期，云南麓川土司思氏反叛，明朝3次出动大军镇压。其后，川黔土司奢崇明、安邦彦又发动大规模的叛乱，羁縻统治可谓名存实亡。

清朝：羁縻统治的终结

清代是中国古代疆域的定型和近现代疆域变迁的发端时期。"华夷之辨""尊夏贱夷"的观念被"华夷一家""天下一统"的思想所取代，边疆地区实现了从羁縻统治区域向直接统治区域的过渡，边缘化特质逐渐被"一体化"趋势所取代。

从雍正皇帝开始，朝廷为了打击土司的世袭特权和利益，消除羁縻地区的落后性，在西南地区实施了大规模的"改土归流"，废除了滇、黔、桂、川、湘、鄂等地的许多土司，改由中央王朝委派流官直接进行统治，实行相同的地方行政制度。雍正九年（公元1731年），上述地区基本完成改土归流。

川边藏区改土归流则到晚清基本实现，青海改土归流从光绪二十二年（公元1896年）到民国十九年（公元1930年）基本实现。

清代的改土归流使得这些边远地区与中华文明更加紧密地融为一体，因为这种融合不仅是制度上的融合，还有文化层面的融合。比如，科举制度也开始在改土归流新设地区推行。这些地区逐渐形成了士绅阶层，这些深受儒家文化影响的当地新兴士绅成为儒家文明在当地推广的代言人。

1840年以后，伴随着西方列强的入侵，中国主导的以藩属体系为基础的东亚政治格局，被西方列强主导的新型国际秩序所取代，传统的天下观和疆域观受到严重冲击，中国由王朝国家向近现代民族国家转变，中华民族由自在民族共同体向自觉民族共同体转变，并形成了诸多的跨境民族，对近现代中国民族的发展产生了深远影响。

结语

2000多年来，中原朝代更迭，天下离合相继，对边远非华夏部族地区的统治权力之紧弛，随朝而异，各有特色。魏晋南北朝、秦隋等分裂或祚短朝代，中原政府对边远地区没有什么经略绩效可言；汉、唐两朝，则因中国处于统一大帝国局面，成为中原王朝对边远地区羁縻统治最落实的朝代。不过，总体而言，大趋势是中央政府直接统治的区域不断扩大，羁縻地区在不断缩小，彼此交融汇聚成多元一体的中华民族。

值得一提的是，不仅中国中原王朝对边远地区实施过羁縻统治，越南、朝鲜等汉字文化圈国家也曾对所统治的类似地区沿用中国的羁縻政策，委任部族首领进行统治。因此，羁縻统治也成为历史上东亚区域独有的政治文化现象，值得史学界进一步的探究。

（作者：柏舟）

参考资料：

[1] 徐兴祥. 中国古代民族思想与羁縻政策研究 [M]. 昆明：云南民族出版社，1999.

[2] 刘复生. 宋代羁縻州"虚像"及其制度问题 [J]. 中国边疆史地研究，2007（04）.

[3] 方铁. 论元明清三朝的边疆治理制度 [J]. 云南民族大学学报（哲学社会科学版），2016（01）.

[4] 方铁. 论羁縻治策向土官土司制度的演变 [J]. 中国边疆史地研究，2011（02）.

[5] 李治安. 元代行省制度 [M]. 北京：中华书局，2011.

[6] 程尼娜. 论唐代中央政权对契丹、奚人地区的羁縻统治 [J]. 吉林大学社会科学学报，2002（06）.

[7] 中村修也. 天智天皇的日本：白村江之战后的律令国家与东亚 [M]. 吴明浩，译. 北京：社会科学文献出版社，2019.

贰

经济篇

没有最好的，只有最合适的

古代版的"石油战争":盐战

现代社会,人们常把石油比作黑色的黄金,以显其珍贵。

在中国古代,有一种战略物资,其地位堪比今天的"石油",那就是盐。为了争夺盐的控制权,历朝历代大大小小打了无数次仗,成千上万的人因此丧命,有的还因此亡国。

食盐官卖

人必须吃盐,古今中外,概莫能外。

而且,与其他生活必需品不同的是,盐只能买,一般老百姓自己产不了。

在古代,无论是东方还是西方,盐的地位都很高,某种程度上相当于黄金了。古罗马、印度等国都曾实施过盐业专卖。古罗马帝国还曾用一部分盐来作为军饷,称作"薪水钱"。今天英语中的"薪水"一词就来源于此,英语中薪水——salary,也是从食盐的"salt"演化而来。古希腊人、古罗马人经常用盐来购买奴隶。如果奴隶主认为某个奴隶劳动不行,就说:"他不值那么多盐。"

中国古代,在春秋之前,虽然一直也把食盐作为国家战略物资,但对民间自由买卖食盐并不限制。到了齐国管仲时,这一状况被改变。

管仲是春秋时期齐国的贤相。他推行的一项计策叫"官山海",即政府要将大海里的盐、山里的铁都收归国有。他向齐桓公进言:盐是人人必须吃的,大王您的国土又方便产盐,如果朝廷垄断了食盐的生产、销售、流通渠道,即便将食盐价格定得很高,也不怕卖不出去了;这样在一买一卖的差价中,国家就能稳收盐利,大王您的国库充盈,才能实现自己的政治理想。

管仲的改革,就是实现国家对盐业资源的垄断。齐国果然迅速崛起,齐桓公也因此成为一代霸主。不过,汉朝初年时,政府曾允许民间资本经营盐业,此举造就了一大批富商大贾。司马相如的岳父就靠着盐井生意,积聚了大量财富,家仆丫鬟多达数百人。结果,到汉武帝时,因为对外用兵需要用钱,这些盐商集体哭穷,皇帝一生气,就把盐、铁全部收归国有,实行专卖,由政府直接组织食盐生产、运输和销售，禁止私人经营。

王莽时期，富商大贾贿赂地方官府，公开或半公开地"盗煮"，食盐国营出现松动。到曹操重新施行"国营"时，食盐私营已经持续了180多年。三国魏晋时期，各个政权吸取了春秋战国东方诸国"不煮盐无以富国家"的教训，纷纷推行强制性的"国营"或"军营"政策。

唐初，国力兴盛，财政收入的渠道很多，有一段时间，不光对食盐买卖采取放任自流的态度，还免除食盐征税。可惜好景不长，安史之乱后，政府财政枯竭，只好重新打起了盐的主意。

与汉代那种政府负责产销一条龙、没有中间商赚差价的政策相比，唐朝中后期的食盐政策有很大变化。简单说，就是盐场生产食盐，政府低价购买后，再高价卖给商人，商人运输到政府指定的经销店销售。如果说之前的政策是政府统管，考虑到民生，盐的价格还不会太离谱，那么按照后面这种做法，商人自由售卖食盐，如果价格过高，老百姓就吃不起盐，就会寻求购买私盐。

私盐如果做大，必然导致政府盐税减少。政府收入减少，就会继续提高食盐的批发价，同时加大打击私盐的力度。官与民的矛盾就这样逐步尖锐起来，直到不可调和。

官盐与私盐的PK

食盐的利润有多高，管仲曾说过，一家10口人，就有10口人吃盐，使盐价每升增加半钱，万乘之国每月就可多钱上千万。盐业如此高的利润，引得无数人愿意火中取栗。

官府为了打击私盐，制定了严苛的刑罚。汉代规定，敢私自制盐者，割掉左脚趾。晋代，私煮盐的百姓判4年，官吏判2年。到了唐末，打击力度更大，唐德宗时，敢贩私盐一石的，处以死刑，后又规定，不仅贩私盐的人要处死，街坊邻居没有检举揭发的，受连坐之罪。最终，这种严刑酷法不仅没带来预期中的收入，反而把大唐江山给搭进去了。

公元874年，著名的私盐贩子王仙芝聚众数千人，在河南长垣揭竿而起。不久，另一名私盐贩子黄巢也加入起义的队伍中。黄巢家三代贩私盐，是个资深私盐贩子。后来，王仙芝战死，黄巢一个人带着队伍把当时的唐僖宗赶出长安，黄巢自己还登基当了皇帝。对于一个私盐贩子来说，这算得上达到了人生的顶峰。

元朝的命运与唐相似，元后期，朝政腐败，财政吃紧，于是拼命提高盐价，食盐收入在朝廷总收入中占据重要比例。盐价像坐火箭一样直线上升，最终引发了元末农民大起义。起义队伍中，要么起义头领自己是盐贩子，要么起义队伍中有很多盐工。所以有人说，元末农民起义，基本就是一伙私盐贩子在争夺江山。

后来建立明朝的朱元璋，属于非典型盐贩。他自己是农民，还当过和尚，但并没染指过贩私盐，不过他起兵的经费大多是私盐贩子提供的。公元 1354 年，他依靠私盐贩子给他提供的盐，到怀远换了几十石粮食献给他的上司郭子兴，然后才获得批准回老家招兵买马。结果就是这次回乡招兵，改变了他的人生轨迹，徐达、常遇春、郭英等后来的明朝著名战将，都是在这段时期招揽的。从此之后，朱元璋独立拥有了自己的人马，开始参与到争夺天下的棋局中。

另一名典型的盐贩子是张士诚。张士诚，原名张九四，是泰州白驹场的亭民，也是世代以煮盐为生的人。白驹场是元末两淮 29 个盐场之一，也是张士诚干活的地方。这个盐场有个小领导叫丘义，丘义经常滥用职权欺负盐民，名声很臭。终于有一天，张士诚和三个弟弟，加上其他盐民共计 18 个人，拿着刀棍，把丘义给杀了，连带着把平时欺负他们的盐商、官吏 10 多个人也给一锅端了，跑到临近的草堰场，召集到盐丁数百人，公开举起了反元大旗。

还有个义军首领叫方国珍，浙江黄岩人，也是世代以贩私盐为生。与张士诚不同，他的起义带有很大偶然性，是在拒捕时杀了朝廷官员，不得已走上了反抗的道路。不过，方国珍自己没什么文化，没有什么政治野心，也不懂得经营天下，所以就满足于在浙东沿海活动，以水军为主，打得赢就打，打不赢就乘船逃跑，占岛为王。

方国珍的局限性，一定程度上体现了大多数盐民的局限性。比如，黄巢也是这样，他攻克长安之后不思进取，未消灭分镇关中的唐朝禁军，又缺乏经济政策，最后被唐军击败。张士诚在起义后，也很快就开始建号称王，忙着给他的兄弟们分封官爵。反而是一开始实力最弱的朱元璋，因为有明确的目标，最后夺得天下。

不过，从另一个意义上说，这种小富即安的性格也不算是坏事。方国珍后来得以保全性命，后代还做了明朝大官，而张士诚却在与朱元璋的争斗中落得个自缢身亡的下场。

私盐贩子之间的争斗

盐贩子不仅跟朝廷斗，有时，他们之间也互斗。

比如，黄巢起义就受到了当时另一名盐贩子钱镠的顽强阻击。

钱镠是杭州临安人，也是个专业私盐贩子。史书载他"善射与槊，稍通图纬诸书"，是个文武双全的人物。这样的能力素质在盐贩子中间自然算得上出类拔萃，所以成为盐贩子的首领。

黄巢起义后不久，官府兵力不够用，就招用民间武装力量，这时也不管这支武装原来是干啥的，只要反对起义军就是朝廷的人。钱镠的队伍就这样被招安，成为临安石鉴镇董昌的部下。黄巢兵临临安城时，钱镠献计，认为敌我兵力悬殊，不可力敌，只能智取，他亲自率领一队人马埋伏在黄巢必经的山谷中，狙杀了黄巢先锋军的头领，趁着义军群龙无首的空档，主动追击，斩杀数百人。之后，他放出风声，说临安的兵屯到八百里了。黄巢是外地人，不知道八百里是当地的一个地名，感慨道，一队人马我们况且打不过，何况屯兵八百里，于是就撤退了。

钱镠借此一战成名，之后晋升为吴王，安稳度过晚年。安全着陆的钱镠，成为众多盐贩子的人生偶像。元末的方国珍与他命运相似。

方国珍虽然是最早起义的，但立场并不坚定，中间多次投降于元朝，并被利用来攻打另一个盐贩子张士诚的义军。这明显是朝廷借刀杀人的计策。不知为何，方国珍反而在作战中十分卖力。公元1357年，方国珍以江浙行省参政之衔领兵攻打张士诚部镇守的昆山。方在作战中身先士卒，冲锋在前，斩杀张士诚麾下二将，以5万水兵力克张士诚的7万陆军，兵锋直指平江府城。没过多久，张士诚也投降于元朝，方国珍这才撤兵回浙。后来才知道，方国珍并不是没看透朝廷的诡计，而是听说昆山城内有好多金银财宝，为了这些东西，他才拼命的。

此战之后，方国珍升任太尉、江浙行省左丞相，堂而皇之地当起了朝廷的一方大员，后见形势不对，再次举起反元大旗。期间，有人劝他组织武力，一统天下。他立马表示"吾始志不及此"，也就是说他从来没这么想过。朱元璋得势后进攻他的老巢浙东，他一触即溃，献地投降。尽管朱元璋很看不起方国珍，说方国珍这个私盐贩子，懒惰又惜命，总是首鼠两端。话虽这么说，方投降后还是被封为广西行省左丞相，得了善终，他的后人也都做了明朝的官，可谓是钱镠的复制版。

另一名私盐贩子张士诚可就没这么好的运气了。张士诚起义后，先后攻克平江、湖州、松江、杭州等地，之后在平江府自称吴王。朱元璋这个时候势力还不够强，特意派使者给张士诚送信，一来套套近乎，二来希望加强联合，合力抗元。兵多将广的张士诚根本看不起朱元璋，傲慢地拒绝了对方，并扣押了朱元璋的使者。

朱、张从此结怨，并很快爆发战争。张士诚的弟弟张士德被朱元璋围城，绝食而亡。张士诚被朱元璋挤压在苏南的狭小地带，动弹不得。在他最困难的时候，方国珍又来攻打，所以也难怪张士诚打不过方国珍的水军。为了报复朱元璋，张士诚向元朝投降，被封为太尉。

虽然当了官，但张士诚仍旧保留有很大的自主性，拥有自己的军队。公元1363年，他攻占杭州，复称吴王，再次反元。朱元璋后来在攻打他前，曾给他写过一封劝降书。张士诚倒是挺有骨气，至死不降，数次突围未成，最后被俘，自缢身亡。

元末算是私盐贩子活动的顶峰。明清两代，依旧实行的是官府专卖制度，虽然仍存在私盐贩子，但面对商品经济的发展和封建统治的严密，他们更乐意成为游走在灰色地带的商人，不再把权势放在心上。而对于官府来说，也乐于让这些商人成为朝廷的代理人。乾隆时的两淮盐商，固定资本达9000万两白银，是朝廷两年财政收入的总和。有钱的盐商大多追求生活享受。当时有一名叫黄均太的盐商，吃一碗蛋炒饭，成本是白银50两，之所以这么贵，是因为下蛋的母鸡每天吃各种最名贵的药材，配饭的鱼汤使用了32种珍贵的鲜鱼。

私盐贩子为何这么强？

在中国历史的各个朝代中，盐民一直过得比较苦。

比如在宋代，每到收盐的时候，分管食盐专卖的领导必去盐场严密监控，盐民想离开盐场出去办事，得先脱光衣服接受检查，以免他们把盐夹带出去。这些盐民专业从事食盐制造，不交农业税，只交成品盐，政府每年发给口粮和少量生活费。

元代在盐场劳动的农民被称为盐户。盐户为世袭，不得改业，每年除了要向国家缴纳足额的食盐外，还要承担一定的差役，待遇比宋朝时还要差。元朝朝廷自己也认为，"煎盐、炼铁、运粮船户，较之其他，尤为劳苦"，所以古代的盐民，与种地的农民相比，某种意义上，已经与近代的产业工人相似了。

另一方面，贩卖私盐，毕竟是刀口上舔血的营生，不少私盐贩子有了钱，就招兵买马，组建自己的武装力量，形成贩盐集团。唐末的江淮产盐区，就有这么一伙人，他们全副武装，驾着大船在江河中畅行无阻，每到一处，就用抢来的财物换取食盐和茶叶，如果敢拒绝，就点火烧了房屋；碰到有朝廷设卡征税的关口，他们就直接武力闯关。由于实力太强，当地官府只能睁一眼闭一眼。在这样的背景下，出现黄巢那样的大盐枭也就不足为奇了。

所谓高风险才有高回报，古代但凡能成为私盐贩子的，大多是些头脑活跃、胆大心细之人，他们既有钱又有武装，为了运盐要和地方豪强、贩夫走卒、三教九流打交道，有的还和官吏勾结，因此当天下有变，一些有野心且嗅觉比较灵敏的盐枭就会乘势而起。这些人平时或在一起做工，或一起从事贩卖私盐的活动，组织性、纪律性都较一般种地的农民要更强，他们组织起来，更加团结，战斗力也更强。比如，元末绍兴山阴县的私盐贩子，为栽赃嫁祸给巡查的官兵，把自己的孩子给杀了，可见当时斗争之惨烈，也可见盐贩子有多狠。

往往也因为眼光和见识的限制，这帮人只能割据一方，最后被真正具有更长远眼光的英雄吞并。无论是黄巢还是张士诚、方国珍，都没能逃脱这样的命运，反而是非典型私盐贩子朱元璋，最终夺得天下。

从官盐与私盐斗争的历史看，食盐专营确实能够给政府带来稳定、可观的税收收入，但由于盐政中往往存在着巨大的权力空间，其带来的破坏力也是显而易见的。2016 年，我国废止了盐业专营有关规定，允许现有食盐生产定点经营企业退出市场，允许食盐流通企业跨区经营，放开所有盐产品价格，放开食盐批发、流通经营。

（作者：番茄汁）

参考资料：

[1] 吴晗. 朱元璋传 [M]. 北京：生活·读书·新知三联书店，1965.

[2] 宋濂等撰. 元史 [M]. 北京：中华书局，1976.

[3] 张国旺. 元代榷盐与社会 [M]. 天津：天津古籍出版社，2009.

[4] 于海根. 张士诚与威震江浙的元末盐民大起义 [J]. 盐业史研究，1992（03）.

[5] 胡正武. 方国珍首义之功与割据之局简论 [J]. 台州学院学报，2013（05）.

[6] 陈彩云. 元代私盐整治与帝国漕粮海运体制的终结 [J]. 清华大学学报（哲学社会科学版），2018（04）.

为什么古代发生战争后,粮食的需求会大量增加?

兵马未动,粮草先行。

战争,本质上拼的还是经济实力。而在古代,这个经济实力就是谁的粮食多。当战争发生后,粮食的需求量就会骤增。

根据乾隆三十三年(公元1768年)的一份奏折,不算战马所需精料和运粮民夫口粮,仅仅算4万士兵的口粮,10个月就需要粮食42万石,约合现在的2.5万吨,而当时绝大多数省的仓粮才25万石。

要知道,真正打起仗来,军队的出动又岂止是4万?国家往往需要倾举国之力,才能打败一个强劲的对手。如汉武帝时期,汉朝甚至深入漠北北击匈奴,但是,军事行动过度消耗国力,使得"海内虚耗,户口减半",让汉朝有了"亡秦之迹"。

那么,为什么古代发生战争后,粮食的需求量会骤增?

军粮运输中的消耗

其实,无论打不打仗,士兵都要消耗口粮,这个数量是固定的。战争中粮食的消耗量提高,主要是因为运输中需要大量的粮食。

中国自古幅员辽阔,因此军队的调动往往费时费力。如果战线在千里之外的边疆,就需要大量的后勤人员带着军粮跋山涉水。古代交通工具落后,道路也不平整,运粮的道路上不乏崎岖的山路、泥泞的沼泽、荒凉的戈壁,这时就需要靠人扛马驮,很费时间。《史记·平准书》记载,"汉通西南夷道,作者数万人,千里负担馈粮,率十余钟致一石"。也就是说,汉军攻打西南夷,每运送一石粮食,就需要在路上消耗掉10倍的粮食。

汉朝,5万大军每天消耗的粮食多达6000石,换算成现代计量单位,就是162吨,再算上后勤补给队伍、马匹牲畜、工匠辅兵,每日花费算成五铢钱,大概在200万钱左右,每月要花6000万钱。

宋代沈括在《梦溪笔谈》中详细讲述了中国古代的粮食运输情况,按照他的计算,一个运粮人可以携带6斗米,再加上一个士兵携带自己5天的口粮,一个运粮人供应一个士兵的话，可以走 18 天。当然，这 18 天只是去的路程，算来回只能走 9 天。如果安排 2 个运粮人，一共可以走 26 天，来回只能走 13 天；如果安排 3 个运粮人，可以走 31 天，来回就是 16 天。

在没有机械动力的时代，从士兵出发地到前线，不可能只有 16 天。当然，政府也不可能如此精细计算，通常是：如果要调动 10 万大军，就至少要准备 30 万名民夫来运输粮食，正如沈括所言："三人饷一卒，极矣。若兴师十万，辎重三之一，止得驻战之卒七万人，已用三十万人运粮，此外难复加矣。"

更何况，中国古代的战争规模都比较大，10 万大军只是基准线而已。如果是调动 20 万大军呢？那就需要准备 60 万民夫运粮，合起来就是 80 万人要吃饭。如果是调动 30 万大军呢？就需要准备 90 万民夫运粮，合起来是 120 万人要吃饭。

为了支持战争，普通百姓往往要付出沉重的经济代价。正如宋朝宰相宋琪所说："臣每见国朝发兵，未至屯戍之所，已于两河诸郡调民运粮，远近骚然，烦费十倍。"

中原王朝是农耕文明，骑兵少，可能军队的调动速度慢。那么北方游牧民族的军队骑兵多，行军速度快，路上消耗的粮食就会少吗？少是少，但是少得不多，例如辽国正军与打谷草家丁的比例是 1∶2，也就比宋朝的 1∶3 比例低一点儿而已。

另外，如果在战争中，一方占领了对方的城池或俘获了大量士兵，那么就要面临供应更多人吃饭的问题。比较仁义的将领会将自己的军粮拨出一部分给平民或士兵，遇到残暴的将领，就直接把这些人团灭。《旧唐书·黄巢传》就曾记载黄巢大军"俘人而食，日杀数千"，即每天不但杀人，还把被杀的人当作口粮吃掉。电影《投名状》里面的淮军将领为了节省粮食，就把投降后的太平天国士兵全部射杀。

失败的解决方案

除了人吃的粮食，战马也要消耗粮食。战马的饲料不仅需要干草、秸秆，也需要豆类甚至小米，这样才能够保证战马作战时的体力。宋朝时，部分北方军队每匹军马的标准是每天生谷二升，"每人给面斗余，盛之于囊以自随。征马每匹给生谷二斗，作口袋，饲秣日以二升为限，旬日之间，人马俱无饥色"。

要想赢得战争，有一个简单粗暴的方法，就是毁掉对方的粮食供应。《孙子兵法》中就写道，有智慧的将领一定是千方百计地去得到敌人的粮草，吃敌人 1 斤粮食，相当于省了自己 20 斤粮食。

实践这个理论的杰出代表，就是东汉末年的曹操。官渡之战中，袁绍的实力远比曹操强大。但曹操通过派遣小股部队，夜袭袁绍的粮食据点乌巢，一把火烧掉了袁绍的粮食储备，使得袁军阵脚大乱，不战而溃。

如果无法毁掉对方的粮草供应，自己的粮草又支持不了长期战争，这个仗就没法打。诸葛亮每次北伐曹魏，结局都因粮草问题终止军事行动。建兴九年（公元231年）二月，诸葛亮率10万大军四出祁山攻伐魏国，打到上邦时，眼看魏军跑掉，他命令3万精兵，手执镰刀、驮绳，把陇上的新麦一割而光，运到卤城打晒去了。当然，这些抢来的粮食还是不足以支撑蜀军的长期作战，而魏国粮食还有的是，最后诸葛亮被迫撤军。

中国古代很多统治者为了舒缓粮食运输的压力，就在边境修建城池，驻扎相当规模的军队，并让这些军队的士兵集体开荒种田，自给自足，这就是所谓的军屯制度。早在三国时代，曹魏就在北方大规模进行屯田。西魏时期，鉴于北方战乱已久，经济破坏严重，于是推行了府兵制，也是一种军屯制。而明朝初期，朱元璋为了解决军队的粮食供应问题，便推行了正式的军屯制。

按照朱元璋的规划，全国军队分为17个都司，每个都司下设若干个卫，每个卫有5600人。而这些卫所不仅承担着地方的军事防御职责，还必须屯田。卫所的军队，三分守城、七分屯种。为了加强对军屯的管理，朱元璋制定了严格的户籍管理制度。明初的户籍中就有军籍一类，军籍户口必须世袭为军户，除籍十分困难。

明朝全国的屯田军士达180余万人，军屯数量为90多万顷，占据全国耕地的十分之一左右。在边疆地区，军屯的比例就更高，如果有100万亩军屯，占据全省耕地的60%以上；在嘉靖时期，贵州的军籍户口为14万，占据贵州总人口的51%；《明会典》载陕西田土共计31万顷，军屯就占据了16万顷。

军屯制在明朝农业中占据了重要作用，它解决了战争中军粮在运输中的消耗问题，正如朱元璋所说："吾养兵百万，不费百姓一粒米。"军屯制也增加了国家财政收入，还推动了云贵地区的经济开发和改土归流。

明朝的军屯为国家财政和边防建设做出了贡献，但这是建立在对军籍户口残酷的剥削之上的。地方将领把军士变为劳工，卫所军备军官更是任意役使，军士甚至被迫为权贵种田，沦为佃户，军官也开始向军士"卖闲"，比如每月交纳200钱就可免除军事训练。正统三年（公元1438年），逃亡军士达数十万之多。山东一个百户所，原额为120人，逃亡后只剩1人。明朝后期，军队耗资极大，战斗力极差，成为中国历史上效率低下的军队。明朝的灭亡伴随的是一系列战争的失败，每次失败固然有指挥上的失误，但背后的一个重要原因，就是军粮再也无法正常供应。

结语

蒙元之所以能横扫亚欧大陆，一个重要原因是蒙古骑兵的"闪电战"，行军速度非常快，运输中粮食的消耗比较少。蒙古战马本就耐力强，且游牧民族的士兵从小就习惯颠沛流离，对于如何获得食物很有一套方法，例如行军过程中可以射杀兔、鹿等动物为食，每攻下一个城池，很可能四处劫掠，取粮于敌。

蒙古骑兵不怎么吃小麦、水稻，他们一般吃肉，所以在行军时都会带着牛羊，饿了就杀了吃，吃不完的肉就做成牛肉干或羊肉干。蒙古人的牛肉干硬得像石头一样，但吃下去很有饱腹感。他们制作牛肉干的过程比较特殊，把牛肉和盐一起晾晒，然后扯成丝状，再晒，再捣碎，如此反复，牛肉会和盐分充分融合，再加上暴晒，牛肉会更容易保存，这样的牛肉放在汤里能满足蒙古人所需的盐，满足骑兵们的营养需求。

而当时的欧洲骑兵还需要配好几个服务人员，单个士兵所消耗的粮食不亚于中国的中原王朝。所以一旦交手，欧洲人所要消耗的粮食远远大于蒙古人所要消耗的粮食。

但即使如此，继续长途跋涉的蒙古人，依然面临粮草困境，毕竟，不带粮草转战千里，人虽就地吃肉，但马要却沿水草线路行军，这无疑又增加了困难。

直到现代，有了机械化的交通工具，军队的粮食消耗才大为减少。当然，我们都珍惜和平的生活，对于战争，最好还是敬而远之。

（作者：柏舟）

参考资料：

[1] 滨口重国. 后汉末曹操时代之兵民分离 [J]. 东方学报，1940.

[2] 齐思和. 战国制度考 [J]. 燕京学报，1938.

[3] 雷伯伦. 中国文化与中国的兵 [M]. 北京：商务印书馆，1940.

[4] 高越天. 蒙古史纲 [M]. 北京：中华书局，1972.

[5] 孙媛贞. 明代屯田制研究 [J]. 食货半月刊，1935.

汉武帝的烧钱与赚钱

汉武帝刚即位的时候，最重要的权力，还在太皇太后窦氏手里，好不容易到了建元六年（公元前135年），这个老太太终于死了，汉武帝才算去了头顶一座大山。

这个时候，汉武帝觉得自己很有钱，当然他还很想花钱。

烧钱的时代

汉武帝觉得自己有钱一点儿也不奇怪。《史记·平准书》里有一段被反复引用的话：京城积聚的钱币有好多亿，长期不用，穿钱的绳子朽烂了，无法计数。太仓中的粮食陈陈相因，有的露天堆积，以致腐烂不能食用（京师之钱累巨万，贯朽而不可校；太仓之粟陈陈相因，充溢露积于外，至腐败不可食）。

这就是汉武帝即位之初的财政储备。与其把这些钱粮储备堆在国库里锈掉烂掉，不如干脆花掉吃掉。

花钱顺理成章。一个年纪轻轻而雄心勃勃的皇帝，要有所作为，是必然的。何况有些事，也没法不做。

比如对匈奴开战。汉初的和亲政策，收效其实不大。匈奴并不因为娶了汉朝的公主，收了汉朝大量礼物，就放弃对汉朝的攻击劫掠。传统史书往往把这件事归结为匈奴的毫无信义，现代掌握更多社会学研究方法的学者则指出，匈奴人其实别无选择，因为游牧经济脆弱到不能自给自足的地步，稍有自然灾害，匈奴不打劫汉朝就无以为生。总而言之，对大汉王朝而言，要想北边安宁，除了把匈奴彻底击溃，别无选择。

比如治河救灾。汉武帝刚对匈奴开战不久，就发生了黄河大改道的可怕事件。巨大的决口，汉武帝派名臣汲黯和郑当时率领十万劳工都没有能够堵上。后来汉武帝又亲临水灾现场，让将军以下的臣子、侍从都背着柴薪去填塞决口，还作诗留念。有一个亲历此事的小官因此感慨至深，在他的著作里特别写了一篇关于治河的文章，就是司马迁的《史记·河渠书》。这个决口存在了20多年，它就像一只吞金兽的巨口，为了让它闭嘴，20年来朝廷不知道投入了多少钱。

比如汉武帝时代几乎在向所有的方位开拓。

南方和东南：有南越、闽越和东瓯，这是当年秦始皇曾纳入版图的地方，现在于汉朝而言却是"外诸侯"，也就是附庸国的地位，这当然不能容忍。

西南地区：有夜郎国，那里的国王能问出"汉孰与我大？"的问题来，虽然属于拎不清，但由此可知，其国土面积相当可观；今天的云南昆明一带，战国时代楚国是曾经征服过的，后来就独立建国，据说"肥饶数千里"。所以为了将之纳入版图，即使凿山通道，付出士兵们疲惫、饥饿、患上湿病而死者甚众的代价，也是值得的。

东北方向：灭了朝鲜。当时的朝鲜国是汉初的一批叛将溃兵建立的，本来是大汉附庸的地位，现在却不但国王本人不来朝觐天子，还阻止蛮夷投奔汉朝，更诱使汉朝百姓逃亡到朝鲜去，简直是可忍，孰不可忍。而征服朝鲜的开支，和征服西南夷差不多，于是"燕齐之间，靡然发动"，今天的河北、山东一带，像被狂风吹过的草地一样动荡不已。

西面：有彪炳后世的张骞凿空，打通了西域。但不管这条后来被称为"陆上丝绸之路"的道路历史意义有多么重大，当时它的作用基本在于政治、军事，汉朝不可能从那里收到多少税，而要维持对这一带的控制，却需要不断的财政拨款。

总之，帝国的疆域空前广大，远远超过了"千古一帝"秦始皇，付出的代价，则是天下百姓都被折腾得筋疲力尽。

当然汉武帝个人，还有其他烧钱的小爱好。比如他大规模兴建宫殿，后宫里的人数也呈几何级的增长；比如他巡游天下，封禅泰山；再比如他还喜好方术，追求长生不死，在这件事上，他的大手大脚简直比现在的某些老年人买保健品还慷慨。

结果，事实证明，文景之治攒下来的那点儿家底，看起来很多，实际上根本不经花。

站在后世的角度复盘，很容易判断出，正确的做法是集中力量办好治理黄河和北击匈奴两件大事，其他方面的开拓大可以缓一缓，那些个人生活方面的骄奢淫逸尤其不该有。但这都是事后诸葛亮的高见。一方面，专制君王的雄心不是任何力量可以羁绊的；另一方面，大汉天下如此之新，充满青春期骚动的，不仅是皇帝个人，而是整个时代，太多人也把开疆拓土看作是自己的人生机遇。

所以，指望帝国的扩张计划更有理性和步骤并无可能，当务之急，还是想尽一切办法弄钱，填上巨大的财政缺口。

钱从哪里找？

弄钱的空间，似乎也是比较大的。毕竟汉朝建立已经70多年，尤其是经过了"文景之治"的休养生息，基本采用自由放任的经济政策，民间的财富积累也非常可观。

《史记》《汉书》都说，除非遇到水旱灾害，老百姓家给人足，普通人也能吃上黄粱和肥肉，民间有大量马匹，普通人出门也都骑马，甚至骑小母马的不许参加聚会，因为这会引起大量公马骚动不安。

当然，最赚钱的还是三个行业：铸钱、冶铁、煮盐。这三个领域，都是老百姓日常生活所必需，当时的条件下，又有相当高的技术门槛，能进入就是暴利。

汉武帝首先想到的打击对象，是诸侯王。几乎从任何角度看，诸侯王都适合成为优先打击对象。首先，诸侯王强大了，对中央朝廷是个威胁，不为钱也要打击他们；其次，诸侯王特别有钱，事实上从三大暴利行业里获益最多的，就是诸侯王；第三，诸侯王人数少，也不得人心，打击了他们，老百姓不但未必有多少同情心，欢呼雀跃也说不定。

汉武帝时代罗织诸侯王罪名的手法，这里不细表了。最引起经济史家关注的手段是：诸侯王朝贺天子的时候，要进献一种苍璧，汉武帝规定苍璧下要用一种特别的白鹿皮做垫子。而这种白鹿皮只有皇帝的上林苑有，汉武帝定价40万钱一张。这实际上就是要求诸侯王除了进献苍璧外（价值数千钱），还要再上缴40万钱。这件事虽然不算汉武帝发明了信用货币，但至少提示了发明信用货币的可能。

至于一般富户，应该说汉武帝开始是并不想下毒手的。汉武帝亲政后的开头十几年，出台的各种经济政策，大体还是想和民众进行利益交换。你给朝廷捐钱捐物资，有罪的朝廷就免你的罪，没罪的朝廷就给你官爵。所以这个时候他对一些夸张的道德楷模，也没有特别的兴趣。

有个河南人，叫卜式，提出要上缴一半家产给朝廷，并称有才能的人应该不畏惧到边境战死，有钱人则应该积极出钱保障后勤。汉武帝开始还想见一见这个人，但丞相说这么做违背人性，汉武帝也就认同了这个说法，没要卜式的钱，很长时间里也并没有给他什么回应。

就是说，这时候的汉武帝，第一是低估了财政压力的严重性，认为开支浩大的年头很快就会过去；第二高估了民间捐款的积极性：不说你们这些小老百姓对皇帝还有没有一点儿忠爱之心，打匈奴还真不是为了我个人，也是为了边境民众过上稳定安全的生活，让你们掏点儿钱怎么就那么难？

但就是这么难。

打仗要花钱，打了胜仗要奖励有功将士，还是要花钱。应该说，汉武帝确实不想亏待那些在前线出生入死的军人。黄河的水灾始终没有解决，饥民70余万，汉武帝也是真心希望民众能够安顿下来。所以经历过明末乱世的王夫之读史至此，忍不住跳出来为他辩护而痛骂司马迁：汉武帝折腾老百姓是很过分，但他救助饥民，也算很到位了。"费以亿计，不可胜数"是事实，但比起那些"视民之死亡而坐拥府库者"不是好得多吗？司马迁的《史记》真是谤书，简直就没有地方不在诽谤。

而这个时候，富商大贾很多借机发国难财。他们囤积居奇，家累万金，随行车辆一百多，大量贫民成为他们的私人奴仆，而"不佐国家之急"。

所以，温和的政策成为往事，汉武帝要动用雷霆手段了。

正如自古以来迫害文人的急先锋也是文人一样，真正能帮助朝廷收拾商人的，也是商人。汉武帝启用了三个重要人物：大盐商东郭咸阳、冶铁巨头孔仅和拥有计算机一般大脑的洛阳商人之子桑弘羊。

桑弘羊主导平准、均输，简单说就是利用国家控制天下道路的物流优势，直接参与经商获取利润。

除了铸钱的权力早已经收归国有，现在要进一步强化外，煮盐、冶铁两个行业，从此也要被国家垄断。

汉武帝首先做出慷慨的姿态：来自盐铁的税收，本是用于皇帝私人开销的，现在，汉武帝把这笔收入转交给国家的财政部门。接下来，汉武帝就要求天下商人和自己一样慷慨：任命盐铁行业的富商为国家的官吏，实际上就是那些盐铁产业还由商人来管理，但产业的性质已经由私有变成国有。这项工作的具体推行，是由东郭咸阳和孔仅两人负责的。身为业内巨头出身的官员，商人要想玩什么花招抗拒朝廷的新政，当然瞒不过他们的眼睛。

但即使如此，来钱还是太慢。这时候，卜式又捐了一笔救灾款，终于引起汉武帝的重视，被汉武帝树立为正面典型。在汉武帝看来，这可能是对天下富户最后一次提醒和警告：应该主动向朝廷捐款，共克时艰。

然而，当时很少人领会到这一点。于是，朝廷筹划已久的杀招，终于放出来了。

算缗、告缗、不告缗

缗是串钱的绳子，一缗就是一千文。

算的意思比较复杂，大概指某种税率下应该缴纳的金额，并不是一个固定的数字。汉武帝时代，是一百二十钱。

针对商人的车辆和现金收税，汉朝大概早就有过，但收得不算多，也早已经废止。现在，汉武帝把它发扬光大：第一是收税对象是所有有经商行为的人，不再限于在籍的商人，可以想象，这个政策在执行的过程中，很容易扩大为针对几乎所有的有产者；第二是原来只对现金和车辆征税，新政策在执行过程中，却大概变成了把各种财产都折算成钱，然后征税。

一般工商业者"缗钱二千而一算",也就是缴纳6%的财产税。

汉初虽然有许多歧视商人的政策,但对他们的经商行为并不干涉,这时社会贫富差距已经非常惊人。这种情况下,6%的财产税也不能说非常过分。但是,财产税最大的问题就是计税依据难以准确界定,税收征管难度大,税收成本高。可以想象,作为一个理性人,会想方设法地瞒报财产,而各地方政府因为这笔收入是用于国家开支,对自己也没什么好处,征收的热情也不会很高。所以"百姓终莫分财佐县官(朝廷)",就是大汉的百姓始终爱国心欠奉,不愿意出钱。

所以,汉武帝又出台了一个厉害至极的配套政策,也就是告缗。

"匿不自占,占不悉,戍边一岁,没入缗钱。有能告者,以其半畀之。"不申报财产,或者申报不实的,都发配到边境地区一年,资产没入国库。如果有能检举揭发这种现象的,就把被检举者的财产,分给他一半。

检举者的获益如此之大,那广大人民群众的积极性当然就很高了。史书记录说:中产以上的家庭,几乎都成了被告,朝廷派酷吏审理此类案件,几乎一告一个准,很少有谁能够证明自己无罪。于是,国家从民众那里获得的财富以亿计,还有奴婢成千上万。大一点儿的县,朝廷抄没了数百顷土地,小县也有百余顷,而抄没的住宅也达到了惊人的规模。

于是,商人中产以上的,大多破产。民众不再辛勤工作,有点儿钱就吃点儿好的,换件漂亮衣服,但存钱积累的欲望,是一点儿也没有了。这很好理解,这种情况下存钱都是帮别人存的,自己还受苦受累干吗呢?

当然,汉武帝也不打算便宜那些懒惰而热衷告密的小人,实际上,在告缗已经在社会上形成一种恐怖气氛之后,他紧接着还有一招——"不告缗",即如果你在朝廷的某项紧急事务上有积极捐款的记录,即使有人告你申报财产不实,朝廷也不予受理。之前,朝廷让人民掏钱换取爵位,人民普遍表示没什么兴致;现在让民众出钱换取"不告缗"的特权,大家一下子就像"双十一"剁手一样,热情高涨。

司马迁写到这里有点儿阴阳怪气地来了一句:"民不益赋而天下用饶。"人民要缴纳的赋税并没有增加,国家开支却一下子有富余了。这里"赋"当然特指田赋,确实是没有增加,但百姓的负担增加了多少,就是另一回事了。至于"天下用饶"倒是现实,困扰朝廷多年的财政危机,终于勉强撑过去了。

计划与执行

武帝时代的扩张,付出的社会成本是巨大的。到了汉宣帝时代,皇帝召集群臣讨论,要给汉武帝追加一个尊贵的庙号。古代帝王,称他为某某帝,称的是谥号;

称为某某祖或宗，称的是庙号。汉朝的庙号审议比较严格：大多数皇帝都有谥号，但只有非常优秀的皇帝，才有资格有庙号。

结果有个叫夏侯胜的儒生站出来说：

> 武帝虽有攘四夷广土斥境之功，然多杀士众，竭民财力，奢泰亡度，天下虚耗，百姓流离，物故者半。蝗虫大起，赤地数千里，或人民相食，畜积至今未复。亡德泽于民，不宜为立庙乐。

他说因为汉武帝的折腾，天下人口死了一半。现代人口史家研究分析的结论是：这里夏侯胜说的，并不是一个文学性的修辞，汉武帝时代，说死掉一半人也许夸张，但朝廷控制的天下户口，确实减少了一半。

有的历史书，把汉武帝时代的各项政策解释为精心设计的对民间力量的打击，这种意见不太靠谱。汉武帝的用心没这么恶毒，而且正如道德洗白的效果经常就是贬低智商，道德抹黑也像是赞美人家的权谋无双。

实际上如果给汉武帝时代的政策排比先后次序，很容易发现汉武帝的许多大政方针毫无计划性。当时汉朝天下如此之新，太多事都没有经验可循，只能走一步算一步。有些政策后世一眼就能看出其可怕后果，当时却准备不足。结果往往是因为某事出台了某种政策，本来只是临时的，没想到引发的连带问题导致该政策不但必须长期推行，还需要逐层加码。开始还想利益交换，后来变成了赤裸裸的但有节制的盘剥，最后变成了横竖把钱弄上来再说，这个递进的过程异常明显。

其实就是，一个计划性欠奉而执行力超强的体制，必然会产生巨大的破坏力，这和领导者个人的动机或道德水准没有太大干系。

汉武帝时代对于后世中国的影响，当然怎么高估都不过分。他的扩张，对奠定后世的中国版图厥功至伟；他创设的许多制度，后世也一直沿用甚至产生了路径依赖；另外也许还有一点：武帝时代的社会总动员产生的可怕后果，导致对这种动荡的恐惧，几乎写进了中国文化的基因，后世每有好大喜功之君（比如唐玄宗、宋神宗），就会有人借古讽今，把秦皇汉武拉出来作为反面教材骂上一遍。

（作者：刘勃）

汉末三国谁最有经济头脑？

汉末乱世，群英争雄。然而，熊熊硝烟不止燃烧在刀光剑影中。万言经济略，三策太平基。群雄们围绕经济的智斗，相比金戈铁马的沙场争锋，丝毫不会逊色。那么，在这场事关经济民生的心智大赛中，诸位豪杰名士，谁更有经济头脑呢？

要说发展经济，"土地"就是绕不开的话题。

现代经济学中，土地被视为最基本的生产要素，而在农业经济占主导的时代，土地几乎可以和生产、财富直接画等号。土肥而耕利，耕利而粮盛，粮盛而国兴。甚至有人直接用一句话总结中国经济发展历史，也就是百姓和土地的关系史。换句话说，于统治者而言，土地相当于试卷上的一道大题，不仅不能跳过，更得想方设法地多拿上几分。

恰好，东汉末年称霸北方的一代枭雄曹孟德，这道题就答得不错。实际上，曹操准备提笔作答时，考场并不平静。政权名存实亡，群雄争霸，且不说到处混战，各路军阀缠斗得难解难分，便是这连年的战乱，就将昔日的国泰民安彻底粉碎。狼烟四起，百姓流离失所，一边是白骨蔽平原，饿殍遍野，另一边是田无常民，劳动力锐减，大片田地生生荒废。

民生凋敝，孟德自己也不忍直视，挥笔写下一句"生民百遗一，念之断人肠"。哀怜慨叹之外，在前期作战中饱尝军粮匮乏之苦的曹操也意识到，今日今时，公家无经岁之储，百姓无固安之志，要想图谋大业，解决生产问题是当务之急。

在谋士们的帮助下，曹操找到了破题方法——屯田。

屯田，可以被简单理解为一种特殊的农业集体耕作制度，大致分为军屯、民屯和商屯三种。西汉时期，汉文帝就在晁错的提议下实行了屯田制，后来，武帝在征讨匈奴的过程中对其发展完善，将军屯发展为民屯。军屯的核心思想是耕战结合，即"带甲之士，随宜开垦"，由军队开垦荒田，开垦者既做战士，亦当"农夫"，民屯的主要承担者则是流民。

屯田制并非曹操原创，倒像前人准备好的"参考答案"，不过，据考证，曹魏时期的屯田和汉时并不相同，更侧重为战争服务，在做法上也有改良。话又说回来，"军屯"和"民屯"曹操一样都没落下。

东汉建安元年，曹操迎回汉献帝，迁都许县（今属许昌），自此大权在握，挟天子以令诸侯。此时的许县经历战乱，"民人分散，土业无主，皆为公田"，成了试行屯田制的第一个试验点。公元196年，曹操颁布《置屯田令》，文曰：

夫定国之术，在于强兵足食，秦人以急农兼天下，孝武以屯田定西域，此先代之良式也。

既为"良式"，怎能不为？说干就干，公元196年，曹操任命枣祗为屯田都尉，"募民屯田许下"。在许县开展的这场试点中，既有军屯，也有民屯。不得不说，在军屯的劳力选择上，曹操动了些心思。

曹操本身便是因镇压黄巾起义军起家，在此过程中"得贼资业"，夺取了不少钱财、耕牛、农具，被俘虏的黄巾军又大多为农民出身，掌握着大量的农耕经验和生产技术，现兵败被俘，只求活命，图个安稳，如此一来，自然是屯田的最佳人选。事实上，这些兵士成为许县屯田的重要力量。民屯，也在此时开展起来。说来也不复杂，便是招募天下流亡的农民，由政府租给其耕地，借予耕牛，并将他们按照50人为一屯的方式组织起来，实行军队编制，专门从事生产。这场试验很成功，按《三国志》的记载，直接"得谷百万斛"。而据学者推测，"百万斛"应是从土地上剥削之量，实际上土地的产量可能达到166万余斛。试点成功，自然要扩大范围，民屯制度逐渐被推广到洛阳、河内、南阳、弘农、上党等地。

屯田制的实行和推广并非想象般顺利，遇到不少阻碍，为此，曹操和谋士们着实费了些心力，还创新出不少配套的经济政策和措施。

在此之前，农民的交租主要是定额方式，即计牛输谷，也就是根据农民向官方租借耕作的耕牛数量来界定交租的数量。这种方式虽能保证官府收成，但实际上非常机械，特别是遇到天灾，收成不好时，农民苦不堪言。

在许县屯田时，枣祗就注意到这个问题，认为"大收不增谷，有水旱灾除，大不便"，于是向曹操提出了一种"分田之术"。分田之术，便是按照产量的分成来收租，将定额收取变成动态调整，曹操采纳了他的提议。按分田之术的设计，用官牛屯田耕地的，上交六成收成，自留四成，如果用自家的耕牛，就可以留下一半收成，而且屯田户都不用再负担其他杂税和徭役兵役。

用现代眼光看，"五五开"也谈不上"厚道"，但对比其后西晋时期的"八二分"而言，确实帮农户减轻了不少负担。

除推行分田之术外，曹操还自己发明了一种租税政策，称为"户调"。东汉末年，朝政昏暗，贪官污吏层出不穷，以袁绍为代表的军阀强取豪夺，百姓负担极重，甚至要承担的苛捐摊派比正税多上30倍，以至于黄巾军喊着"黄天太平"的口号揭竿而起。

建安九年（公元204年），曹操颁布《收田租令》，"发文"痛批袁绍：

> 有国有家者，不患寡而患不均，不患贫而患不安，袁氏之治也……欲望百姓亲附，甲兵强盛，岂可得邪！

随后提出户调制度，即：

> 其收田租亩四升，户出绢二匹、绵二斤而已，他不得擅兴发。

也就是每年每亩交纳粟4升，据估算，这差不多占年产量的4%，此外每户每年交纳绢2匹、绵2斤，此外便不用负担其他杂税。这实实在在地帮百姓减了负。

对内安抚百姓，对外曹操也没闲着。在当时，热衷控制劳力和兼并土地的土地豪绅是屯田推广的最大阻力。曹操也不示弱，大笔一挥颁布"禁豪强兼并"法令。关中被平定后，流民们都想回乡，但苦于无田可耕，当地豪强见状抢先下手，招募流民为部民，继续给自己卖苦力，任司空掾属的卫凯眼见此景不敢耽搁，立马写信给荀彧，荀彧迅速上报曹操，曹操一看，这不行，赶忙派遣专人前往，维持秩序，管理农业。

曹操还逐渐规范屯田的管理体系，设立典农中郎将、典农校卫等职，到了后期，形成了从中央的大司农到最基层的屯司马这一套机构系统。"屯田能力"也成为曹操考核官员的重要指标，贡献突出的夏侯惇、任峻都被大大封赏。

解决了"人"事，曹操也没忘记"地"利，为了生产大兴水利。据统计，在其主政期间，曾主持开挖6条运河，由镇北将军刘靖负责的水事工程，在河北"凡所润含四、五百里，所灌田万有余顷"。不过，天灾难防，建安二十二年的冬天，百姓受灾，死亡甚多，曹操忧心不已，特下《赡给灾民令》，详细要求予以不同条件的灾民不同程度的赈济，鼓励民心，以助屯田。

屯田被搞得红红火火，到了后期产量显著提高，以至"白田收至十余斛，水田收数十斛"。不仅早先的"百里绝而无民"再也不见，军粮问题更是迎刃而解。事实上，屯田收入成了最主要的财政收入，也化作曹操称霸北方的重要基石。

所谓"征伐四方，无运粮之劳，遂兼灭群贼，克平天下"，自是亦能寻得一二根由。

诸葛亮：搞好"装备"，商战资国

如果说曹孟德的智慧扎根在土地上，那诸葛孔明搞好经济的妙思就更为活泛了。世人皆知诸葛长于军事，但其在经济领域的表现，更是可圈可点。

早前"躬耕于南阳"，诸葛亮对农业的重视自不必提，时常劝民务农、殖谷，发展水利、开发资源也不在话下，然而蜀地丰饶繁盛的背后，诸葛亮费的心力不止于此。

常言道，工欲善其事，必先利其器，诸葛亮更是将对"装备"的重视发展到了极致。诸葛亮极为重视工商制造，设立司金中郎将和司盐校尉等官职，专职管理督办蜀地工商业。他要求还相当严苛，尤其摒弃"雕文刻镂"类的无用之器，希望件件所造之物都能有功于军务，有利于农事。

孔明并非空言，反而真正参与了制造过程。据不完全统计，光是军工兵器的制作，诸葛亮参与的就包括刀、斧、匕首、铠甲、矛、剑、铁蒺藜、竹枪、铁枪、连弩、冲车等数十种。兵器强韧，别的也不能落后。为了督促农战，诸葛亮又参与制作了木牛流马、石琴、石鼓、石人、铜鼓等。

其中的"木牛流马"，正是让诸葛孔明被尊为古代发明家的重要之作。

"九年春二月，亮复出军围祁山，始以木牛运。"

"亮休士劝农于黄沙，作流马木牛毕，教兵讲武。"

《三国志》中的多处记载证明了"木牛流马"的存在。据考证，其大致出现的时间在建兴九年和十二年。《辞源》中对"木牛流马"词条的界定非常笼统，将其定义为古时的运输工具，作用是运粮。诸葛亮发明木牛、流马的确是为了运送军粮，可惜的是，这样的神奇工具并没有实物保存，所以关于"木牛流马"究竟为何物，形何状，古往今来，众说纷纭。现代人们仿制复原的"木牛""流马"更是五花八门，连究竟运输靠的是"腿"还是"轮"也暂无定论。

《诸葛亮集》中记载着木牛流马的大致形状和制作方法，节选如下：

> 木牛者，方腹曲头，一脚四足，头入领中，舌著于腹……曲者为牛头，双者为牛脚，横者为牛领，转者为牛足，覆者为牛背，方者为牛腹，垂者为牛舌，曲者为牛肋，刻者有牛齿，立者为牛角，细者为牛鞅，摄者为牛鞦轴……流马尺寸之数：肋长三尺五寸，广三寸，厚二寸二分，左右同祝前轴孔分墨去头四寸，径中二寸……

有学者据此和其他史料推断，木牛流马是具有特殊外形和性能的独轮车，大约能承载四五百斤重的粮食，可以帮助减轻人力负担。其中，木牛大致的组成上包含牛头、牛背、牛舌、牛腹等。而"一脚四足"可能是指一个直径大约有2尺的车轮和4个支柱。"牛背"便是装载粮食之处，中间是车轮架，两边分置木板。

值得一提的是牛舌、牛鞅和牛鞦轴。据考证，牛鞅是牛头下的绳索，牛舌是牛头下用绳索悬挂的木头，而绳索悬挂在牛鞦轴上，车行进时，木头正常晃荡，而需要停车时，绳索伸长，木头拖地，置于轮前，能够起到很好的阻挡作用，这一套设计，实际上便构成了完整的刹车系统。对于在山路崎岖的蜀中的运粮问题，自然是大有助益。

器虽已利，但要国运昌隆，还少不了殷实财富的加持。诸葛亮尤其注意到了这点，狠狠下了一番功夫。

发展盐铁，就是其中重要一环。益州的冶铁业一直发展盛好，不过东汉末年，盐铁开放私营，成了豪强们搜刮民脂民膏的利剑。刘备入主益州后，诸葛亮协助其恢复盐铁官营，一招就增加了国家的财政收入，打击了豪强。重拳出击，统一管理下，冶铁业大为发展，光是史料记载中的蜀地冶铁基地就有铁溪河、鱼通、仁寿铁山、蒲亭县铁山等。

"以盐立国"也是一记妙招。现存四川博物馆的"东汉制盐画像砖"就记录着当时蜀人制盐的盛景。

蜀人自古善于制盐。《蜀王本纪》中就有关于蜀地盐井的记载。蜀汉时期，刘备和诸葛亮非常重视盐井生产，设立专人管理，诸葛亮更是亲力亲为。据记载，长宁县宝屏山有"诸葛盐井十四处"，苏轼还曾写过《诸葛盐井》一诗。

重视以外，诸葛亮曾亲自视察并改进制盐技术。临邛（今邛崃）的"火井盐"便是一例。所谓火井，其实是指天然气。张华《博物志》有文：

临邛火井一所，纵广五尺，深二三丈……诸葛丞相往视之，后火转盛。
执盆盖井上煮盐，得盐。

据推测，诸葛亮改良的制盐方法便是将井的大口改为小口，从而聚拢火力，再将铁盆放在井上，用火煮盐，降低生产成本，提高产量。后世李兴在《祭诸葛丞相文》中也明确将"千井"作为诸葛亮众多功绩之一。《国家宝藏》的节目中还根据史料设计过一个桥段——诸葛亮主动将火井制盐法教授于民，只希望降低盐价，还富于民。

发展了盐铁，诸葛亮又把眼光投向了另一个特色产业——织锦。蜀锦华美精致，受到时人追捧，而织锦之法又唯有蜀人掌握，诸葛亮敏锐地察觉到其间的宝贵"商机"，正所谓"今民贫国虚，决敌之资，惟仰锦耳"。

一方面，他大力提倡养蚕种桑，扩大蜀锦的生产规模，还派人传授夷人织锦的方法，帮助改进生产技术，还设置锦官，专门组织和管理蜀锦生产调拨之事。大批优质蜀锦被生产出来，吸引各国竞相购买。据记载，孙吴、曹魏都多次派人入蜀购买蜀锦，甚至孙吴政府所藏蜀锦几乎都来自蜀国。蜀锦由此成为重要的"物资"，穿梭于诸国间，"尽揽"财富，成为蜀国非常重要的财政来源。

后世之人提及诸葛孔明，脑海中浮现的可能有八字：鞠躬尽瘁，死而后已。晋人袁准如是作评："亮之治蜀，田畴辟，仓廪实，器械利，蓄积饶，朝会不华，路无醉人。"

照此看来，诸葛之功，之慧，可能还不止于此。

刘巴：三招盘活蜀汉经济

诸葛亮在经济领域的表现已然不凡。但还有一人，得到诸葛亮的盛赞，称"运筹于帷幄之中，吾不如子初远矣"。这里的子初，指的是蜀国名士刘巴。

刘巴，字子初，荆州零陵人。刘巴生在官宦世家，他的祖父、父亲都曾身居要职。刘巴入仕蜀地的经历颇具戏剧性，刘巴其人聪慧，才名远播，刘备也曾多次尝试结交刘巴，将其招为幕僚，可惜刘巴当时心里一直渴望追随的主公是曹操，对刘备那是一个"避而远之"。后来刘巴辅佐刘璋，刘璋准备迎刘备进来，也是刘巴进言阻止，称"入必为害"。倒也是命中注定，刘璋没有听从刘巴的建议，成都被刘备攻占。刘备此时还没放弃招揽刘巴，甚至下令若有人伤害刘巴，"诛其三族"。功夫不负有心人，刘巴最终还是成了刘备的谋士。虽然两人有点儿"一厢情愿"的味道，但刘巴辅佐刘备，倒是半点儿没有遮掩自己的才干，刘备也给足了刘巴展示自我的舞台。

故事就发生在刘备入主益州之后。据《三国志》记载，刘备与刘璋的战争彻底破坏了益州的经济，刘备更是损失惨重。要说也是刘备自找的，攻打刘璋时便和将士们约定"若事定，府库百物，孤无预焉"。此言一出，城破之后，将士们竞相跑到府库争夺财物，刘备也履行诺言，不加干涉。问题是，这样一来，国库还能剩下几个钱？果然，很快军需不足，还没坐稳城池的刘备就遇上了"财政危机"。

如何是好？关键时刻，刘巴在诸葛亮的举荐下接了这个烫手山芋，言"易耳"，随后甩出了三"招"——"但当铸直百钱，平诸物贾，令吏为官市"。按现在的思维来理解，这分别对应着三条政策。

其中关键一条就是"铸直百钱",也就是发行大面额的货币,用现在的话说,就是人为搞"通货膨胀"。据载,蜀汉新铸大面值货币有直百钱、直百五铢钱和传形五铢钱三种,直通"值",也就是币值,这些钱币相较传统的五铢钱来说,币值几乎增加了数十倍。据考证,直百五铢直径大约 26~28 毫米,重 8~9.5 克,现代考古还曾在四川威远发掘出 1000 多枚蜀汉货币,而其中直百五铢钱和传形五铢钱几乎占到一半,足以证实当时有大量大面值的货币在市场流通。

通胀能刺激经济不假,但物价飞涨的副作用蜀汉能承受得住吗?这不,刘巴的第二招派上了用场。"平诸物贾"便是统一全国物价,平抑物价上涨。最后则是派遣专人掌管官市,实行公卖制度,也就是政府专卖。不得不说,虽然大币值的货币一直被制造出来,但蜀汉并没有发生恶性的通货膨胀,再加上"盐铁官营"之类的举措,物价倒真是实现了"平抑"。

虽然刘巴的这三招在当世饱受争议,也让刘备有"搜刮民财"之嫌疑,但是,"数月之间,府库充实",愣是帮刘备平安度过了棘手的财政危机。

建安二十四年,刘备自称汉中王,刘巴担任尚书,后又成为尚书令。后来,刘巴为官清廉,为人谨慎,可惜的是,刘备称王后第二年,也就是章武二年,刘巴逝世,金融鬼才自此退出历史舞台。

经济头脑的背后

言及此处,曹操、诸葛亮、刘巴在经济这件事情上,可以说是各出奇招,各领风骚。其背后或许可寻出些"章法",此章此法,甚至可能无关经济。

章法其一,便是思想之荟萃。三人妙思,固然离不开本身的聪慧才干,然其背后,默然映射着诸多学说的融汇与传继。

曹操治世,身后者众。光是土地和农业发展的破题之法,就离不开东汉末年众多名士。荀悦、仲长统、司马朗、毛玠等人等曾为此深思,有人言"力堪农事,乃听受之",有人谏"兴农桑以养民生"……正是在诸多谏言中,曹操决定"奉天子以令不臣,修耕植,畜军资"。诸葛亮之法亦非无根之木。诸葛亮非常推崇管仲之学,有学者曾专门考证过诸葛亮兴蜀之道与管仲思想的联系与承继。事实上,《管子》一书中集纳着丰富的经济思想,其中不少在诸葛亮的延续和演绎中,焕发出新的光彩。比方说,《管子》彰显着浓厚的农本思想,《牧民》中的"仓廪实而知礼节,衣食足而知荣辱"等不断强调农业的重要性,《五辅》篇中的"明王之务,在于强本事,去无用,然后民可使富"则是在鼓励工商业的发展。《幼官》《小问》等篇中多次提及工具的重要性,要求"毋乏耕织之器"等,这些都在诸葛亮治蜀过程中得到了体现。而《管子》中提倡的"商战",则在诸葛亮的吸纳中被演绎为一场"以蜀锦聚资"的漂亮商贸战。

章法其二,在于"合""协",即勠力同心、彼此配合。且不论曹孟德多次纳谏,这才有了枣祗所思的"分田之术"的登台可能,就说刘巴的金融举措,背后也是一场妥妥的配合战。一方面,诸葛亮的举荐、刘备的信任为其搭好了舞台,另一方面,人为搞通货膨胀,即便有平抑物价之举,风险还是存在,更不必说怎么确保百姓对官府的信任,接受并使用这些大额货币。有研究发现,现存史料上并未记载益州曾发生过物价飞涨或经济崩溃的情况,而这和诸葛亮的"蜀锦战"有着一定关联。诸葛亮并没有单纯依靠战时的经济政策来维护统治,而是将目光放长远,积极发展生产和活跃工商业,尤其是蜀锦外销的方式,为蜀人提供了稳定的经济来源,进一步刺激了货币流通。

众多招式缭乱人眼的背后,或许亦投射着天下分分合合、群雄争斗的多面图景。逐鹿中原,一统天下,或许远不是金戈铁马、攻城略地这么简单。

(作者:念缓)

参考资料:

[1] 陈寿,裴松之(注撰).三国志集解.上海:上海古籍出版社,2012.

[2] 陈寿.三国志[M].北京:中华书局,2011.

[3] 张华.博物志[M].北京:中华书局,2019.

[4] 张雷.曹操经济政策述评[J].许昌学院学报,1985(04):59-65.

[5] 解学东.诸葛亮的经济思想[J].河南大学学报(哲学社会科学版),1990(06):35-38.

[6] 孙金刚,孙晓平.枭雄曹操经济政策述略[J].兰台世界,2014(21):40-41.

[7] 樊羁光.曹操的经济改革思想[J].改革与理论,1998(06):30-31.

[8] 葛文杰,朱仰华.论曹魏屯田兴起的原因[J].汉中师范学院学报(社会科学),1998(02):33-38.

[9] 石亚东.魏晋南北朝时期的军事经济思想——以曹操、诸葛亮、袁准为例[J].合肥师范学院学报,2009,27(02):70-72+92.

[10] 苗晋军.曹操许下屯田的背景、作用及影响[J].平原大学学报,2007(06):33-35.

[11] 李富侠.论诸葛亮对《管子》经济思想的继承[A] // 管子哲学经济思想与

当代经济问题——安徽省管子研究会2012年年会暨全国第七届管子学术研讨会交流论文集[C/OL].（2012-04-01）[2021-01-22]. http://www.cpfd.cnki.com.cn/Article/CPFDTOTAL-ahgz201204001021.htm.

[12]陈金凤.诸葛亮军事经济思想与战略论析[J].社会科学辑刊,2004（02）:101-105.

[13]杨广恩.诸葛亮为什么推崇名士刘巴？[J].高中生之友,2018（Z2）:86-87.

[14]陈从周,陆敬严.木牛流马辩疑[J].同济大学学报,1988（03）:301-316.

[15]闲乐生.诸葛亮的直百帝国：一场吊打全世界的货币战争[EB/OL].(2019-12-16) [2021-01-22]. https://baijiahao.baidu.com/s?id=1653036759562386750&wfr=spider&for=pc.

[16]邹志谅.刘备为军需铸直百钱(组图)[EB/OL].(2015-05-30) [2021-01-22]. http://roll.sohu.com/20140530/n400242297.shtml

唐人炫富、宋人增收的香料贸易

在连接东西方的海上丝绸之路贸易中，香料占有举足轻重的地位，它是中国进口货物的大宗，以至于在东西方交汇之处，香料产地婆罗洲、爪哇、新几内亚及苏门答腊被称为"香料群岛"。香料见证了海上贸易"舶交海中，不知其数"的繁华，也见证了和平合作创造的地区大发展大繁荣。

海外"香料"，宫廷御用

考古资料证明古时南越国已有从海外输入香料和燃香的习俗，很显然，那些熏炉和香料是从"海上丝绸之路"传入的。东南亚和南亚的香料通过南方沿海地区转输中原地区。

唐朝时，苏门答腊、爪哇等岛本就以产香料著称，苏门答腊东南部成为香料贸易周转集散枢纽，海舶来往频繁，大量香料聚集于此，因而兴起了一个海上强国——室利佛逝。为保护商道安全，促进香料贸易，室利佛逝王在各大港口加派士兵保护。另一边，中国东南沿海港口也挤满了远涉重洋、不远万里而来的航海商船，史料记载："（广州）江中有婆罗门、波斯、昆仑等舶，不知其数。并载香药珍宝，积载如山，舶深六七丈。"

唐代的外来香料，主要有沉香、紫藤香、榄香、樟脑（龙脑香）、苏合香、安息香、乳香、没药、丁香、郁金香、阿末香、降真香等品种。阿拉伯人刚接手香料贸易时，最为关注苏门答腊的龙脑香——唐朝官方购买的特种香料，对其价格做了详细记载：每一曼那（约2两）的樟脑（龙脑香）卖50个法库，1法库合1000个铜钱。这种樟脑，如果不是政府去购买，而是自由买卖，便只有这个价格的一半。

对于龙脑香，在《酉阳杂俎》有记载，龙脑香树，出自婆利国、波斯国，之所以称婆罗洲樟脑为龙脑香，是因为"那些从海外带来的、奇异而珍贵的物资，很容易使人们在想象中将它们与主宰大海的龙联系起来"。龙脑香不仅可以治病，还可用于饮食。香味怡人的龙脑香中，最著名的一种属交趾贡献的"瑞龙脑"，被制作成蝉和蚕的形状，以护身符的形式佩戴在衣物外。唐玄宗曾赐予杨贵妃10枚"瑞龙脑", 昂贵的进口香料几乎是皇室的专用品。

五花八门的香料

随着新香料和佛教、印度文化传入中国, 宗教和香料一拍即合, 焚香和香料习俗随之而来。当时, 大量檀香经海上丝绸之路进入佛教鼎盛的唐代社会, 这些香料被唐人用于雕刻佛像、建造寺院之楼阁、佛塔, 制作装佛像的圣盒、僧徒所持之锡杖等佛教圣物, 还是寺院僧人、百姓礼佛常烧之香。

沉香因其饱含树脂, 质地坚硬沉重, 放进水里即会沉底得名。在当时很多西方人的心目中, 中国是有名的沉香来源地。其实不然, 唐朝人使用的沉香大部分都是从林邑（今越南中部）进口而来。沉香在焚香和熏香中盛行, 因唐人与印度人一样, 认为沉香的烟对于治疗糜烂和创伤具有疗效。唐朝皇帝以沉香建造亭台楼阁, 唐玄宗在皇宫内建沉香亭, 想召李白前来饮酒作诗, 可惜李白已醉, 未能前往。

如果说"海上丝绸之路"西端的皇室贵胄们最喜好丝绸的话, 那么在"海上丝绸之路"的东端, 唐朝贵族士人们津津乐道的话题便是香料。

唐人好斗香, 中宗时有一种高雅的聚会, 大臣们在会上"各携名香, 比试优劣", 只有韦温所挟香膏, 经常夺魁。宁王李宪非常注重口气清新, 好口中含香, 每次与宾客议论时, 口中必含沉香和麝香, "方启口发谈, 香气喷于席上"。想必他们在参加各种社交场合前, 必先以香汤沐浴, 誓要给众人留下香气迷人的印象, 毕竟那个时候还没有出现香水, 只能靠外来香料做辅助。

至今人们仍在用的胡椒, 无疑是大家最熟知的外来香料。汉文史料中最早记载胡椒的是西晋司马彪撰写的《续汉书》, 当时都以为胡椒产于印度、波斯或南海诸国。据考, "胡椒属植物最初生长在缅甸和阿萨姆, 先传入了印度、印度支那以及印度尼西亚, 然后, 又由印度传入波斯, 再由波斯舶从波斯与檀香木和药材等一起转运到中世纪的亚洲各地"。

唐时, 海外贸易初盛, "海上丝绸之路"取代"陆上丝绸之路"成为中外贸易主通道, 由海路输入中国的胡椒量不大, 但因其受唐贵族重视, 价值昂贵, 给贸易商波斯人和阿拉伯商人带来了巨大的财富。胡椒的财富地位也很显赫, 举一个例子, 公元777年, 唐朝巨贪元载被赐死后, 官府在籍没他家资产时, 不是搜出满屋钞票, 而是搜出500两钟乳和800石胡椒。800石大约相当于64吨, 得用3个集装箱来装, 搁现在就是一卖作料的, 那会儿这就是财富的象征。

外来香料进入寻常百姓家

贸易总是能增加社会总福利。随着海上贸易的深入发展，外来香料进入寻常百姓家。苏东坡所处的宋朝，恰是外来香料进入中国的巅峰时期，其进口品种之繁和数量之多前代无法比拟。文献记载，当时进口的香料达100多种，常见的如乳香、龙涎香、龙脑香、沉香、檀香、苏合香等数十种，可入药、食用、化妆、熏衣、敬神、制烛、建筑。它们来自大食、天竺、交趾、三佛齐、阇婆等国，以从大食、交趾、三佛齐（唐末室利佛逝）进口香料最多。

发源于苏门答腊岛上巨港附近的三佛齐地处太平洋与印度洋的交通要冲，为马来群岛的香料贸易中心，是中国与东南亚、阿拉伯往来贸易的必经之道。因其国势强大，大食的香料多在此集散，复运广州、泉州。宋以前，外来香料使用局限于王公贵族间，随着品种和数量增多，外来香料也进入寻常百姓家，饮食用香、佩物用香、祭祀用香、建筑用香成为平民百姓生活中的一部分。

南宋时期，蜀人曾以棍棒、沉香、檀香、鹰香和龙脑为原料制作出一种香味极佳的香药饼子，深受广大民众喜欢。临安市民的早晨一般是从一碗丁香馄饨开始的，临安街边上四处贩卖着香药灌肺、二色灌香藕、香药、韶姜等食品果子和甘蔗奈香、沉香水等甜食。富有人家也会仿照唐朝皇帝，将香料木材用于建筑中，法国汉学家谢和耐在描写南宋杭州市民生活时曾说："富室人家对其起居宅第的营建，常常一掷千金。毫无吝惜，珍贵的沉香木和檀木，远从热带地方带来。以为主支柱之用。"

南宋初年，政府财政收入不满千万，市舶利入达200万缗。对外贸易收入已成南宋政府不可或缺的财源，宋朝对海外贸易也愈加重视。对那些能招揽外商来华贸易，增加政府收入或负责搬运香料的官吏，宋政府多授予官爵或其他奖励，外商招徕多者，也会赐宴给予慰劳，对于押送香料到京城的官员给予相应的物质奖励。由于香料等价值比粮草要高得多，而重量要轻得多，南宋政府甚至直接以香料作为类货币的交换物资，用于向民间购买支付使用。

胡椒：地理大发现的催化剂

从13世纪开始，胡椒在香料输入中所占的比重增大。马可·波罗曾在其游记中写道：杭州每天消费的胡椒达"每担为二百三十磅的四十四担之多"。在元代中国最大的贸易港泉州，胡椒输入量令马可·波罗惊讶："如果有一艘要出售给基督教诸国而装载着胡椒的船只进入亚历山大港口的话，那么将有相当于百倍的船来到泉州。"虽然这种描述似有夸大之嫌，但胡椒比重之增加是毋庸置疑的。

在唐代，胡椒主要用作珍贵药物，只在"胡盘肉食"中用作调料。宋代也是如此，胡椒依旧是珍品。明朝中后期"珍品"胡椒逐渐变成"常物"，被平常百姓广泛使用，这其中，与郑和下西洋有很大关系。

郑和下西洋导致胡椒大量涌入，为处理胡椒过剩，明朝政府以胡椒、苏木等香料折支俸禄，以俸禄的形式分配给文武官吏，一方面维持香料贸易的高额利润，转嫁了国家财政危机，另一方面胡椒流入了更广泛的人群中，价格大幅下降。洪武（公元1368～1398年）末年每百斤值银20两的胡椒到宣德（公元1426～1435年）年间仅值银5两。粗略估计，15～16世纪中国在东南亚地区收购的胡椒年达5万包（约250万斤），等于17世纪上半期胡椒从东方输入欧洲的总数。正因为如此，郑和下西洋在中国激发了一场"舌尖上的革命"，民间广泛流传起来关于"胡椒"的各种食谱，今天我们能有如此多的中华美食与味觉上的丰盛要感谢郑和。

对胡椒的渴望促进了西方完成地理大发现。价格昂贵的胡椒是葡萄牙人向东方找寻新航路的原因之一，当达·伽马携带胡椒返回里斯本时，里斯本胡椒价格当天跌落一半。同样当郑和携带大量香料回国时，国内胡椒价格跌落，胡椒变得更加家常，老百姓也可以用得起。胡椒等各种香料漂洋过海，通过"海上丝路"，包括原地产在内，所过之处都给当地带来了经济的繁荣与社会的兴旺，谱写一段沟通中外的香料传奇。

（作者：李崇寒）

成也黄河，败也黄河的开封

河南，因在黄河以南得名，加上太行山和东行的黄河之间夹住的"河内"，构成了中华文明发源的三河故地。这是古代的"河南"，也是现代河南的核心区。而洛阳、郑州、开封则被称为居天下之中的著名"豫北三城"。今天，我们说开封，曾经的大梁、汴京。

魏国都城

开封以首都身份出现在历史上，最著名的当属北宋。不过在北宋之前，这里也曾是多个政权的都城，最早可追溯至战国时期。

从战国到北宋，是开封不断向上发展的时期。五代之后的开封之所以能迅速崛起，取代长安、洛阳成为北宋首都，离不开这漫长历史打下的基础。

战国魏惠王九年（公元前361年），为躲避西方秦国的侵扰，又能同时向东进取，魏国都城由安邑（今山西夏县西北）迁至仪邑，称"大梁"，开封城市可考的历史从此开始。

但当时开封地势低平，易积水成涝。魏惠王建都大梁以后，陆续开展了一系列开封城市的治水引水工程。公元前360年，魏惠王自荥阳引黄河水入圃田泽，然后开大沟，引圃田水东流，经大梁城北再折而南入颍水、涡河，这就是历史上著名的沟通黄河和淮河两大水系的鸿沟运河。"鸿沟"这个词，后来还成为刘邦与项羽瓜分天下的分界线。

这道鸿沟对开封的城市命运起到了无可比拟的作用，由此大梁成了四通八达的水运网中心，形成了所谓"北距燕赵，南通江淮，水路都会，形势富饶"。

鸿沟建成以后，引黄河水为源，各河道的通航能力大大提高，大梁因地处鸿沟水系的中心，成为中原水上交通的枢纽。鸿沟水系的建设还提高了开封地区的泄洪能力，排除了附近的积水，改善了农田的灌溉条件，促进了魏国的农业生产和经济的发展。仅数十年间，大梁附近已成为魏国主要的农业区，魏国政权也因此得以稳固。

公元前225年，秦将王贲久攻大梁不下，便引鸿沟之水灌城，魏亡，大梁城市惨遭破坏。魏都大梁历经130多年繁荣，是开封历史上第一个兴盛期。

运河开发，五代崛起

隋朝建立后，今天的开封，当时的汴州迎来一次新的生机。为加强南北物资运输能力，大业元年（公元605年），隋王朝组织河南、淮北诸郡100万民夫，开挖通济渠（唐称广济源）。该渠由洛阳开始，引谷水、洛水达于黄河，经过一段黄河后，于板渚（现河南省荥阳县西北）引黄河水东南行，经过开封城下，到现江苏盱眙县北入淮河。

这条通济渠向南通过江淮之间邗沟及江南运河，可达杭州，向北通过永济渠，可达涿郡（北京）。这就是历史上有名的隋炀帝时期开凿的南北大运河，通济渠是其中最重要的一段。当时的汴州位居该渠咽喉，在漕粮的运输上具有突出的地位。

这条水道沟通了当时全国北方的政治中心长安、洛阳和鱼米之乡淮扬一带，逐渐成为一条富饶的血管中枢。而开封借运河之利，又一次得到了发展的绝佳时机。

到了唐朝，开封除了具有水路交通的枢纽地位，还是陆路驿道的枢纽。从西安东行至洛阳后，再向东、东北、东南行，有三条主要驿道，其中两条都必须经过汴州。特别是去当时唐王朝的财赋要地长江下游三角洲和江淮地区，必须由此经过。从那时起，汴州实际上已经开始逐渐成为国内水陆交通重镇和国家经济命脉的总关卡。

安史之乱之后，为避免因漕运中断而使首都受困，唐王朝特别在此设宣武军，节度使李勉又于建中二年（公元781年）重筑汴州城，从此，汴州成为中原的军事重镇。

这个汴州城是魏大梁城之后在史书上第二次有专门记载的开封城，也是开封城垣可考之始。唐代后期，黄河流域和长江流域经济发展水平越来越悬殊，北方对南方财力的依赖越来越大，汴州的地位也越来越重要。当时人称："大梁当天下之要，通舟车之繁，控河朔之咽喉，通淮湖之运漕。"

唐末至五代的100余年间，当黄河中游的长安、洛阳由兴盛走向衰落的时候，汴州却蒸蒸日上，蓬勃发展。直至公元907年，驻在汴州的宣武军节度使朱温篡夺了唐的政权，建立后梁王朝，都汴京，称东都。

这是自战国魏都大梁1000余年后，开封再次成为国家首都。后梁之后相互更迭的政权中，除了后唐迁都洛阳外，后晋、后汉和后周均以汴州为都，称东京。

在这些王朝中，后周皇帝周世宗对开封城改造的影响更为深远。周世宗不仅重新对开封城进行规划建设，修建开封新城，扩大外城，扩宽城市街道，他还注重兴修水利，疏通汴河，恢复之前以开封为中心的水陆交通网。后周东京城的修建为北宋东京城市布局奠定了基础，且为开封取代洛阳，一跃成为行政中心城市开辟了道路。

北宋建都

虽然长安、洛阳在连年战火中饱经摧残，令开封有机会在五代时期迅速崛起，并成为中原政治、经济、文化中心，但当真要付诸行动时，赵匡胤不是没有犹豫。

开封诚然水陆交通发达，有利于控制广大关东地区，且经历五代时期四朝的建设，城池宫阙已经相对完备，但这里不是没有隐患。

从地理上看，开封四周几乎无险可守，是典型的"四战之地"，作为一个国家的都城非常不利。为了弥补开封地理上不利防御的弱点，宋朝必须在都城驻屯重兵加以弥补。

唐灭亡以后，长安没再进入定都的考虑范围之内。但对于洛阳，赵匡胤是动过心的。眼前的洛阳，虽然被战争破坏，大运河到洛阳一段也因年久失修导致通航能力下降，但是与开封相比，洛阳是赵匡胤和赵光义兄弟的出生地，这里北据邙山，南望伊阙，洛水贯其中，东据虎牢关，西控函谷关，地理险要利于防守，自古以来都是定都首选。公元976年，赵匡胤甚至带着迁都的心思西巡洛阳，不过，最后因晋王赵光义等人的反对，没能成行。

放弃了建都长安或洛阳，北宋开始着力开发开封这座重要的水城。当时的东京汴梁有惠民河、汴河、五丈河和金水河从东京城里穿过，人称"四水贯都"。而东京就成了汴河、黄河、惠民河和五丈河漕运四河的中心。

当时的黄河由今河南荥阳县广武山北向东北方向流去，故距开封稍远，不过黄河中的船运，还是由汴河到达开封，其他三河都是直接通达开封。

北宋时期，开封的水运能力一时间达到顶峰。《清明上河图》中的百万城内官军商民，都是依靠复杂的水运系统维持生活运转。可以毫不夸张地说，是黄河分支汴河为东京汴梁送来了繁荣昌盛。

北宋时期的开封，由于政治中心的形成及其水陆交通的发达，很快成为"八荒争凑，万国咸通"之地，全盛时"京师周围八十里，人口高达百余万"，俨然是中世纪世界上最大的封建性消费城市。东京年纳商税额55万贯，占全国商税的一半。北宋开封商业经济的繁荣，延续了160多年，是开封历史上最辉煌的大发展时期，也是中国城市发展史上辉煌的一页。

然而，我们不能忽略黄河一直以来的隐患。由于长期的农业开垦，黄河上游的水土流失越来越严重，从北宋开始，黄河携带的泥沙量明显地在河道内堆积，并不断向南变道逼近开封，而其附近繁密的水道也成为黄河泄洪的最佳渠道。

北宋时，开封曾多次在六至八月间发生水灾。从建隆元年（公元960年）起到太平兴国九年（公元984年）的25年内，黄河只有9年没有明确的决溢记载，其余年份大部分是多处溃决、到处泛滥的。从淳化二年（公元991年）到宣和元年（公元1119年）的129年里，共发生水患20次，造成人员伤亡的有8次，且发生水灾的地点相对集中，受灾面积较广，但重灾区却很固定，多集中在朱雀门、崇明门等城东南地区。

黄河的多次泛滥，使北宋时期以黄河、汴河为主的"四大漕运"都因黄河水害而淤没，也改变了区域内的生态环境，曾堪称"北方水城"的开封，周边也因此成了茫茫的一片沙海。

元、明、清衰落

据《开封府志》和《祥符县志》记载，从金明昌五年（公元1194年）至清光绪十三年（公元1887年）的近700年间，是黄河南下夺淮进入黄海的时期。黄河在开封及其邻近地区决口泛滥达110多次，最多时每年一次，最少也是10年必泛。随着元朝把大运河进一步东移，不借道河南而改走鲁西南，开封的衰败一发不可收拾。

元明清以来，开封城曾7次（元太宗六年、明洪武二十年、建文元年、永乐八年、天顺五年、崇祯十五年、清道光二十一年）被黄河水所淹。灾情最严重的是明崇祯十五年（公元1642年），李自成围开封，明河南巡抚高名衡在城西北17里的朱家寨扒开河堤，妄图淹没义军。洪水自北门冲入城内，水与城平，深2～4丈，全城尽为洪水吞灭，人口死亡达34万，城中建筑所剩无几。

这是继秦将王贲灌灭大梁以后，开封第二次成为"地下城"。清康熙元年（公元1662年）重建开封城。清道光二十一年（公元1841年），黄河决口张家湾，淤灌开封城，有些地方水深一丈多，庐舍尽灭，人都居在城墙上，孝严寺、铁塔寺、校场、贡院等建筑也被拆毁，以作堵塞洪水之用。次年又一次重修了城池，周长14千米多，城门5座如旧，这就是我们今天看到的开封城墙。

这样的地理条件，自然深深影响了开封城的发展。金迁都开封时，汴河尚能部分通航。至明及清初，能够通航的河流只有贾鲁河一条，其航运起点已不在开封，而移至它的外港、城南20多千米的朱仙镇。清道光以后，贾鲁河因黄河多次泛滥，也被淤塞，朱仙镇也衰落了。陆路交通，虽曾号称"八省通衢"，实际吸引的范围，主要限于河南省。

与此同时，黄河泥沙也把开封附近肥沃的平原农地盐碱化，到了"昔之饶腴裕，咸化碱卤"（《杞县志·康熙年》）的地步。

水运网络破坏的结果，使凭借水运枢纽地位先发展起来的开封必然一落千丈，一直降为地区性政治中心。

近代开封

从清末到民国，中国不断尝试着现代化，开封似乎可以凭借地理优势摆脱衰落，然而事与愿违。

从黄河以北南下长江中游的陆上通道有两条：一条是延津县至开封府，再经朱仙镇、许昌等地南下至江汉平原的东线；另一条是由新乡至郑州，经新郑、襄城、叶县走南阳进入湖北境内的西线。东西两线的关键节点分别是开封和郑州。

开封附近地形平坦，又有繁密的水运之利，为了减少凿山修路的成本，铁路选址当然是地形越平坦越好。在筹建纵贯中原的京汉铁路之初，张之洞等人建议走开封线："宜由汉口直造至河南省城。"（《张文襄公全集·遵旨筹办铁路谨陈管见折》）

但是开封附近黄河决堤太烈，是河南受灾第二重的地区。从今天开封东北的兰考到郑州东侧的中牟，自宋朝以后，由于水灾太重，甚至没有过修桥的历史。而京汉铁路的重要中继点就是黄河大桥，铁路走开封并不现实。

仔细考察后，张之洞改变了想法，选择将京汉铁路的南段选在水利环境稳定的郑州以北荥阳附近。从此，一度繁荣的传统东线被郑州这条西线所取代。

由于水利环境的不稳定，开封错过的铁路不止这一条，京广铁路与陇海铁路交于郑州市，京九铁路与陇海铁路交于商丘市，都与开封无缘。而此时的水运已发挥不了什么作用，开封的交通优势受到了极大制约。

另外，由于常年水患导致土地盐碱化，开封的农业生产能力大幅受损，唯一的工业也只是花生榨油工业，产值不高。

中华人民共和国成立之后，郑州更靠近豫西和豫北的山区矿产，更适于发展工业，也有更好的工业基础。

1954年，河南省省会西迁郑州，很多重要的企事业单位随省直行政机关一同西迁，中原地区的政治、经济、文化中心也相应迁移至郑州，开封经济活动的区位优势逐渐丧失。到了20世纪六七十年代，"郑汴洛"的格局一直没有打破，开封一直排在郑州的后面。

就这样,曾经辉煌的大宋国都开封落寞收场,那繁华得不可一世的过往,而今只能出现在梦中。

(作者:国历君)

参考资料:

[1] 猫斯图. 河南为什么要换省会 [EB/OL]. (2017-12-6) [2018-04-03]. https://baike.baidu.com/tashuo/browse/content?id=7aed6f67363d56137b033b92.

[2] 邹逸麟. 我国环境变化的历史过程及其特点初探 [J]. 历史地理研究, 2002 (03).

[3] 李润田, 丁圣彦, 李志恒. 黄河影响下开封城市的历史演变 [J]. 地域研究与开发, 2006 (06).

[4] 郝媛媛. 水利、水害与城市:北宋开封兴衰的历史启示 [J]. 三门峡职业技术学院学报, 2006 (04).

大运河：北宋立国的生命线

中国大运河开挖于春秋时期，至隋朝时已基本完成工程，但大运河对于中国政治、社会、经济的强大塑造力，则要到北宋时才完整呈现出来。

大运河奠定了开封的国都地位，也撑起了北宋的社会繁华。

定都开封，顺应大势

赵宋立国，继承后周的政治遗产，以汴梁为首都。但宋太祖赵匡胤打心底不希望定都于汴梁，因为开封乃是"四战之地"，并无天险可据，易攻难守，从军事上考虑，确实不是建都的首选。为了守卫国都，必须在京师驻以重兵，成本非常高。开宝九年（公元976年），时距宋朝开国不过16年，赵匡胤到西京洛阳祭祖，留洛期间，便与近臣发生了一次是否要迁都的辩论。

原来赵匡胤出生于洛阳夹马营，有意迁都于洛，祭祀完毕，便在洛阳行宫住了下来，不欲回东京汴梁。随行的群臣不知如何是好。

铁骑左右厢都指挥使李怀忠进言："东京有汴渠之漕，岁致江淮米数百万斛，都下兵数十万人咸仰给焉。陛下居此，将安取之？若虑迁都，臣实未见其便。"李怀忠的意思是，东京纵有千般不是，但毕竟得运河之便，每年可以从江淮运入漕粮数百万石，京师数十万驻军，全靠它吃饭。陛下如果搬居洛阳，得从哪里弄到这么多的粮食？因此，迁都之事，极不可行。

但赵匡胤不听，"上亦弗从"。看来很难改变皇上的主意了。

此时，太祖之弟、晋王赵光义从容说道："迁都未便。"

赵匡胤说："迁都洛阳也非长远之计，最好是迁至长安。"

赵光义"叩头切谏"，决心要打消太祖迁都的念头。

赵匡胤又说："我之所以想西迁，并无他意，只是要据山河之胜，守卫国都，这样便可以裁撤冗兵，循周汉故事，以安天下。"

赵光义说："国家之守，在德不在险。"

赵匡胤沉默半晌，没有说话。等赵光义离开后，赵匡胤对左右近侍说："晋王所言，也有他的道理，我就听他一回吧。只是……"太祖深叹了一口气，悠悠道，"只怕不出百年，天下民力殚矣。"

太祖皇帝听从了其弟晋王的劝告，实际上也是迁就于时势。赵匡胤并不是一名固执的君王，他通达，既能尊重传统，也愿意承认现实，顺应时势。南宋时，朱熹与朋友回忆起太祖开国创制的往事，朋友问朱熹："太祖受命，尽除五代弊法，用能易乱为治。"朱熹说："不然。只是去其甚者，其他法令条目多仍其旧。大凡做事底人，多是先其大纲，其他节目可因则因，此方是英雄手段。"换成现在的说法，正是保守主义的改进路径。

说回迁都的事。赵匡胤内心虽有"循周汉故事"、定都长安的情结，但他也不能不尊重现实，在他所处的10世纪，已经全然不同于周汉之世。经长年战乱摧残，长安等北方都城早已不复旧日繁华，东晋时衣冠南渡，南方获得大开发，中国的经济、文化重心逐渐转移至江南，而军事、政治重心则依旧保留在北方，一南一北两个重心彼此分离。如果缺乏发达的交通网络将南北连接起来，南方的经济资源无法输送到北方，北方那些军政重镇势必难以维持，进而危及整个王朝的安全。

在铁路与火车被发明出来之前，水运线无疑是最为经济、快捷的运输网络。但中国的黄河、长江大体上都是东西走向，南北之间找不到贯通的水运线。隋炀帝开凿大运河，当然并不是为了下扬州看琼花美女，而是要打通南北的补给线。

大运河凿成，南北贯通，中华帝国才可能形成紧密的共同体，富庶的南方才能够成为源源不断地向北方输送物资的大后院。位于运河线上的汴梁，近水楼台先得月，其地位便日益重要，五代的后梁、后晋、后汉与后周政权，均定都于汴梁。宋承五代之旧，也以开封府为首都，因为不能不顺应历史趋势。

北宋立国的生命线

北宋时期的汴京开封府，漕运网络远比洛阳、长安发达。汴河、惠民河、金水河与广济河流贯城内，并与城外的河运系统相衔接，合称"漕运四渠"。来自陕西的物资可从黄河—汴河运至汴梁，蔡州的物资直接由惠民河入汴，山东的物资可通过黄河—广济河抵京，东南六路的物资，可以借道大运河北上，转入汴水，运达京师。

其中连接东南六路的汴河—大运河是北宋最重要的漕运线，因此，北宋立国未久，便设立了一个叫作"发运司"的机构，来统筹东南六路的物资运输："所领六路七十六州之广，凡赋敛之多少，山川之远近，舟楫之往来，均节转徙，视江湖数千里之外，如运诸其掌。"

那么，每一年从东南六路经大运河运入汴梁的物资有多少呢？据沈括《梦溪笔谈》的记录："发运司岁供京师米，以六百万石为额。淮南一百三十万石；江南东路九十九万一千一百石；江南西路一百二十万八千九百石；荆湖南路六十五万石；荆湖北路三十五万石；两浙路一百五十万石。通羡余，岁入六百二十万石。"仅仅官运的漕粮一项，每年就以 600 万石为常额，多时竟达 800 万石。如果作为口粮，可供六七十万人一年之需。

除了漕粮，汴河—大运河运输线每一年还从南方运入大量的其他物资，用于政府消费。宋仁宗康定元年（公元 1040 年），知制诰富弼在一份报告上说："朝廷用度，如军食、币帛、茶、盐、泉货、金、铜、铅、银，以至羽毛、胶、漆，尽出此九道（指东南六路加上福建、广南东、广南西）。朝廷所以能安然理天下而不匮者，得此九道供亿使之然尔。此九道者，朝廷所仰给也。"

因此，我们说汴河—大运河是北宋立国的生命线，并无半点儿夸张。实际上宋人也是这么认为的。熙宁五年（公元 1072 年），北宋著名的政治学家张方平说："今日之势，国依兵而立，兵以食为命，食以漕运为本，漕运以河渠为主……汴河废，则大众不可聚，汴河之于京师，乃是建国之本，非可与区区沟洫水利同言也。"

商业繁华的动力源

对宋王朝来说，大运河不仅仅是一条维系帝国政治安全的补给线。运河的功能被完全调动起来之后，便触发了一系列连锁反应，深刻塑造了宋代的社会经济发展方向。

日本汉学家宫崎市定提出，中国的古代至中世，是"内陆中心"的时代，从宋代开始，变为"运河中心"的时代，"大运河的机能是交通运输，所谓运河时代就是商业时代。事实上由中世进入近世后，中国的商业发展得面目一新"。宋代的立国者迁就于政治重心与经济重心分离的现实，不得不定都于运河线上的汴梁，却也在无意中顺应了"运河中心"时代来临的历史大势。

运河的运输功能并不是由国家独享，它是一个开放、公共的水上交通网络。在运河中往来的不仅有漕运官船，无数民间的商船、货船、客船也日夜穿梭于运河线。货物的流通、客商的往返、人烟的汇聚，自然而然产生了庞大的餐饮、住宿、仓储、搬运、商品交易、娱乐、脚力服务等诸方面的市场需求，于是在运河沿线，无数市镇应运而生。

宋神宗熙宁五年（公元 1072 年），访问宋朝的日本僧人成寻，沿着运河从泗州乘船前往汴梁，他的日记详细记录了沿河见到的繁华市镇，如船至宋州，在大桥下停宿，成寻看到"大桥上并店家灯炉火千万也，伎乐之声遥闻之"；"辰时拽船从桥下过店家，买卖不可记尽"。宋代这些商业性市镇的格局，完全不同于传统的行政性城市，行政性城市是国家构建出来的政治中心，市镇则是民间自发生成的工商业中心、制造业中心、运输中心。

运河两岸的城市，如亳州、宋州、郑州、青州、宿州、徐州、泗州、扬州、真州、常州、苏州、秀州、越州、明州、杭州，也因运河经济的辐射力而形成繁盛的区域市场，八方辐辏，商旅云集，人烟稠密。《宋史·地理志》收录有近50个人口在10万以上的城市，其中位于运河沿线的有15个，差不多占了三分之一。处于运河网络中心的汴京，人口更达百万之巨，"人烟浩穰，添十数万众不加多，减之不觉少"。

汴京的商业布局，也因为运河表现出全新的面貌。看过《清明上河图》长卷的朋友应该会发现，宋人喜欢临河开店，沿着河岸，商铺、酒楼、茶坊、邸店、瓦舍勾栏栉比鳞次，连桥道两边也摆满小摊，形成了繁荣的街市，行人、商客、小贩、脚夫、马车拥挤于街道，入夜之后，市井间热闹仍不减白昼。

《东京梦华录》这么介绍汴梁的夜市："自州桥南去，当街水饭、爊肉、干脯……鸡皮、腰肾、鸡碎，每个不过十五文……香糖果子、间道糖荔枝、越梅、紫苏膏、金丝党梅、香枨元，皆用梅红匣儿盛贮；冬月，盘兔、旋炙猪皮肉、野鸭肉、滴酥水晶脍、煎角子、猪脏之类，直至龙津桥须脑子肉止，谓之杂嚼，直至三更。"州桥夜市之所以这么喧闹，是因为仓场建于这一带，汴河上的货船驶至州桥码头后，需要靠岸卸货、仓储，物资在这里集散，人流也在这里汇合。

商业性市镇、热闹夜市、临街开设的商铺，在"唐宋大变革"发生之前，几乎都是不可想象的。比如在所谓的盛唐，县以下不设市；城市实行坊市制，即居民区（坊）与商业区（市）严格隔开，商贾只能在指定的时间、指定的地点做生意；入夜则实施宵禁。这些带有明显中世色彩的商业限制，到了"运河中心"时代，都瓦解了。因此，海外一部分汉学家相信，宋代发生了一场"城市革命"。我们也不妨说，此一"城市革命"，乃是运河经济的辐射力所促成。

运河代表的水运网络的开发，也使得大宗的长途贸易成为可能。宋朝之前的商人，还秉承着"千里不贩籴"的古老习惯，因为将粮米运至千里外销售，成本太高了。但在宋代，发达的水运网络将"千里贩籴"的成本大幅降了下来，于是"富商大贾，自江淮贱市粳稻，转至京师，坐邀厚利"。两浙路的太湖流域，"号为产米去处，丰年大抵舟车四出"，这些"舟车"，都是收购商品粮的商队。

运河经济触发的连锁反应

大宗交易、长途贸易的出现，又不能不催生出发达的商业信用。宋朝以铜钱为主要货币，但铜钱笨重，不方便携带——你总不能从京师运着一船铜钱到江南进货吧？因此，宋人发展出一套商业信用，包括便钱、交引等，用以支持远距离交易。

便钱是京师便钱务出具的汇票，商人只要在便钱务存入现钱，即可获得一张汇票，凭票可到各州政府开设的汇兑机构兑换成现钱。这样，假设京师的商人要到江淮收购商品粮，他大可不必押运一船沉重的铜钱前往，只需要带一纸便钱就行了。

交引是政府支付的有价证券。商人到边郡入纳粮草等，政府估价后，即以高于市场价的收购价发给交引，商人凭交引可赴京城或产地领取钱或者茶、盐、矾、香药等货品。京师的折中仓也接受商人输粟，然后优价给予交引，凭引可至江淮领取茶、盐。交引有面额，人们往往不用交引提货，而是当成货币用于交易支付。又由于交引面额蕴藏着巨大的利润空间，交引本身也作为一种特殊的商品（有价证券）被买入卖出，京师与"冲要州府"都出现了交易交引的交引铺，类似今天的证券交易所。

水运网络—长途贸易—商业信用，这是运河经济触发的连锁反应。运河还有另一项功能，也被宋朝人敏锐地捕捉到了——沿漕运线建设大型磨坊，用来加工粮食与茶叶（宋人饮茶，并非用茶叶浸泡，而是将茶叶研成茶末，冲泡而饮。此法后传入日本，是为末茶）。漕河便于磨坊原料与产品的运输，而且水流可以驱动水磨，达成自动化生产。《闸口盘车图》描绘的便是一个大型的官营磨面作坊，四五十个磨坊工人正在从事磨面、筛面、扛粮、扬簸、净淘、挑水、引渡、赶车等工序，而作坊的核心部件——磨面的机械即由水力带动。

宋政府对水力磨坊抱有强烈的兴趣，在京师与一部分州设立了"水磨务"，管理水磨加工业。汴河之上，更是遍置官营水磨。水磨之多，甚至影响了汴河的航运与沿岸的农业灌溉，导致各方展开了对水资源的争夺。放在大历史中，这样的冲突显得意味深长，让人忍不住联想到英国工业革命初期的"羊吃人"冲突。

从某种意义上，英国的工业革命可以说就是水运推动出来的。中国经济史学家全汉昇先生认为，英国的煤矿之所以能够大规模生产，以满足工业化的需要，是因为这些煤矿都位于海岸线或河流附近。因此，在铁路网建设成功之前，可以利用便宜的水运将煤大量运输至各地市场出售。"在工业革命以前的英国，假如没有便宜而有效的水运，而只是用落后的交通工具在陆上运输，那么，煤矿开采出来的煤只能在附近10至15英里的地方出售，如再运远一点儿，就要因为运费负担高昂而卖价太高，从而卖不出去了。"如果这样，工业革命便失去了产生的动力。

有时候，历史性的巨变就蕴藏在毫不起眼的细节当中，就如绚烂的烟花在爆发之前，不过是一枚小小的炮筒。我们的遗憾是，宋朝的烟花绽放了，却又熄灭了。

（作者：吴钧）

长江流域的崛起：中国的南北差异从何而起？

我们的故事要从 100 年前说起。

100 年前，北欧的一些地质学家与植物学家发现了一个奇怪的现象——低纬度地区的冰川沉积物里，居然有仙女木的花粉残留。

这让他们大感不解，因为仙女木是一种生活在北极附近的耐寒植物，几乎从不在低纬度地区出现。在经过反复讨论之后，他们产生了一个大胆的想法：这是否说明，在某段时间里这个地区是如此寒冷，以至于仙女木曾在此处大量地生长？

于是，科学家们开始了寻觅之旅。很快，他们就发现，越来越多的证据都指向一个猜想——在距今 1.28 万年左右的一段时间里，地球曾发生过一次剧变。这次剧变甚至打断了全球变暖的进程，让地球温度骤降，并持续了近千年之久。迄今为止，人类依然未能完全搞清楚究竟是什么变故导致了这次气温的骤降，有人说是一颗或者多颗小行星的撞击所导致的，有人认为是洋流的复杂变化所导致的，然而无论如何，人类这个种群的命运永远地被这次"新仙女木事件"所改变了——因为气温的骤降导致了环境的变化与一系列大型生物的灭绝，原本以采集和狩猎为主要生存方式的智人为了适应这种变化，不得不聚集起来，开始尝试进行农业生产。

南北之异，从农作物说起

生活在长江与黄河流域附近的智人，他们驯化了稻与麦。

南方吃米，北方吃面，这几乎已经成为某种"刻板印象"。作为世界上最早的水稻驯化地区之一，长江流域诞生了一系列璀璨的早期文明，然而，当新仙女木事件的影响逐渐结束以后，地球的气温再次回升，更北方的黄河流域却忽然崛起，成为早期华夏文明的中心。

考古学家发现，在公元前 2300 年到公元前 1000 年左右的这段时间里，华夏文明从"满天星斗"式的多点分布，逐渐变成了"多元一体"的一家独大模式。换言之，黄河流域在漫长的岁月中最终胜出，成为华夏文明的中心。

黄河流域的胜出不是偶然的，除了水土等自然条件之外，最为关键的因素之一还是气候。从中国近 5000 年来的气温变化曲线图可以看出，商周时代的平均气温要比现在高出 2 到 3 摄氏度左右，这意味着当"新仙女木事件"结束后，气温的升高使得长江流域变成了一个酷热潮湿并不适宜人类居住的地方。司马迁在《史记》中对此曾有过一个概括性的记载："江南卑湿，丈夫早夭。"一个"丈夫早夭"的地方显然无法催生文明发展与壮大，因此更北方的黄河流域在这场早期文明的竞争中胜出，便成了一件理所当然的事情。从商周时代开始，诸侯们便围绕着中原大地展开了激烈的厮杀，直到秦汉两代，中国的北方始终都是政治、经济与文化的绝对中心，而南方则变成了"打酱油"的角色。

这种政治、经济、文化中心的重合，导致了人口和生产力的高度集中，催生了早期的大一统帝国，但同时也蕴藏着前所未有的危机——不断增长的人口一旦与突如其来的气候变化迎头相撞，则必将产生问题。

北方农人如何到南方种水稻？

从东汉末年开始，气候的变化与接连不断的战乱导致了大规模的战争与饥荒。为了活命，不同身份、不同地位的人们不得不离开自己熟稔的家乡，南下去寻找新的生活。然而虽然气候的变化使得江南的天气已经不再像以往那样难以忍受，可有一件事，却成了困扰他们的大问题。

那就是"如何优雅地种田"。

这其实是一件很奇怪的事情——我们经常能在教科书上看到这样的说法：南下的移民们带来了北方的先进生产技术。这话虽然不假，然而却存在一个非常致命的问题，那就是当时南北的种植环境，差异很大。

长江流域是世界上水稻的起源地之一，在相当长的一段历史时期里，"火耕水耨、饭稻羹鱼"乃是南方的普遍状态。所谓"火耕水耨"，指的是在水稻播种前先烧荒，然后再进行播种；等到烧剩的杂草与水稻一起长起来之后，再将这些剩下的杂草割掉，并灌水令其腐烂，以起到自然肥田的效果。这种耕种方式与北方农民在旱田上的精耕细作形成了鲜明的对比，同时对田地的利用效率也非常低下——由于需要时间来恢复地力，因此南方的农民往往是采用"轮种制"来进行耕作，一块土地耕种之后就要休耕一年，土地利用率仅有 50% 左右。

南下的北方农民很快就发现了一个尴尬的状况：自己虽然掌握了先进的耕作技术，然而这些技术却大多只适用于旱田，不适用于水田。因此大规模的北人南下虽然为原本人口较少的长三角地带注入了新鲜的血液，却没能从根本上改良南方的水稻种植技术。大部分移民还是集中到了少数旱田较多的地区，北方移民在淮河流域大规模地进行小麦种植，成了一道独特的风景，而更南边的大片土地依然保持着自己原始的风貌。

不过无论如何，先进的生产力总算是被这些人给带了过来，从魏晋之际算起，在南陈被灭前，大规模的北人南下前后发生过七八轮。每次都有数万乃至数十万北人被迫南下，这些人最终大多在南方扎根发芽，开枝散叶，而他们的生活习惯与饮食习俗也在逐渐发生着变化。在不断的南北交流过程中，一些自然条件原本就比较优渥的地区逐渐成为江南的菁华所在，《宋书》中对当时会稽一带的描述是："地广野丰，民勤本业，一岁或稔，则数郡忘饥。会土带海傍湖，良畴亦数十万顷，膏腴上地，亩直一金，鄠、杜之间，不能比也。"不过局部地区的高度繁荣依然不能遮掩南方整体欠发达的事实，刘宋大明八年，也就是公元464年时，扬州有户24万，这24万户，几乎是刘宋总人口数量的1/3。

这种不均衡的发展状态一直持续到了南朝末年。到北周灭北齐时，大概有户359万、口近1000万；北齐有户303万，口近2000万。而南陈则仅有户50万——即便是考虑到其中必然存在的大量隐户，这个数字也是相当可怜。

只不过谁都想不到，日后南方竟然成了大唐的赋税重地。

南方的好日子来了

唐穆宗长庆二年（822年），一场极其猛烈的沙尘暴袭击了夏州，史载"飞沙为堆，高及城堞"，这意味着曾经被赫连勃勃赞为"临广泽而带清流……自马岭以北，大河以南，未之有也"的水草丰美之地已经彻底变成了一片沙漠。而这，只不过是黄土高原环境恶化的一个缩影。

从周朝开始，无数人就在关中平原上繁衍生息，这片土地早已达到了自己承载的极限。从汉末到隋唐，长安城的数次毁灭与重建耗尽了秦岭的森林，而这又导致了水土流失的进一步加剧，到了唐代，从前沃野千里的关中平原早已不复过去的风采，这片土地上产出的粮食已经很难满足长安城的需求。因此从唐代开始，天子外出"就粮"（到粮食多的地方）便成了一道独特的风景。

其实，在唐代以前，人们便已经意识到了关中地区粮食短缺的问题。

隋炀帝试图修建运河，把富庶的东南地区与中央紧密地联结到一起，通过输血的方式来维持帝国的长治久安，只可惜这个大胆的举动反而成为亡国的主要原因之一。不过漕运作为一种可行的思路，倒是被唐代皇帝给彻底发扬光大了。纵观整个唐朝，漕运始终都是皇帝最关心的事务之一，唐代皇帝曾多次下大力气疏通漕运，而东南地区的物资也逐渐成为维持这个庞大帝国统治的必需品。

然而有一点是大家需要注意的：依赖漕运和东南赋税，主要是由于南方发展的不均衡所造成的，并不意味着南方的经济发展程度就已经超越了北方。根据史料记载，直到唐代，南方大部分地区的开发程度依然低到可怕，"火耕水耨"还是常态。然而江南东道与江南西道在经历了长期的稳定发展后，却已经成为大唐数一数二的繁华之地。根据学者估算，天宝元年江南东道有户约110万，占当时大唐总户数的12%以上，而每平方千米估算人口数约为31.4，在整个大唐来说，也是名列前茅。最妙的地方在于江南与河南、河北这些地方不同——后者虽然人口数量甚至还在江南之上，然而由于长期用兵，已经是民力疲敝，无法再向外输血了。江南不仅人口众多，更兼身处东南腹地，四面无兵锋之忧，因此这里反而成了大唐的赋税重心。对中晚唐皇帝而言，如何保住东南赋税不失，几乎成了他们能否与北方藩镇抗衡的关键所在。有时来自南方的粮食甚至能够决定他们的生死：唐德宗贞元二年，禁军缺粮，几乎要酿成兵变，关键时刻韩滉运米三万斛入陕，德宗喜不自胜，闻讯之后跑回宫中跟太子说道："米已至陕，吾父子得生矣！"

新技术导致了产能扩张

　　王朝对江南财富的渴求对农民们造成了巨大的压力。然而好在安史之乱爆发后，再次南下的移民终于带来了他们急需的技术——插秧。

　　现代学者推测，从唐代开始忽然出现的水稻插秧技术可能源于《齐民要术》中所记载的"北土高原"采用的"复栽"技术。显然，朝廷对赋税的渴望与农业生产技术的交流最终导致了水稻种植技术的提高。插秧技术的到来与土地连作制的使用，令一块土地每年都可以进行耕种，这让江南一带水田的利用率陡然提高了一倍。

　　只不过大家此时还不知道，这还远远不是精细化耕作的极限。

　　从北宋时期开始，中国就进入了一个"相对低温"的状态之中。这对本就水土流失严重的北方来说无异于雪上加霜，然而对南方来说，却意味着环境变得更适宜居住了。南北双方的经济发展差距在大自然的伟力之下开始逐渐缩小：宋代由于气候变化，北方许多水田被改为旱田，很多地方由一年两种变成了两年三种；相比之下，南方的亩产量则有了长足的进步。而靖康之变爆发后，再次的大规模南迁更是直接刺激了江南农业的发展，只不过这种进步最大的动力来自人们的食欲。

　　靖康之变爆发后的北人南下规模之大，几乎超过了这之前的任何一次南迁。这些人不仅带来了北方的典籍制度，也一并带来了北方的饮食习惯，那就是——面食。

　　史载："淮民避兵，扶老携幼，渡江而南，无虑数十百万人。"这样大规模的北人南迁已经超出了江南地区原本的承载能力，更不用说经过了数百年的发展之后，江南早就已经是大宋一等一繁华的地区了。因此南宋朝廷无法简单地效仿永嘉南渡后南朝政府的做法，强行在江淮一带推动小麦种植。然而人民群众对面食的渴望却是无穷的，据史料记载，南宋初年，由于大批北人南下后对面食的需求陡然增大，曾一度导致江南小麦飙升至万二千钱每斛的天价。这不仅对普通百姓造成了巨大的经济压力，更重要的是让南迁的大宋官家也感受到了巨大的压力，因此，一种新的耕作方法很快就应运而生了。

那就是"稻麦复种"。

所谓稻麦复种，就是利用水稻与小麦的耕种季节不同，在一块土地上分别安排水稻与冬小麦的种植。这样一来，一块土地每年便可以收获两次，土地利用率直接变成了200%。这种耕作方式对人力和肥料的要求都极高，然而我大宋官家自然是乐见其成的，宋孝宗在淳熙七年甚至下旨要求各地长官"劝民种麦，务要增广"。于是在官府的努力下，来自最高统治者的意志直接推动了江南经济的再度发展。

稻麦复种是一条高度依赖精细种植的耕作之路。从最直接的角度来说，虽然土地利用率变成了200%，可问题在于土地的肥力却不会一并翻倍，反而会不断下降。这使得江南地区对肥料的渴求达到了近似病态的地步。陈旉《农书》说南宋时人："凡扫除之土，烧燃之灰，簸扬之糠秕，断稿落叶，积而焚之，沃以粪汁，积之既久，不觉其多。"不过这还不算是最夸张的，王祯《农书》里甚至有"惜粪如惜金"的说法——将大便跟黄金挂上了钩，真是让笔者有点儿哭笑不得的感觉。

极端的精细化耕作带来的结果就是亩产的直线上升，而在农业社会，这往往就等同于经济的快速发展。很快，"苏湖熟、天下足"的谚语便广为人知，到了明代，高度发达的南方经济甚至促使生产关系发生了极大的变革——明代苏松嘉三地由于纺织业的高度发达，导致许多家庭出现了"不农之人"，完全靠织布买米为生，这在商品经济不够发达的地区，几乎是无法想象的。

最终成为中国的经济中心

在经过了近千年的发展之后，长江流域终于再度崛起，成为每个大一统帝国都无法舍弃的经济重心。而曾经辉煌过的华北平原与西北高原，反而成了江南人士眼中的"贫瘠之地"。不过许多来自南方的官员也意识到，这种长期依赖漕运从南向北进行输血的发展方式，终究是有极限的，因此在明清两代，不断有出自江南的官员奔走呼号，要求在华北种稻垦荒，以减轻江南负担。

平心而论，这些人的观点并不是没有道理。虽然江南的发展程度极高，然而发展不均衡的问题依然困扰着南方。宋人笔记中经常可见"闽浙之邦，土狭人稠，田无不耕"而"潮之为郡，土旷人稀，地有遗利"之类的描述，按照《文献通考》的数据计算，两浙地区一度集中了宋朝17%以上的人口。到了明代，江南、浙江与江西三省甚至集中了全国50%的人口。而与人口几乎呈正比的，则是可怕的赋税规模：洪武年间，大明共征米麦2900万石，而浙江一省三府就要负担740万石以上！

　　一方面是极为沉重的赋税，另一方面则是华北等地在连年战乱之后荒地无数，人烟稀少，因此不少南方出身的官员都试图反过来，将南方的先进农业生产经验介绍到北方来，以提高北方粮食产量，减轻江南压力。只可惜已经习惯了粗放式生产的北方农民，在面对这些来自南方的精细化耕种技术时，表现得水土不服，最终这些尝试几乎都是无疾而终。

　　过去的学生变成了老师，而以前的老师变成了学生，最终双方却没有能够像当年一样教学相长，这不能不说是一件憾事。

（作者：刘志斌）

生意越做越大、格局越来越小的广州"通海夷道"

2009 年,瑞典国王访问中国,送给广州一小包茶叶,让人吃惊的是,这包色味尚存、散发着清香的茶叶,居然来自 264 年前的一艘瑞典沉船。1745 年 1 月 11 日,瑞典"哥德堡Ⅰ号"从广州启程回国,船上装载着大约 700 吨的中国物品,包括茶叶、瓷器、丝绸和藤器。8 个月后,当它航行到离哥德堡港大约 900 米的海面,船员们已经可以用肉眼看到自己的故乡时,船头突然触礁并导致沉没。正在岸上翘首等待"哥德堡Ⅰ号"凯旋的人们只好眼巴巴地看着船沉到海里,幸好事故中未有任何人员伤亡。1986 年开始,经过近 10 年的潜水考古,古沉船终于又重新进入公众视野,人们从沉船上捞起了 30 吨茶叶、80 匹丝绸和大量瓷器,而打捞上来的部分茶叶色味尚存,至今仍可放心饮用。

18 世纪,中国输出至欧洲各国和美国的商品中,茶叶占相当重要的地位。有资料统计,在鸦片战争前,广州每年向英国输出商品的总值中,茶叶占 90%。19 世纪以后,东印度公司每年从中国进口的茶叶更是占其总货值的 90% 以上。清朝时期的"中国首富"伍氏家族能成为总商之首,就得益于其控制着福建茶山。

作为海上丝绸之路重要节点的广州,是司马迁笔下"珠玑、犀、瑇瑁、果、布之凑"的大都会;是班固《汉书》里中原商贾纷至沓来,扬帆出海,"多取富焉"的贸易胜地;是南北朝典籍里"海舶每岁数至"的繁荣大港;它也是唐朝长达 1.4 万千米、直通波斯湾的奥巴拉港和巴士拉港的"通海夷道"的起点;宋元时期,它仍是"物货浩瀚"、十万外商云集的最大贸易港;到了明朝,它是"香珠犀角如山,花鸟如海,番夷辏辐……过于秦淮数倍"的国际大都市;而在清朝闭关时期,作为大清国"商都"的广州,十三行则是全国唯一的对外商贸文化窗口,与世界七大洲四大洋都发生过直接的贸易关系。

由于广州的这条海上通道在隋唐以前运送的主要大宗货物是丝绸,所以后人把这条连接东西方的海道叫作"海上丝绸之路";到了宋元时期,瓷器渐渐成为主要的出口货物,因此,人们又把它叫作"海上陶瓷之路"。同时,由于输入的商品历来主要是香料,因此还把它称为"海上香料之路";而到了清朝,茶叶成了主要的出口商品,亦可称之为"海上茶叶之路"。作为中国唯一从汉至清 2000 年不衰的对外通商口岸，广州成为古代中国对外贸易的最好见证地。

"茶叶是上帝，在它面前其他东西都可以牺牲"

17世纪末，荷兰有一部滑稽剧《小妇人》，剧中有句评论说："借此药草，小妇人们有机会时常碰面聊天。在茶叶流行之前……她们是如此的胆小如鸡。但现在她们完全改变了，彼此间相互邀请喝杯小茶，而这就需要聚集到一块儿。当男人们愤愤地责问女人'你去哪里啦？'答复则是轻描淡写的'去泡茶了'……"1701年，阿姆斯特丹市民传阅着一本标题长达近90字的小册子——《使人颓废着迷的咖啡和茶叶世界，包括若干次在阿姆斯特丹、鹿特丹、海牙、乌特勒支及周边地区咖啡、茶叶社团里那些已婚和未婚者之间发生的美妙有趣之事，以及所有以爱喝此类饮料为借口而发生的放荡杂乱之事……》。同样，在《失去的钻戒》一书里也描写了发生在同一时期的故事：一位女士因为所藏漂亮茶器以及她所泡茶叶的绝佳品质而受到朋友们的赞扬，但这毫无疑问花费了她的所有积蓄。于是她想出了能让这一生活方式继续下去的无奈之举，让仆人将其昂贵的结婚钻戒拿到当铺做抵押，而她却对丈夫撒谎说钻戒丢失了。最终真相大白，她的丈夫原谅了她，但威胁说如果她继续泡茶的话，他就再也不管她的麻烦了。

虽然在唐代我国茶叶就已传播至西亚阿拉伯地区，但传入欧洲则是在地理大发现之后。而上述故事中对茶叶痴迷的荷兰人，正是最早将中国茶叶运往欧洲的。大约在1606年，第一批茶叶运到荷兰。在整个17世纪和18世纪初，荷兰是欧洲国家中最大的茶叶贩运国和茶叶经销商，几乎垄断了长达80年之久的茶叶贸易。而从18世纪开始，随着海上霸权的确立，英国开始支配世界的茶叶贸易。英国东印度公司完全依靠茶叶得到迅速发展。通过茶叶贸易，东印度公司以及后来的各大商行赚取了巨额利润，英国政府也从中获得巨额税收。有人极而言之地说："茶叶收入几乎是东印度公司的全部利润，甚至成为东印度公司存在的理由。"茶叶进口税成为英国财政收入很重要的一部分。在东印度公司垄断的最后几年，茶叶带给英国国库的税收平均每年达到330万英镑，占国库总收入的十分之一左右。因此，茶叶被称为"绿色黄金"，茶叶贸易"开始了欧洲贸易史的新篇章"。茶叶为西方贸易商带来了巨额利润，以至历史学家普里查德说："茶叶是上帝，在它面前其他东西都可以牺牲。"

英国东印度公司不仅造就了世界上最大的茶叶专卖制度，也是茶叶宣传最早的原动力。它促成了英国的饮料革命，使英国人放弃咖啡而变为嗜好饮茶。1650年，饮茶风气开始传到英国咖啡馆，而真正把喝茶习惯带到英国的，则是查理二世的妻子凯瑟琳王后。这位出身于葡萄牙的公主尤其爱好中国的工夫茶，认为饮茶不仅能提神，还能让自己保持苗条的身材，她的陪嫁就包括中国红茶和精美的中国茶具。凯瑟琳对茶的情有独钟为自己博得了"饮茶皇后"的美誉。王室的饮茶嗜好必然引起贵族们争相效仿，对茶文化的推广起到了表率作用，此后，饮茶之风席卷了整个英国。

西方饮茶习俗的形成导致他们对中国茶产生依赖，也造成了中外之间巨大的贸易顺差，直到西方商人后来找到改写贸易逆差的撒手锏——鸦片，才改变了这一状况。而长期以"天朝上国"自居的清廷闭目塞听，即使开明如林则徐者，也认为对喜食嗜吃牛羊肉的洋人，如果没有从中国进口的大黄、茶叶以辅食的话，会因消化不良而死。由此，清廷有官员如曾望颜主张封关禁海便能解决中外贸易冲突，因为得不到茶叶、大黄，夷人之性命就完全由天朝掌控，让外商产生畏惧之心，他们就一定会放下身段来乞求通商。

且不论这种认识有多荒唐，此时的英国人为了摆脱对中国茶叶的依赖，开始在印度试种茶叶。1839年2月12日，就在林则徐前往广东禁烟的路上，英国阿萨姆茶叶公司成立了，他们的标志就是1棵茶树和1头大象。英国人罗伯特·福琼为学习种茶技术，雇用中国人为向导，并将自己头发剃掉，化装成中国人，深入到中国官府禁止外国人进入的地区。他在多个产茶区，运用各种手段获取茶树种子和栽培技术，将茶树种子经上海转运印度。1851年2月，他通过海运运走2000株茶树小苗，1.7万粒茶树发芽种子，同时带了8名中国制茶专家到印度的加尔各答，直接催生了目前印度和斯里兰卡兴旺发达的红茶产业。福琼的活动导致了中国制茶行业的衰退，使中国最重要出口产品的贸易额大幅度下降。对于"海上茶叶之路"上此时最耀眼的明珠广州来说，这无疑是个坏消息。

起于广州的全球最长航线

广州的对外贸易起源很早，据《淮南子》记载，秦始皇经略南越时，此地已是犀角、象齿等物的集散中心。秦始皇三十三年（公元前214年）进军岭南，设置南海郡，首先修筑番禺城，即今天的广州，广州从此便一直是岭南的政治、经济、文化中心。据班固《汉书·地理志》记载，西汉时，我国船队携带黄金和"杂缯（即各种丝绸）"，从岭南出海，来到印度半岛南部的黄支国和已程不国（在今斯里兰卡），由黄门官员（宦官）、翻译和应募人士负责采购"明珠、璧流离（一种宝石）、奇石、异物"。这是目前可见的有关"海上丝绸之路"最早的文字记载。汉初时赵佗曾在广州建立南越国。随着广州南越王宫殿遗址文物的不断出土，也证明了上述记载。1983年在广州象岗发现的西汉南越文帝的墓葬品中，可以看到产自非洲的大象牙、红海沿岸的乳香、波斯（今伊朗）风格的圆形银盒、创始于两河流域的金花泡饰，以及燃烧东南亚龙脑香的熏炉。这些实物作为西汉初期广州对外经济文化交流的成果，显示出其作为国际贸易市场的特色。

两晋南北朝期间，广州已直接和阿拉伯地区贸易。据阿拉伯历史学家马斯欧迪撰写的《编年史》记载：这时广州海船经常进入波斯湾，到达幼发拉底河畔的希拉城附近（离巴比伦废都约3千米）进行贸易。考古工作者于1960年在广东英德县含洸石墩岭、1973年在曲江县南华寺附近的南朝墓葬中，均发现波斯萨珊王朝（公元226~651年）的银币，也许这时已有波斯人或阿拉伯人来广州贸易或居住。

唐代著名地理学家贾耽曾在《新唐书·地理志》里，描述过当时全长达1.4万千米，称之为"广州通海夷道"的全球最长航线：商船从广州起航，向南至珠江口的屯门港，然后折向西南方，过海南岛东北角附近的七洲洋，经越南东南部海面，越过马来半岛湄公河口，再通过新加坡海峡到苏门答腊岛，向东南驶往爪哇，西出马六甲海峡，横越印度洋抵达斯里兰卡和印度半岛的南端，再从印度西海洋至波斯湾的奥巴拉港和巴士拉港。如果换乘小船，沿着幼发拉底河航行一段时间，就可以到达阿拉伯帝国的首都，即今天的巴格达。

唐代中国是东亚政治、经济、文化、交通中心。唐玄宗开元四年（公元716年），张九龄主持修筑了梅关古道上的大庾岭驿道。有了这条通路，外洋对华贸易比由陆道经西域而至长安更为方便，广州遂成为中国的南大门。据阿拉伯人苏莱曼《东游记》记载：唐代时，中国海船特别巨大，波斯湾风浪险恶，只有中国船能够航行无阻，阿拉伯东来的货物，都要装在中国船上才能运出。

中国史上首个对外贸易服务机构

为了加强对外贸易的管理，从唐代开始在广州设置了市舶使专门管理对外贸易事宜。市舶使也叫"结好使""押蕃舶使""监舶使"等，于唐高宗显庆六年（公元661年）首创并派驻广州。市舶使总管海陆邦交外贸，具体工作包括征收船税，称"舶脚"；登船检查货物，称"阅货"；代表政府收购珍宝异物，称"收市"；接收船商贡给中央或地方政府的礼品，称"进奉"；收取货税，称"抽解"。中外船商办完手续后，就可以按常规缴税贸易了。

后来，唐朝政府还制定了一种款待外商的宴请制度。按照规定，市舶使办理完舶脚、阅货、收市、进奉和抽解之后，就要设阅货宴，招待外商老板一人和随从两人；外商返航时，通常还要在珠江河畔的海阳旧馆，也称"海山楼"，举行饯别宴会。

这样一来，就需要一个机构协助市舶使工作。公元714年，唐玄宗就在广州设置了中国历史上第一个提供对外贸易服务的机构"广州市舶使院"。之后，随着对外贸易的增加，公元806年，唐宪宗因原设的市舶使位卑权轻，不足胜任，便命令岭南节度使兼领此职。再后来，皇帝发现这个地方的利润大得很，市舶使征收的舶税非常可观，于是，皇帝就不让岭南节度使兼领此职了，而是专门派宠信的心腹宦官兼领此职。

市舶使这一官职的设置是我国早期海上贸易管理的起步，但专门设置一个对外贸易管理的官方机构，则是始于宋太祖开宝四年（公元971年），这就是设在广州的市舶司。后来，元朝的海上对外贸易基本沿用宋制，只是将市舶司改成了市舶提举司。宋朝市舶司的主官不叫市舶使，叫提举，一般由转运使兼任。北宋时对外贸易的税收约占国家总收入的2%~3%，南宋则更多。顾炎武在《天下郡国利病书》中说："南渡后经费困乏，一切倚办海舶，岁入固不少。"所以，这套制度很快推广到了沿海的重要港口。公元999年在杭州、宁波设司，公元1078年在泉州和青岛设司，公元1113年在上海设司，后又在嘉兴、江阴、温州设司。

市舶之利大，其官员自然亦是肥缺。市舶使以及市舶司的官员鲜有不发财者，当时有"广州刺史但经城门一过，即得三四十万"的说法。史料记载："舶司远朝廷而多奇货，吏鲜自洁。"根据初步考察，宋代曾担任过市舶使的共有473人，其中以清廉著于史册的只有18位，其贪腐者众多。比如燕瑛，在政和七年（公元1117年）时以广东转运副使兼任市舶使。他在岭南7年期间，揽获香药、犀珠等宝物，人称"香燕大尹"。燕瑛用贪污宝物贿赂宰相得以晋职，不仅没有被检举揭发，反而被皇帝称之为"仁人义士之家"。不过也要看到，虽然某些市舶官员贪渎蓄货，但是在其担当市舶使期间，对地方建设和海外贸易也曾做出一定的贡献。如广州知州马亮，虽然贪污收受贿赂，但是他积极招揽蕃商来华贸易，对海外贸易起到了很好的推动作用。广州舶使李昌龄，虽贪污腐败，但他对蕃货抽解、征榷政策提出了很好的改革建议等。此外，也有一些清廉有为的官员，如陈从易于天圣三年（公元1025年）知广州，"在广三年，以清德闻"，被仁宗皇帝赐字"清"；魏瓘兼广舶时，筑州城，疏东江门，凿东西壕为水闸，不仅为当地民众居住条件的改善做出了贡献，还为东西方贸易创造了良好的交通条件。

清朝唯一海关

到了明清时期，官府对海外贸易的限制越来越多。清朝初期的"迁界"政策给了中国的对外贸易毁灭性的打击。"迁界"时期，不仅不能进行海上贸易活动，而且还要把沿海岸线居民赶离海岸线，强制迁徙到内陆居住。1684年，清政府开禁，指定了四口通商，即云台的江海关，宁波的浙海关，福州、厦门的闽海关和广州的粤海关。四海关每年的海关税收总收入接近100万两白银。但到了1757年，乾隆南巡，在江南看到海内外船舶忙碌的状况，他非但没有对海上贸易的繁荣感到欣慰，反而下旨关闭了江、浙、闽三个海关，限令外商仅能在广州一口贸易。三海关关闭后，留下的粤海关税收为50万两左右。虽然这个政策让清朝的财政收入减少了50万两白银，但却让乾隆帝感觉这样能够让国家自此平安无事，从而能睡个安稳觉。

然而就是这个夜郎自大的闭关政策，给中国所造成的损失绝不是每年50万两白银的问题，而是使中国与世界拉开了距离，封杀了中国在所有领域变革的可能。同时，这个政策也使广州独立承担起了完善中国海关制度与体制的工作，客观上孕育出了一个被誉为"金山珠海，天子南库"的中西贸易交流中心。而广州的十三行以其得天独厚的地理环境和商贸传统，一度成为唯一官设海外贸易"特区"，独享外贸垄断特权。

广州作为开禁后对外贸易的重要门户，海外贸易日渐鼎盛，开关初期，大量西方船只到港时，组织混乱，外国商船被拥堵在港外，官员们无法控制局面，给商人带来巨大的经济损失。在清政府无力直接控制对外贸易的时候，众多精明强干的商家在与外商长期的贸易往来中获得信赖。1686年，即粤海关开关的第二年，广东政府招募有实力的商家，最初确立为13家，称为"十三行"，这一名称并不反映商家的实际数目，历史上洋行的数目最多时有几十家，最少时只有四五家，但十三行约定俗成，成为广州对外贸易洋行的统称。广州十三行是清政府特许的具有半官半商性质的对外贸易垄断组织。粤海关作为官府机构，不直接与外商进行贸易，十三行便充当了二者沟通的媒介。从官府的角度来看，十三行是外商的代表，从外商的角度来看，十三行是官府的代表。十三行从属于粤海关，受粤海关监督管理，并为其服务。清政府建立十三行的目的是以官制商，以商制夷，确保税收，因此，十三行具有官商、私商、外交官、税官的多重身份与职能。

由于十三行垄断了中国的外贸业务，1757～1842年的85年间，广州成为全国最繁华的贸易集结地，这里每天流动的财富可以以千百万银两计算，来往船只络绎不绝，是最繁华的地方，以至于当时就流传有"洋船争出是官商，十字门开向二洋；五丝八丝广缎好，银钱堆满十三行"的说法。十三行曾经繁荣至何种程度？据《清代广州十三行纪略》记载，1822年发生在十三行的一场大火持续七昼夜，大火中熔化的洋银满街流淌，竟流出一二里地，仅此一场大火就烧毁了价值4000万两白银的财物。

十三行的辉煌，也造就了一些富商大贾，其中以四大巨富最为著名，分别是潘启官、卢观恒、伍秉鉴、叶上林,他们分别经营同文行、广利行、怡和行及义成行。而这四大家族中又以潘氏家族和伍氏家族为最。1842年,法国巴黎一家杂志社报道,潘氏家族第三代孙潘正炜的财产总额超过1亿法郎。当年,英军勒索广州当局缴纳赎城费,潘正炜捐白银64万两。鸦片战争期间,在英军即将进入广州,面临城毁国亡的紧急关头,潘正炜带头捐资26万两白银,并联合十三行富商,购买战舰一艘,支援海上防御。

在十三行经营怡和行的伍秉鉴,32岁时接手了怡和行的业务,并使其快速崛起。伍家发迹虽稍迟于潘家,但后来居上,并取代同文行成为十三行的领袖。伍秉鉴不仅是广州首屈一指的富商,而且还是当时世界上少有的富翁之一。伍家所积累的财富更令人吃惊,据1834年伍家自己的估计,他们的财产有2600万银圆(约相当于今天的50亿元人民币)。其建在珠江岸边的伍家豪宅,据说可与《红楼梦》中的大观园相媲美。

伍秉鉴被当时西方称为"天下第一富翁"。2001年,美国《亚洲华尔街日报》将伍氏商人评为千年来全球最富有的50人之一。他不但在国内拥有地产、房产、茶山、店铺和巨款,而且在美国投资铁路、证券交易和保险业务等。伍秉鉴在西方商界的知名度和信誉度非常高。据说有个美国商人欠了伍秉鉴7.2万元银票,因而滞留广州,无法回国。伍秉鉴当面把他的欠条撕碎,说账已结清,你高兴什么时候走就什么时候走。结果,超级富豪伍秉鉴之名在美洲脍炙人口长达半个世纪,但凡是装箱后盖有怡和行戳记的茶叶,在国际市场上就能卖出高价。

伍氏等四大家族的成功秘诀还在于将其经营所得的显著比例用来送礼、捐输和报效清廷、督抚和粤海关监督诸官,同朝廷与地方官府建立起密切关系。据统计,自1801~1843年,伍氏家族仅送礼、捐输和报效的银钱即达1600万两之巨。《广州府志》中称:伍氏"捐输为海内之冠"。伍秉鉴曾捐得相当于布政使头衔的二品顶戴,伍家由此成为通达朝廷、既富且贵的官商。另外他们都拥有庞大地产,而且还开设了数家银号,从事高利贷业务,令其积累的巨额财富无法向产业资本转化。所以,在当时的环境下,他们的家族是不可能发展成为像东印度公司那样的企业。

另外,西方人对与中国贸易的单向资金流动早有不满。16世纪末一位佛罗伦萨商人就抱怨:"一旦银子落到他们(中国人)手里,就再也不会流走。"早在全球贸易初期,西方就购买东方的丝绸、茶叶和瓷器,中国却并不想购买西方产品,只同意对方用白银交换。虽然一些朝廷官员对西方的奢侈品产生兴趣,大量采购,但仍不足以填补西方对中国的贸易逆差。1842年,战败的清政府被迫与英国政府签订不平等的《南京条约》,其中规定,英商可赴中国沿海五口自由贸易,取消广州行商垄断外贸的特权。而鲜为人知的是,在广州失去了独口通商的优势后,一些精明的广东商人开始把目光转移到上海。他们带着大笔财富北上，成为上海开埠的先行者。有人认为，若追溯上海的第一批开拓者，其中大多是广东商人。

1856年，具有170年历史的商馆被一场大火化为灰烬。洋行商人各奔前程，广州十三行从此消失于商业舞台，它在经营对外贸易上独领风骚的辉煌也随之成为历史。此后，中国虽然被拉进了世界贸易体系，但却也从此被控制在西方的殖民体系内，曾经辉煌的"海上丝绸之路"自此衰落下去。

（作者：黄金生）

叁

朝堂篇

人心不如水，平地起波澜

外籍人士打造的大秦强国智囊

对于包括李斯在内的大多数"咸漂"外来人才一族，也就是所谓的"客卿"来说，秦王政十年（公元前237年）是一个极其糟糕的年份。自从去年四月发生嫪毐谋反事件以来，秦国对待他们这些外来人才的态度就日益恶化。随着时间的推移，谋反事件的长尾效应不断酝酿发酵，到了这年十月，在消息灵通人士中流传已久的"清理咸阳外来人口方案"，最终靴子落地了。以"十大杰出咸漂人士"之首，出身赵国阳翟富商的相国文信侯吕不韦被免职为信号，秦国政府正式公布了一套"史上最严厉"的管理方案：所有滞留在秦国境内的外来人才，不管是否已取得了合法身份，也不管是否已在政府获得官职爵位，一律取消居留资格并限期出境。其中，又以出身于赵、魏和韩三晋国家的人最为倒霉，虽然没有明文规定，但秦国官员对他们是特别重点关照，就好像默认他们全是恐怖分子一般。

但话说回来，一向对外来人才宽容的秦国政府突然以安全为借口出台这份严苛的居留法案，似乎也不能埋怨秦国神经过敏。因为就在这短短一两年间，秦国接连发生了好几起重大国土安全事件，其原因都好死不死地和"咸漂"的客卿，特别是来自三晋之人有关。除了去年那桩杀得人头滚滚的嫪毐谋反事件可以追溯到赵国富商出身的吕不韦之外，不久前被揭露的利用修建水渠暗地里消耗秦国国力的重大阴谋事件，为首的主谋又恰好是来自韩国的工程师郑国。这几件事叠加在一起，大大刺激了秦国本土民粹派的神经，他们在朝野高呼"咸阳是咸阳人的家乡""咸阳人已经无处可去""外国人不会爱秦国"等口号，要求秦王立即驱逐所有的外地人，只用秦国土著。正是在这种铺天盖地的压力下，年轻的秦王似乎也不得不屈服，签署了这份驱逐令。

作为"咸漂"客卿中的一员，楚国人李斯事业已经略有小成。以吕不韦的舍人身份进入秦国公务员系统的他，已经从郎做到了长史，正沿着秦国外来精英传统的上升路线——"客、舍人、客卿、相"一步一个脚印稳健地上升。然而，驱逐令就像晴天霹雳一样震碎了他升职、加薪的美梦。按照这份驱逐令，他再有才华，也会因为一个无法选择的问题——出生于楚国上蔡，而不是秦国某犄角旮旯——而被驱逐。一想到不得不返回楚国，李斯就感到不寒而栗。他很清楚，别看"咸漂"的客卿一族整天都把乡愁挂在嘴上,但真要回老家那种地方谁都受不了。就拿他李斯来说,没有拼爹资本的他,回到楚国上蔡能做什么呢?无非就是混个地方小吏,望着贵族子弟像粮仓中的硕鼠一样吃饱喝足之后去追求诗和远方,而自己则像厕所里面的老鼠一样苟且着生活。正是受不了这种毫无希望的生活,他们这些还想有所作为的人,才会在学成之后不远千里地来到秦国,这里不讲究出身,而是凭能力公平竞争。可谁又能想到,他们心目中的灯塔之国,居然也会有开历史倒车的这一天呢?不过好在事情还没有到不可挽回的地步,驱逐令还没有付诸实施,李斯还能利用自己以前攒下的政府关系直接向秦王上书。以前,他也通过吕不韦的关系亲眼见过这位高鼻梁、长眼睛、凸胸、声音像豹子一样的少年,也知道这位生性敏感的年轻君王心里念念不忘的是要做出一番惊天动地的大事业,所以他相信自己还有机会说服秦王收回成命。

抱着这种期望,在摇曳的灯火下,李斯用自己掌握得十分娴熟出色的秦国小篆,为了所有在秦外来客卿以及自己未来的命运,一笔一画地写下了四个大字:谏逐客书。

秦国传统人才政策:招徕客卿

> 昔缪公求士,西取由余于戎,东得百里奚于宛,迎蹇叔于宋,来丕豹、公孙支于晋。此五子者,不产于秦,而缪公用之,并国二十,遂霸西戎。
>
> ——李斯《谏逐客书》

既然主张逐客的秦国宗室大臣拿本国传统说事,那么李斯也就毫不客气地针锋相对。要拿传统说事?那我们就来说说传统吧!你们秦国的传统政策不就是吸引外来人才吗?你们这些本土民粹忘记了老祖宗的辉煌是怎么来的了吗?你们的民族骄傲,春秋五霸之一的秦穆公任好,不就是招徕了由余、百里奚、蹇叔、丕豹和公孙支才得以成就霸业的吗?

对于身处战乱时代的列国来说,客卿绝不是什么新鲜的事。早在春秋时期(公元前770年~公元前453年),随着周平王东迁,天子权威丧失殆尽,诸国进入群雄争霸模式之后,对人才的需求就变得愈加急迫。而许多学有所成的士人,为了自己的前途和抱负,当在本国上升渠道受到阻碍的时候,也并不拒绝在其他国家出仕。对大多数士人来说,这是一件很平常的事情,并不存在什么忠君爱国的道德难题——虽然似乎有个迂腐的鲁国人在宣扬忠君孝悌,可是他不也是在列国之间游走，想要出仕他国以贯彻自己的主张吗？当时有句话叫"虽楚有材，晋实用之"，虽然是讽刺那些楚国南蛮，但也从侧面反映出了这种人才流动盛况。从这个意义上来说，虽然"客卿"这个正式官名或爵名直到公元前333年的战国才见诸明确的记载（"善我国家，使诸侯，请使客卿张仪。"——《战国策·秦一》），但就允许他国人才出仕本国，利用他国智囊为自己国家谋利的实质而言，其实客卿文化早就在各国大为流行了。只是让人们没有想到的是，秦国这个偏僻落后的西方小国，最终将这种客卿文化发扬到了极致，让其为自己服务，成为争霸天下的重要资本。

在大部分历史可以追溯到武王伐殷的中原诸国看来，秦国无论是从法统、历史，抑或是文化角度来看，都不过是一个可笑的蛮荒小国。虽然在秦穆公时期，他们凭借五张羊皮换来的百里奚以及蹇叔等人才的辅佐称霸一时，但终究也只是昙花一现而已。秦穆公一死，这个国家就迅速地被打回了备受歧视的原形。到了秦孝公继位之时（约公元前361年），这种来自中原赤裸裸的歧视终于发展到登峰造极，齐、楚、魏、燕、韩和赵六国集团居然公开不带秦国玩了，甚至连淮河、泗水流域尚存的十几个小国都有机会参加他们主导的"中国诸侯之会盟"，而地处雍州的大国——秦国，却被他们打着"戎狄"的标签，摒弃在"文明世界"之外。

毫无疑问，这种"诸侯卑秦"的歧视深深地刺激了刚登基的秦孝公，让他打心眼里感受到"丑莫大焉"。昔日的辉煌和眼下的落后，这种让人心急火燎的巨大反差让秦孝公寝食难安，他下定决心要实行改革，追赶中原先进国家，带领秦国走向富强，迎来穆公时代般的伟大复兴。这种急迫的心态，在他颁布的改革令之中就表露无遗。正是在这道命令中，秦孝公代表秦国官方提出了一项影响深远的关于招徕客卿人才的国策："宾客群臣有能出奇计强秦者，吾且尊官，与之分土。"

显然，不管是秦穆公还是秦孝公，稍微理智一点儿的秦国统治者都能看到，以秦国当时落后的整体国力而言，单单依靠本国人才就想要争霸天下，那是完全不可能的。正是这条从秦孝公以来就持续不断的招徕客卿的国策，才使得原本文化经济落后的秦国能获得源源不断的人才资源，实现自己的大国梦。对于这点，李斯同样看得很清楚，他之所以在《谏逐客书》中开篇再次强调这点，就是希望秦王政会比那些民粹派理智一些，看了之后能够明白秦国为什么会坚定不移地执行招徕客卿的政策。

不慕虚名求务实：真正成功的秦国客卿政策

孝公用商鞅之法，移风易俗，民以殷盛……惠王用张仪之计，拔三川之地，西并巴、蜀……昭王得范雎，废穰侯、逐华阳、强公室……皆以客之功。

——李斯《谏逐客书》

其实，率先认识到客卿重要性的也不是秦国。早在秦国商鞅变法之前，魏文侯就宣称"夺淫民之禄，以来四方之士"，招揽到吴起这种富有军事才能的客卿。而其他各国招揽客卿的记录也屡见不鲜：燕昭王筑起黄金台，招揽到乐毅、剧辛这种名将，一口气连下齐国七十余城以雪国耻；赵烈侯重用牛畜、荀欣和徐越等客卿，"选练举贤，任官使能"；而韩昭侯则拜客卿申不害为相进行改革。到了战国后期，这种招揽异国人才的风气愈演愈烈，甚至就连一些有条件的国家重臣也开始招贤纳士，涌现出了齐孟尝君、魏信陵君、赵平原君和楚春申君这种一口气养几千名门客的"战国四君子"。真要和他们比起来，秦国政府也好，文信侯吕不韦也好，无论是在声势还是规模上，似乎都没有办法和东方诸国相提并论。

然而历史在这里却和所有国家都开了一个玩笑：虽然东方诸国招揽客卿、门客的活动声势浩大，但好不容易招揽来的客卿却往往留不下，就算留下也往往会因为国君人亡政息，成了昙花一现。反倒是看上去没有什么大动作的秦国，虽然有所变故反复，但是在任用客卿这条道路上却一直坚定不移地走了下去，甚至到了一种让东方六国瞠目结舌的地步：从秦惠文王四年（公元前334年）秦国设立丞相一职开始，直到秦二世亡国，长达百余年的时间中，有24人担任过秦国丞相，其中16人都是客卿！而从秦穆公开始到秦始皇统一六国这段时间，秦军对外作战总数大约是130次，除去国君亲自率兵和没有记载的情况外，留下统帅名字的80次战争中，任命客卿为主将的情况多达56次！从这些东方六国从未有过的数据中人们就可以看出，秦国对客卿的使用已经形成了一种制度化、规模化的效应，更让人惊叹的是，这个偏僻小国对客卿放手任用和信任有加的先进开明态度，早已远远地将六国抛在了身后。

为什么会出现这种反差？想要明白这点，人们还需要理解秦孝公面临的困境，只有当人们真正理解秦孝公以来的历代秦国领导人，在面对争霸天下的宏图和国家落后弱小的落差之间产生的焦虑之后，才能明白秦国为什么会坚定不移地执行一条友好的客卿政策。事实上，在急于追赶中原诸国的压力下，秦国的用人标准稳定地只有一条，那就是秦孝公命令中所提到，能否"出奇计强秦"。只要能"强秦"，那么不管你是客卿还是土著，立马就你行你上。但如果不能"强秦"，无法给秦国带来实际效用，那么不管是什么头衔的专家，也不管是名气多大的人才，在秦国都一视同仁地遭到冷遇。

对于秦国这种功利性极强的做法，东方诸国自然嗤之以鼻。在他们看来，执行这样客卿政策的秦国简直可谓粗陋至极，哪怕他们就算能够重新崛起，那最终也只是一个没有诸如"温存的敬意"之类的国家。这"温存的敬意"也体现在对待客卿喜好的倾向性上。东方诸国招徕客卿，始终对客卿的名气最为在意，只要名气够大，就算是对国家军政没有什么帮助，他们也舍得赔本赚吆喝，完全把这些客卿当成炫耀国家、君主财力和名气的招牌。阴阳家邹衍莅临魏国，魏惠王亲自郊迎行宾主之礼；到了赵国，平原君亲自为他侧行撤席；到了燕国，燕昭王为他筑碣石宫。而赵孝成王接见名气很大的虞卿，一见面就送上"黄金百镒，白璧一双"，第二次见面就赐予赵国上卿的爵位。但即便是赵孝成王如此看重虞卿，他也从没有把虞卿真正当回事儿。在长平之战中，虞卿向他提了几次正确建议，最终赵孝成王半句都没有听进去，落得个差点儿亡国的下场。

正是在这种风气之下，春秋战国时期的诸子百家代表人物几乎全活跃在东方诸国。但在秦国，却很少见到这些人的踪迹，大放异彩的不外乎大都是负责内政的法家（商鞅、李斯等）、负责军事的兵家（司马错、魏章、蒙骜等）和主持外交的纵横家（张仪、甘茂、范雎）。这些人名气或许不如其他诸子百家，但是就对秦国的作用而言，却起到了立竿见影而且不可替代的作用。也正是因为大量使用这种实用型人才，使秦国的客卿制度产生了一种良性的正反馈：由于有真才实干的客卿给秦国带来了诸多实际看得见的好处，使得秦国统治者越来越倾向于给予这些客卿机会；而越多给予这些客卿机会，他们所能做出的成就也就越大，也就越坚定秦国执行开放客卿政策的决心。而李斯要在《谏逐客书》中反复以商鞅、张仪和范雎的例子强调的原因也正在于此，他要提醒年轻的秦王政：请不要忘记，秦国的强大，和我们这些讲究实用、兢兢业业的客卿是分不开的！

用脚投票：为什么精英都往秦国走？

> 夫物不产于秦，可宝者多；士不产于秦，而愿忠者众。
> ——李斯《谏逐客书》

在争夺列国人才这场战争后期，出现了一个很奇特的现象，那就是东方诸国对秦国是各种鄙夷仇恨，对秦国抹黑宣传是不惜余力，但他们国家的士人却在源源不断地用脚投票，从自己国家出走，千里迢迢地投奔西方的秦国。李斯指出的"士不产于秦，而愿忠者众"的情况绝非虚言，正对六国的上层人物形成了辛辣的讽刺。

为什么会出现这种情况？或许李斯本人的经历就对此有所回答。这位才华横溢，足以辅佐秦王政扫平六合建立秦帝国的丞相,在家乡却只能当一个看守仓库的小吏。这并不是因为他到秦国就突然长了学问,而是在楚国那种地方压根儿没有他上升的机会。在楚国,传统官职任用做法是"内姓选于亲,外姓选于旧……贵有常尊,贱有等威,礼不逆也"。可想而知,在这种氛围之下,李斯纵然有着万般本事,最终也只能发配到仓库里面看老鼠。

而其他诸国也好不到哪里去,东方诸国虽然自诩为继承自周代的文明国家,但同时也继承了周代传下来的浓厚的宗法观念和宗族制度,使得非王族宗室或贵族出身的人基本没有上升空间。就算偶有一两个意图改革的君主,任用一些名士,也往往只是面子工程而已。齐国在齐宣王时期搞出了"稷下学士",积累了76名才俊,统统赐列第和上大夫的官位,但是这些精英客卿在齐国最终只能是"不治而议论",对实际国政完全没有任何权力。相比而言,秦国或许的确是不甚文明的野蛮国家,但正因为这个国家缺少传统包袱,宗法观念薄弱,反而给这些精英提供了足够的上升空间,让他们愿意作为客卿到秦国去一试身手。

另一方面,由于宗族制度的匮乏,秦国在土地问题上也拥有更多的选择,他们能够提供给有真正才学的客卿优厚的待遇。在战国时期,秦国是唯一有计划有制度地真正将裂土分茅这种分股权奖励落到实处的:商鞅在秦国获封商地十五邑,号商君,直接让他从公孙鞅变成了商鞅;张仪在秦国分得的干股较少,也有五邑,获得称号武信君;范雎获得的封地是应;而奇货可居的吕不韦是其中最成功的,得到了河南十万户,封文信侯。和秦国这些实打实的举措比起来,东方诸国就多少显得有点儿口是心非了。苏秦佩戴六国相印,声势显赫,出行有如王者,然而却没有一个国家给他分封过土地,只有赵肃侯给了他一个可怜巴巴的武安君的虚衔。张仪也曾经中途跳槽去出任过魏、楚两国的国相,然而也只有秦国最终给他落实了股权问题。

除了解决待遇问题之外,秦国的客卿政策也让所有外国才俊都心动不已,上升渠道是如此之多,选拔任用方式极为灵活,几乎没有天花板,能一直做到位极人臣的丞相,这些都是让各国有志青年趋之若鹜的因素。

在秦国,不断有着一席深谈马上得到高官厚禄的神话传出,人人都以为自己是下一个范雎,只要有机会游说秦王,宣扬自己的政见主张,说不定就能获得国君赏识,从此走上康庄大道。如果对自己辩才信心不足,那也没有关系,因为秦国对客卿的使用极为灵活,完全有可能因时、因人而定,只要有一技之长,随时都有可能被秦国录用。比如李斯,在楚国时只是做个仓库管理员,但是在秦国却能发挥律令方面的特长。总之,只要有能力,这些客卿就有机会像李斯一样一步步晋升:先给一些大人物比如吕不韦做门客,然后就可能出任舍人,以此作为起点踏入秦国官场,在先后担任了郎、长史、客卿之后,或者就可以像李斯那样,用一封《谏逐客书》

说动秦王，逐步被提拔为廷尉的高位，之后一直做到"百官之长"的丞相。正是这种充分发挥能力、任用合理的客卿制度，使其他国家的人才都愿意到咸阳来试试身手，哪怕就是被驱逐，也要像李斯一样上书一搏，为的就是在秦国这个他们心目中光辉的灯塔国中，实践自己的理想。

由于秦国这种灯塔国效应存在，在某方面也产生了令人意想不到的效果：许多在家乡因为种种原因混得不得意的精英，到秦国掌权发迹之后，出于仇恨和报复心态，反而在帮助秦国消灭自己祖国的过程中推波助澜。李斯的前辈魏国人范雎就是一个最为典型的例子。范雎最开始也是抱着想为祖国效忠的心态出来做事。由于家中贫寒，只能先在中大夫须贾家当门客，希望以此作为晋升之阶。但不久后，一桩意外的误会让他的忠心报国梦破灭。他在跟随须贾出使齐国的过程中，由于齐王听说他辩才了得，让人赐给他财物和牛酒。须贾听说之后，以为范雎出卖了魏国情报才得到了齐王的馈赠，大怒之下，回国之后便向当时的魏相——出身魏国宗室的魏齐告发了范雎的行为。

如果此事到此为止，虽然过分，但终究还只算是误会一场，只要魏齐派人调查一下就能知道，范雎对祖国是忠心一片，怎么可能向外国出卖情报？但是这种公子贵族出身的人怎么会在意下层的苦衷？他直接派人将范雎打到肋骨骨折，牙齿脱落。为了活命，范雎只能装死，哪知道魏齐居然让人将他卷在席子里扔到厕所中，让进去的宾客都对着范雎的"尸体"撒尿，以警示后来者不要泄密。可想而知，遭受了如此大侮辱的范雎对魏齐和故国到底怀着怎样的仇恨。他化名辗转逃到了秦国，通过自己的才能打动秦昭王，成为秦国丞相之后，对魏国使者须贾的要求就是要魏国拿魏齐的头来，不然就要血洗魏国首都大梁，吓得魏齐出逃，但最终还是被杀，头颅被送到了咸阳。或许，从某种意义上来说，魏齐的命运也正象征着六国不重视人才，在客卿制度的较量中败给秦国，最终自食苦果的必然下场吧。

（作者：李思达）

舅爷、公公、书生，谁才是朝廷心腹？

当大汉帝国的创建者刘邦，第一次站在高不可攀的权力巅峰俯视臣民时，这个被万众膜拜的英雄内心却充满了惶恐和不安。某些非正式场合下的即兴创作，将他这种恐慌情绪泄露无遗，比如在《大风歌》中"安得猛士兮守四方"的哀叹。

身为一个规模空前的帝国的主人，古代皇帝不得不思考一个严肃的问题：究竟谁才是朝廷心腹？

私属、近幸不够用了

在部落时代，一个嗓门稍微大点儿的酋长，随便找个树桩子站上去，就可以把他的思想清清楚楚地告诉每一个臣民。如果他口才够好，就能把臣民们煽动得激情满满——《尚书》中的《汤誓》《牧誓》都是这样著名的演讲稿。虽然酋长们的管理简单粗暴，但"汤以七十里之地王天下，文王以百里之壤而臣诸侯"，这点儿地盘，水平也够用了。

稍后，酋长的实力将因为某个偶然的机遇而膨胀起来。他尝试着征服周边别的部落，变成高高在上的大王。王畿千里，现在单靠自己可忙活不过来了。

于是他拉来旧帮手，创建了一个新的管理团队——他的管家头儿丞相，总揽国家日常行政事务；他们村的民兵队长，现在改称太尉，主管全国军事；以前专给他打小报告的"包打听"，现在叫御史大夫。这三位重臣即合称"三公"——"三公"的具体内容随时代之变迁有所不同，这里说的是秦及西汉初年情况。

"三公"之下是"九卿"，也都是当年酋长部族政治中的厉害角色。

尽管政府机构源于酋长的私人班底，但随着它们与皇权的逐渐远离，因而在性质和作用上也发生了微妙的嬗变。

首先是丞相。他早先只是酋长忠顺的大管家，但随着政治疆域的拓展，"家"变为"国"，"国"再进一步扩大为"天下"，丞相的政治责任也从服务于酋长个人，逐渐演变为管理整个国家；而丞相的政治地位，也相应地从酋长个人的高级奴仆，一跃而成为"一人之下、万人之上"的帝王师。

相权与皇权，从此开始出现分歧——两者和谐制衡之际则天下安，同恶相济之际则天下衰，彼此争斗之际则天下乱。

丞相属下的"九卿"亦然。

如"九卿"中排名第一的太常，原只是个祭祀用品管理员（更确切说是助理大祭司），但随着国家规模的扩大，他的业务范围也从祭祀拓展至教育；又如太仆，原本只是酋长的私人驾驶员，但由于精通养马的业务技术，故其职能便逐渐从主管宫廷车马演变为主管全国车马事务；又如少府，本是帮酋长管私人小金库的账房先生，后逐渐演变为矿产、工业乃至货币金融的行业主管。

帝国的大皇帝孤零零地站在世界中央，还得强打精神把自己伪装成骄傲的纸老虎。国家越来越大，事务也越来越烦琐，他信得过的亲戚和朋友却越来越少。只好在高唱"安得猛士兮守四方"之余，胡乱栽培那些他自以为靠得住的人物，帮助管理这个庞大的帝国。

随着政府各机构职能的不断递进演变，政治责任的不断提升，这帮子"家臣"也逐渐变了味道——与皇帝的距离越来越远，服务皇帝的态度与水平也越来越差。皇帝只好再从身边人中寻找新的替代者。

汉武帝的政治破局

汉高祖英明神武自不必说，之后吕后乱政，功臣集团的第一代人物很多还活着，都是老兄弟，威望和能力总是过硬的。

刘姓诸侯王和开国元勋们合力消灭诸吕，之后推出了文帝。文帝本为庶出，非长非贤，在西汉皇位继承权上并不占优势。但主政大臣陈平、周勃正是看中他母家寡弱易制，才提议立他为皇帝，但这也造成了皇帝弱势、大臣强势的局面。

所以文帝和大臣们达成了一种心照不宣的妥协：皇帝虽是名义上的最高权力者，但他相当知趣，不会对丞相所领导的政府多加干涉；丞相则可按照自己的意思去经营国家，对皇帝表示出"敬鬼神而远之"的尊重就成了。当皇帝和丞相都习惯了这一切，就形成了一种政治传统，这一传统一直延续到武帝继位之初。

之所以是运行到汉文帝时期，一方面自然是汉武帝雄才大略，他志在开拓，需要从丞相领导的政府手里收回权力；另一方面，之前担当丞相的功臣集团及其子弟，已经逐渐凋零到推举不出丞相了。功臣二代里面，周亚夫是最后一个厉害角色，在他死后，确实是没有堪当大任的人才了。

两个方面的叠加，让汉武帝有了选择空间。汉武帝也确实是在有意识地选拔身边近臣小官，如尚书、侍中之辈组成内廷决策机构。影响整个帝国命运的号令，开始不断地从皇帝的宫廷秘书处发出来，担任丞相的国舅田蚡和他的政府机构却渐渐被挤在一边，之后的丞相更是成了摆设。

舅爷掌权，实属无奈

汉代政治，最初是照搬先秦以来的血统政治，以家为天下，重用自己的同姓血亲——结果西汉闹出吴楚"七国之乱"，西晋闹出"八王之乱"。严酷的事实证明，同姓远远比敌人更可怕。

在吴楚"七国之乱"中，信不过叔伯兄弟也信不过大臣的汉景帝，手里无人可用，只好请他的姑表兄弟窦婴出山帮忙。从此，皇帝的裙带亲戚们便纷纷走上帝国的政治舞台。

到了汉武帝时代，丞相被架空，功臣集团出局，皇帝发现能信任的人还真难找，于是更加器重裙带亲戚。这一时期涌现了卫青、霍去病这样的良将，但也不乏李广利这样的叛徒。武帝晚年托孤于霍光，霍光是霍去病的异母弟，仍然是外戚宠臣的路子。

武帝去世后，霍光自称受遗诏辅政，对宫廷和政府的权力一把抓，悍然以内廷官员的身份欺压于政府最高首脑丞相之上。从此，丞相这个帝国最重要的辅弼之臣只得靠边站，把国家行政大权拱手让给大将军。帝国政坛上掌握话语权的人叫作"大将军"——从现在起直到袁绍、曹操他们登台的年代，但凡是挂着"大将军"（有时候是"大司马"）头衔的，几乎一定是皇帝的内亲。

舅爷们如浪潮般涌入庙堂之上，并牢牢把持住了帝国的航向。以外戚身份辅政的大将军，在掌握军权的同时，又抢过了原本属于丞相的行政权力，从而使得皇权和相权同时沦入一人之手，从此帝国最高权力的行使便不再受到任何制约。

如果掌握这些权力的家伙是个别有用心的坏蛋或是呆头呆脑的书生，那么他就可以为所欲为地把事情搞得一团糟。根据墨菲定律，这个书呆子很快就出现了，一个叫王莽的家伙，用一场超越时代可能的社会改革，迅猛地摧毁了西汉帝国——帝国权力架构的失衡，使得再没有人能够阻止他。

西汉的困境延续到了东汉

外戚王莽导致天下大乱，西汉覆灭。到东汉，开国之君光武帝刘秀更进一步，索性构建了"三公"与尚书台两套政府班子。东汉"三公"即太尉、司徒、司空，他们在朝中品位虽尊，却无实际权力。国家具体政务，实际由尚书台的低品级尚书主持——这帮人原是皇帝身边的"六尚",即分管衣、食、冠、席、浴、书的服务员头儿。尚书又因为有近水楼台先得月的学习条件,文化水平较高,所以被皇帝特意挑出来参与政府工作后,他们就都被尊称为"尚书"了。

汉光武帝设立了尚书台,以六尚书主政,意思是架空"三公",通过他们之手实现自己间接把控帝国实权的目的。如此,东汉初年的政坛上,有趣的一幕出现了:把握着帝国舵盘的,是等级不高但却"口衔天宪"的皇帝心腹。但只要是出现政务上的失误,甚至日食、月食、地震、洪水,出头顶缸遭到谴责的却是"三公"们。貌似尊崇的"三公",遂成了天谴的冤大头、民怨的泄压阀、皇帝的挡箭牌。光武一朝,居"三公"不得善终者不在少数。

随着尚书台(省)逐渐成为政府中枢,尚书台的头儿尚书令逐渐取代丞相地位,相似的一幕又出现了——这帮"家臣"又渐渐不听皇帝的话了!皇帝只好又相继扶植侍中、中书舍人等诸色近幸人等来代言皇权。

但无一例外,这些近幸官员虽然依附皇权,以干涉乃至替代相权而起家,但一旦接手行政事务,很快嬗变为相权的实际继承者,仍旧把皇帝抛在一边。

继起的东汉并没有从西汉帝国的崩溃中吸取教训。当东汉的皇帝左顾右盼,感觉还是缺少自己人时,只能继续以外戚大将军辅政。但是,每当舅爷们大权独揽、专横跋扈到了一定程度,又理所当然地激起了皇帝的愤怒。个别胆子大的皇帝,甚至组织身边的忠勇公公发动政变,诛杀可恶的裙带亲戚大将军,从他手里夺回最高权力。

可勇敢的皇帝夺回权力之后发现,他自己压根儿就不会管理帝国,还很懒惰,于是转手又把权力扔给了亲信的公公们。

舅爷与公公的博弈,书生得好处

这些接替外戚主政的公公们,在政治上的作为并不比舅爷们更高明。社会上对他们的舆论风评,更是到了惨不忍睹的地步。

外戚们虽然靠裙带关系起家,但起码他们都是生理健全的正常人。所以那些自诩清高的书生虽然扭扭捏捏,但只要舅爷们给足面子,三番五次派出公车去征辟,做出种种礼贤下士的姿态后,他们也仍会欣然接受邀请,厚着脸皮去吃舅爷家的饭,且照样忠心耿耿。

但这些假撇清的家伙对公公们的态度就大不一样了。公公们虽然也忠君爱国,但作为刑余之人,到底有些不方便。在那个极讲究阴阳之分的年代里,士人对自己的名誉和操守是如此珍惜,以至于连最无耻的书呆子也觉着和这些不阴不阳的人站在一块儿太别扭。

所以，公公们只好自己去摸索治国的方略。

这些出身寒微、没有受过高等教育的家伙自然常常闹出丑闻，或是误用一些很不上台面的办法去解决问题——比如说某人仅仅是给公公送了些葡萄酒，就被慷慨地任命为封疆大吏。

于是，公公们便免不了被本来就瞧不起他们的书生肆意嘲讽笑话。

面对这些讥笑和讽刺，公公们当然是很不开心的。更让公公们忍无可忍的是，这些书呆子居然和公公的死对头舅爷结成联盟，打算从公公手里把皇帝夺回去。

是可忍，孰不可忍？公公们终于发起了绝地反击——其一是掀起两次"党锢之祸"，终结捣乱书生的政治生命；其二是针对捣乱分子主要集中在太学的情况，釜底抽薪另设"鸿都门学"。太学生不是张口闭口经典吗？"鸿都门学"待遇优厚，专门研究人畜无害的文学艺术。这场三方四角的政治对战一直持续到东汉末年，在大将军何进与宦官们的大火并中彻底终结。

皇帝也是人，他能用于治理朝政的时间和能接触的信息是非常有限的，但他能掌握的资源又几乎是无限的。当功臣及其子弟耗散殆尽，同姓亲属被视为威胁的时候，皇帝能用的人也是非常有限的——老婆家人、服务人员（公公们），还有各地推举的书生们。

因此，在大一统中国的最初，公公、舅爷和书生们，因为历史偶然的巧合凑到了一起，他们在帝国的政治舞台上彼此斗争了好多年。起先是舅爷独唱，后来公公登台，风头一度压过了舅爷。舅爷们迫不得已，便把书呆子请上台来帮忙，公公见势不妙也找了一帮落选的书呆子替自己摇旗呐喊。台下的书生们则在台下发牢骚，骂戏台上所有的人。

终于有一天，一个宦官家出身的小伙子登场了。他抹着大白脸，貌似奸诈险恶，但正是在他后代开辟的王朝中，通过了书生提出的帝国管理者选拔方案"九品中正制"。书生阴险制定了有利于自己的游戏规则，确立了自己及今后近两千年的政治主导地位，一劳永逸地把舅爷和公公踢出了庙堂。

对，这个小子叫曹操。顺便提一句，他还凭本事当了汉朝最后一个皇帝的老丈人，成了既是外戚，又是宦官，但最后为书生服务的冤大头。

（作者：江上苇）

汉献帝为什么不能直接杀了曹操？

汉末乱世，群雄争霸。然而，对于只能眼睁睁看着天下大乱的东汉朝廷而言，硝烟退去，剩下的只有屈辱与凄凉。细数下来，最抱屈的恐怕便是汉献帝刘协。这位东汉最后一位君主，沦为曹操"挟天子以令诸侯"中的一笔注脚，卑微如此，是权宜之计还是无可奈何？若历史倒转，这位流离半生的亡国之君，是否会为了捍卫汉室，拼个鱼死网破呢？

戏剧的登位：乱世中挣扎

若要列出个史上最惨君主，汉献帝刘协多半榜上有名。别说这个"亡国之君"的名头背得多不情不愿，就连这个皇位也像是老天硬塞给他的。

刘协出生于光和四年（公元181年），而他的悲剧，在呱呱坠地之时便开始了。刘协的母亲是王美人，颇受汉灵帝宠爱，也因此被何皇后妒忌，诞下刘协后不久便被毒死。孩提之时便失去了母亲，好在董太后亲自抚养了刘协，给了年幼的皇子难得的庇护。

好景不长，几年后，汉灵帝病危。虽然何皇后也给汉灵帝生了一个儿子刘辩，但灵帝依然想要将风雨中飘摇的汉室江山交给小儿子，为此还特地将刘协托付给了大宦官蹇硕，希望蹇硕动动脑筋，想点儿办法让小儿子登位。安排好后事，汉灵帝撒手人寰，把难题留给了蹇硕。

蹇硕的想法也天真，琢磨着既然是何皇后和外戚何进作梗，那干脆杀掉完事儿，没料到的是，计划败露，蹇硕反被诛杀，刘协的登基之路被堵了个严严实实。

此后，14岁的刘辩即位，史称汉少帝，汉廷的朝政开始落到何太后及外戚何进手中。刘协作为皇太弟，被封为勃海王，后又改封陈留王，也就剩了个皇室虚名，没啥实权。

此时的刘协不过几岁稚子，若真能这样远离权力争斗，闲云野鹤潇洒一生，也不失为幸运。然而，命运扮了个鬼脸，对刘协吐了吐舌头——想得美。

变故发生在汉廷中。东汉末期，君主的大权基本处于旁落状态，反而是宦官和外戚为了争权而斗个你死我活。汉少帝未能幸免。大将军何进率先计划铲除张让等宦官，只可惜，何太后因为宦官曾有恩于自己，不同意这个计划。这时候，司隶校尉袁绍给何进想了个办法，让当时颇具实力的军阀董卓进京，"以胁太后"。

何进没过脑子，欣然同意。但他没料到的是，宦官们棋高一着，没等到董卓进京，自己便丢掉了性命。何进一死，袁绍兄弟带兵杀入宫廷，把宦官也杀了个干净，刀光剑影之间，汉廷彻底乱了。无奈之下，中常侍段珪等人带着汉少帝和陈留王刘协逃走，当天夜里便到了黄河岸边，结果途中遭遇变故，在回洛阳的路上碰上了董卓。

看着董卓身后拿刀佩剑的军队，汉少帝当时便吓住了，没等董卓开口，一通"恐怖涕泣"。反倒是弟弟刘协，面对气场强大的董卓，还能把动乱之事说个清楚明白。刘协的命运转折，也便从此处开始了——"卓以王为贤，且为董太后所养，卓自以与太后同族，有废立意。"（《后汉书·董卓列传》）

不久之后，董卓不顾众人反对，直接废掉汉少帝，改立刘协，是为汉献帝。皇位就这样被交到这位只有9岁的孩童手中，而江山与大权，却被董卓死死把持。

毒杀太后、自任太尉、手握大权、滥施刑罚，董卓像是被释放出笼子的野兽，很快引起众怒。献帝即位数月后，关东诸郡纷纷起兵，很快组成了以袁绍为首的关东联军。

眼看关东联军来势汹汹，董卓想了个最直接的方法——跑。很快，废帝刘辩被毒杀，而刚登位不久的汉献帝刘协，在董卓胁迫之下迁往长安，被迫远离故土，开始了自己第一次颠沛流离。

绝处里逢生：曹操的奉迎

初平元年（公元190年），献帝跋涉千里，抵达长安。

此时的长安经历战火洗礼，早已不复往日繁华兴盛。宫室残破，更残破的是献帝的内心。董卓独揽大权，日日纵情荒淫，将汉室里里外外糟蹋了个透。

顶着天下之主的名头，刘协很快抛却了孩童的无忧无虑，"东归"成了他心心念念的头等大事。

不久之后，刘协开始谋划。他找来侍中刘和，请他潜逃出去找其父襄贲侯刘虞带兵救驾。遗憾的是，刘和的行踪被袁术察觉，袁术私下扣住刘和，自己派兵去找刘虞，要他和自己一起出兵"救"献帝。这时，刘虞的手下公孙瓒出现了变数，让袁术改了主意，反而扣留了带兵前来会合的刘虞，这下，眼巴巴望着刘虞的献帝愿望落空，东归遥遥无期。

初平三年（公元192年），司徒王允联合群臣利用反间计诛杀董卓，脱离魔掌的汉献帝迎来了短暂的喘息之机。赶走一只虎，一群狼却在来的路上。董卓死后，其旧部李傕、郭汜等人叫嚣着要给董卓复仇，数月之后，怒气冲冲地带兵杀入长安。结果吕布出奔、王允被杀，献帝好不容易燃起的希望火苗也被浇了个透。政局再次被掌握在军阀手中，其中李傕更一直掌握着监督百官权，三人联合起来几乎架空了"三公"。

几经磨难，汉献帝早非黄口小儿，在忍受李傕、郭汜、樊稠等人凌威的同时，也默默等待着"突围"的时机。时机便孕育在几虎的缠斗中。

兴平二年（公元195年），李傕诛杀樊稠，长安陷入混乱。这厢刚结束，那厢李傕和郭汜等人又开始了争斗，闹到最不可开交时甚至出现了李、郭两人"一人劫天子，一人质公卿"的局面。

面对乱局，汉献帝把希望寄托于另一个人身上——同为董卓旧将的张济。献帝诏令屯兵陕县的张济前来劝架。张济倒劝住了两人，再加上此时经过一番争斗，双方实力都受损，献帝抓准时机，提出东归。

或许"挟天子"这样的名头也给了李傕等人压力，经过艰难的交涉，军阀们终于同意让献帝东归。日盼夜盼地归于故都，终于在多方博弈和妥协下成为现实——"秋七月甲子，车驾东归。郭汜自为车骑将军，杨定为后将军，杨奉为兴义将军，董承为安集将军，并侍送乘舆。"（《后汉书·献帝纪》）。

当然，东归路也不太好走。跟着汉献帝的臣子没几个真正把这个皇帝放在眼里，军阀们的妥协也极其脆弱不堪。在军阀眼中，车上坐着的献帝更像是块沉沉的筹码，被置于权力天平上，另外一头是大权、局势、利益，权衡下来，献帝成了被抛弃的一方。

走到半路，郭汜改了主意，"欲胁天子还都郿"。好在杨奉等人用拳头止住了郭汜的野心。可收拾完郭汜，没走多久，杨定在中途又因为私怨和宁辑将军段煨打起来了。杨定败走后，张济又动了歪心思，和李傕、郭汜等人一起召集大军追击献帝。这一次，献帝左右的王公大臣基本上被屠杀干净，甚至身边卫士也剩下不到百人。或许是上天垂怜，杨奉、董承等人找来河东郡一带的胡才、李乐等人充当外援，成功击退了李傕等人。

就这样，一路跌跌撞撞，建安元年（公元196年），汉献帝终于回到了阔别已久的故土洛阳。

不幸的是，洛阳的光景比长安还差，宫室尽毁也就算了，连最基本的粮食供给都保障不了。各州郡面对皇上要粮的请求，当作没看见，以至于"群僚饥乏，尚书郎以下自出采稆，或饥死墙壁间"。现实恶狠狠地告诉刘协，别说什么生杀大权，先保住自己和臣民的温饱最为紧要。

与刘协纠缠半生的曹操正是在这个时候，登上了舞台。

"奉迎献帝"的提议最早来源于曹操的谋士毛玠，后来荀彧等人为此事没少给曹操吹耳边风。荀彧更是认真跟曹操讲道理——"诚因此时，奉主上以从人望，大顺也；秉至公以服天下，大略也；扶弘义以致英俊，大德也。"说完，还不忘"恐吓"曹操一下，说你要现在不去，等别人先去了就彻底失去了机会。

这些话，曹操都听进去了，建安元年，曹洪受曹操派遣前往洛阳迎接献帝，中途受到董承阻拦，后来曹操亲率军队来到洛阳。

初次见面，曹操给足了献帝"面子"，不仅带来了丰富的食物，对献帝本人更是极为尊重。既能解决燃眉之急，又能敬重自己，此时的曹操对要钱没钱、要兵没兵的献帝而言，说是天降甘霖也不为过。

很快，曹操被任命为司隶校尉、录尚书事。为了更好地掌控局势，曹操听从董昭建议，请天子移驾许县。许是看到了曹操的诚意，献帝同意移驾。比起从前的颠沛，曹操为献帝提供的许县相对是个安稳之所。曹操也不是做做样子，等献帝到了许都，不仅大力张罗其宫室，更用心打点汉献帝的生活起居。

汉献帝的人生，也在这时，在一个全新的地域，开始了新的书写。

抗争与妥协：甘作"挡箭牌"

移都之后，献帝的人生与曹操开始不断交集。曹操保留着献帝的皇位，而献帝则成了曹操手里最好用的一张"牌"。打着维护献帝的名号，曹操征讨四方、剪除诸侯，从大将军、武平侯到魏公、魏王，而献帝的权力逐渐被架空，成为徒有帝王名号的"傀儡"，沦为曹操扩增势力的"挡箭牌"。

那么，眼看着曹操一点点染指权力，献帝真的那么"心甘情愿"？难道没想过找机会除掉曹操这样的心腹大患？

史载，刘协虽无实权，但也没忘记过社稷苍生。初平年间，刘协在长安主持官员考试，不忍年老儒生空手而归，将落第的儒生招为太子舍人；面对大旱天灾，他亲自主持开仓放粮，还揪出了其中的贪腐官吏。

我们或许可以相信，即便接过的是一个烂摊子，刘协还是很想把握大权，干出一番事业。既然这样，曹操的野心无异于在刘协心里扎了根刺，刘协又为什么没能在安稳下来后细心筹谋、诛杀曹操呢？

这涉及两个问题：一来，献帝能不能杀曹操？二来，献帝愿不愿意杀曹操？

首先，献帝能杀曹操吗？对别的君王来说，臣子生死或许是一句话，可于献帝而言，想除去一个大臣，恐怕得有权，更得有人。那献帝身边有人吗？最开始是有的。事实上，献帝身旁有着一群公卿，据研究，献帝东归，一定程度上也是这群公卿与军阀们斗智斗勇的结果，而袁绍也可能是因为忌惮这群人的影响，没有选择奉迎献帝。

然而，东归途中重重劫难，让这群公卿几乎折损大半。曹操也意识到了这点，所以刚入洛阳，便把"司隶校尉"等重要官职把持在手中。不仅如此，曹操还借着护卫献帝的名头，清除了一波异己。后来，除了曹操，"三公"中只有司徒赵温在位，公卿的力量被进一步削弱。在此基础上，曹操进一步培植心腹，司隶校尉由丁冲担任，荀彧则成为"侍中守尚书令"，基本上，稍微重要一些的官职都掌握在曹操亲信手中，面对"宿卫兵侍，莫非曹氏党旧姻戚"的局面，献帝找不到人来帮自己对抗曹操。

当然也不是完全没有。比方说外戚董承就曾是汉献帝试图寻找的突破口。建安四年，他册封董承为车骑将军，希望以此削弱曹操权力，后来秘密给董承下衣带诏，希望诛杀曹操。事实证明此路不通，事情败露，董承被杀，曹操虽然没把献帝如何，却也算是一次警告。

那么，有没有可能借助外力呢？比方说，联合其他对曹操不满的势力，就像"讨董卓联盟"一样？局势发展到这时，其实已经不大可能了。诸侯割据中，势力最强者非袁绍莫属，可袁绍愿意将献帝放在眼里吗？恐怕不会。

早在关东联军征伐董卓时，袁绍、韩馥等人就企图立幽州牧刘虞为帝，幸亏刘虞一心为汉，没让二人得逞。后来，献帝东归，袁绍的谋臣田丰等也曾建议他握住天子这张"招牌"，袁绍却觉得"非计之善者也"，更将"匡扶汉室"这样的遮羞布视为烫手山芋，迟迟不下决心，这才给了曹操"挟天子"的机会。

不过，面对曹操势力的壮大，袁绍也颇为不满。面对袁绍的怒火，曹操以献帝的名义，任命袁绍为大将军，自己则退居司空。袁绍也吃这一套，真就不管曹操，忙着抢夺地盘去了。也正是抓住这样的喘息机会，曹操得以攻张绣、战袁术、征吕布，直至屯兵官渡，可以与袁绍抗衡。

退一万步说，即便袁绍想通了，愿意利用献帝来灭杀曹操，也不会真的多待见献帝。官渡之战中，袁绍曾将献帝当作工具人，借说自己获得冀州、青州、幽州、并州四州之地，对安社稷有功，想要向皇帝报捷，以此为出兵攻打曹操找借口。显然，用狼驱虎，绝非什么良策。

那么，换个方向来说，汉献帝愿意杀曹操吗？诚然，献帝对曹操不断架空自己绝对是不满的，甚至还曾出言直接斥责曹操——帝不任其愤，因曰："君若能相辅，则厚，不尔，幸垂恩相舍。"（《后汉书·皇后纪下》）

后来，皇后伏寿的死更是彻底让二人撕破脸皮。但真要论曹操对汉献帝，却也挑不出太大的错误。衣带诏事发，曹操没有迁怒献帝，还将自己的女儿嫁给献帝。再者说，除了扩充势力之外，曹操对社稷是有功的，此时百姓的日子确实好过了起来。朝政由荀彧等人主持，说不上开创盛世，但也算是政通人和。

事实上，曹操也许称得上权臣，但非奸臣、佞臣，甚至可以说，离开了曹操，汉献帝的日子不会好过到哪里去。最简单的一点，曹操虽被骂为"汉贼"，却始终存着对汉廷最后一丝敬重，没有真正染指汉室皇位。

建安二十四年（公元219年），孙权曾写信希望曹操称帝，曹操让群臣传阅此信，然后骂了句"是儿欲踞吾著炉火上邪"，再不提此事。这也并非口舌之快，虽然位极魏王，但曹操始终没有越过这片雷池。

假如汉献帝真的想办法除掉曹操，会面临怎样的局面？置身于群雄环伺中，身边没剩什么愿意扶持汉室的臣子，或许就像曹操曾为自己辩驳的一样——"设使国家无有孤，不知当几人称帝，几人称王。"

可以说，东汉的灭亡，并非杀掉曹操就可以阻止的。面对曹操的权势，献帝兴许不满，也曾试图反抗，但依存于曹操的羽翼下，是刘协最后也是最好的选择。

史传，刘协禅位后隐居山阳，再不问政事，还曾上山采药，为百姓治病。就这样，在群雄和权力中兜走一圈后，刘协最终将原本不属于自己的皇位交还，用一种令人唏嘘的方式，回到了自己最初的人生轨迹之上。

这对刘协而言，未尝不是一种解脱。

（作者：念缓）

参考资料：

[1]陈寿撰，裴松之注，卢弼集解.三国志集解[M].上海：上海古籍出版社，2012.

[2]王先谦.后汉书集解[M].北京：中华书局，1984.

[3]梁龙.曹操十讲[M].哈尔滨：哈尔滨出版社，2007.

[4]庞博.从长安到许都——汉献帝朝廷的政治架构、决策过程与历史命运[J].史林，2020（06）：38-48+216.

[5]李殿元.论曹操的汉室情结[J].文史杂志，2010（04）：26-29.

[6]王永平.田丰的"乡土情结"与人生悲剧——兼评袁绍拒迎汉献帝及其南进战略的失误[J].河北学刊，1995（04）：93-97.

"子贵母死"制为何无法遏制太后专权？

南北朝时期，北魏有一项奇葩制度——"子贵母死"，意思是北魏的皇子一旦被立为储君，他的生母必须被赐死，以防止外戚势力过大、干涉朝政。

今天的主流学者多认为，该制度是道武帝拓跋珪创立，其直接灵感则来自汉武帝晚年赐死钩弋夫人后立刘弗陵的故事。从拓跋珪晚年创立到宣武帝元恪正式下令废止，北魏皇朝的绝大部分时间都存在着"子贵母死"制度。

而讽刺的是，从东汉末年到隋朝统一，400年的大乱世中，实行"子贵母死"制的北魏，竟是唯一出现过太后专权的政权，还不止出现了一次。比如最有名的冯太后、胡太后。

那么，差错到底出在哪里？当我们把视线拉回创立者道武帝拓跋珪身上会发现，这个记载本身就存在着很大疑点。

明元帝拓跋嗣的非正常方式继位

研究北魏太武帝拓跋焘之前的历史是一件很艰难的事情。

太武帝末年，三朝重臣崔浩编纂北魏国史《国记》，如实记录北魏皇室早年的不堪之事，引发了一场规模巨大的文字狱，最终导致了"清河崔氏无远近，范阳卢氏、太原郭氏、河东柳氏皆浩之姻亲，尽夷其族"。而作为北魏史权威——魏收所著的《魏书》偏偏风评很差，有着"秽史"之称。

所以，我们能读到的北魏历史，一方面有效信息极度缺乏，另一方面都是被精心筛选过的内容。虽然如此，看《魏书》的原始记载，道武帝拓跋珪在赐死其母刘氏后，和后来成为明元帝的儿子拓跋嗣有过一番谈话，之后拓跋嗣就逃亡到外面去了。至于谈话的内容，按照北魏官方定调，是说拓跋珪打算让拓跋嗣继位，因此需要先仿照汉武帝赐死钩弋夫人后立其子刘弗陵的往事赐死其母刘氏。拓跋嗣无比悲伤，引起了拓跋珪的不满，于是拓跋嗣太子也不要当了，直接逃跑了。

在这些叙述中，除了道武帝赐死刘氏并且导致拓跋嗣逃亡是公认的客观事实外，剩下的话都是拓跋嗣自己单方面的讲述，要表达的意思很简单："虽然我逃亡在外，但是我父亲生前想立我为太子，杀我母亲正是为此做准备。我是合法的继承人。"

实际上，拓跋珪之后又想杀死拓跋绍的母亲贺氏。拓跋嗣和拓跋绍遇到了同样的事情：拓跋珪杀了拓跋嗣之母刘氏，拓跋嗣选择逃亡。拓跋珪又准备杀拓跋绍之母贺氏，但贺氏成功联系上拓跋绍，反杀掉了拓跋珪。拓跋珪常年服用一种叫"寒食散"的毒品，晚年早已精神错乱。战功彪炳的弟弟拓跋遵仅仅因为酒后失礼就被赐死，身边的王公大臣因为衣服艳丽、言语怠慢或者其他奇怪的原因被拓跋珪处死的比比皆是。最荒唐的一件事，拓跋部的大人贺狄干因为喜欢读经史，被认为是出使后秦时被同化腐化了，连同弟弟一起被拓跋珪处死。拓跋珪晚年，他坐在车辇上时控制不住自己，会毫无征兆、毫无理由地发病刺杀给自己抬辇的人，最夸张的一次，出行中甚至杀了几十个抬辇人。这样一个精神失常的可怕暴君被他亲儿子杀掉，身边的人心中恐怕都松了口气，不然说不定哪天就轮到自己了。拓跋嗣、拓跋绍两人的母亲一个被赐死一个被囚禁，最早很可能只是拓跋珪的疯病常态性发作罢了，和要立太子没什么关系。

拓跋绍弑父之后虽然短暂控制了朝廷，但并没能登上皇位，因为他没能争取到大部分大臣的支持。如果说拓跋珪的残暴主要是因为长期服用"寒食散"后精神错乱，拓跋绍则是因为本性即穷凶极恶，十几岁时的他就敢剖开孕妇的肚皮查看胎儿。

从拓跋嗣在母亲被杀时悲伤逃亡，而拓跋绍在母亲被杀前直接入宫弑杀君父，就可以看出两个人性格的巨大差异。受够了拓跋珪的大臣们可不希望来个更疯狂强横的皇帝，当拓跋嗣打着讨伐弑君凶手的旗号归来时，绝大部分大臣都拥护他。于是拓跋绍被杀，拓跋嗣成为新皇帝。

按现在人的观点看，拓跋嗣在大臣支持下杀死弑杀君父的弟弟，继位合情合理，然而，他毕竟是以非正常方式继承的皇位，而且在继位前是流亡状态，为了强化继位的合法性，拓跋嗣援引汉武帝立刘弗陵旧例，宣称之前母亲被赐死、自己流亡的原因是父亲想立自己为太子，可以说非常高明。至于载入《魏书》的这段拓跋珪向拓跋嗣解释赐死他母亲原因的话，毫无疑问来源于拓跋嗣自己的叙述，实际到底存不存在，说的具体是什么，我们已经无从得知了。试图去探究这个问题的崔浩，早已连同亲朋好友一起被打包送到已死的拓跋珪和拓跋嗣处，当面向两个当事人一问究竟了。

讽刺的是，我们现在能看到的通俗历史书中，大部分都有一个衍生故事：拓跋嗣逃亡后，道武帝只能改立拓跋绍，为此要赐死其母贺氏，而拓跋绍和母亲关系特别好，为了拯救母亲性命不惜弑父。这些故事中，拓跋珪临死前想立的继承人竟然成了拓跋绍，这大概和拓跋嗣用"子贵母死"概念加强自己继位合法性的初衷完全背道而驰了。

南朝史官心目中的"子贵母死"

拓跋嗣的太子大概是北魏历史上最有名的一位皇帝：太武帝拓跋焘，他的小名"佛狸"。就是辛弃疾在《永遇乐·京口北固亭怀古》中写下的"佛狸祠下，一片神鸦社鼓"。

《南齐书·列传·卷五十七》的记载能给我们带来一些信息："初，佛狸母是汉人，为木末（拓跋嗣的字）所杀，佛狸以乳母为太后。自此以来，太子立，辄诛其母。"

上面的这段话作为"子贵母死"的另一个原始来源，倒能给我们带来很多有用信息。这里明确记载了杜氏是被木末所杀，同时，"自此以来"说明当时南朝史官并不认同拓跋嗣之母被赐死是因为拓跋珪要立他为太子。在他们看来，太子生母在儿子成储君后被杀，恰恰是从拓跋嗣开始的。

根据谥号"密"的含义为"追补前过"来判断，杜氏的死亡与"子贵母死"很难扯上关系。如拓跋嗣是按照所谓"子贵母死"制在立嗣前几年赐死了她，那就不会选择表示死者生前曾有大过错的"密"作为谥号。再考虑到同年死亡的还有被拓跋嗣追谥为"昭哀皇后"的后秦公主姚氏，"哀"这个谥号更耐人寻味。杜氏很有可能因为和姚氏的死亡有间接关联，得罪了拓跋嗣后自杀。但是，由于崔浩案对原始资料的破坏，我们无法作更多猜测。可以确定的史实是：姚氏和杜氏在同一年死亡，其中姚氏深受拓跋嗣宠爱并且死后追封"昭哀皇后"，杜氏死后以贵嫔的身份被谥为"密"，也就是"追补前过"，直到其子继位后才被追封为皇后。杜氏死后两年，拓跋嗣立杜氏之子拓跋焘为太子。真要把这个版本的杜氏之死和拓跋焘立嗣强行联系起来未免过于附会，毕竟北魏自己的记载中甚至没提到杜氏的死因。

不过，由于连续两任皇帝的生母都在皇帝继位前死于非命，又有拓跋嗣声称拓跋珪向他解释赐死他母亲原因的那段话，"子贵母死"的说法难免不胫而走，以至于南朝史官都听到了这样的传说。

不久之后，第一个真正以"子贵母死"名义死于非命的皇帝生母产生了。

"子贵母死"方便太后专权

拓跋焘之孙文成帝拓跋濬继位时，他的生母景穆恭皇后郁久闾氏还活着，但不久却离奇死去。这很可能是连续制度化的"子贵母死"开始生效的疑似第一案。李凭先生所著《北魏平城时代》认为，文成帝的乳母常氏搬出道武帝"子贵母死"的旧事，在政治斗争中以此为理由逼死了郁久闾氏。

下一任皇帝献文帝拓跋弘就相当有意思了。这是一个"子贵母死"的标准案例。所谓标准案例，就是在他本人被立为嗣君后，其生母文成李贵人被前面提到的文成帝乳母常太后赐死。但是这个赐死，恰恰有利于当时摄政的常太后擅权。

这个案例说明，此时开始真正实现了制度化的"子贵母死"，与其说是为了防止后宫太后干政，不如说是为了便于当时执掌朝政的太后巩固自己的权位，排除新来的挑战者。

献文帝期间，实际掌权的是冯太后，出现了东汉灭亡近300年来第一例太后专权。冯太后和献文帝拓跋弘的矛盾激化到了水火不容的地步，直到拓跋弘暴死，双方的斗争才告一段落。普遍认为献文帝为冯太后毒杀。

再下任皇帝就是大名鼎鼎的北魏孝文帝元宏。元宏的生母李夫人死于孝文帝立为太子的同一年，死因不明。元宏被立为太子时，摄政的冯太后与献文帝之间正在展开激烈的权力斗争，李夫人之父能力和口碑都很好。所以，有可能是冯太后借"子贵母死"制度赐死李夫人，削弱献文帝的实力。在这里，"子贵母死"和宣传口径中的初衷彻底南辕北辙，成为执政太后巩固地位的工具。

到孝文帝立太子元恂时，其母照例被冯太后赐死。

在后面3个案例中，"子贵母死"才真正制度化为"旧制"，其受益者都指向同一个人——冯太后——整个魏晋南北朝时期所有皇朝中权力最大的女人。此时制度化的"子贵母死"，根本不是为了防止太后专权，而是用来为专权的太后排除竞争者的。

所以，我们不难得出结论："子贵母死"最早只是北魏明元帝拓跋嗣非正常继位后加强自己继位合法性的宣传。到太武帝拓跋焘死后的混乱时代，大臣们拥立其孙拓跋濬继位，但是不希望他出身柔然王族的母亲把控朝政，以"子贵母死"的名义逼死了她，并且推举拓跋濬乳母常太后摄政。之后的"子贵母死"才真正成为制度，并且沦为常太后、冯太后排除竞争者的工具。

冯太后死后，"子贵母死"制度彻底成为历史。但是，当时北魏后宫嫔妃的生育意愿因为连续的案例已经受到极大影响。她们不可能知道这个制度的来龙去脉，只觉得生儿子这件事情非常高危，甚至多有怀孕后暗中服药打胎的。在这种情况下，一个叫胡充华的妃嫔带着她天生的赌徒精神，为孝文帝的继承人宣武帝生下了皇子，她最终成为新一代实权太后。胡太后执政能力不行，但是在狠劲儿上甚至超过了她的前辈冯太后——冯太后所毒杀的献文帝拓跋弘毕竟并非她亲生，而胡太后在和自己的亲生儿子发生权力冲突时，也毫不犹豫地毒杀了他，为已经天下大乱的北魏皇朝亲手开启了最终灭亡之路。

附录

北魏历任皇帝和两名未继位太子生母的死因

第一任道武帝拓跋珪之母贺氏：病死，致病原因是母家和拓跋珪的激烈斗争以及小儿子被后燕扣为人质导致长期心情较差而自然死亡，与"子贵母死"无关。

第二任明元帝拓跋嗣之母刘氏：被晚年因吸毒精神错乱的拓跋珪赐死。赐死的具体原因不明，死后拓跋嗣逃亡。拓跋嗣在朝臣支持下杀掉弑父的弟弟拓跋绍，对外宣称父亲赐死母亲是为把他立为太子做准备。"子贵母死"疑似案例一。

第三任皇帝太武帝拓跋焘之母杜氏：按照《南齐书》所说，系被拓跋嗣所杀。她死后2年拓跋焘才被立为太子，其死亡与"子贵母死"很难相关。根据她的谥号"密"含义"追补前过"来看，可能与同年死亡的后宫竞争对手昭哀皇后姚氏的死亡有关。太武帝拓跋焘生前曾立拓跋晃为太子。其母敬哀皇后贺氏生下拓跋晃之后当年死亡，原因多半是生产造成的损伤。可以确定的是，敬哀皇后的死亡和拓跋晃被立为太子没有任何关系，因为拓跋晃到她死后4年才被立为太子，哺乳期更无理由赐死小孩生母。

第四任皇帝拓跋余之母：非储君，非正常继位和非正常死亡的短命皇帝，没有其母被杀的记载。下一任文成帝拓跋濬同样非正常继位，其母被朝臣逼死有明确记录，因此拓跋余之母死因与"子贵母死"无关。

第五任皇帝文成帝拓跋濬之母郁久闾氏：柔然王族出身，在拓跋濬继位后不久被元老大臣联合拓跋濬乳母逼死，有可能借了"子贵母死"的名义，但不确定。乳母后来成为史书中的常太后，获得较大权力。"子贵母死"疑似案例二。

第六任皇帝献文帝拓跋弘之母李贵人：在拓跋弘被立为太子后，其母李氏被当时执政的常太后以"子贵母死"理由赐死。这是第一个符合"立完太子随后赐死其母"的"子贵母死"的标准案例，常太后借此排除了一个潜在的权力竞争对手，也为冯氏在常太后和拓跋濬本人死后作为最强势太后之一实现专权创造了条件。

第七任皇帝孝文帝元宏之母李夫人：死于孝文帝被立为太子的同一年，死因不明。当年，摄政的冯太后与献文帝拓跋弘之间正在展开激烈的权力斗争，李夫人的家族是献文帝拓跋弘特别重视的外戚势力。很大可能是冯太后借"子贵母死"制度赐死了李夫人以削弱献文帝的实力，不久后李夫人的族人也被冯太后诛灭。由于没有明文记载她被赐死，只能算作"子贵母死"疑似案例三。李夫人的死完全对冯太后加强太后专权、削弱皇权有利。

第八任皇帝宣武帝元恪之母高氏：据说被后来成为孝文帝第二任皇后的冯昭仪

派人暗杀，但也可能是其他原因猝死被归咎到冯昭仪头上。她死时，皇太子为后来被废的元恂，元恪只是普通皇子。无论如何，她的死亡和"子贵母死"半点儿关系都扯不上。

孝文帝的废太子元恂嫡母为林氏：元恂被立为太子时，孝文帝向实际掌权的冯太后请求放过林氏，但是仍然被冯太后下令赐死。

第九任皇帝孝明帝元诩之母胡氏：不但没被赐死，儿子继位后她直接当了实权太后。有部分说法认为元恪立太子时"子贵母死"才被完全废止，这种说法更多包含了后人写史和读史时"怎么没按照'子贵母死'的制度赐死为祸深重并且对北魏灭亡有很大责任的胡氏"这种遗憾感。

(作者：黑色君)

参考资料：

[1] 魏收. 魏书 [M]. 北京：中华书局，1997.

[2] 李延寿. 北史 [M]. 北京：中华书局，1974.

[3] 李凭. 拓跋春秋 [M]. 杭州：浙江文艺出版社，2010.

[4] 李凭. 北魏平城时代（修订本）[M]. 上海：上海古籍出版社，2011.

[5] 李凭. 魏明元帝两皇后之死与保太后得势 [J]. 史学月刊，2007（05）.

[6] 周文俊. 北魏道武帝晚年行事别解 [J]. 社会科学研究，2017（03）.

帝国番将：唐朝皇帝手中锋利的双刃剑

天可汗的马前卒

贞观三年（公元629年），唐朝军队分六道全面出击东突厥汗国，一度不可一世的突厥在内乱兵败的情况下土崩瓦解，颉利可汗被俘押至长安，东突厥汗国灭亡，大漠以南全部成了唐朝疆域。第二年，北方各族各部君长齐集长安，共尊唐太宗李世民为"天可汗"。

东突厥败亡之后，部众向南移动投降唐朝的多达10余万人，降服的突厥贵族开始大量进入唐廷为官。由于突厥人大多不识汉文，不能充当文官，李世民就任命他们充当大将军或中郎将。一时间，朝堂之上高于五品的突厥武官多至100多人，几乎占朝臣的一半，而是为唐代大规模任用番将的滥觞。

番将"生而气雄，少养马上，长於阵敌"，故"武臣莫若番将"。但唐代对番将如此青睐，由"天可汗"李世民奠定的开明民族政策固然功不可没，而李唐王室本身的深度"胡化"恐亦难脱干系。李唐王室自云始祖为老子李耳，近祖系十六国中的西凉太祖李暠，显是无稽之谈。但与李唐王室模糊的父系血统不同，唐高祖、唐太宗、唐高宗三代帝王之母明白无误出自鲜卑，这从其独孤、窦（源自纥豆陵氏）、长孙的姓氏就看得清清楚楚。

正因数代的胡汉混血，李唐王室种种"胡化"的表现显得顺理成章，李世民"下行可汗事"尚可说是时势使然，其长子承乾热衷胡语胡服，愿意"解发为突厥"就无论如何不是政治的需要了。甚至李唐皇室的婚姻也带有强烈的胡化色彩，唐朝最著名的两个女人，武则天以庶母而为高宗皇后，杨玉环以儿媳变成玄宗宠妃，这实在大异中原传统礼教，而与曾经盛行于古代游牧民族"妻其庶母、伯叔母、兄嫂、子弟妇"的习俗（王昭君即先后嫁予父子两代匈奴单于）颇有共通之处。在如此弥漫宫廷的胡风氛围的熏陶下，唐廷任用气类相通的番将自然更算不得什么离经叛道的事情。唐朝继承魏晋南北朝300年民族大融合成果，"华夷无猜""爱之如一"也理所应当。

在太宗时代，"勇决习战"的番将已经在"天可汗"的麾下南征北战，破西突厥、拒吐蕃、平吐谷浑、击薛延陀、伐高丽，番将以其骁勇善战，立下了汗马功劳。尤其是贞观二十二年（公元648年），原突厥处罗可汗的儿子，左骁卫大将军阿史那社尔奉太宗之命远征西域的龟兹，所部除了汉兵汉将，还有"铁勒兵牧十有三部，突厥侯王十余万骑"。阿史那社尔采用游牧部落古老的战术，佯装败退，将龟兹军队诱至沙漠里，一举将其歼灭，遂令西域震惧，各国竞相内属。唐太宗将安西都护府移至龟兹国都，统于阗、疏勒、碎叶，是为"安西四镇"，唐朝的西部国境由之拓展数千里，直至碎叶（今吉尔吉斯斯坦北部）以西地方。

为了厚赏这位麾下最好的将领，唐太宗将宗室的一位公主嫁给了他。阿史那社尔的忠诚是如此深厚，以至于当唐太宗李世民去世时，这位年迈的佣兵长要按照游牧民族的习惯，自杀殉葬，以"卫陵寝"（但被继位的高宗李治阻止了）。最后，阿史那社尔以及铁勒部的哥论易勿施莫贺可汗的孙子契苾何力、突厥酋长执失思力等人，死后都作为功臣高官陪葬于"天可汗"李世民的昭陵。这可以说是唐太宗时代重用番将的一个侧影。

忠诚与叛逆交织

高宗时期，继续维持着太宗建立的"天可汗"体系，唐朝国力也不断上升，不断有四夷内附。但是作为第一任"天可汗"的李世民本人也得到了番将们的敬服，而以后的唐朝皇帝令四夷敬畏的则仅是其皇权，而非其人。于是高宗即位后，四夷对高宗"天可汗"的共主地位并非敬服如对太宗一样。故有胡族内附，亦有番将作乱。

永徽二年（公元651年）爆发了唐代的第一次大规模番将叛乱。原为西突厥叶护的阿史那贺鲁虽然已贵为左骁卫大将军（与阿史那社尔相同的官职），却在听闻唐太宗驾崩后立即叛乱，拥众西遁，自立为"沙钵罗可汗"。一时间，西域诸国"亦多附隶"。当年七月，高宗拜番将契苾何力为弓月道行军大总管，统帅3万唐军与5万回纥兵讨伐贺鲁，重创之余却未能将其全歼；永徽六年，汉将程知节（即《说唐》里的程咬金）受命出征，结果无功而返；两年后，唐高宗决意"以番制番"，分遣两路大军作第三次讨伐，北路由番将回纥族的婆闰辅佐名将苏定方，统帅回纥兵向金山（阿尔泰山）进发；南道则是西突厥早年入朝的番将阿史那步真等人向西进发，"召集部众"。结果，北路回纥万骑大破贺鲁的10万突厥兵，南路大军所到之处，"番人皆相率归降曰：'我旧主也。'"。两路大军会师之后穷追至碎叶水，终于擒获贺鲁而平息叛乱。为继续笼络番将，对于贺鲁这样罪大恶极连自己都认为可杀的人，高宗"特诏免死"。

到了武后统治时期，为了谋夺帝位以及巩固即位后的政权，武则天的主要行政重心在内，盛开告密之门，任用酷吏消灭反对声音，以令士大夫皆有朝不保夕之感的恐怖政策，使其统治合法性得到承认；加之亲李唐势力相继起兵反抗，令唐廷政局陷入震荡，削弱了对边疆的统治。于是在"凡三十年，北方无戎马警"之后，从武后参与国政的高宗后期开始，东突厥与契丹的番将相继步阿史那贺鲁后尘，纷纷脱离朝廷控制并朝着叛逆转化。调露元年（公元679年），单于大都护府所统辖的突厥24州的番将同时叛唐，并在几年后重建汗国（即后东突厥汗国）；公元696年，契丹松漠府都督李尽忠、归诚州刺史孙万荣也以号称十万之众据营州（今辽宁朝阳）作乱。

此时，唐太祖、太宗时期的功臣宿将已相继凋零，武后只能更加倚重忠诚于自己的番将在战场上讨伐叛逆。从武则天实际掌握政权的光宅元年（公元684年）至长安四年（公元704年），武周政权在20年间用番将番兵作战就达20余次。对内，曾以黑齿常之为江南道大总管讨徐敬业之叛，对外，则先后用黑齿常之（百济人）、李多祚（靺鞨人）、阿史那忠节、西突厥十姓酋长等讨击突厥、吐蕃、铁勒、契丹、室韦等反叛部族，如用西突厥十姓部落兵击铁勒九姓，用六胡州（属朔方）稽胡精兵打契丹，用契丹降兵攻靺鞨等。

在这一时期，番将开始进入权力的核心地带，对于武则天政权的维系起了举足轻重的作用。天授元年（公元690年），侍御史傅游艺组织"百姓"上表劝进，"请改国号曰周，赐皇帝姓武氏"；但武则天却故作姿态，表示不愿当皇帝。直待番将阿史那斛瑟罗为首的诸番长以及百官等"俱上表如游艺所请"时，她才正式登基为大周"圣神皇帝"。

至于神龙元年（公元705年）正月，李唐社稷在中断20年之后正式得以复辟，也是直接依靠武则天身边的番将。在迫使武则天下台、中宗复位的宫廷政变中，就多亏了番将李多祚的坚决支持。唐代的多次宫廷政变，无论是在长安抑或是洛阳，多在宫城北门——玄武门发动，因此统帅北门卫兵的李多祚所领是个最敏感最要害的所在，在宰相张柬之的策动下，李多祚"不敢顾身及妻子"，毅然地同张柬之等发动了倒武政变，杀死武则天的男宠，并逼女帝传位太子。张柬之在对李多祚作策反工作时曾说过"国家废兴在将军"。事后，他被封为辽东郡王，从而打破了太宗以来异姓不封王的旧例，就足以说明在李唐的社稷再造中番将曾起过怎样的作用。

"诸道节度尽用胡人"

在经历了一系列宫廷政变之后，唐朝国力逐渐恢复。唐玄宗即位后，"及开元中，天子有吞四夷之志"。玄宗在位的 40 多年里，对北方突厥、东北契丹、奚、靺鞨、西面吐蕃和大食、西北突骑施等部，几乎未停止过征伐，番将在其中继续起着重要作用。至天宝元年（公元 742 年），大唐帝国达到了"天下声教所被之州三百三十一，羁縻之州八百"的顶峰，效力国家的番将自是其中重要的因素。

自唐朝立国以来，边疆地区的统帅都用忠厚名臣，都有一定的任期制，不久任，不遥领，不同区域也不兼任。及至开元中期，由于唐玄宗崇尚边功，开始出现边将久任的情况，有的任期达 10 余年不予调任。

尤其是在人称"口蜜腹剑"的李林甫为相（公元 736～753 年）期间，他为了巩固自己的权位，堵塞边帅入朝为相之路，避免给自己的权位造成威胁，就排斥汉人文官担任边帅，转而推荐番将独立担任边疆主帅。这是因为番将的文化程度低，不知书，入朝为相的可能性小，即使入朝为相，也会因文化、政务知识与能力的欠缺，不会对自己产生太大威胁。

李林甫向唐玄宗上奏说："文臣为将，怯当矢石，不若用寒畯胡人；胡人则勇决习战，寒族则孤立无党，陛下诚以恩洽其心，彼必能为朝廷尽死。"由于在此之前不久，有人诬告河西等四镇节度使王忠嗣欲拥兵尊奉太子，玄宗惊怒之下，将王忠嗣下狱，几乎将其处决，最后在哥舒翰的求情下做贬官处理。由此，唐玄宗深感边将与王公大臣有瓜葛颇为危险，自然欣赏李林甫的这个建议并采纳之，令"林甫专宠固位之谋"得逞一时。

十节度使威权甚重，至天宝年间节度使几乎囊括了边州的所有军、政、财、监等大权，既有土地，又有人民，又有甲兵，又有其财赋，俨然一方诸侯。在李林甫奏章的影响下，高仙芝、安禄山、哥舒翰、安思顺等番将相继出任节度使，几乎成为"诸道节度尽用胡人"的局面。尤其是身兼范阳、平卢、河东节度使的安禄山拥兵超过 18 万，担任陇右、河西节度使的哥舒翰拥兵近 15 万，两人麾下兵力几占天下 49 万镇兵之 2/3。所谓"哥舒翰统西方二师，安禄山统东北三师，践更之卒，俱授官名，郡县之积罄为禄秩"。一人身兼两镇甚至数镇节度使，是当时战争规模已非一镇所能应付，为了统一指挥权做出的安排。天宝八年，哥舒翰率兵攻打吐蕃，除了他麾下的河西、陇右兵，还有河东军和朔方军参战。而平卢本分自范阳，河西分自陇右，在安禄山和哥舒翰之前，一人兼领两镇已是旧例，并非特殊措施。

当然，唐玄宗、李林甫君臣政治斗争经验极为丰富，不可能眼睁睁看着藩镇坐大。前面提到的王忠嗣曾身兼四镇节度，但说下狱就下狱、说贬官就贬官，可见唐廷对节度使还是有相当的控制力。玄宗对安禄山用尽各种拉拢、怀柔手段，但安禄山却极为忌惮李林甫，知道自己的小心思瞒不过一代权相。天宝十年，玄宗让安禄山身兼第三个节度使，一时间东北战区长官位冠诸侯。但安禄山的老巢在范阳，平日坐镇河东的是节度副使吉温,此人乃玄宗朝著名酷吏,李林甫的左膀右臂。

但是,天宝十一年,朝廷依靠个人权术实施的制约随着李林甫本人的去世而消失,边帅中已然形成尾大不掉之势。

走向另一个极端

作为当时的两大军头,西平郡王哥舒翰与东平郡王安禄山是彻头彻尾的番将。哥舒翰是突厥族突骑施部下的哥舒部落人,其父亲哥舒道元曾任唐朝的安西副都护,驻守于阗,娶于阗王女为妻,所以其母亲出自于阗王族的尉迟氏。而安禄山一家的来源在史书并没有明确记载,从天宝八年(公元749年)所立《大唐博陵郡北岳恒山封安天王之铭》上安禄山以常乐为自家的郡望和邵说《代郭令公请雪安思顺表》所云安禄山"本实姓康"来看,其家原本可能是从河西走廊的常乐郡(瓜州)迁徙到突厥地区的康姓粟特人,其父亲娶突厥阿史德氏为妻,生安禄山,并为他娶了个地道的粟特名字,其"母后嫁胡将军安波注兄延偃",所以又冒姓安氏。由于粟特人与于阗人同属于印欧语系伊朗语族的东伊朗语分支,因此安禄山在一次宴会上对哥舒翰说,他的父亲是粟特胡人,母亲是突厥人,而哥舒翰的父亲是突厥人,母亲是于阗胡人,"族类颇同,何得不相亲"?结果哥舒翰回答:"古人云,狐向窟嗥叫最不吉祥,原因是其忘本。如果你能够与我相亲,我岂敢不尽心!"安禄山以为哥舒翰用"狐"字讥讽其胡人,顿时大怒,骂翰说:"你突厥种竟敢如此!"翰想要回骂,在场的大太监高力士以目阻之,两人遂不欢而散,从此积怨愈深。

这种状况对于皇帝来说却是一个十分理想的局面,天宝年间,玄宗一直在扶植东西两大军事集团让其互相牵制,自己居中驾驭。只不过,随着藩镇力量的扩张,中央势力的削弱,玄宗手里可打的牌越来越少。

李林甫死后,杨国忠拜相。安禄山很看不起这位依靠裙带关系上位的杨玉环堂兄,结果受到宰相杨国忠的打击。加上在军界又与哥舒翰交恶,使得安禄山陷于"孤立"地位,这成为"安史之乱"爆发的诱因,唐代的杜佑就认为"禄山称兵内侮,未必素蓄凶谋,是故地逼则势疑,力侔则乱起,事理不得不然也"。

历时8年的"安史之乱"带有强烈的番化色彩。安禄山大量任用番人为将兵,使得其军中胡汉混合,大将史思明为突厥人;孙孝哲、李怀仙为契丹人;阿史那承庆、阿史那从礼为突厥人;张孝忠、安忠志为奚人;达奚珣为鲜卑人;又"养同罗、降奚、契丹曳落河八千人为假子",安史叛军显然是以番将番兵为主力。这就使得唐廷对于番将的态度从盲目信任走向另一个极端,亦是唐朝后期皇帝宁愿让家奴也就是宦官来掌握军队的重要因素之一。

在平定"安史之乱"中立下赫赫战功的铁勒人仆固怀恩一门之中，死于王事者46人；为了借重吐蕃等少数民族的力量平叛，他的两个女儿都由唐肃宗做主，远嫁异域。即便如此，仆固怀恩仍然受到地方同僚的排挤构陷，无处容身，最后只能愤而投奔回鹘，进犯唐朝。连唐代宗也承认"怀恩不反，为左右所误耳"，却依旧坐视其被逼反，足见此时的番将已从朝廷的倚靠柱石变成了戒备对象。直至唐末，沙陀番将李国昌、李克用父子，虽然在懿宗时平定庞勋起义，僖宗时平定黄巢起义，昭宗时威慑凤翔、河中、邠宁三镇，维护昭宗的地位，为朝廷立下大功，但是唐室仍然对其不信任，在其未占领河东时对其多方讨伐，唐昭宗更是始终对李克用怀有严重的戒备心理，唯恐其变成安禄山第二。

具有讽刺意义的是，唐朝最后却并非亡于番将，而是为后梁太祖朱全忠所篡——此人先叛黄巢，后叛唐廷，名曰"全忠"，实全不忠。反而是番将李克用始终拒绝臣服后梁，继续沿用唐朝年号，其子李存勖攻灭后梁后更是俨然以唐裔自居，建号曰"唐"（史称后唐），开创了五代之中的沙陀三王朝（后唐、后晋、后汉）。

（作者：郭晔旻）

中国古代的秘书政治：万言万当，不如一默

秘书即辅助领导处理政务、撰写文书和办理其他交办事项的职务，这个职位在我国源远流长。商周时期的太史寮就是专门的秘书机构；秦统一后设御史大夫一职，"受公卿奏章，掌天下文书"，实际就是从事秘书工作；汉代有执行秘书职能的"文法吏"，履行撰写文书、保存档案、行使秘书等职能；到了南北朝时期，很多中央职能部门都设置"记室"，就相当于现在的秘书科，此时的秘书已经有了编制和职称；唐宋时期为加强中央集权，各个中央部门和地方政府不能再自行招募秘书，必须要由朝廷指派；到了明清时期，地方事务越来越多，指派的秘书已经不能满足需要，于是很多知府县令都聘请"师爷"，也就是私人秘书。

我国古代，如尚书令、主簿、中书郎、军中文书、中书舍人、翰林学士、知府幕宾等都可称之为秘书，他们为皇帝或官员起草文书、整理文件，并有提出意见的机会。其官职虽不是很大，但却非常重要，很多宰相等重臣都是从秘书岗位上起家的。回顾历史可以发现，秘书的贤佞甚至能左右一个朝代的兴亡。秘书除了要有好的文采，更重要的是，秘书一定要"讲政治"。

话多，抢风头，没有好下场

秘书常伴领导左右，知道的自然要比别人多，对领导的活动、行踪也最清楚。所以，秘书人员一定要有"保密"意识，切不可"大嘴巴"。

孔光是孔子第十四代孙，西汉成帝时的"秘书"。孔光"不言温室树"的典故被后世所称道。史书记载，孔光回家后从不与家人谈朝政中的事，就连家人问他长乐宫温室殿旁种的是什么树，他都拒不回答。保密是对秘书工作的基本需要，若是管不好自己的嘴巴，轻则丢官，重则丧命。

唐朝的冯涓因文章写得好而被时人所称颂。杜佑的孙子杜审权将要赴镇江担任镇海节度使时，找到冯涓，希望他同去镇江做他的秘书。当时杜审权的官职任命尚未正式下达，杜也只是私下征求冯的意见，且反复叮嘱冯涓千万不能告诉别人。冯涓告别杜审权出来后，被喜悦冲昏头脑，还是把此事告诉了朋友。杜审权看中冯涓

的才华，但没想到他竟如此浮躁浅薄，于是改变了纳冯涓为其秘书的决定。文章冠绝天下的冯涓终其一生仕途都没有什么发展，这恐怕就是他"大嘴巴"的代价吧。

张廷玉是清代雍正皇帝一直宠信的重臣，被称为"第一宣力大臣"。他在朝为官50余年，主要工作是担任皇帝的机要秘书，最主要的贡献是建立并完善了"奏折制度"和军机处的各项规章制度。雍正五年（1727年），张廷玉患小病，雍正对近侍说："朕连日来臂痛，你们知道吗？"近侍们吃惊地问缘故，雍正说："大学士张廷玉患病，非朕臂病而何？"张廷玉之所以为雍正所倚重，正由于他的"周敏勤慎"。在皇帝身边服务，担负的又是机要文字工作，张深知言多必失的道理，因而处处小心谨慎，办事十分细致周到。他极其认同"万言万当，不如一默"，并"终身诵之"。

秘书切忌因其才华而不收敛言行，目空一切，或者锋芒毕露，爱出风头，耍小聪明，这在历史上也是有前车之鉴的。

东汉末年的祢衡有过人的才气，刘表佩服其才学聘他为秘书，"文章言议，非衡不定"。祢衡恃才傲物，有一次刘表有份文件要起草，刚好祢衡外出，刘表便让其他秘书来写，几个秘书费了半天劲儿刚写好，祢衡回来一看就撕得粉碎，重写了一篇"辞义可观"的文章。文章虽好，却得罪了其他秘书。不久，刘表也忍受不了他的怪诞脾气，把他打发给黄祖当秘书。开始，祢衡深受黄祖赏识，黄祖曾拉着祢衡的手说："处士，此正得祖意，如祖腹中之所欲言也。"说明祢衡说出了黄祖想说又说不出来的话。但不久，祢衡傲慢的一面又开始显现，他不仅看不起其他人，还对"主管领导"出言不逊。黄祖以性情暴躁而闻名，一气之下就将他杀了。事后黄祖后悔不已，厚葬了祢衡，可又于事何补呢？

曹操杀杨修的故事很多人都知道，曹操奸诈多疑是杨修之死的主因，但据秘书史研究专家眭达明分析，杨修不适合做领导人的秘书，结局也可以说是"咎由自取"。作为秘书，杨修忘了自己的工作只是服从服务于领导，他处处出风头，卖弄自己的小聪明。比如曹操曾叫人建造花园，看了以后在花园的门上写了一"活"字。杨修看了，说：在门上写"活"，就是"阔"字，丞相是嫌门阔了。他竟不问曹操，擅自命人把门改窄。塞北送来一合酥，曹操在盒上写了"一合酥"三个字，杨修见了，便叫人把整盒酥吃了。曹操问他为何这样做，他答："盒上写明'一人一口酥'，丞相之命岂敢违反？"

若这些谜底由曹操本人揭开，一定会得到部下的佩服和尊敬，曹操或许希望通过这些"小动作"进一步提高自己的威望，巩固自己的地位。杨修只顾自己出风头，全然没有考虑曹操的感受，曹操当然很不爽。杨修的另一些行为就更有点儿聪明过头了，比如曹操将由汉中撤军，犹豫不决，而杨修仅凭着对曹操一个"教令""鸡肋"

一词的猜测，就擅自收拾行装，准备归程，这就已经扰乱了军心。此外他向已被曹操疏远的曹植多次泄露"魏王的训诲"，就更犯了秘书的大忌，从而引来杀身之祸。

好秘书要敢于"忠言逆耳"

秘书确实是要服务于领导，谨言慎行，但作为一个好的秘书，绝不能只会阿谀奉承，一味讨领导欢心。若发现领导有错误和过失，秘书应及时劝谏，以避免领导在错误的道路上越走越远。

北魏太武帝拓跋焘的秘书古弼以正直、不怕得罪皇帝而闻名。公元444年春，古弼接到了一封上谷地区（今河北张家口一带）的百姓来信，反映皇家的上谷苑囿占地太多，老百姓都无田耕种了，希望朝廷减掉大半分给贫民耕种。面对上谷百姓的合理诉求，古弼心急如焚，眼看临近春耕时节，他不敢怠慢，揣着奏折，急匆匆跑进宫。拓跋焘与给事中刘树下围棋，正在兴头上，古弼进来，拓跋焘就像没有看到一样。古弼在旁边坐了很久，也没有获得奏事的机会。古弼火了，突然站起来，一把揪住刘树的头发，把他拉下胡床（矮凳子），紧接着一手拽住刘树的耳朵，一手攥成拳头打他的后背，并且边打边骂："国家的事情没有治理好，都是你这小子的罪过！"拓跋焘十分尴尬，丢下手中的棋子说："没有听你奏事，错误在我。刘树有什么罪过？快把他给放了。"古弼这才放过刘树，把事情奏给皇帝听。皇帝答应了古弼的请求，顺应民意，把上谷苑的一半土地分给了贫民。事后，古弼觉得自己的举动过于失礼，于是光头赤脚到官署里去请罪。拓跋焘知道了，便把他召去，对他说："先生何罪之有？快把帽子戴上，把鞋穿上吧！今后，只要是利国利民的事，即使造次越礼，你也要去做，不要有什么顾虑！"

还有一次，拓跋焘要去河西打猎，让古弼留守京城。他给古弼发了一道命令，要他把肥壮的马送去供其打猎，古弼却尽送一些老弱马去河西。拓跋焘气得大骂，要杀掉古弼。古弼听了却平静地说："我不让皇帝沉迷于游猎之中，如果有罪过的话，我想这个罪也是小的。如果不考虑国家的安危，而使军国乏用，这个罪才是大的。现在柔然人还十分强大，经常来骚扰我国边境，南朝的宋国也还没有消灭，我把肥壮的马供军队使用，安排老弱的马让皇帝打猎，这是为国家大业着想，如果为此而死，我又有什么伤心的呢！"皇帝听到这些话后叹服道："有臣如此，国之宝也！"

"忠言逆耳利于行"，领导若拥有并能接纳一个像魏徵或古弼这样的秘书，把错误消灭在萌芽状态，何其幸也。但若秘书专挑领导喜欢的话说，投领导所好，虽可受宠一时，却终会害人害己。

梁武帝精通《五经》，在听朱异讲述了《孝经》和《周易》后，对左右说："朱异实异。"他任命朱异担任中书通事舍人，官职相当于高级秘书。朱异是很精明很有能力的人，他深知梁武帝喜欢听花言巧语，于是一味阿谀奉承，凡事都看他的脸色办理，甚至明知不对，也不劝谏，只要是皇帝高兴的、决定了的事，即使错误，他也百分之百地执行。这虽使他深受梁武帝的宠信，却给国家招来了一场大祸——侯景之乱。

当初若没有梁武帝接受侯景的投奔，当然就不会有日后侯景的叛乱。侯景来投降梁武帝时，梁武帝曾与群臣商议。群臣大多认为不能接纳侯景，理由是侯景是个"翻覆叛臣"，接受他"终当乱国"，其次梁朝和东魏是冤家对头，现在关系刚刚有所改善，接纳侯景势必会与东魏大动干戈。

恰巧此时，梁武帝做了一个"中原尽平，举朝称庆"的梦，还沉醉在梦中的梁武帝得知侯景投奔的消息，觉得这正是他完成中兴的机会。但群臣的反对使他十分矛盾，难下决心，于是把这个梦告诉了朱异，还跟他说："吾生平少梦，梦必有实。"根据梁朝当时日益衰弱的状况，朱异心里十分清楚，甭说统一中原，就是自保都勉为其难。但为了哄梁武帝高兴，他溜须拍马道："这是国家统一的征兆。"一个遗患无穷的错误决定就这样产生了。

人遗子孙以财，我遗之以清白

历朝历代的官场上经常出现秘书同领导一荣俱荣、一损俱损的局面。秘书的命运同他们服务的官员的利益密切交织在一起。一个领导倒下，一帮秘书进去；而一个秘书出事，也就往往预示一个领导将要倒下。领导借秘书之手做自己不能做、不敢做的事儿；秘书也正好利用自己的特殊地位和身份为领导出谋划策，并从中为自己分一杯羹。秘书人员能守住清廉，并会正确使用自己手中的权力是至关重要的。

孔光作为皇帝的秘书，经常会向皇帝推荐人才。但他每次荐举人才，都唯恐被荐举者得知，被荐举者不知是何人推荐，自然也就不用"知恩图报"，从根本上杜绝了公事私谢。孔光身处其位，也会有很多跑官要官者求他，他是什么态度呢？凡找上门来的，不管是自己的弟子还是朋友，一概不予推荐，以至于很多人因此结怨于他。孔光负责中央机要事务10多年，两度出任宰相，死后也备享哀荣。

东晋时期的吴隐之曾做过谢石的秘书。两晋时期官场腐败成风，而谢石又以聚敛无度闻名，作为秘书的吴隐之却能做到清廉自守，以至于女儿出嫁时，要靠卖狗的钱来做嫁资。在谢石手下做秘书，但凡"活络"一点儿，也不至于此。吴隐之后来到广州做刺史，也是"喝贪泉而不贪"，从而转变了广州一带的官风。

在南朝时代做秘书的徐勉也是勤政清廉、慎用权力的典型。徐勉十分勤政，加之工作繁忙，往往要隔几十天才能回家一次，连他家养的狗都不认识他了，每次见他回来都要狂吠。徐勉既感到好笑，又觉得无奈，感叹道："我死后，如果有人写我的传记，群犬惊吠倒是件值得一记的事。"徐勉做了吏部尚书，掌握了官吏的任免大权之后，好多亲戚故旧都跑来巴结，有的甚至直接伸手要官。对这些来人，徐勉告诫他们："今夕止可谈风月，不宜及公事。"徐勉一生十分清廉，一些人便劝他经营产业赚点儿钱，为子孙后代着想。徐勉回答说："人遗子孙以财，我遗之以清白。"子孙有能力，不用我给他们留也能致富；子孙若无能，我给留下再多的钱财都没用。徐勉把人格风范传给子女，这对今天某些不知教子、只知敛财的官员是有所启示的。

孔光、吴隐之、徐勉等人做秘书期间，虽手握大权但不滥权，不仅履行了职责，还能"出淤泥而不染"，赢得生前身后之名，其境界是那些抱着"权力不用，过期作废"心态的官员远不能及的。

（作者：黄金生）

参考资料：

[1]眭达明.秘书政治——中国古代中国高级秘书[M].南昌：江西人民出版社，2007.

[2]眭达明.好秘书的榜样力量[J].决策，2010（02）.

[3]完颜绍元.古代秘书制度演变[J].决策，2010（02）.

"大宋第一伯乐"欧阳修举荐了多少人才？

> 奖引后进，如恐不及，赏识之下，率为闻人。
>
> ——《宋史·欧阳修传》

称欧阳修为"千古伯乐"，最早可追溯到脱脱编修的《宋史》，惊才绝艳如苏轼、文学成就如曾巩等不世出的大才，统统都是欧阳修的门生故吏。

那么，欧阳修究竟举荐了多少人才？

偏科的苏轼

苏轼的文学基础来自父亲苏洵的家学。苏洵在自己科举屡屡落败后，将经世致用的希望寄托于儿子苏轼、苏辙身上，在《上张侍郎第一书》中回忆了其对二子的教育："始学声律，既成，以为不足尽力于其间，读孟、韩文，一见以为可作。"

苏轼自幼便接受了策、论类文章的教育，父亲苏洵认为时文"好奇而务深""虚浮不实"，倡导"文贵自然""有所不能自已而作"，这与当时正在酝酿的北宋诗文革新运动暗和。所以，苏轼年少时接受的教育恰恰跟随了文学变革的脚步，使得他在日后的科举考场上，受到了欧阳修的关注。

关于欧阳修与苏轼，多年来一直盛传，苏轼殿试考了第一，但因为欧阳修误认为这是自己门生曾巩所写，为了避免徇私，将此文的真实作者苏轼降为第二。然而，如果我们深入去看曾巩和苏轼的文章，会发现这种说法破绽颇多。相反，真实的情况，可能会更令我们意识到欧阳修对苏轼的知遇之恩。

宋仁宗嘉祐年间，考生在殿试阶段几乎不会再落榜，只是用来决定最终名次，所以，省试在宋代科举中才是最重要环节。按《宋史》载，宋代省试"凡进士，试诗、赋、论各一首，策五道，帖《论语》十帖，对《春秋》或《礼记》墨义十条"。到了宋仁宗宝元年间，在李淑的建议下，又改成了："先策，次论，次赋及诗，次帖经、墨义，而敕有司并试四场，通较工拙，毋以一场得失为去留。"

也就是说，在进士科举考试中，并非单单考一科，而是综合策、论、赋、帖经

（墨义）四科的总成绩，进行综合排名，苏轼斩获第二的《刑赏忠厚之至论》，也仅仅是其中的一个科目而已。

事实上，苏轼的《刑赏忠厚之至论》与曾巩《刑赏论》稳健的行文风格有着霄壤之别，曾巩不喜堆砌辞藻，不喜旁征博引，甚至很少提纲挈领地对文章做出总结，文风朴素。而苏轼的文章一改五代宋初以来的浮靡艰涩之风，行文平易晓畅，用典炫技颇多。

此外，在当年的科举考试中，苏轼的用典也存在着很大问题。

在苏轼文章中所引用到的《诗·小雅·巧言》中，苏轼写道："君子如祉，乱庶遄已；君子如怒，乱庶遄沮。"

但翻开原文，其实是："君子如怒，乱庶遄沮；君子如祉，乱庶遄已。"也就是说，苏轼把原文记混了。

这还不算，在文中所引用的尧帝三阻皋陶判刑的典故中，完全是苏轼瞎编的："当尧之时，皋陶为士。将杀人，皋陶曰'杀之'三，尧曰'宥之'三。"

苏轼在短短600多字的文章中用典频频出错，但行文、观点、论述却皆是顶尖，这让当时的主考官欧阳修纠结不已，他的"伯乐"能力也让他做了比较突破的选择——给到才华横溢的苏轼以第二名的成绩。

放榜之后，欧阳修专程去问苏轼，他文中提到的"尧曰宥之三"的典故出自哪里，结果，苏轼给了欧阳修一个十分潇洒的回答："想当然耳，何必须要有出处。"

这种级别的考试，苏轼敢瞎编典故，也幸亏是遇到了脾气好又爱才的欧阳修，到底也没有和他计较，苏轼也从此顺利踏上仕途。

从最后的授予官职来看，苏轼的总成绩并不出彩，甚至处于殿试考生的中下水平：北宋的殿试成绩从一甲即为甲科，二至五甲为乙科或丙科，不同的成绩对应的是不同的授官职位。苏轼的最终殿试成绩为进士乙科，试后授官县主簿，处于最基层。

在四科考试中的《春秋》对义中，苏轼考了第一，后来的《刑赏忠厚之至论》又得了第二，但总成绩失常如此，可见其余两科发挥之差，如果没有伯乐欧阳修在省试中将苏轼的文章定为第二，或许苏轼当年科举名落孙山也犹未可知。

曾巩的漫漫科举路

在苏轼的同届考生中，时年39岁的曾巩可谓一路坎坷。

论及出身以及家庭底蕴，曾巩并不比苏轼逊色。曾巩家族世代为学者，祖父曾致尧，曾任尚书户部郎中，而父亲曾易占，也是太常博士出身，曾任临州尉、知监等。曾巩遗传了家庭的良好基因，天资聪慧、记忆超群，幼时读诗书，脱口能吟诵，与兄长曾晔一道，勤学苦读，早在其12岁时，就尝试写过科举《六论》。

可偏偏生不逢时，曾巩年轻时的科举考试里，华丽的文风以及剑走偏锋的奇诡论述往往能博得考官青睐，很明显，这并不是曾巩所擅长的。

在公元1037～1056年的将近20年间，曾巩参加的两次科举都以落第告终，突如其来的家庭变故又让曾巩背负起了沉重的负担。但好在，这期间曾巩认识了改变自己一生的伯乐欧阳修，成了欧阳修的门生。

曾巩与欧阳修认识得很早，是在曾巩第一次进京考试之后，当时的欧阳修是馆阁校勘。曾巩对于崇好古文的欧阳修向来仰慕，借助这次进京赶考的机会，曾巩给欧阳修写了第一封信《上欧阳学士第一书》，在信中，曾巩希望欧阳修能够了解到自己的志向，并且希望欧阳修可以收自己入门。

对于不第的曾巩，欧阳修并没有任何的轻视，收到曾巩的信件后，欧阳修被信件内容以及后来的《时务策》打动了。欧阳修发现，这位声明不显的曾巩，不过是因为擅长策论而轻于盛行一时的科举时文罢了。

发现曾巩是一位不可多得的人才，欧阳修很快回复曾巩，并称其为"其大者固已魁垒，其于小者亦可以中尺度"，并写了《送曾巩秀才序》，为曾巩的屡试不第叫屈，从此将曾巩收入门下，悉心栽培。

即便曾巩是个高龄落榜生，欧阳修也对他做出了极高的评价："过吾门者百千人，独于得生为喜。"

虽然多次名落孙山，但在欧阳修的极力扶持下，曾巩并没有因此放弃仕途，终于在嘉祐二年（公元1057年）以39岁高龄中了进士。入仕之后，经过欧阳修的举荐，曾巩就任于馆阁校勘，欧阳修对于文学的见解深深影响了曾巩，师徒二人的文章具备的纪实性、崇尚实学、反对形式主义的文风，也深深影响了北宋中后期的科举考场。

终其一生，欧阳修都在以自己的方式栽培曾巩，而曾巩除了作为北宋诗文革新运动的积极参与者、宋代新古文运动的骨干以外，处理政务风格务实、细致，愿意深入基层调查了解工作，无论是在中央还是地方齐州、越州、洪州都留下了美名，这也是曾巩对于务实主义者欧阳修提携之恩的最好回馈。

星光熠熠的科举第一榜

嘉祐二年（公元1057年），对于进东京汴梁赶考的众多学子来说，这不是一个好年份。

如果不小心参加了这一年的科举考试，那就避不开一件事——崇尚古文运动，并遇到向来反对北宋前期以诗赋取士的考试标准的主考官欧阳修。

在《六一诗话》中，欧阳修宣示了他对过往科举考试的看法："自科场用赋取人，进士不复留意于诗。故绝无可称者。"而担任当年主考官的欧阳修，自然大刀阔斧地对考试内容进行了改革。

这个改革在当时引起了轩然大波，却被后世称为"千年科举第一榜"，大名鼎鼎的苏轼、曾巩正是这场改革的受益者。

欧阳修担任主考的嘉祐二年，苏轼、曾巩只不过是当年科考的一个侧影。当年科举各科共录取了899人，其中进士388人，在这一大群人中，对后世造成巨大影响的就有10多人，除了上文提及的苏轼与曾巩，这份进士名单还有苏辙、张载、程颢、程颐、曾布、吕惠卿、章惇、王韶……

这些榜上有名的人又达成了什么成就？

王安石变法骨干：章惇、吕惠卿、曾布，对当时社会发展以及后世借鉴有极大参考意义。

关学：由张载创始，以《易》为宗，以《中庸》为体，以《礼》为用，以孔、孟为法。他提出了以"气"为本的宇宙论和本体论哲学思想。

洛学：以程颢、程颐兄弟提出，以儒学为核心，并将佛、道渗透于其中，旨在从哲学上思辨"天理"与"人欲"，主导两宋交际的哲学思想。

蜀学：由"三苏"父子创立的儒学派别，在经学方面颇有造诣。

此外，当届科举还出了9名宰执，文官出身的王韶甚至主导了宋夏之间的熙河大捷。嘉祐二年，由欧阳修主持的科举考试，无论从含金量还是影响力，在这千年的科举史中，可称得上巅峰时代。

"门生故吏满天下"的名士在历史上并不少见，但论及质量，首推的还当是欧阳修。

欧阳修是个务实主义者，这从他的文章风格就可窥探几分。欧阳修的思想讲究文道并重，讲究写实性和实践性，也一直倡导诗文革新。欧阳修极力反对五代宋初的夸张虚浮的文风，他认为，自五代到当世的文学作品修饰浮夸、辞藻过于华丽而言之无物。

欧阳修的思想在他主持的科举考试中体现得淋漓尽致——言简意赅、言之有物、注重实学，因此，务实的欧阳修也为宋廷筛选出一大批人才，而在欧阳修之后，他的思想仍然在两宋科举中因袭，影响深远。

慧眼独具的欧阳修既能识才爱才，又能不计亲疏举才荐才，"千古伯乐"的美称于他而言，应当是实至名归。

（作者：湘桥蓬蒿人）

北宋第一名将的巅峰即悲剧

在中国历史上的各代王朝里,宋朝在军事上的"积弱"显得非常突出。耐人寻味的是,一如"江山代有才人出"之说,宋代又绝不缺乏将才,从"杨家将"到"岳家军",诚可谓将星如云。

至于宋仁宗时代的狄青,亦是名将群体中不容忽视的一员……

以文驭武

宋朝建立之后,宋太祖赵匡胤迫不及待地以"杯酒释兵权"的手段削夺了武将的兵权。随后更将"重文抑武"确立为国策——赵匡胤登基不久即扩修儒家先圣祠庙,亲自为孔子作赞文,并率群臣拜谒孔庙。

由于科举取士成了获取功名的主要途径,此消彼长之下,所谓武人的地位自然越来越低,完全成了文人的配角。即便有着平灭南唐大功的大将曹彬,以堂堂枢密使(相当于国防部长)之高位,他每次在路上碰到士大夫的车马也得让道,所谓"必引车避之"。

北宋皇祐四年(公元1052年)四月,广源州(北宋广南西路管辖下的羁縻州)的侬氏部族首领侬智高率众5000武装反宋。五月,侬智高攻占守备空虚的重镇邕州(今广西南宁),建立"大南国",自称"仁惠皇帝",改元"启历"。侬军以势如破竹之势直达整个岭南地区的中心城市广州城下。

宋廷多次调兵遣将进剿,问题在于,对儒臣来说,"军旅之事,非所任也"。于是,面对这个并不算强的敌手(侬军最多时也不过5万人左右),宋朝的军事体制弊端彻底暴露。从夏天到初秋,宋军连战不利,望风溃逃,令侬智高的气焰更盛。眼看战事发展下去,"不惟岭南非陛下有,则荆湖江南皆可忧矣",上任不过3个月的枢密副使狄青自告奋勇,上表请行:"我本行伍出身,除征战而外无以报国,愿率禁军并蕃骑数百,活捉侬智高献于阙下。"

狄青南征

有道是"闻鼙鼓而思良将",此时也的确该轮到狄青上场了。

狄青,字汉臣,出生于民风强悍的河东汾阳(今属山西)。他的早年经历在史书记载很少,有说法就说其被"逮罪入京,窜名赤籍",能够确定的是,狄青年轻时即投身军伍,做一名小卒。仁宗年间,西北一带党项族领袖元昊称帝,建立西夏,与宋王朝分庭抗礼,由此爆发了大规模的宋夏战争。这场战争,给狄青提供了施展军事才能的机会。据宋人记载,他是以下级武官的身份来到西北前线的。

在与夏军的交战中,狄青参加了大大小小25次战斗,被流矢射中过8次。每次上阵,他都披散着头发,戴着铜面具,出入于敌阵的千军万马之中,所向披靡,无人敢撄其锋。狄青在战场上屡立战功,逐渐获得升迁,到元昊称臣,宋夏战事暂告段落的时候,狄青已成为知名大将,天下"耸然畏慕之"。到了皇祐四年,狄青因功勋颇著,升任枢密副使。按宋朝制度,中书门下与枢密院,号称宋廷的文武二府。狄青荣升为直接供事于皇帝的枢密副使,也使他真正成为名声显赫的朝廷命官。

但狄青出现在这个朝廷上,显得格外扎眼——他的脸上刺着字。《水浒传》里的林冲、宋江,发配之时都在脸上刺字,因此也被叫作"贼配军",可见"刺字"在当时不是什么光彩的事情。

偏偏宋朝承袭五代旧制,规定士卒(当时叫作"赤老")要像被处刑的罪犯那样,在脸上刺字以防止逃跑。狄青起自低微,脸上当然一直留有当兵时在脸上刺字的印迹。他做了官以后,宋仁宗特别指示他敷药把脸上的黑字除掉。这算得上是一个莫大的恩典,证明了皇帝对狄青的关爱和重视。狄青却指着自己的脸回奏道:"陛下按功劳提拔了臣,而不管臣的出身门第。臣所以有今天,也是由于这张被刺字的脸,臣愿意留着它来鼓励部队的人多立战功,请原谅臣不奉诏除掉它。"仁宗遂任其自便。这段对话向来被视为"英雄莫论出处"的一个范例。但反过来,这也说明在宋仁宗心目中,脸上刺字与行伍出身等同下层社会的标记。上行而下效,当时宋代社会鄙夷"赤老"的心态,自然也是不问可知的了。

然而,真到了"侬智高之乱"搞得宋朝举国骚动之时,脸上刺字的狄青又成了宋仁宗手里的最后一张王牌。皇祐四年(公元1052年)九月,宋廷任命"素名善将"的狄青统率精锐的"西军"南下征讨。为了打胜这一仗,仁宗下了最大的决心。狄青领兵号称20万,麾下文武将佐多达231人,杨家将的成员,杨老令公的孙子杨文广就是他的先锋。更重要的是,宋仁宗采纳了曾在西北前线担任过方面军指挥官的宰相庞籍的建议,允许狄青"以武人为大帅",广南诸军都受其统一节制。当然,从事后的做法看，宋廷此次打破"将从中御"惯例之举，绝不意味着放弃了"以文驭武"的祖宗成例，而实在是形势所逼下不得已而为之的权宜之计。

先前宋廷派出的征讨侬智高的文官将帅在接到命令后大都是"六七日"即驰至广州，一遇侬智高军队，又立即驱使快速行军后的疲惫之师上阵。加上广西气候本就对宋兵不利，北方兵丁不服岭南水土，乍然来到广西，"不待戈矛之及，矢石之交，自相疾疫而死"。军事经验丰富的狄青的做法恰好与此相反。一切准备就绪后，十月初狄青才率军启行，第二年正月到达宾州（今广西宾阳县南），后又按兵不动达13天之久，让疲惫的士卒得以充分休整恢复体力。

对于狄青的按兵不动，缺少战争经验的侬智高却以为宋军胆怯而不以为备。有人提出警告，"宜遣兵守昆仑关，勿使度险。俟其兵疲食尽，击之无不胜者"。按汉字的古义，"昆"是"高"的意思，"仑"则具有屈曲盘结的状貌。昆仑关就坐落在大明山余脉昆仑山与领兵山之间的山峡之中。在古代，由北通向南宁的主要通道就从此经过。从昆仑关往南50多公里即可抵达南宁。因此，以地理位置而论，昆仑关实在是南宁的北路门户。可惜已成骄兵的侬智高还是没有将其放在心上。

谁知，到了上元节（正月十五）这一天，狄青命令士卒休息5天，大设灯烛，第一夜宴请将佐，第二夜宴请从军官，第三夜宴请军校。头天晚上，通宵乐饮，第二天夜里一直喧闹到半夜，狄青忽然说自己得病了，于是回房间休息，却让大家继续喝酒。到了天明，哨兵却来报告：狄青元帅已夺取了昆仑关。

原来，这天晚上，风雨交加。狄青趁侬军无备，率兵一举偷渡昆仑关。待到宋军逼近邕州时，侬智高方才发觉。两军遂在地势较为平坦的归仁辅展开决战。侬军战法，每两人持枪奋勇前进杀敌，又一人持牌掩护，"众进如堵，弓矢莫能加，久为南患"。因此，在正兵相持阶段，宋军打得相当艰苦。说来有趣，如何应对北方民族擅长的马战，一直是令宋廷头痛的事。面对北方以骑战见长的辽、西夏军队，宋人总有无可奈何之感。但面对没有骑兵的侬军，狄青从西北前线带来的"蕃落骑兵"，就成了出奇制胜的"秘密武器"。这支骑兵从敌后分两路掩杀过来，对侬军阵地来往冲突，终于奠定胜局。感觉大势已去，侬智高只能烧毁邕州城池逃走，狄青率兵追击50里，斩首数千级，生擒500余人。这场迁延逾年的战事，不到一个月就被狄青平息了。

"我少一进士及第耳"

然而，平定侬智高之乱，既是狄青人生的巅峰，也是一代名将悲剧的开始。宋军班师回朝后，朝廷自然要论功行赏。由于狄青本身就是枢密副使，已经是官位显赫,为表彰狄青此次平乱的功劳,宋仁宗便要提拔其为枢密使。

谁知,激烈反对这个主意的,恰恰是当初全力支持狄青出兵征讨侬智高且为之免去掣肘的宰相庞籍。此人"变脸"的理由也很简单,宋太祖手下的大将曹彬纵有灭南唐擒李煜的大功,也并未马上因此得到枢密使的官位,而只是"赐钱二十万缗而已"。现在狄青平侬智高之功不及曹彬,若用其为枢密使,则其"名位极矣",万一今后更立大功,"欲以何官赏之"?仁宗一听,只得作罢,只赐了狄青一套高级住宅——敦教坊第一区,另外他的两个儿子因从军立了战功,也与其他官员一样升了官。

按说此事就这样了结了。谁知参知政事梁适为狄青力争。这倒不是他仗义执言,而只是在为自己考虑。狄青若是当了枢密使,虽目前官位比梁适高,但相位有缺,武臣是递补不上去的,能升迁拜相的只能是梁参政本人了。在他的劝说下,仁宗又改了主意,提升狄青为枢密使。这的确是殊荣。因为在宋仁宗一朝,共有29人曾担任枢密使,而狄青是唯一一位由行伍起家的武将升任枢密使的。

但这个决定与捅了马蜂窝实在没啥区别。当出身"赤老(士卒)"的狄青最终进入枢府后,还是遭到了朝臣们的蔑视,他竟被贬呼为"赤枢"。究其原因,狄青行伍出身的卑微身份固是"原罪"。而狄青此前的官场经历,亦有取祸之道。早年在西北前线时,狄青就一度牵扯进军中财务官司,只是由于战事吃紧,加上上司尹洙极力辩护,才幸运躲过一劫。而在随后的"水洛城事件"里,宋廷西北前线的军政官员们围绕是否建立"水洛城"发生了严重分裂——范仲淹是筑城派,韩琦是弃城派。

而狄青正处于风暴中央——他带兵将刘沪、董士廉这两位筑城的高官,送进监狱关了将近1个月。虽说他是奉尹洙之命行事,但在文官眼里,难免成为"武人跋扈"的例证,多少还有反水范仲淹投靠韩琦之嫌。范仲淹高风亮节当然不会和狄青计较,但是他的同僚和朋友对狄青怕是观感不佳。至于此番上位枢密使,更有与梁适合谋结党营私之嫌,结果狄青就此竟变得为整个士大夫阵营所不容。

被欧阳修称为"社稷之臣",号称贤相的韩琦就是个中典型。早年在西北前线时,陕西经略判官尹洙,知道狄青的军事素质好,便把他推荐给副使韩琦和范仲淹,郑重地说:"这是个良将的材料啊!"韩、范二人见了他,也认为是个奇才,都对他很优厚。从这个角度上说,韩琦大概还能算是狄青的伯乐之一。自然,狄青对韩琦也非常谦恭礼让,即使在官拜枢密使,与韩琦官阶相当后也是如此。他每次到韩府,"必拜于庙廷之下,入拜夫人甚恭,以郎君之礼侍其子弟"。

反过来,韩琦对狄青,那可说是非常之不客气,竟至于到了以羞辱狄青为乐的地步。宋人笔记记载,有一次,韩琦出镇定州路时,狄青恰担任总管。正好狄青的旧部焦用带兵路过，狄青便请他一起喝酒。恰好此时有部下上告焦用克扣军饷，韩琦便下令逮捕焦用，准备处决。这当然算是在整饬军纪，但严格说起来，焦用也罪不至死。狄青得知以后赶去捞人，口口声声"焦用有军功，好儿"。结果韩琦嗤之以鼻，反而来了一句，在"东华门外以状元唱出者"才是"好儿"，焦用算什么东西！这就是北宋士大夫们的真实想法，武将及兵卒在他们眼里的地位那是非常低贱的，无论打过多少仗，杀过多少敌人，都没有用。只有高中状元者，才是真正的英雄！

结果，韩琦居然当着狄青的面，杀死了一位立有战功的军官。这样的小题大做就是在"杀鸡儆猴"，警告狄青，并公开宣示对武将的鄙弃，对军功的不屑，以及文臣对武将生杀予夺的权力。除了焦用被杀冤枉之外，连韩琦养的家妓都敢当着狄青的面戏谑其为"斑儿"（因脸有刺字）。饱受戏弄、羞辱的狄青，对此竟然也无可奈何。武人固有的卑微地位在文臣面前暴露无遗。

狄青曾为此感叹："韩枢密功业官职与我一般，我少一进士及第耳。"

"无他，朝廷疑尔"

缺少进士"文凭"的狄青，固然得不到士大夫们的认同，却偏偏在平民百姓和兵卒中的人气相当高。京师的百姓对其极为推崇，"诵咏其材武。青每出入，辄聚观之，至壅路不得行"。广大士兵更将从士兵到元帅都将的狄青看作心中的英雄，对外人夸耀，甚至每次拿到军饷，都说成是"狄家爷爷所赐"。

这就更加犯了朝廷的大忌讳——在文官集团（仁宗一朝录取进士近万人，约为终唐一朝总数的两倍多，文官政治也在当时达到顶峰）看来，狄青的存在不仅影响到了苦心营造出的"重文轻武"风气，而且其在军中过高的威望还可能威胁到赵宋王朝的安全。

不难想见，对狄青不利的流言蜚语应运而生。譬如，有人声称看见狄家的狗长出角来；又有人将狄青与废唐建梁的"乱臣贼子"朱温相联系，称发现狄家宅院在夜晚常发出奇光，而这种光亮恰与当年朱温称帝前的情景惊人的相似；又有人举报，京师发大水时，官民住宅地势低的，都到各寺庙避水，狄青把家人迁到大相国寺，在"殿"上起居……狄青担任枢密使4年，其任上所作所为的正面记载几乎在史书中绝迹，倒是猜忌、责难与诽谤，像股旋风似的一齐扑了过来。

待到舆论准备得差不多时，士大夫们就赤膊上阵要求罢免狄青了。嘉祐元年（公元1056年）正月，宋仁宗生了一场病，后来慢慢得到康复。知制诰刘敞便借机上书，危言耸听，"天下有大忧者，又有大可疑者，今上体平复，大忧者去矣，而大疑者尚存"，毫无理由地将狄青当作北宋朝廷最大的威胁。殿中侍御史吕景初也跳了出来，"天象谪见，妖人讹言，权臣有虚声，为兵众所附，中外为之恟恟"。既是权臣，又"为兵众所附"，这指的自然就是枢密使狄青了。

令人感到意外的是，在一片"倒狄"合唱中，声音最响亮的那位仁兄，居然是欧阳修。他是宋初文坛领袖，也曾参与过范仲淹推行的"庆历新政"，从任何意义上讲，欧阳修都不是一个"奸臣"。他与狄青也没有个人恩怨——当年狄青数次犯错误，比方说"水洛城案"，他还为狄青说过好话——只是"对事不对人"，"为国家消未萌之患"，唯恐出现第二个"黄袍加身"的人夺了大宋的天下。

同样有些可笑的是，欧阳修上书请罢狄青，洋洋数千言，竟然举不出一条得力罪证，反而承认狄青任枢密使以来，"未见过失"。那么还有什么理由罢免狄青呢？当年正好发了水灾，于是欧阳修决定假托虚妄的阴阳五行说，让狄青为此背锅："水者，阴也。兵亦阴也，武臣亦阴也，以此类推而易见者。天之谴告，苟不虚发。"这段话翻译过来的意思就是，发大水就是老天爷因狄青任官而显示的征兆。这个理由简直让人不敢相信居然是出自"唐宋八大家"之一的欧阳修之口。唯一可以确定的是，作为《新唐书》的作者，欧阳修显然没有把武则天时期酷吏来俊臣罗织罪名的本事学到家。

相比之下，当时担任宰相的文彦博罢免狄青的逻辑就显得简单明了了许多。在他请罢狄青时，宋仁宗回答，狄青是忠臣。文彦博立即反驳："太祖岂非周世宗忠臣？"确实如此。赵匡胤在周世宗柴荣在世时，哪里露出过半点儿"谋逆"的迹象？最后还不是搞出了"陈桥兵变"，夺了后周的天下！

这番话本是"欲加之罪何患无辞"，但在宋仁宗听来，却又是那么有理有据令人信服。在众多大臣再三参奏之下，他对狄青的信任动摇了，终于同意将其枢密使一职罢免，并将狄青调往外地去做官。

嘉祐元年八月，仅仅做了4年枢密使、没有犯任何错误的狄青终于被罢官，以护国军节度使、同中书门下平章事出任陈州（今属河南）知州。自狄青之后，终北宋之世，再也没有武将能够入主枢密院。

而临行前，文彦博的一番话却足够给狄青造成无尽的恐慌。狄青向文彦博问起为何被外放，文彦博简洁明了地回答："无他，朝廷疑尔！"在封建时代，任何人都清楚，自己被朝廷怀疑的话还会有好下场吗？行前，狄青内心万分悲楚，无限伤感地对人说："青此行必死。"更有甚者，在狄青无辜被贬至陈州之后，根据文彦博的建议，朝廷仍然每月两次派遣使者前往陈州抚问狄青，名为抚问，实则为监视。这时的狄青已被流言蜚语搞得惶惶不安，每次使者到来他都要"惊疑终日"，当年那"金戈铁马，气吞万里如虎"的一代骁将，其威武英姿早已不复存在。

不过半年之后的嘉祐二年（公元 1057 年）三月，可怜大将狄青，没有死在敌人的利刃之下，却不堪自己人的猜疑、打击和迫害，郁郁而终，享年还不到 50 岁。狄青的悲剧命运，实在是那个时代的必然。

（作者：郭晔旻）

王安石如何成为靖康之变的背锅侠？

靖康元年（公元1126年）闰十一月二十五日，在东京的漫天大风雪中，北宋的末代君臣上演了他们最后一幕活剧：让"大师"郭京率领"六甲天兵"大开宣化门迎战，前去生擒敌酋粘没喝和斡离不。不过事实证明，真刀真枪可比六甲正法厉害多了，这帮牛鬼蛇神很快就被金兵杀得尸横遍野，还顺势反杀进了坚城汴京。立国167年的北宋王朝，就在这场历史上打着灯笼都难找的闹剧中落下了帷幕。

随北宋一起被消灭的，还有持续几十年的有关变法的党争。这场从神宗时代开始的政见分歧，在种种内外因共同作用下，早就成了北宋后期的政坛毒瘤。当年新法富国强兵的宗旨和初心早就被人遗忘，变法和反变法斗争也早就在利益的驱动下，变成了官僚内讧中抹黑和打击敌手的工具。让它跟着这个腐烂的朝代一起走进历史堆，或许对所有曾经的当事人来说，都是一种解脱。但"树欲静而风不止"，北宋虽然灭亡，发生于熙宁和元丰年间的这场变法，却像一颗巨石投入了历史长河，不断地激起一波又一波涟漪和回响。

到底该如何评价熙丰变法？变法到底只是聚敛搜刮，还是真能富国强兵？王安石到底是大诈似信的奸慝，还是一心为国的"三不足"英雄？从宋代开始，这些有关变法得失、两党人物评价的话题，就成为历史上一个超级"引战帖"，由此引发的争论分歧连绵千年而不绝。而在另一方面，熙丰变法本身之复杂、对其看法评价观点之多元、参与其中人物的形象之多面，也让后世的人们感觉左右为难。在元朝修成的官方正史《宋史》中，所有新党干将，诸如吕惠卿、章惇等人，都统统被打入了《奸臣传》，然而例外的，却偏偏是变法的总设计师王安石，唯有他的传记放在正常行列，没有被打入另册。或许，这种奇特的官方定位，也正说明了后人在如何评价这场变法时所感受到的困惑吧！

被皇帝钦点的背锅侠

对于虎口余生的赵构来说，有一个重大的政治问题是始终回避不了的，那就是：到底谁应该承担起为北宋最终落到国破家亡下场的历史责任？

其实，任何和北宋皇室及宋徽宗赵佶没有利害关系的人都能看出，除了制度上多年积弊之外，赵佶执政时期在"丰亨豫大"假象下，肆无忌惮地荒淫，对北宋末期深入骨髓的腐朽衰败负有最直接责任；而在处理金辽战争和北伐燕云等涉及国本的重大问题时他轻佻的态度，更对这场悲剧起到了不可替代的推波助澜的作用。但事实真相显然是南宋政治上不可承受之重，只能尽量将问题都归咎到大臣身上去，因此道君天子清白无罪，错的都是蔡京等奸佞误国，就成了官方洗白的主要思路。

作为北宋末年"六贼"之首的蔡京，其专擅误国毋庸置疑，但他上台打击政治对手，又无一不是打着绍述神宗和新法旗号，迎合徽宗的表现。因此，对他的批判，也很快就向新法和新党开始转移。早在宋钦宗时期，右正言崔鷗就公开表示，蔡京误国的源头就是王安石；以"程门立雪"闻名于世的杨时也上疏提出，蔡京"蠹国害民，几危宗社，人所切齿"，而首开乱阶的就是王安石。总之，罪魁祸首虽是蔡京，但他"以继述神宗为名，实挟王安石以图身利"，因此，造成宋末糟糕局面"实安石有以启之"。靖康元年（公元1126年），经朝廷允准削去王安石配享，王安石从大成殿被挪出来，到两庑从祀。

不过，宋钦宗时代对变法和王安石的批判调门都并不高，基本停留在王安石变更了传统的正常政治秩序，使得像蔡京这种小人能顺利上台之类的抽象问题上。真正要从政治总路线高度上彻底否定王安石和新法，还是在南宋时期。经历了靖康之耻的南宋君臣，迫切需要一个"背锅侠"来减轻自己或者父辈的罪责，而对王安石的批判论调也就越来越高了。绍兴四年（公元1134年）八月，当南宋政权略为稳定之时，赵构就迫不及待地把负责重修《神宗实录》的范冲找来，要求给王安石和熙丰变法定调子。当着赵构的面，范冲表示："王安石自任己见，非毁前人，尽变神宗法度，上误神宗皇帝，天下之乱实兆于安石，此皆非神祖之意。"这种好处全归功于皇帝、过错全归臣下的切割法让赵构龙颜大悦，当即拍板表示"极是，朕最爱元祐"，"惟是直书安石之罪，则神宗成功盛德，焕然明白"。这也代表着南宋官方给王安石和新法做出了组织结论：不仅变法是完全错误的，王安石本人也是一个大奸似忠的超级奸佞。

祸国殃民的黑锅让王安石来背，富国强兵的好人皇帝来做。这种近乎无耻的论调虽经不起任何严肃的推敲，但却是南宋君臣政治宣传的稻草。一方面，宋高宗迫切需要有人来为北宋国破家亡这个重大历史和现实事件负责；另一方面，蔡京垮台后，朝中官僚大都和旧党有着千丝万缕的关系，他们也需要借攻击变法派以洗白己方。将北宋倾覆的大黑锅扣在王安石和他那些变法派的小伙伴身上，从而洗白皇帝和保守派，就成了南宋君臣共同的诉求。也就是从南宋开始，王安石的负面形象在历史上被塑造定型了。

被段子和污水淹没的王安石

经过了1年又8个月的修订之后，绍兴六年（公元1136年），长达200多卷的《神宗实录》编撰完成。这本实录的最大基调，就是王安石"真小有才，未闻君子之道也，岂非万世之罪人"，是北宋亡国最大元凶。不仅是《神宗实录》，就连涉及新旧党争的《哲宗实录》也被大幅度重新修订，主持"元祐更化"的高太后也被赋予了"以母改子"的理论和道义依据，变成了"宣仁圣烈皇后"，保佑小皇帝哲宗，"有安社稷大功"，简直是古往今来第一贤后！

朝廷通过修撰《神宗实录》给予王安石的官方结论，只是政治上的否定，并没有对王安石的思想路线做出评判。而南宋理学家们则非常自觉自愿地接过了这个任务，以批判王安石的新学为标志，在意识形态方面展开了一场肃清王安石"流毒"的大围攻。这些理学家攻击王安石及其新学的论调也并不新鲜，一方面指责新学是异端邪说，"于学不正"，"杂糅佛道"，尤其着重批判新学是变更"祖宗法度"，导致北宋灭亡的重要思想乱根；另一方面则继承旧党的说辞，指责王安石的理财思想是"剥民兴利"，"聚敛害民"。因此得出的结论就是，王安石在学术方面很差，甚至简直可以说"得罪于孔孟"和"名教"。柯维骐甚至恶毒诅咒说，要是孔子遇见王安石，一定会像砍了少正卯一样砍了他的头。

理学家们如此起劲儿地攻击新学，当然有着自己的私心，批判新学，其实还是企图取彼而代之。而北宋灭亡的国之大不幸成了理学的幸事：在理学家不懈批判和官方需要否定王安石的双重作用下，理学在南宋时期获得大发展，到了嘉定和淳祐年间，俨然已经成功地取代了新学，确立了自己的官学地位，从意识形态上达成了否定新学和王安石的目标。孝宗淳熙四年（公元1177年），王雱被逐出孔庙。淳祐四年（公元1244年），宋理宗终结了朝廷对王安石的评价："王安石谓天命不足畏，祖宗不足法，人言不足恤，为万世罪人，岂宜从祀孔子于庙庭？黜之！"

不过必须公正地说，像朱熹这种大家还是保持了实事求是的精神，虽然批评王安石"邪心夹杂"，"若荆公（王安石）辈……便至于杀人"，但对新学中的学术价值，他也大加赞扬，说"《新经》尽有好处"，因为这是王安石这种大家倾注平生心血之作，"岂无见得著处"？甚至就是已经被官方否定的变法，他也表示能够理解，"熙宁更法，亦是势当如此"，因为当时朝政"积得许多弊事"，所以激得荆公出来要一齐整顿过。就是最后北宋覆灭的责任，他也认为是蔡京淫侈纵恣（当然他不敢指出源头是宋徽宗），这和王安石能有什么关系？但另外一些士大夫底线就很难说了，在自己撰写的笔记或私史里将各种污水和段子泼向王安石，比如邵伯温，他不仅在《邵氏闻见录》和《邵氏闻见后录》中起劲儿地收集各种攻击王安石的段子。更为恶劣的是，他杜撰了一篇影响很大的《辨奸论》，在文中抓住王安石的一些生活习惯细节，大肆攻击其为"凡事之不近人情者，鲜不为大奸慝"，然后署名苏洵，制造出老先贤慧眼识奸佞的轰动效果；另一方面，他还言之凿凿地编造历史，说王安石在熙宁年间的宋辽土地争端上主张"将欲取之，必固与之"，然后用笔在北边画了一个圈，命令韩缜画押将圈子里五百里土地割让给辽朝。这些抹黑段子流毒极大，《辨奸论》被收入《古文观止》中，成为学生必读的名文，王安石卖国的事迹更是被许多后世史书沿用，几成定案。但对于这个过于不近情理的卖国黑材料，就连同时代、态度也是否定王安石的李焘都不敢相信，只是将这段材料收入自己的《续资治通鉴长编》的附录注解，没敢在正文中直接引用。

另一个视角下的王安石

在南宋君臣共同努力之下，王安石的反面形象总算是确立了起来。宋亡之后元修《宋史》，不仅对南宋官方的资料一概照收，还采纳了不少民间私史段子，让王安石有小聪明无大智慧、刚愎自用、不近人情的伪君子形象，成为封建王朝官方钦定的形象。值得一提的是，后世皇帝中对王安石最痛恨，指责调门最高的就是朱元璋和乾隆，这两位都是思想上痛恨改革，骨子里维护农耕文明的皇帝。

但颇为讽刺的是，虽然从南宋开始的历朝历代都大骂王安石，但却在实践中表现出了一种"口嫌体正直"的尴尬：首开批判王安石先例的宋高宗，只要在正式场合一提王安石和新法就是破口大骂，绍兴五年（公元 1135 年）他和赵鼎在朝堂上又谈到王安石新法，两人一起骂痛快了之后赵鼎就说，既然王安石和他的新法那么坏，必然我们还是彻底禁止"免役法"、恢复"差役法"吧，赵构听了之后就表示，爱卿你说得对，"免役法"简直就是导致"天下纷然"的"刻"法，但是"行之已久，不可骤变耳"。这就相当搞笑了，在他口口声声最爱元祐时，司马光一声令下，十几年新法都可以毁于一旦，怎么到赵构这里就变成了不能"骤变"？无非就是新法虽然"聚敛"，但对他有好处，所以舍不得罢了！不仅是赵构，就是后来朱元璋、弘历等人，虽然口中各种贬低奚落王安石，但其治下的保甲制度、养马法，却无一不是祖法王安石。这种口是心非的做法，在某种意义上恰恰说明了新法的深远意义。

真正要跳出封建王朝君子小人和儒家"义主利从论"的窠臼，还是要等到近代变革之后。在面临"三千年未有之大变局"之际，梁启超首先以近代思想的眼光来审视王安石，在他的《王荆公》一书中，首先为王安石和他的新法翻案。这次翻案的局势也相当微妙：正值中国面临西方列强的巨大冲击，家国面临生死存亡危机之际，内忧外患的局面和北宋颇有相通之处。变革以求富国强兵的愿望，也成为当时知识分子的主流思想，在这种情况下，王安石变法改革的正面意义一下就凸显了出来。自此之后，对王安石的评价就逐渐趋于正面，而等到西方现代经济学传来之后，人们更是惊讶地发现和王安石的理财思想颇有相似相通之处，这也让王安石的"聚敛"罪名在无形之中消弭——不是王安石聚敛，而只是保守派太封建，无法了解王安石的先进而已！

在现代，王安石变法研究一直都是宋史研究中的热点。对于过去攻击王安石的几大罪状，考虑宋代当时面临的困境，大多数学者还是承认变法乃是大势所趋，对于王安石变更祖制导致北宋灭亡的说法，更是持否定态度：首先神宗登基之时，宋代局面已经极其糟糕，如果不是王安石变法维持，恐怕等不到靖康早就垮台了；另一方面改革变法历来都是"不换思想就换人"，以此指责王安石引用小人，多少有点儿站着说话不腰痛的超然。到了现代，在改革开放前，邓广铭和漆侠先生从抑兼并出发，全面肯定王安石变法；而改革开放初，王曾瑜先生又站在反聚敛的角度，否定王安石变法。其实，"这两种观点的对立，更多地反映了时代差异所带来的史学研究价值取向的变迁。即邓广铭与漆侠先生的观点代表了计划经济时代的富国主张；王曾瑜先生的观点体现了改革开放以后的富民思想"。主张国家干预的人，会在王安石的改革中看到许多符合自己脾胃的措施，甚至觉得他就是"中国古代的凯恩斯"；而另一些倾向市场调节的人，则可能更能赞同司马光"国家不与民争利"的观点，由此看来，对王安石变法的评价远没有到盖棺论定时，关于这个话题的争论，或许还会继续成为"历史大热帖"，持久地讨论下去吧！

（作者：李思达）

"半仙"刘伯温既然那么神,为何结局那么惨?

在民间传统故事里,刘伯温是和张良、诸葛亮齐名的智者,在朱元璋创立明朝中起了极大的作用,随后功成身退、归隐田园。但是,最终仍然遭到猜忌,被朱元璋或胡惟庸毒死。

历史上的刘伯温真的有这么神奇吗?为何他归隐之后仍然难以善终?

刘伯温在朱元璋眼中无足轻重

刘伯温出道有多早?朱元璋父母还健在、朱元璋本人还在给地主放牛的时候,刘伯温已经当了很久的地方官员了。在这个位置上待了四五年之后,因为觉得在县里没有上升空间,又和同僚关系恶劣,刘伯温选择了辞职。

返乡不久,他又出任了元朝江浙行省的儒学副提举。在这个位置上做了一段日子后,他因为越界举报监察御史,被自己的上司多次责难,被迫辞职。在刘伯温第二次辞职前后,比他小了17岁的少年朱元璋才因父母双亡,入皇觉寺当了和尚。

此后10年间,反元势力纷纷出现,天下逐渐走向动乱,刘伯温却乐得逍遥,过起了名士生活。直到公元1352年,徐寿辉部起义军攻破杭州,在这里杀死元朝官吏,分发府库物资,招募了大量贫民入伍。在杭州居住多年的刘伯温带着家人提前逃离,算是躲过一劫,但他的太平日子算是到了头。他接受朝廷任命,担任了五品的江浙省元帅府都事,开始了自己的"剿匪"工作。他的主要剿灭对象,是在浙东地区的方国珍部。

刘伯温在这个职位上待了几年,没有什么过人之处,而且,方国珍部势力反而越来越大。到后来,焦头烂额的元政府决定招安方国珍,以集中力量对付更强大的徐寿辉、朱元璋等人。表现平平的刘伯温却对朝廷的招抚坚决不从,激烈上书予以反对。元朝朝廷很恼火,把刘伯温的官职从五品降到了七品,并剥夺了他参与军事的权力。刘伯温一怒之下再度辞职。这次辞职让他有机会在两年之后的公元1360年再度出山,接受了朱元璋的征召。

之后,刘伯温成为朱元璋的诸多随军参谋之一。对于他期间的事迹,去掉那些具有神秘主义的传说，无非是两点：在陈友谅势大逼近时，刘伯温是坚决主战者之一，并跟随朱元璋在一线战斗了近3年；给了朱元璋一些战略性建议。

然而，在此期间的刘伯温，并没能留下许多具体的事迹和谋略。他对朱元璋政权创立的贡献，不但比不上文臣之首的李善长，也比不上为朱元璋制定了长远战略规划的朱升。

不过，在筹备朱元璋登基仪式、修建南京城、制定《大明律》、恢复科举等制度性建设方面，刘伯温起了很大的作用。比起诸多更早加入朱元璋集团的开国元勋，刘伯温是前朝进士，在元朝多次为官，对于典章制度明显更为精通。

公元1370年，天下大势已定，朱元璋开始大封功臣，这个封赏要做到让大部分人心服口服，基本是公平的。从中可以体现刘伯温在明朝建立中的功勋排名：公爵6位，文臣李善长排名最高，战功最高的徐达所封户数最多。最后，刘伯温被封为"诚意伯"，在这6位公爵和28位伯爵之后，俸禄也很低。这也从一个角度说明，至少当时绝大部分人心目中，刘伯温功勋并不高。

那么，在元朝做剿灭农民军工作没成绩、在朱元璋这儿战功一般、制度性建设功劳还算有一些的刘伯温，是如何开始有了神机妙算的"半仙"形象的？

朱元璋亲自鼓吹刘伯温

我们知道，朱元璋在淮西地区起兵，核心团队以凤阳周边地区出身的淮西老乡为主，被称为"淮西勋贵"。随着朱元璋集团的不断胜利，权力分配的问题摆上了桌面。淮西勋贵已经威胁到了皇权专制，是必须被铲除的。李善长作为朱元璋的文臣之首，在朱元璋团队中实际同时起了萧何和张良的双重作用，现在是淮西集团公认的领袖。李善长位高权重，他所代表的相权对朱元璋形成了巨大的威胁。为了制约他的力量，朱元璋开始人为扶植能和淮西集团对抗的文官。这些人，大多是刘伯温的家乡人，历史上称之为"浙东集团"。

为了平衡政治，朱元璋选择树立刘伯温作为对抗淮西集团的旗手，还亲自鼓吹他的神机妙算。刘伯温是前朝进士出身，比朱元璋大了一辈，在朱元璋集团里几乎算最有文化的。刘伯温担任的太史令一职，一方面负责典章制度，另一方面负责观察和解说天象，在科学不发达的古代有"代言天意"的权力，有一定的神秘性和神圣性。

朱元璋对刘伯温的期待，大约类似于前秦的王猛、北魏的崔浩：酷吏加能吏，以充满智慧的权谋家姿态，为皇帝加强集权的目标效力，包括揽得罪人的脏活。在古代王朝政治下，依靠亲族、老乡在马上打天下之后，君主任用有手段、有权谋但不可能威胁皇权的朝臣来削弱皇族和功臣是很常见的。

扮演这样的角色，当然是难度系数极高、风险也极大的活儿。一方面，他们干的事儿本身就是得罪勋贵集团的。这个活儿干好了叫宰辅之材，干不好就是"佞幸"，然后被彻底打倒。另一方面，皇帝很可能随时让他们背锅，或者觉得他们权力太大了而卸磨杀驴。王猛死得早保住了名誉，崔浩在辅助北魏前三代君主创业和建立制度后，连同姻亲族人一起被杀光。

洪武元年，刘伯温担任御史中丞，负责监察官员。李善长的一位心腹李彬因为比较严重的贪污被捕，按律当斩。李善长找刘伯温多番求情，还提出当时天下大旱正在求雨，期间不适宜执行死刑。刘伯温很明白朱元璋任命自己背后的意图，拒绝了李善长说情，将李彬处斩。但随后的事情便让刘伯温寒了心。

由于大旱持续，李善长借机弹劾刘伯温擅杀惹怒了神明，李善长的党羽也纷纷跟进。朱元璋不愿意支持刘伯温，他顺着李善长及其党羽的弹劾，象征性地责备了刘伯温，用实际行动表示了"脏活你来干，好人我来当"的基本逻辑。这让刘伯温不免心灰意冷，一方面是李善长为首的淮西集团对自己咬牙切齿，一方面朱元璋却要让他独自承担李善长集团的压力。借着妻子离世料理后事的由头，刘伯温回到老家，暂时淡出了官场。

从此，刘伯温逐渐进入半隐退的状态，但是朱元璋削弱淮西勋贵的工作还得继续。他选择了和刘伯温私交甚笃的杨宪，来领衔对抗李善长集团。这是一位从情报系统成长起来的官员，比起传统士大夫的刘伯温，杨宪更符合我们传统印象中的能吏和酷吏形象。

被胡惟庸报复

历史并没有记载杨宪的具体死因，只记载了他犯罪被朱元璋诛杀。情报系统出身的杨宪，为人处事过于锋芒毕露，性格又急躁，甚至会直接跑去找朱元璋说："李善长无大才，不堪为相。"朱元璋难道不知道李善长是什么人？他需要的是能逐渐分化李善长权力的能吏加酷吏，不是这种一旦给了大权就变得轻浮不知所以，完全不堪重用的佞臣。

事实证明，杨宪的政治智慧比起刘伯温差了不是一点儿半点儿。刘伯温能在杀掉李善长的心腹李彬后及时选择抽身退出，短期内保全自身平安。杨宪当上中书省左丞不到一个月，就遭到李善长的弹劾，说他"放肆为奸事"。对杨宪深感失望的朱元璋顺着李善长的弹劾将他处死。

到这时，随着杨宪覆灭、刘伯温引退，朱元璋扶植起来对抗李善长的后世所谓

"浙东集团"，在朝中基本丧失影响。朱元璋和李善长之间随后形成了一个新的权力平衡：李善长退居二线，他的嫡系胡惟庸和之前一波党争中保持中立的汪广洋分别担任左右丞相。刘伯温此时选择告老还乡，归隐田园。

然而树欲静而风不止，此时淮西集团的领衔人物胡惟庸一直记着刘伯温杀李彬、当众打脸李善长的仇怨。刘伯温归隐后两年，汪广洋被贬职，胡惟庸在朝中的主要对手统统消失，他可以报仇雪恨了。胡惟庸的指控很快让刘伯温被夺禄，刘伯温硬着头皮回到南京城谢罪。

年逾六旬的刘伯温在京师羁留，可谓病弱体衰，还留下了感慨自己老去的诗句。到公元 1375 年初，刘伯温感染了风寒，身体越来越差。朱元璋委托胡惟庸带御医去探望，并开了一些药方。但是，刘伯温的身体越来越差，朱元璋也不大关注他的病情，感觉自己大限将至的刘伯温于是返回家乡，不久病死。

从刘伯温死前的症状看，他应该是死于肝癌或者其他肝部疾病。胡惟庸和御医一起造访刘伯温府上时，药方是御医开的，药材是刘府家人照着御医的方子抓的。过了十几天，刘伯温感觉自己腹内有石块一样的东西非常痛苦，很明显是肝硬化的症状。随后，刘伯温抱病进宫时对朱元璋提到，御医的药方没什么用，病情反而加剧了。刘伯温的意思是，他极度不信任胡惟庸，怀疑胡惟庸和御医勾结，药方里有猫腻。

但是，胡惟庸毒杀刘伯温的说法似乎经不起推敲。胡惟庸一方面有着操纵御医下毒的能力，另一方面却用足以毒杀皇帝的能力，去和一个已经退居二线、已经服软、病弱不堪的老臣过不去？以当时的化学水平，怎么可能做到控制毒发速度，让基础病严重的刘伯温带病回到老家，几个月后才病亡？

到后来，更有人把毒杀刘伯温的说法算到朱元璋头上，这就莫名其妙了。当时，杨宪死了多年，汪广洋也斗不过胡惟庸，朱元璋和淮西集团博弈正激烈，却去毒杀一个和淮西集团不对付的病弱退休老汉？

病亡多年之后，成为政治工具

从刘伯温的自述和他一贯的身体状况看，他的死是肝病发作的结果。在元朝做官时，刘伯温就性格刚烈、脾气暴躁，和同僚难以相处。晚年更是要压抑自己的性情，周旋在朱元璋和曾经得罪过的淮西勋贵集团之间，病情恶化也是自然之理。刘伯温死后 5 年，他回乡前对朱元璋所说的胡惟庸对他下毒的猜疑，被朱元璋拿出来当成对付淮西集团的工具，成了胡惟庸的罪证之一，以至于刘伯温的死亡原因，也逐渐被扭曲得面目全非。

之后，朱元璋发起胡惟庸大案，淮西集团也随之覆灭。在文官系统方面，李善长、胡惟庸及他们的党羽都成了罪恶昭彰的罪臣，那么，曾经对抗过淮西勋贵、正面硬抗过李善长的刘伯温就逐渐成为开国文臣的代表。加上明代市井文学发达，刘伯温本人在民间故事中也逐步被神化，变成历史上那个"半仙"的角色。

在朱元璋先后抬出来对付淮西集团的三位文臣中，只有刘伯温部分达成了朱元璋的期待，并得以善终，在后世留下了较好名声。相比之下，急躁轻浮的杨宪和总想和稀泥的汪广洋都身败名裂、死于非命。但是，刘伯温的水平也没有民间传说得那么高，早年效命元朝负责剿灭方国珍未果，投奔朱元璋的实际战功和战略规划成果也乏善可陈，反而在制度建设上有些成就。总之，历史上的刘伯温是个相当聪明的人，但是把他的功勋和诸葛亮等名臣相提并论实在是过于夸张。

刘伯温形象被神化，一方面反映出明太祖对文官系统破坏之彻底，另一方面则显示出明朝市井文化的力量。正是这两大因素，使得一位聪明而知进退的文臣，逐渐幻化成后世许多人心目中的"半仙"。

（作者：黑色君）

明英宗在土木之变被俘后，
于谦为什么选择了朱祁钰？

正统十四年（公元1449年）八月十六日夜里三更时分，一阵紧急的脚步声打破了皇宫内的宁静。司礼监提督太监金英带着从怀来传来的信件敲开孙太后的寝宫，孙太后展开信函读罢，顿时就瘫在了座位上。虽然这几天一直预感不妙，但在第一时间得知英宗被俘的消息还是让孙太后悲痛不已。闻讯赶来的钱皇后获悉，婆媳二人抱在一起号啕恸哭。

英宗朱祁镇被俘后，让身边的锦衣卫校尉袁彬写了一封信，叙述被俘情况，要朝廷以珍宝金银把他赎回来。土木堡事变前几天，明朝曾派千户梁贵出使瓦剌军营，此时梁贵还留在瓦剌军营中。英宗自己署上名字后，派梁贵送往怀来卫。八月十六日，梁贵到达怀来。当时怀来城如临大敌，城门紧闭，梁贵只得攀墙入城。怀来守将得知情况后，立即派人把信火速送到京师。当天夜里三更时分，送信人从西长安门进入皇城。

英宗当时还很天真，以为也先抓住了自己，只是一般性的强盗绑票，可以用金银财宝来赎回。对于孙太后而言，能用钱解决的问题当然都不是问题，她和钱皇后决定先封锁皇帝被俘的消息，并且抱着侥幸心理，立即将皇宫中的奇珍异宝搜罗起来，整整装驮了8匹马，在十七日中午派遣太监送到了居庸关外找到瓦剌的军营，想要赎回皇帝。对也先而言，皇帝当然不是一般的人质，在收到"赎金"——九龙蟒衣、缎匹及珍珠6托、金200两、银400两等物后，却只字不提放人之事。

稳定危局

当时京军劲甲精骑皆已经陷没在土木堡，京师疲卒羸马不足10万。满朝文武听了徐珵主张逃跑的话后，面面相觑。稍许，成祖时便在朝为官的老臣、礼部尚书胡濙颤巍巍地站出来质问道："不可，若去，陵寝将谁与守？"

意思是倘若南迁，昌平的皇陵就没人守了。这话虽说是反对南迁，但理由让人感觉有点儿牵强，而且颇有点儿悲壮无奈之感。一时群臣人心惶惶，主持朝议的朱祁钰对眼前的情形也不知所措。关键时刻，兵部侍郎于谦挺身而出，高声说道："京师是天下的根本，一动则大事去矣。谁不知宋朝南渡的祸患，请立刻调动四方勤王兵，誓死守卫京师。"

于谦的意见博得了朝堂上一批正直大臣如胡濙、王直、陈循、商辂、王竑等的称赞。司礼监提督太监金英更是让人将徐珵赶出了大殿。这种情况下，即使心里主张南迁的大臣也都噤若寒蝉，朝堂上顿时统一了意见，这样，毫无主见的郕王朱祁钰和孙太后决定坚守北京，并将战守的责任交给于谦。

调兵备战

不久，于谦被任命为兵部尚书，全权负责北京的防守以及对瓦剌的军事作战指挥。

正统年间，以王振为首的宦官势力抬头，逐渐侵夺阁权，内阁在国家决策过程中的作用日渐式微。三杨陆续辞世，后进的曹鼐、马愉等人因资历较浅，内阁对中枢决策的影响更加减小。土木之役，随征的曹鼐等人死于行间。于谦受命之初，内阁几乎成为空白，本该成为六卿之首的吏部尚书王直，因年迈而又对于谦的才具心悦诚服，逊居下位，便自然形成了以于谦为核心的中枢政务参决群体。

另外，受景帝宠信的太监兴安对于谦十分敬重，屡次在于谦受到奸臣诽谤时挺身而出，加以保护。有了最高统治者的信任和支持，于谦就能放开手脚了。

于谦乃一介书生，从来没从过军、打过仗，但危急时刻能挺身而出："谦虽一介书生，素不知兵。然当此危局，敢不受命！"不过仅凭勇气决心和空喊空号是不够的。当于谦真正了解到目前京城的情况时，才认识到，摆在他眼前的是一个不折不扣的烂摊子。

土木堡失利几乎把所有的老本都赔干净了，京城里连几匹像样的好马也找不着。士兵数量不到10万，还都是老弱残兵和退休人员。但最严重的问题还在于士气不振，土木堡明军全军覆没的消息使得京师人心惶惶，形势十分危急。也先挟持着明英宗在宣府叩关，在大同城外索要金银财物，一次次的北疆紧急险情之讯传到北京。一些官员和富绅开始收拾自家的细软，预备逃难。

怎么办？于谦首先奏请郕王，要求从全国各地调兵。于谦一共调了三类兵火速增援北京。第一类是"两京、河南备操军"——备操军就相当于预备役。第二类是"山东及南京沿海备倭军"——因为一直有倭寇之乱，所以有专属的备倭军。第三类是"江北及北京诸府运粮军"——也就是沿运河及海路负责漕运的部队，这在明军序列里就是后勤部队。这三类虽都算不上精锐，但不管怎么说，也凑起了22万人的兵员。

于谦更奏请调动靖远伯王骥所领湖广兵、宁阳侯陈懋所领浙江兵，都来京师充实守备力量。但因王骥路远，先令陈懋率浙兵北上。

有了军队，还缺少武器，当时京师里军队只有 1/10 的人配备武器盔甲。于谦又下令将南京储存武器的 2/3，共计 126 万件调入北京，还派人到土木堡战场上收集明军遗弃的武器，结果收集明军溃败时丢弃的头盔 9000 余顶、甲 5000 余件、神枪（火枪）1.1 万余杆、神铳（火铳）2 万多只、神箭（火箭）44 万枚、火炮 800 余门。这些在土木堡战场上没来得及使用的武器，很快地装备了守卫北京的明军。

"兵马未动，粮草先行"，北京城作为当时的京城，当然也囤积了一定的粮草，但一下子多出这么多各地来增援的部队，粮食问题如果不提前准备，那这仗也是没法打下去的。当时，由于大运河的运输，通州是京城粮草的主要囤积地，通州储备"仓米数百万石，可充京军一岁饷"。这么多粮食，不动员个十几万人，根本搬不回来。当然，打北京保卫战确实也用不了这么多粮食，但蒙古部族骑兵入寇，从来都是就食当地，这么多剩余的粮食放在通州，也先占领了的话，就可以长期围着北京不走了。所以，就算这些粮运不回来，也得烧掉。于谦征用顺天府大车 500 辆运通州粮进京，同时号召人民有车之家，每运粮 20 石入京仓，给脚价银（运输费）1 两。不过即使如此，短时间也很难把所有粮食都运回来。于谦又想到了一个两全其美的办法，在紧急调派各地增援部队的同时，就下了另一道命令。令所有来北京增援的部队经过通州的时候，自行到通州粮仓取粮。能超额多带粮到北京的，还有赏钱。这样，调集的大军从通州一过，顺手就把通州的粮食给搬空了。

于谦的另一个措施是加固城防并在北京城外设置障碍物。明军于城上、城垣、堞口新设门扉 11000 有余、沙栏 5100 余丈，以阻击瓦剌军。随后，他又下令关闭京师城门，以示背城死战的决心。

于谦开始大举调军运粮以及加强城防的行动后，京城人心稍安，军民上下的士气也渐渐昂扬了起来。

选立太子

除了这两个问题，于谦还面临另一个更为棘手的难题。"国不可一日无君"，此时的大明帝国，皇帝还在瓦剌手里。侥幸的是，土木惨败后，瓦剌并没有乘胜直捣京师，而是几次在宣府、大同等边镇勒索财物，使明廷得到了一个月的喘息时间。

朱祁钰虽被赋予监国之位，但缺少皇帝权威，政令无法畅通，掣肘障碍甚多。特别是当国家处于危急存亡的紧急关头，无法进行战时的动员和布置。正因为明朝没有新皇帝，才使掌握在瓦剌手中的明英宗仍为明朝法定的皇帝，成为也先要挟牵制明廷的工具，使明朝在与瓦剌的较量中处于极其不利的地位。

得知英宗被俘后，孙太后命朱祁钰监国，对于人心不稳的时局，此举受到朝野上下的拥戴。可是仅隔一天之后，这位皇太后忽然抛出重磅消息，欲立2岁的朱见深为皇太子。朱见深是英宗朱祁镇的长子，当时与次子见清、三子见湜均为庶出。孙太后的这波操作令众大臣瞠目结舌，国家正处于危难之际，一个2岁的娃娃何以领导全国人民共渡国难呢？就在朝堂议论纷纷之际，孙太后又颁布诏书。这道诏书暗含心机，不仅为朱祁镇的草率行为辩白，似乎英宗仍有望在近日返京。孙太后还"告诫"朱祁钰"暂总百官，理其事"，不能有其他什么非分之想。

孙太后何以在此时急于立朱见深为太子？对她来说，儿子祁镇被蒙古人掳去，生死难测，如吴贤妃之子祁钰监国，一旦祁镇有意外，祁钰做了皇帝，母以子贵，那朱祁钰的生母吴氏岂不是成了太后？以后的皇帝都和自己没了血缘关系。碍于后妃不得干政的祖制与张太皇太后的故事，孙太后无法垂帘听政。孙太后的如意算盘是，英宗若能脱险归来，皇位自然还是自己儿子的，若有万一，皇位也只能是她孙子的。经孙太后的这般苦心安排，年幼的朱见深便成了合法的皇位继承人。

然而，孙太后的这种想法只是出于一己之私利，对抗击瓦剌、保卫北京十分不利。不过，此时大明朝堂之上，正统时期的文官集团在以宦官为核心、锦衣卫等为辅助的内廷势力压制下，所产生的压抑、仇恨情绪，在"土木之变"国难背景下，爆发出清洗内廷势力的政治诉求与潮流，其政治局势发展已超出孙太后的控制。

血溅宫门

立太子的诏告发布后的第二天，郕王朱祁钰驾临左顺门朝见百官。

左顺门，现在又名协和门，建于明朝永乐十八年（公元1420年），东与东华门相望，这是明朝文武官员臣下向皇帝呈送奏本以及接本的地方。按照往日的做法，朱祁钰要在左顺门与大臣们一起商议国事。他还来不及询问北京的守备情况，都御史陈镒会合朝廷众臣，突然上章，认为王振倾危社稷，构陷皇驾，应该诛杀王振家属及其党羽，抄没财产，以安定人心。

陈镒开了头后，先前被迫屈就于王振淫威之下的六科给事中和十三道监察御史跟着上言，纷纷附和。显然，这已经超出朱祁钰的预料，一时不知如何是好。就在这个节骨眼上，负责皇帝朝见仪仗与保卫的锦衣卫指挥使、王振的心腹马顺竟跳出来大声呵斥群臣："王振已为国家死于土木堡前线，你们在此还啰唆什么！"

马顺是王振的死党，原来明英宗宠信王振，搞得整个朝廷乌烟瘴气，群臣的心中早已酝酿着一股洪流，首先跳出来的是性如烈火的给事中王竑，他冲上前抓住马顺的头发，用手里的朝笏劈头盖脸打下去，红了眼的大臣们纷纷上前，围住马顺一顿拳打脚踢，以至马顺这位锦衣卫头子，竟活活被打死在朝堂之上。他也成为古代历史上唯一被大臣们在朝堂上活活打死的官员。

朱祁钰见状畏惧不已，急忙抽身打算逃离现场。这时，于谦忙抢上前去，拉住朱祁钰的衣袖，跪在地上，请求他留下来。锦衣卫极力想把于谦拖开，于谦坚决不松手，一只衣袖被扯掉了，仍然还是不松手。锦衣卫的一个小头目大喝："你想干什么？"

此时，连吏部尚书王直都没明白于谦为何拉住朱祁钰不让他退朝。那么，于谦担心什么呢？虽说事出有因，但堂堂朝官，在没有得到任何命令的情况下，在朝堂上被一群官员施加私刑，群殴致死，显然这是违犯朝廷规制的。

监国朱祁钰本来就缺乏主见，如果这个时候让他回宫，若王振残党从中挑拨，锦衣卫缇骑四出[1]抓捕相关大臣的结果不难预料。因此，必须让郕王留下来，对眼前的事情当场做出决定，有个明确的表态。

"臣冒死请殿下传令。"于谦说，"马顺罪当死，请殿下下令百官无罪。"于谦说罢，百官终于明白过来，又一次全体跪下，请求宽宥王竑，严办王振余党。

其后，马顺、毛贵、王长随三人尸体被拖出，陈列于东安门外示众，军民争击尸体发泄郁积心胸的愤恨。王振家族无论老少一概斩首。

"左顺门事件"火了率先出手打死马顺的王竑，甚至还有百姓把他的画像制成门神。而于谦再次发挥了顶梁柱的作用。出了左顺门，年逾古稀的吏部尚书王直拉住于谦的手，连连点赞："国家正是依仗您这样大才的时候，今天这样的情况，即使有一百个王直也处理不了啊！"

在左顺门事件中，虽有非理性的言行，但以于谦为代表的能臣还是基本上把握住了事态的走向，也影响到了明朝的政治格局。

谋立新帝

左顺门事件成为政局转换的关键，事件后，责任心爆棚的大臣开始商议起立皇帝之事。

也先带着英宗朱祁镇四处要挟、招摇撞骗的消息传到北京，大臣们意识到，英宗朱祁镇返国无望，应该为大明朝立一位新天子，让也先手中的英宗失去致命的杀伤力。

---

1 锦衣卫、东厂、西厂、内行厂，这4个臭名昭著的特务组织，史称"缇骑四出"。

百官事先经过商议，认为解决这一问题的关键是立郕王朱祁钰为帝，以安人心。祁钰年方22岁，正春秋鼎盛，是英宗伯仲之中唯一一人。

朱祁钰生于宣德三年（公元1428年），是明宣宗朱瞻基的次子，其生母本是汉王府邸即永乐皇帝的次子朱高煦的一位侍女。宣德年间，宣宗对叔父朱高煦用兵，御驾亲征生擒朱高煦父子，并将汉王宫的女眷充入后宫为奴。返京途中，宣宗邂逅了汉宫侍女吴氏，见其美貌，将她留在身边，并生下一子，即朱祁钰。

宣宗一生只有这两个儿子，自然对吴氏宠爱有加，将吴氏封为贤妃。虽被封为贤妃，但由于出身，母子俩仍继续在宫外生活。宣德十年（公元1435年），宣宗病重，派人将母子两人接入宫中，正式承认了母子俩，还托付母亲张太后。宣宗死后，张太后也没有食言，封朱祁钰为郕王，还修建了王府供母子两人居住。

朱祁钰5岁进宫，想必这也是他与哥哥朱祁镇第一次见面。偌大的禁宫中，两位兄弟相依相伴，读书玩耍，关系一直不错。朱祁镇很早就被立为太子，朱祁钰对皇位也没有什么非分之想，自成祖朱棣后，明朝对藩王大加限制，不得参与朝政。他的人生好像一眼就能看到尽头，只要安分守己，一生可能也就在锦衣玉食却又平淡无奇中度过了。但此时，上天突然给了他一个改变命运的机会。

因为常年在宫外过着近乎隐居的日子，朱祁钰母子的性格都有些懦弱而怕事，凡事不敢出头，所以，与孙太后和英宗母子倒也能融洽相处。如果没有土木堡的狼烟，软弱的朱祁钰母子肯定将平静地度过一生。

但事情的发展却将其推到了前台。不过，初为监国后的体验并不好，朱祁钰根本没有大权在握的喜悦。危急时刻，朝中之事千头万绪，状况连连，每天都有棘手的事情要处理，这对于没有任何从政经验的朱祁钰来说，更多的是一种折磨。所以当得知于谦等大臣提议立自己为帝时，他首先是拒绝的。

不过，很快，孙太后的旨意也来了，她接纳了群臣的请求，"命郕王即皇帝位"。

景泰即位

孙太后这时怎么突然就同意让郕王即皇帝位了呢？

她虽然没有目睹左顺门发生的暴力事件，但太监李永昌已经向她描述过了。事件发生后，她发现此时这些大臣们不太好惹，而且预感他们可能要对立君采取行动了。果然，八月二十九日，孙太后最担心、最害怕的事临头了。于谦等联合诸位大臣启奏孙太后曰："圣驾北狩，皇太子幼冲，国势危殆，人心汹涌。古云：'国有长君，社稷之福。'请定大计，以奠宗社。"

这份奏疏文字虽少，却很有分量。"圣驾北狩"只不过是被俘的委婉说法，奏疏暗戳戳地告诫太后，当今国家有难，大明朝正处于生死攸关之际，考虑问题就应该以国家社稷为重。想立皇太子为新君或想等着正统帝回来复位，这都不现实，虽没有指名道姓说要拥立郕王朱祁钰，但指向已经很明确了。

局势已经由不得孙太后有多大的选择空间了，身边的太监也在不时地提醒。最终，孙太后下达懿旨："卿等奏国家大计，合允所请，其命郕王即皇帝位，礼部具仪择日以闻。"当然太后也是有条件的，一方面，诏书赋予了郕王即位的合法性，另一方面，诏书明确宣布皇统本在英宗一系，景帝只是在特殊情况下代任其位，不得改变皇统世系，死后仍由太子朱见深继承帝位。

九月六日，朱祁钰祭告天地、社稷、宗庙，正式即皇帝位，遥尊英宗为太上皇，改明年为景泰元年，颁诏大赦天下。

主要靠着文臣支持而上台的朱祁钰正式开启景泰时代，伴随新君登基与正统旧臣大批死于土木之变，景泰朝政治格局呈现出巨大的变化，大批新官员开始进入政治中枢。

然而，这个生于忧患的皇帝并不好当，国家正当危难之秋，京师处于风雨飘摇的境地，新任的皇帝，必然要承担保卫大明江山社稷的历史重任，面临严峻的考验。惶然无助的景帝朱祁钰，便将法宝押注在积极备战的兵部尚书于谦身上。

（作者：黄金生）

清末 PS 门事件：袁世凯为何要栽赃慈禧宠臣？

在 PS 技术发达的今天，许多人已经认同有图不一定有真相，眼见未必为实。有新技术的加持，完全由计算机生成一幅假图像也不是难事。即使回到摄影刚发明不久的年代，出于一些特殊目的，假照片也并不鲜见。

晚清一张著名的 PS 照片，康有为、梁启超与光绪皇帝的合影，首次公开发表在 20 世纪 30 年代《北平晨报》编印的《北晨画刊》上，照片还配了文字注释："彼时摄影术初传入我国，其技巧已颇可观。图中三人，中为清光绪帝，左为康有为，右为梁启超，当时君臣相得情形，于此像可见一斑矣。"但各种档案资料显示，康有为毕生只见过一次光绪，时间是 1898 年 6 月 16 日，地点是颐和园，当日并没有安排拍照；至于梁启超，则终生未曾被光绪召见过。如何可能存在三人在一起的合影呢？

但是，或许康有为还不知道，当他在海外利用假照片之时，国内却有人将他的照片与慈禧的一位宠臣 P 到了一起，并将之扣上"暗通乱党"的帽子。凭借这张照片，他的政敌成功将之逐出政治舞台。

● 梁启超（右）、康有为（左）与光绪帝（中）的"合影"。这张"照片"首次公开发表在 20 世纪 30 年代《北平晨报》编印的《北晨画刊》上。实际该照片为伪照，因为三人从未有过合影。

这位栽倒在"PS 门"上的冤大头，就是其时与袁世凯并称"南岑北袁"的岑春煊。

积极参与维新变法

岑春煊，字云阶，广西西林人，生在官宦世家。岑春煊的父亲是与曾国藩、李鸿章、张之洞等同属所谓"同治中兴"名臣的岑毓英。光绪十八年（公元1892年），补授光禄寺少卿，旋迁太仆寺少卿，署大理寺正卿，由此正式步入官场。

维新运动兴起后，岑春煊很快接受并投入其中。1895年他加入了上海的"强学会"，1897年又和康有为等维新人士共同创立广西桂林圣学会。1898年，岑春煊以布衣身份，受到光绪帝召见。召见中，他竭力推崇变法，"国势阽危，非发奋自强，不能图存"。他在广东布政使任上雷厉风行，从整顿吏治入手，开广东维新之局面，并获得"清直"之名。岑春煊后来被召入京，方行抵武汉，又被告知任命为甘肃布政使。

由于岑春煊在变法活动中表现得十分活跃，戊戌政变后亦受牵连，多亏荣禄在太后面前为其开脱，方得幸免。岑调至甘肃，名为平迁，实则暗降。甘肃荒漠贫寒，和富庶的广东无法相比。与戊戌政变后袁世凯的风光不同，岑春煊被贬至西北，只能待时而动。

庚子护驾，摇身慈禧宠臣

半年后，八国联军侵华，天津沦陷，北京失守，西太后、光绪帝仓皇西逃并诏令各省勤王之师兼程北上。此时此刻，各地文官武将多采取徘徊观望态度，但远在甘肃的岑春煊却义无反顾，接上谕后立刻率兵前往。途中，尽管遇到陕甘总督魏光焘的阻拦，岑依旧率领着自己的一批部队赶赴到慈禧太后所在地，进行护援。这批队伍仅仅只有数十人之多，并且取道于甘肃荒无人烟的戈壁、沙漠，"且必须土人引路，到一处换一次引路之人，方能前进"（岑春煊《乐斋漫笔》），最终"昼夜疾驰"，赶到了北京，继而护驾西狩。

在兵荒马乱、督抚划地自守，皇太后、皇上衣食无着，身家性命难保的危急时刻，遇到岑春煊这样忠心耿耿的大臣护驾，得以平安到达西安，西太后颇为感动。

光绪二十八年（公元1902年）五月，岑春煊被任命为广东巡抚，未能成行，遇四川哥老会起义，于是又被调任四川总督。待四川刚刚平定，广西匪乱又起，光绪二十九年（公元1903年）三月，又调任两广总督，督办广西军务，可谓官运亨通，耀眼一时。时人胡思敬曾评说道："袁世凯、岑春煊俱有宠于太后。世凯之宠，由戊戌告变。春煊之宠，由庚子护驾。皆以患难奋翅而起，虽有外言，莫能间也。"

经历了戊戌、庚子之后的袁世凯与岑春煊，都在仕途上继续寻求着更进一步发展的契机。袁世凯的势力基础在于新军；而岑春煊虽然在庚子之中由于护卫慈禧而得到慈禧的赏识，但还未进入中央，不过也留守在了两广。随着两人仕途的渐进，矛盾也逐渐显露出来。

一活炸弹从天外飞来

岑春煊在清末以"肝胆总督""官屠"著称，经常参劾不称职的僚属和贪官污吏，这使他树敌众多，更是引起了袁世凯集团的种种不满。尤其是其在两广总督任内4年间，总计参罢文武大小官员1400余人。

岑袁的正面交锋由清末新政中的官制改革开始，时任直隶总督的袁世凯伙同庆亲王奕劻上奏组建责任内阁，定奕劻为总理大臣执掌大权。

岑春煊擅自抵京，慈禧不仅未有怪罪，还与其动情叙旧，甚至"不觉泪下"。岑春煊趁机阐明来意，指斥奕劻"近年亲贵弄权，贿赂公行，以致中外效尤，纪纲扫地，皆由庆亲王贪庸误国，引用小人"，并且恳言陈述利害关系，"此人不去，纪纲何由整饬"。他还以其深厚的感情，向西太后再表忠心，表示愿留在北京，为皇太后、皇上做一看家恶犬，监视、防备奕劻等胡作非为。慈禧深有感触，便让岑春煊留在京师，任命为邮传部尚书。

时人孙宝瑄在日记中认为，岑春煊入京，"乃一活炸弹也，无端天外飞来，遂使政界为之变动，百僚为之荡然"。当时，袁世凯"久涎铁路、招商、电报三局之利"，在中央各部都安插了自己的亲信。岑在邮传部的任命下达两天后，并未正式赴任，而是立即将时任邮传部侍郎、袁世凯的亲信朱宝奎予以弹劾，理由是他在办理沪宁铁路的时候，勾结外人吞没工程款项。接着，岑春煊又直接参了奕劻一本，说其以立宪为名，行贪渎之实。与此同时，因"杨翠喜案"，奕劻的儿子载振、袁世凯的干将段芝贵又被御史赵启霖与赵炳麟等人弹劾。面对岑春煊等人的种种参奏，奕劻以及背后的实际操控者袁世凯狼狈不堪。

袁世凯的绝地反击

岑春煊等人的弹劾不仅让袁世凯关于责任内阁的设想完全落空，而且随着清廷开始着手于中央集权的加强，袁氏也遭到削权的窘境。例如，中央设立陆军部统一管辖新式陆军，这让袁世凯在新军上的权力受到了损伤，而邮传部的设立更使他在铁路、航运、电报、邮政等方面，放弃了一些过去所拥有的控制力，邮传部的尚书还是由岑春煊所担任。因而，袁世凯的不快可见一斑。

奕、袁恼羞成怒，穷途之中设下了将岑春煊赶出北京的诡计。岑就任邮传部尚书后，因屡荐与自己颇有交际的人，也遭慈禧的疑忌。奕劻乘机密奏，岑为"康梁死党，不可信"。此外，他们还指示两广总督周馥奏报广东匪乱蔓延，非岑不能平定，继而由奕劻提出岑重任两广总督。慈禧不知虚实，中了奕、袁的圈套，改任岑为两广总督。岑春煊在邮传部位上不足25天便被排挤出京。这场清朝统治集团内部的党争，即所谓的"丁未政潮"。

岑遭排挤，又惊又气，大嚷："朝廷用人如此！既有今日，则当时何必移我滇与蜀？"随即上折，托病不愿赴任。岑想面见两宫挽回，也被慈禧三言两语匆匆打发。岑知京城已非容身之地，又不愿忍气赴粤，只有以养病为名，暂居沪上。就在岑春煊到达上海的第二天，他得知其重要盟友瞿鸿禨被革职查办的消息，岑深感"朝局大变"。而奕、袁为彻底消除后患，对岑再次落井下石。7月8日，御史陈庆桂参奏岑"屡调不赴，骄蹇不法，为二百余年来罕见"。为扳倒岑春煊，袁世凯等人又放出大招，奕劻、袁世凯暗中授计，让人取康有为和岑春煊的单人相片，裂而复合，作并立状，重新拍摄一张进呈太后，这一招果然有效，眼见不共戴天之敌与心腹宠臣并肩站在一起，慈禧内心的震惊、愤恨可想而知，于是下决心将岑春煊撵出政治舞台。

以上奕劻与袁世凯用假照片陷害岑春煊的记述，见陈灨一所撰《睇向斋秘录》。岑春煊本人也证实了自己因假照片招致政治诬陷一事，但他的叙述与陈灨一颇有出入。按照岑春煊在《乐斋漫笔》中的说法，袁世凯派人暗中觅得其独照一张，再与康、梁的合影合成为一张三人照片。照片中岑与康、梁并肩站立，谈笑风生。照片的背景是在上海《时报》馆门前。然后，袁世凯将其密呈于太后。

假照片到底出自谁手？

刘成禺在《世载堂杂忆》中有不同说法，岑春煊任两广总督时，一上任就奏参查抄了数十名官员和巨绅富商，吓得广州的富商大户纷纷逃亡。留在广州的官员富商遂合谋赶走岑春煊，但顾虑慈禧宠信岑春煊，难以撼动，便巨额悬赏招募能够出奇策赶走岑春煊的人。时任同盟会香港分会会长的广东新会人陈少白，利用慈禧痛恨康、梁的心理以及他与袁世凯之间的矛盾，将岑春煊、康有为、梁启超、麦孟华（康有为的弟子）四像合制一片，并将照片在上海、天津、北京乃至香港和南洋各地出售，还贿赂京、沪大小各报的记者，登载其事。陈少白通过袁世凯将合成照片传入宫禁，并让太后见到。

胡思敬在《国闻备乘》亦有记载，这里伪造照片者变成了上海道台蔡乃煌，他为了向袁世凯靠近，在照相馆找到岑春煊及康有为影像各一，合成一片，"若两人聚首密有所商者，献于世凯"。另有一说，即费行简的《慈禧传信录》中称袁世凯所奏上的此一照片，系出于袁党人物端方，照片人物也变成了岑春煊与梁启超的合影，该书还记载了太后见照片后的反应："春煊亦通党负我，天下事真弗可逆料矣！虽然，彼负我，我不负彼，可准其退休。"于是传旨准春煊开缺调养。

　　这些记载虽然细节各有出入，但都认为假照片确有其事。岑春煊由邮传部尚书外调为两广总督，逗留上海，借病不去，开始慈禧太后对岑并无严旨督促，反而准岑一再续假，可见此时慈禧太后对其一直是网开一面。但在光绪三十三年（公元1907年）七月初四日，即岑奉调粤督两个半月之后，情势忽然剧变。这天所颁的上谕，说："岑春煊前因患病奏请开缺，叠经赏假。现在假期已满，尚未奏报启程，自系该督病尚未痊。两广地方紧要，员缺未便久悬，岑春煊着开缺，安心调理，以示体恤。"慈禧忽然以"员缺未便久悬"为词，主动解除了他的粤督之职，促成慈禧太后断然下此决定的，必定有极为重大的原因。推测起来，应当是袁世凯在这时送上了这张照片，激起了慈禧的愤怒，在急怒攻心之余，毅然决定从此将岑春煊斥逐不用。

　　另外，奕劻、袁世凯还买通了翰林院侍读学士恽毓鼎从中里应外合，弹劾瞿鸿禨、岑春煊内结康、梁，外"借日本以倾朝局"。康、梁在戊戌政变后长期留居日本，同日本朝野均有接触，这点慈禧自然多有耳闻，而此时有岑勾结于康、梁的说法，这不得不使慈禧本人感到恐忧。恽毓鼎的奏折点出了慈禧太后心中最大的担忧，就在这一年的7月20日，朝鲜刚刚发生日本迫使朝鲜国王"内禅"退位事件，这无疑戳中了慈禧当年被外国势力所胁迫归政于光绪的痛处。如此种种，都不能不使慈禧感到惊恐不安，且必须除之而后快。

岑春煊真的"清白"吗？

　　岑春煊失职之后，仍在上海侨居。辛亥年春，清廷宣布"铁路国有"政策，酿成湘、鄂、粤、川等省保路风潮，以四川最为激烈。为平息川乱，经过盛宣怀推荐，清廷决意起用赋闲已久的岑春煊，因其久经战阵，威望甚高，有能力掌控调往四川的新军及川军，遂发布紧急上谕，以岑春煊为"会同赵尔丰办理剿抚事宜"，"著由上海乘轮，即刻起程，毋稍迟延"。这时的岑春煊，虽然只是以"开缺两广总督"的名义入川襄办剿抚，然而就声望而言，署理四川总督赵尔丰与督办四川铁路大臣端方，都不足以望岑春煊之项背。所以这两人一听到岑春煊将到四川会办剿抚，就深恐自己的位置会被岑春煊所取代，想方设法阻挠。而岑春煊在保路运动问题上的态度与当时的立宪派一致，反对铁路国有，也并未立即赴任。争议间，武昌新军起义，岑春煊在战乱中匆忙逃回上海，后来虽然接到调补四川总督的旨意，亦已无法到任。清帝逊位后，岑春煊仍留上海。1912年1月1日，中华民国成立，岑春煊在上海各大报纸发表了致内阁总理的公开电，明确站在革命阵营一边。

岑春煊虽被设计陷害，不过，他与康、梁以及保皇会之间确实存在暧昧关系。1899年，康有为在海外成立保皇会，国内的上海、宁波等处也有保皇会名目的团体出现。变法期间就相当活跃的岑春煊，一直与保皇会人员有来往。有学者认为，庚子年间，岑春煊千里勤王是为辅助光绪收回政权的可能性并非子虚乌有。他到京入见太后，自陈："臣军临时招募，但任防守，不敢当前敌。"结果奉诏驻张家口防俄。这刚好与南方维新党防止两宫西走的预谋吻合。但无论岑春煊的初衷如何，审时度势，他终究选择了"戴后"而非"助帝"（参见桑兵《庚子勤王前后的岑春煊与保皇会》）。

关于这张PS照片的故事，在记载中还有后续。《世载堂杂忆》记述，岑春煊遭暗算后，还到北京搞危机公关，他找到当年在勤王护驾路上结识的好友李莲英。李莲英也玩了回PS技法，伪造了一张自扮韦陀立于慈禧身后的照片跪呈，说："太后您瞧，奴才什么时候侍奉老佛爷照过这样的照片？这不过是民间的小把戏，从前岑春煊、康有为等照片，就是这个伎俩。"慈禧这才知道是冤枉了好人，岑春煊得以扳回一城。

（作者：黄金生）

参考资料：

[1] 郭卫东. 论岑春煊 [J]. 近代史研究，1988（02）.

[2] 桑兵. 庚子勤王前后的岑春煊与保皇会 [J]. 近代史研究，2001（06）.

[3] 伍倩昀. 袁、岑之政途分歧与清末政局 [D/OL]. 武汉：华中师范大学，2014.

[4] 苏同炳. 中国近代史上的关键人物 [M]. 天津：百花文艺出版社，2007.

[5] 葛涛，石冬旭. 具像的历史 [M]. 上海：上海辞书出版社，2011.

[6] 刘宗志. 岑春煊掌故拾零——读《乐斋漫笔》有感 [J]. 黑龙江史志，2013（11）.

[7] 易海涛. 略论清末民初岑春煊与袁世凯的恩怨纠纷 [J]. 陇东学院学报，2013（06）.

[8] 谢晓博. 浅论丁未年慈禧对岑春煊的疏弃对清末新政的影响 [J]. 贵阳学院学报（社会科学版），2012（06）.

[9] 石立民. 岑春煊与袁世凯 [J]. 社会科学家，1993（05）.

肆

战略篇

内强外柔，才能进退自如

六国合纵为何总是铩羽而归？

从公元前 770 年到公元前 221 年秦始皇吞并中国、统一天下为止，是我国历史上的春秋和战国时代。在这 500 多年中，秦从一个西陲部族，发展到横扫宇内的最强国家，正确的大战略和军事外交决策，在其中起到了决定性的作用。

合纵的弱点：缺乏精于战略布局的核心国

虽然秦穆公之后的几代秦公都缺乏雄才大略，但"称霸西戎"已经使得秦国有了争夺天下的资本。到战国时期，秦西方为乌氏、绵诸，南邻巴蜀，北有义渠，仅有东侧的韩、魏和东南的楚比较有威胁。而且，随着三家分晋，应该说秦国在东侧的压力应该是部分降低的。

不过，谁也想不到在战国初期，秦国却在东方遭遇了前所未有的威胁，这完全是因为魏国在魏文侯君臣的变法图强下异军突起。从公元前 413 年开始的 6 年中，魏连续夺取了秦国的繁庞、临晋、元里、洛阴、郃阳及秦的河西之地（黄河以西的河套南部地区），以上全部为魏所有，秦国只能退守洛水。

好在魏国处于四战之地，加之三家分晋，虽然赵国与韩国最初愿意跟随魏国，但三家难免因为争夺领土发生矛盾。而秦国趁魏国转向攻击齐、楚等国的有利时机，从公元前 408 年开始进行了长达 20 余年的改革。

公元前 361 年，秦孝公启用商鞅进行变法。而就在这一年，魏国迁都大梁[1]，并且开始着手修补南起陕西华县，经渭水、洛水至澄城的长城，以加强对秦防御。眼看魏国逐渐因为多线作战转入守势，秦国及时与魏国东面正在崛起的强国齐取得联系，约定联合对魏国作战，而魏国南方的楚国也开始有意识地削弱魏国。

从外交大战略角度上来看，秦国此时与齐楚的"协作"，更多仅仅是一种"乘人之危""趁火打劫"的行动，与日后连横布局完全不可同日而语。但是多线作战确实有效地抑制了魏军威力的发挥，使其疲于奔命。

---

[1] 就魏国迁都大梁的时间，在历史上存在魏惠王六年（公元前 364 年）、魏惠王九年（公元前 361 年）、魏惠王三十一年（公元前 339 年）3 种记载。

公元前353年和公元前341年，齐国军队在孙膑的谋划下两次重创魏军。在齐魏马陵之战后，商鞅向秦孝公进言，秦国与魏国是死敌，只可能是你死我活，应该趁魏国大败夺取河西，为秦国东向争天下扫平障碍。

从周显王二十九年（公元前340年）开始，秦国连胜魏军，最终在公元前330年迫使魏国将河西之地归还秦国。河西之地的临晋正好卡在函谷关与秦国本土之间，如果秦国不能控制此地，就无法凭借函谷关和黄河天险保证本土安全。而夺下河西之地，秦国就掌握了进可攻、退可守的有利地位。

同时，由于魏国连续数次被齐国击败，因此进入战国中期，阻止秦国统一天下的主要对手，已经不再是魏国，而是东方崛起的强大齐国。而秦军饮马黄河，随时渡河侵入中原的情况，引起了关东六国的恐慌。为了对抗强秦，关东六国被迫放下彼此间的矛盾，组成临时的联盟。

在这样的背景下，公孙衍作为最初倡导合纵抗秦的人，登上了战国的历史舞台。当然，《史记》将这一功劳给了苏秦。不过，无论是苏秦还是公孙衍，他们说服六国的基础，正是《史记》记载苏秦说服韩宣王时提到的"地有尽而秦之求无已"。既然秦国有吞灭六国的想法，那么六国自然不愿人为刀俎我为鱼肉，必须要联合起来对抗强敌。

所以我们也可以认为，即便没有公孙衍和苏秦，其他人也会出来组织六国合纵抗秦。就像法国大革命和拿破仑战争时期，面对崛起的法国，欧洲先后结成6次反法同盟，屡败屡战，非要打败有着强烈扩张欲望的法国。而二战中，德意日法西斯轴心的存在，让中、美、苏、英等政治体制迥然不同的国家，暂时放下彼此间的矛盾，组成国际反法西斯同盟，以避免被奴役的命运。

当然，与千年之后的反法同盟相比，六国合纵缺乏一个英国这样精于战略布局的核心。而且秦与关东六国相比，是占有地利的。而英国和法国相比，却有着海权优势，因此即便大陆上的同盟屡次被打败，英国本身却立于不败之地。这也说明战略布局必须要与军事斗争形势和特点相符合，才能发挥应有的作用。

通过结盟将对手拖入多线作战

公元前329年，秦国全面突破黄河攻魏。第二年，张仪担任秦相，开始实施连横之计。"连横"实际上就是齐、秦这两个分据东西的强国，以武力迫使其他国家"事一强以攻众弱"。

由于张仪担任相国，让前任魏国人公孙衍失势，因此公孙衍回到魏国，开始准备主导抗秦。公元前325年，秦惠文王称王，公孙衍随之发起"五国相王"，请魏、韩、赵、燕、中山相互称王，这实际上是希望组成三晋为核心的抗秦合纵形势。

面对秦国咄咄逼人的攻势，针对"连横"之策的"合纵"自然很有市场。"纵"实际上指的是以三晋为轴心，联合南北的燕、楚对抗齐秦。公元前323年，魏惠王继续使用公孙衍"五国相王"的策略，联合赵、燕、中山、魏、韩五国，对抗齐、秦和楚。结果由于合纵五国各怀鬼胎，且实力与齐、秦、楚相比太过悬殊，因此反而招致齐灭中山，而楚国夺取魏国八城。

秦国此时也派张仪回到魏国，劝魏国背叛纵约，与秦国搞连横。魏王不从，秦国发兵攻魏，而合纵各国仅有韩国派兵支援魏，两国联军被秦国打得大败，被斩首8万。秦国一举夺得曲沃、平周，魏国被迫背约与秦国连横。

在担任魏相之后，张仪一面向魏国兜售连横之策，一面鼓动韩国加入连横。但这一套离间六国的伎俩，却将本来在合纵以外的齐和楚逼入合纵一方，关东诸国开始一致支持公孙衍的合纵计策。而魏国先用张仪担任相国，又在公元前319年再行合纵之策，将张仪驱逐。这一次合纵楚、燕、韩、赵、魏都有参加，公推楚怀王为纵长。

张仪担任魏相，却因为行事操切，而导致原本正打得热闹的关东诸国被迫暂时放下矛盾，一致对秦，使得秦国此前的战略计划被彻底打乱。

虽然六国合纵成功，但因为楚国作壁上观，燕国国力太弱，结果三晋部队在函谷关被秦军打败，第二年，三晋再败于今属河南的脩鱼，秦军斩首8.2万。第一次合纵攻秦彻底失败。

第一次合纵攻秦失败，反映了合纵计策的最大问题，首先在于六国军队大多战斗力较弱，无法在野战中正面抗秦。其次各国统治者大多目光短浅，只顾眼前小利，不可能将全部力量集中用于抗秦。而其后的3次合纵攻秦，也证明六国不可能真正联合抗秦。

应该说，当秦国牢牢掌握河西之地和函谷关天险时，它已经在外交大战略上基于不败之地。通过结盟将对手拖入多线作战，一方面削弱了敌人和盟友，另一方面也保证了本土的安全。

分化瓦解齐楚联盟

但是，从这一阶段的秦国与六国的力量对比来看，秦虽然据有地利，但国力尚不足以席卷六国。

第一次合纵失败后，秦国对魏、韩的控制得到加强。但是齐国与楚国却看到了秦国的威胁，齐国主动派遣使臣入楚，两国结为联盟。这样一来，新的合纵抗秦联盟就有了两个最强大的支柱。

对此，秦国开始"苦练内功"，集中兵力转向中原以外的地区，将北面的义渠击败，又向南夺取了巴、蜀等国。当张仪和司马错争论是优先占领巴蜀还是争夺中原时，司马错提出中原国家对秦国夺取巴蜀缺乏警惕性，这种从国家形象和外交角度考虑大战略的思维，在当时全世界都是极为罕见的。

在夺取巴蜀、力压义渠后，秦国再次出函谷关，照例先拿韩、魏开刀。此时韩、魏对秦而言简直就是案板上的肉。不过南方的楚和东方的齐国仍极为强大，如果秦国试图夺取三晋，齐楚联盟可从两个方向对秦军予以侧面袭击。

于是，秦国开始着手制定分化瓦解齐楚联盟的计策。从公元前313年开始，秦国派遣张仪入楚，利用楚怀王昏庸，约定向楚国割让600里——原属于楚国的商于（今陕西、河南交界处）地区，以利诱瓦解齐楚联盟，组建新的秦楚连横。

对于楚国而言，秦和齐实际上都是有可能发起连横的可怕敌人，如果能削弱齐国，交好秦国，还能获得600里土地，看似也算是一桩一举三得的"买卖"。但是这时正在楚国的纵横家陈轸，向楚怀王指出了张仪的谎言：秦国重视齐国和楚国，是因为齐楚联盟，如果楚国与齐国绝交，那么陷入孤立的齐和楚都不会被秦国人重视。而且先同齐国绝交，再向秦国人要地，肯定是要受到蒙骗的。

陈轸与张仪算是老对手，他先后在齐、秦、楚三国宫廷当客卿，在秦国时与张仪争斗，险些被张仪陷害，虽然依靠伶牙俐齿逃过一劫，最后却只能跑到楚国栖身。楚怀王对陈轸并不十分信任，曾让他出使秦国，因此陈轸的谏言自然没有被采纳。

事实证明，楚怀王果然被张仪诓骗，更糟糕的是楚怀王怒而兴师，反而促成了秦国与齐国连横攻楚。公元前312年，秦军在丹阳大破楚军，斩首8万，再败楚军于蓝田，夺取了楚国的汉中之地。公元前311年，张仪通过郑袖等说服楚怀王与秦国连横，稳定了攻击三晋的侧翼。

逼迫盟友，重创最强对手

但也就是在这一年，秦惠文王去世，张仪在秦国的好日子算是到头了。由于继位的秦武王是个武夫，在太子时代就不喜欢凭三寸不烂之舌争天下的张仪，结果张仪只能躲到魏国。

秦武王继位时，秦国已经重创楚国，同时三晋的魏国和韩国已经被严重削弱，而赵武灵王虽然不是简单角色，却正专心与齐国争夺燕地。因此秦武王有机会趁六国忙于自身发展，而夺取进入中原关键的韩国宜阳，并且进一步巩固在义渠和巴蜀等地取得的利益。

虽然通常被认为是一介武夫，但事实上秦武王在大战略方面是相当聪明的。他将越国这个久处战国大势之外的国家拉了进来，约定秦越夹攻楚国。这一手等于在楚国背后开辟了"第二战场"，使得楚国陷入两面夹攻，疲于奔命。

随后，秦国交替攻击楚国、三晋，逐渐夺取楚国的巫郡和黔中郡，彻底削弱了楚国。而齐国因为楚国背叛，联合三晋攻楚，实际上是没有看清主要敌人的昏着。事实上，此时三晋与齐国仍有相当战斗力。如果组织得当，还是有可能威胁秦国的。

尤其是齐国，此时已经逐渐压服了楚国、韩国。楚怀王为了缓和齐楚关系，将太子横送到齐国做人质，结果这一行为惹怒了秦国。公元前299年，秦国背信弃义将楚怀王骗到秦国扣押起来，此举刺激到了关东六国。而陈轸则在这个时候回到老家齐国，向齐湣王鼓吹"合纵"，齐国联合韩、魏合纵抗秦，而秦国的盟友赵国和宋国则作壁上观，导致齐、韩、魏合纵联军在与秦国于函谷关对峙3年后破关而入，迫使秦国将今天属于山西临汾的武遂还给韩国，又将封陵还给魏国。

随后，齐国因为消灭宋国，一时间震动天下，"西侵三晋，欲以并周室，为天子"。在这种情况下，秦国在公元前284年逼迫三晋及燕国与自己合纵攻齐，通过济西之战重创齐国，而且消耗了三晋的军事力量。经过济西惨败，虽然有田单光复齐国，但齐国至此元气大伤，再也不能采取连横与秦国争夺天下。其他五国也不可能组成真正意义上的合纵与秦国对抗。

将六国作为统一体予以打击

但是此时，秦国尚不能彻底横扫六国。造成这种情况的原因，很大程度上在于秦国统治阶层私心杂念太重。这方面的代表人物就是4次担任秦相的穰侯魏冉。魏冉上位，主要在于他是外戚，是宣太后兄弟中最有能力的。作为一名统帅，魏冉功勋赫赫，同时，他也有识人之明，秦国的战神白起，便是由魏冉提拔的。

但是作为外戚，魏冉和整个宣太后家族却把持朝政，将从关东六国夺取的财富和封地都归入自己控制之下。无论是占领楚国郢都，辟为南郡，还是攻击三晋，魏冉的财富和封地每一次都随之扩展。有些时候，魏冉也会受到六国的蛊惑，在有胜算的情况下自行撤围，例如秦昭王三十二年（公元前275年），魏冉围攻大梁，却在须贾蛊惑下撤围而去。两年后他与白起先攻三晋，然后又逼迫赵国去攻击齐国，这本是破坏合纵的好计策，但因为齐襄王和苏代巧舌如簧，魏冉竟直接撤兵回国，放弃作战。

魏冉的我行我素，也反映了秦国此时缺乏大战略的统一原则。"连横"政策在齐楚已经被削弱的情况下，需要被新的政策所替代，那就是将六国作为统一体予以打击和征服。

当然,想要修改政策,首先要除去既得利益阶层的掣肘。公元前271年,掌握秦国大权的魏冉派军越过韩、魏去攻击齐国的刚、寿地区,希望将这片区域并入自己的封地陶邑。这一行动对于秦国征服关东六国的目标来说,毫无意义,仅是为了满足魏冉自己的贪欲。

好在从魏国入秦的范雎及时向秦昭王提出"远交近攻"的原则,即夺取的每一寸土地都必须可靠地为秦国所控制。同时,针对秦国此前虽取得大量军事胜利却没能摧毁六国军事基础的问题,范雎提出了"毋独攻其地而攻其人",也就是我们现在所说"重点消灭敌人有生力量"的原则。

"远交近攻"相对于此前秦国的连横之策,更着眼于具体战略目标的制定。由于此时六国大多由无能权臣把控朝政,秦国可以用文武手段欺骗不直接接壤的国家对秦国的入侵行动采取"绥靖主义",随着秦国将邻国吞并,国力大幅度提升,再对偏安一方的齐、燕等进行打击,就会手到擒来。

不过,即便秦国拥有强大国力,连横、远交近攻等外交和大战略策略也运用得较为得当,战争中仍充满了各种波澜和反复。在长平重创赵国之后,秦国很快就在邯郸城下遭遇了合纵联军的逆袭,竟然一路被追击到河西之地,才勉强稳住阵脚。但这次合纵已经是六国的最后闪光,因为此时三晋凋敝,楚弱齐破,六国即便有心联合攻秦,也难以突破函谷关和黄河天险,真正威胁到秦国本土。

因此我们可以认为,秦始皇扫六合,实际上是对此前百年秦国历代耕耘的一个总收割。秦国从春秋时代开始,就有意无意地通过扩大国土面积和增加人口数量提升国力,在掌握巴蜀之后,实力已超过其他六国。此外,商鞅变法之后,秦国获得了更强的动员能力,军队组织也更为优秀。以总体战的角度来看,秦国的优势远超过三家分晋之后的赵、魏、韩,也要优于齐国和楚国。而且秦国偏处西陲,不容易陷入多线作战。

而无论是连横还是远交近攻,包括"毋独攻其地而攻其人"的原则,都是从外交和战略角度进一步削弱敌人,放大自身优势。合理的战略加上总体战的国力优势,充分保证了秦国即便在统一战争中犯一些错误,甚至遭遇少数几次惨败,仍然能够取得最终的胜利。

(作者:白孟宸)

没有纸上谈兵的赵括，赵国能赢得长平之战吗？

结束于公元前 260 年的秦、赵长平之战，可以说是整个中国古代史上最为惨烈的一场战役。司马迁在《史记》中给出的说法是赵国中了秦国的反间计，用赵括取代名将廉颇担任主将，葬送了赵军，遂令"纸上谈兵"的成语留诸后世。但问题在于，如果没有赵括，赵国是不是就能赢得这场国运攸关的战役呢？

赵军初战不利

战国时期的华夏国家已经普遍采用郡县征兵制，全国人口都被编入国家的户籍。男子到达成年，就要登记名籍，叫作"傅"或"傅籍"。"傅"就是"附"，谓附着姓名于户籍上；"傅籍"就有随时服兵役的义务，极大扩充了兵源。战国七雄均"带甲"数十万乃至百万，使得战国时期的战争规模急剧扩大。于是，此前在战争史上寂寂无闻的长平，注定要让秦、赵两国赌上国运，成为战国时代规模最大战役的战场。

当时的赵、秦两军可以说是中原最强大的两支军队。赵国军队的战斗力素来很强，阏与之战时，全副武装的赵军步兵从邯郸出发急行军至阏与，"卷甲而趋之，二日一夜至"，古阏与城在今山西省和顺县西北，以当时里制估算，与邯郸的直线距离约为 530 里，赵军的日行军速度已接近 200 里，没有严格的训练与强健的体魄是不可能做到这一点的。与此同时，新兴的铁兵器也正在进入赵军的武库。

尤其值得一提的是，自从赵武灵王实施"胡服骑射"的军事改革之后，赵国在华夏诸侯国中率先引入了骑兵这一兵种，其军中骑兵的比例接近 10%，而其他诸侯国只在 1% 左右。

反观秦军，其迈入铁兵器时代的步伐比赵军缓慢得多，譬如从西安兵马俑出土的 40000 件兵器，几乎全部由青铜铸成。但秦国在商鞅变法中实行军功爵制形成的制度优势，完全弥补了秦军在技术上的落后。对于秦国的老百姓而言，他们的政治地位和生活待遇完全取决于在战场上获得的军功爵位。按照秦制，爵位共分 20 级，秦国的士兵只要"能得甲首一者"，便能"赏爵一级，益田一顷"，斩杀的敌人首级越多，获得的爵位就越高。当官为吏必须有爵，无爵者不能当官。甚至同在军中效力，爵位高低不同，每顿吃的饭菜都有所差别。三级爵有精米一斗，酱半升，菜羹一盘；两级爵位的只能吃粗米；没有爵位的普通士兵仅能填饱肚子而已。

因此，秦军对战争的渴望与热情远非六国军队可比，朱熹曾评论说"秦人之俗，大抵尚气概，先勇力，忘生轻死"。韩非子更是说，秦人听说要打仗，就顿足赤膊、急不可待，根本无所谓生死。当时人记载，上了战场的秦军光头赤膊，奋勇向前，六国军队与之相比，如同以卵击石。秦军士兵们左手提着人头，右胳膊下夹着俘虏，追杀着自己的对手，仅仅这样的文字记载，已经足够令人不寒而栗。

作为战国后期中国最强的两支军队，秦赵相遇，更强者胜。秦昭襄王四十七年（公元前260年）四月，赵军与王龁率领的秦军交战，初战失利，裨将（副将一级的高级将领）茄被斩杀。六月，赵军再战又败，2个城堡失守，4名都尉（仅次于"将"的中高级武官）阵亡。七月，赵军筑垒御秦军，秦军又斩杀赵军的2名都尉，夺占其西垒壁（今山西高平北的韩王山）。在秦军开始攻打赵军后才紧急担任赵军统帅的廉颇，此时只能被迫退守丹河，与秦军隔河对峙。

后勤战场的较量

尽管司马迁在《史记》里惜字如金，但还是可以看出战场局势对赵军不利：短短3个月内，赵军遭遇了一连串失败，丢失两道防线，折损"一将六尉"。这意味着赵军高级将领的伤亡十分惨重。几十年后，在秦的统一战争中，李信率20万伐楚，被项燕率领的楚军夜袭击败，7名都尉阵亡，已是一场惨败。可见当时赵军的伤亡应当非常大，至少损失了几万将士。无怪赵孝成王得知战报后的反应是"怒廉颇军多失亡"。

对于这时的赵国而言，和平的希望已不存在（战争爆发后，赵国遣使赴秦媾和，但以失败而告终），其在军事上有三种选择：主动攻击、自行撤军、持久防御。而战场的现实已经证明，赵军野战不是秦军对手。而自行撤军，将大军撤回太行山以东，依托壶口关、滏口陉、井陉设防，且不说以新败之师如何抵御居高临下而来的秦军，秦军更可以挥兵北上，控制吕梁山与太行山上的险径要塞，截断邯郸与代郡、雁门郡、云中郡等北部地区的联系，将包括赵国起家的晋阳（太原）在内的太行山以西大片领土全部并吞。这是赵国所不能接受的，因为战败的结果也不过如此！

更重要的是，敌前撤退这样高难度的军事行动极度危险，当时临时征召的军队，虽然数量庞大，但组织度很低，敌前后退极易导致军心涣散、阵形混乱，一旦敌人乘势追杀，将一败不可收拾，甚至全军覆灭。日后王翦趁项燕率兵东移突袭大破楚军就是最好的例证。因此，廉颇选择坚壁清野、坚守不出的策略实属必然。

两军相持，实际比拼的是双方的后勤能力。《孙子兵法》说，"凡兴师十万，出征千里，百姓之费，公家之奉，日费千金"，"国之贫于师者远输，远输则百姓贫"。按理说，长平距离赵都邯郸不过200公里，而距离秦都咸阳在400公里以上。战场态势应是赵军以逸待劳，而秦军远道而来，粮草辎重补给维艰才对。但实际情况却截然相反，长期的重兵对峙给后勤带来的压力，竟然成为压垮赵国的最后一根稻草！

虽然在当时的说客口中，和平时期的赵国"粟支数年"，但赵国的农业仍不及魏、齐、秦等国发达。一方面，长平之战前秦国已拥有关中、四川、江汉和河东四大粮食产地，其中主产地关中的土地质量被《禹贡》评为"上上"；而赵国主要粮食生产区，包括晋阳为中心的太原盆地和邯郸为中心的漳滏流域，只被《禹贡》评为"中中"。这是赵国农业比之秦国的先天不足。

另一方面，商鞅变法将"耕战"确立为秦国国策，将农业生产提高到了最高战略位置。但赵国并不如秦国一样重视农业，就连赵武灵王的变法，也未见涉及农业生产，所以后代文献称赵国"商贾错于路，诸侯交于道。然民淫好末，侈靡而不务本"，国民的经商意识浓厚，《史记·货殖列传》就说，"齐、赵设智巧，仰机利"，说明当时赵国商业发达，但农业相对滞后。这样一来，秦国的粮食储备远超赵国，按照《史记》的说法，"秦富十倍天下"。不唯如此，自公元前290年魏国将河东（今山西西南部）400里之地献给秦国，这一春秋霸主晋国起家之地，经过秦国30年的苦心经营，到长平之战前，已成为秦军在山西东南与韩、赵作战的后勤基地，秦国可以将大量粮食沿渭河、黄河、汾河通过水运（古代效率最高的运输方式）从关中运到这里再转运前线，从河东向长平前线运输粮食，距离不足200公里，与邯郸到长平距离相当，而交通状况比起需要翻越太行山的赵国则要好得多。

结果，在综合国力的比拼中，赵国败下阵来。在赵军垒壁的重要据点大粮山，相传廉颇在此唱筹量沙以迷惑秦军，已经反映出赵军前线粮食的匮乏。在本国粮食储备已不足以供应长平前线的情况下，赵国被迫向富庶的齐国求援，齐王建五年（公元前260年），"赵人乏食，请粟于齐，齐王弗许"。两国原本关系良好，前不久的公元前265年，齐师救赵，挫败秦军，但做出救赵决断的齐襄王次年去世后，齐王建年幼，其母君王后听政。从这时起，齐国彻底失去了威王、宣王时代的大国雄心，直到灭亡的几十年里都在奉行"事秦谨，与诸侯信"的混日子战略，置身战国旋涡之外而求一时苟安，在赵国"百万之师折于外"的严重时刻，竟然见死不救。

临阵换将的背后

国内乏粮，外援无望，赵国已经无法继续进行战争，前线赵军面临无粮而不战自溃的危险。所以，就赵国的军事抉择而言，国家经济状况无力支撑持久防御，撤退则很有可能不战自败，相反主动攻击或有一线"胜"机，即使战败也可与敌有生力量同归于尽，远胜不战自败。主动攻击，突然变成了一个无奈的选择。

但是，面对赵王的谴责与督促，廉颇仍旧坚持持久防御战略不变。从公元前283年因战功封上卿算起，廉颇已经做了20多年大将，军事经验极为丰富，被后世认为是"战国四大名将"（白起、王翦、李牧、廉颇）之一，他当然清楚主动攻击无异于孤注一掷的赌博。长平战场上的态势对赵军极为不利，地利尽失。秦军屯兵于战场西南的山谷之中，地势险要，其势犹如掘坑待虎，而赵军驻扎大军于长平以北的平原地带，无险可凭。秦出山谷攻赵易，赵入山谷图秦难。赵大军如若入山谷攻秦军，秦军只要封闭山谷，断赵军后路，数十万大军便会成为瓮中鱼鳖。但廉颇只需要考虑战场本身，赵孝成王却要考虑整个国家，所以让"坚壁不敢战"的廉颇"下课"就变成了必然的选择。应该说，廉颇还是识时务的，几十年后，另一位名将李牧抗命的结果就是丢掉了性命。

"知兵之将，生民之司命，国家安危之主也。"作为战国名将，廉颇是赵国军界的翘楚。昔日与廉颇齐名的马服君赵奢当时已经去世，至于另一位战国时期的风云人物，以"火牛阵"破燕复齐闻名的田单，当时虽然也在赵国，但毕竟还是客卿的身份，按照《战国策》的说法，赵奢就认为田单不但不知兵，而且还终究是齐国宗室，不会全心效忠赵国，因此田单没有得到足够的信任，只统领赵军攻取过燕国的几个小城。

外人不足恃，尚有宗室可用。赵国军制的一个突出特点，就是有任用宗室为将统兵作战的传统。根据《史记·赵世家》的记载，自赵烈侯起共有31位将领，其中有12位是赵氏族人，几乎占去40%，比例相当惊人。当年赵武灵王攻中山，即以公子赵章将中军，宗室赵袑将右军，宗室赵希将胡、代兵马，一举灭亡作为心腹之患的中山国。

此时，作为赵氏宗室的赵括，头顶名将赵奢之子的光环，又有"精通兵法"的名声，在"将二代"之中自然属于佼佼者之列，偏偏秦国派出的间谍也释放出了"秦之所恶，独畏马服子赵括将耳"的谣言，遂让赵孝成王下定决心，以没有实战经验的赵括代替廉颇出任前线主将。

随后的故事众所周知：公元前260年，赵括抵达长平走马上任，立即全面改变了廉颇的防御战略，修改了军法，更换了一批将领。最后，轻敌冒进，中计被歼，45万赵军全军覆没，引发了一场几乎招致亡国的灾难，令赵括身死之后徒留一个"纸上谈兵"的误国骂名。

　　诚然，赵括为将，确有其取败之道，譬如贪功逞强而刚愎自用，但他上任本身就意味着只能靠战场上迅速决战求得生机的赵国，将一位愿意出战的将领替换下了不愿出战的将领。事实上，赵括既没有机会制造战机，也没有时间从容运筹，而廉颇旧有的固守战略势必为主动出击的新战略所取代。然而，令人无可奈何的真相却是：如果野战能够获得对秦军的胜利，身为名将的廉颇又为什么要忍受"不敢战"的骂名避战死守呢？或许，赵军战败的命运，在长平战场赵军缺粮的那一刻，就已经注定了。

（作者：郭晔旻）

邯郸之围：战国时代最后一场大国博弈

公元前 259 年，位于黄河南岸的魏都大梁。

这一年的初冬，从北方传来了战争的消息——秦军从新夺取的上党盆地出击，经滏口陉越过太行山脉，大举进攻赵国都城邯郸。

作为赵国的南方邻邦（两国以漳河为界，魏在漳南），魏国对邯郸的战事表现出了高度的关注。

一方面，魏、赵两国唇亡齿寒。若秦兵攻破邯郸，吞并河北平原，则战国均势就将被彻底打破。强大的秦国即可从西、北两个战略方向同时夹击魏都大梁（此前，秦军只能沿黄河自西向东攻击魏国），魏国的灭亡也就指日可待了。但另一方面，赵国本身也是魏国的一大宿敌，在北方边境问题上经常恃强凌魏。

因此，一个被大大削弱的赵国也是魏国所乐见的。

所以，如何在确保列国均势的大前提下，尽可能从邯郸之围中获取利益，立刻成为大梁庙堂上激烈辩论的议题。

魏国视角下的时机

以王弟信陵君和老将晋鄙为首的鹰派人物认为，秦军虽在一年前的长平之战中打垮了赵军，但其国力消耗也很大，人力、物力透支罄尽。此刻贸然逾越 400 余里太行险隘，孤军深入围攻邯郸坚城，虽战神白起亲至也无必胜把握。这一派建议魏军立刻出动，趁秦军远来疲惫、后援迂远之机，北渡漳河自秦围城之军侧后击之，必可取得辉煌的胜利。

以将军新垣衍为代表的鸽派人物则认为，贸然出兵援赵，必然破坏好不容易才建立起来的秦、魏友好关系。且秦军若在邯郸城下受挫，其东进战略必将从越太行山隘攻赵，转而修改为沿黄河线攻魏，今后魏国即将陷入独挡强秦的困境。因此，这一派建议魏国不动如山，坐观秦、赵成败。

可以想见，鸽派或许还提出了更激进的方案——魏还可以考虑助秦灭赵。如此，不但能进一步结好秦国，还可以趁机扩大在漳河之北的疆土。但这一建议遭到了魏国高层的集体否决，理由很简单，秦国绝不会容忍魏国趁秦、赵相争之机在漳北扩土，就如秦国不能容忍赵国趁秦、韩相争而私吞上党一样。

魏国固然不愿意得罪秦国，但赵国于魏国却有唇亡齿寒的利害关系——当存亡的危机大过虚伪的友谊之际，魏国的选择也就不难确定了。

于是，一套援赵方案很快即被确定——老将晋鄙率兵10万北上，驻屯于魏、赵边境重镇邺城（今河南安阳北）。但接下来，晋鄙就按兵不动了。

他在等待一个最有利的时机。

这个时机，应当是赵国已经被极度削弱、秦军亦已精疲力竭之时。毕竟这是个诞生了"鹬蚌相争""卞庄子刺虎"之类成语的时代（均出自《战国策》）。晋鄙若不从两强相争中为本国攫取利益，那才叫对不起天地良心呢！

晋鄙这一投机战略的关键，全在于赵国能不能坚守邯郸，以及能够坚守多久。这一点，鸡贼的魏国军队倒是有充分发言权的。

魏国十万大军的如意算盘

战国初年的魏国曾经是中原一霸，屡屡侵略邻国，包括同属"三晋"的赵国。

早在魏武侯时代，魏军就曾在赵国内奸的勾结下偷袭过邯郸，结果"魏败而去"——这一仗，比"三家分晋"还早11年。

到魏惠王时代，魏军又再次进攻邯郸，经过长期围城才得以占领。这一战，按《史记·赵世家》的说法是围攻了1年，按《战国纵横家书》的说法是围攻了3年，按《吕氏春秋》的说法，则是"（魏）围邯郸三年而弗能取"，总之，魏军这场围城战打得非常艰苦。

这是公元前353年的事情。

至公元前259年秦军来攻之际，邯郸城又已经历了近百年的扩建增筑，无论是城市规模还是防御坚固度，都已远非魏惠王时代可比。秦军虽然气势汹汹，但白起自己也承认："今秦虽破长平军，而秦卒死者过半，国内空。"况且秦军需要越过崎岖的太行险隘，距离最近的后勤基地上党也有400余里之遥，保障极其困难。

至少从晋鄙的角度看，让赵国人再守3年问题不大。

如果再分析一下晋鄙的驻军位置，以及魏军的兵力规模，其作战企图就更加清晰了。邺城位于漳河之南，距离邯郸仅仅40千米，折合汉制约96里（一里415.8米）。按《荀子·议兵篇》中所记载，"魏氏之武卒，以度取之。衣三属之甲，操十二石之弩，负服矢五十个，置戈其上，冠胄带剑，赢三日之粮，日中而趋百里"，以魏军全副武装的急行军速度，仅需半日即可赶到邯郸城下。

也就是说，若秦军对邯郸发起总攻，则晋鄙的魏军仅需半天即可赶赴邯郸，恰好可在秦军大部正蚁附登城，城池将破未破的最尴尬之际，以野战姿态出现在秦军背后。

若秦军先行南下打击魏军呢？则晋鄙也可以依托漳河实施坚强防御，而且邯郸的赵军也必将从秦军背后出击。秦军还是一样尴尬。

此时中原气候尚温暖，漳河水深且宽。如西门豹治邺，就曾将被惩治的巫婆投入荡荡漳水；而汉高祖亲征陈豨，也曾道是"豨不南据漳水，北守邯郸，知其无能为也"。这两条《史记》所提及的史料，均足证当时的漳河是适于组织河川防御的。

那秦军就不能在保持对邯郸围攻的同时，又分兵打击晋鄙的援军吗？

这就涉及魏国对秦军此战兵力的基本判断。

时间在秦国人一边

从长平之战看，秦军能投入的总兵力也就四五十万人。但长平之战中秦军损耗过半，眼下总兵力不过 20 来万。又由于长平之战恰好发生于秋获之际，秦国动员了大批劳动力参与战争或后勤保障，因而错过了农时，故可以判断当年秦国粮食必然出现了巨幅减产（所以才会出现坑杀数十万俘虏，甚至放弃乘胜灭赵良机等反常行为）。

所以邯郸城下，秦国能投入作战的充其量不过十来万人，兵力之薄弱甚至不足以对邯郸形成合围——平原君能屡屡遣出使者赴魏求援，甚至亲自赴楚国游说楚王派兵，新垣衍、鲁仲这些说客也能够随便进出邯郸城，都是秦军兵力不足的明证。

基于对秦军现实困难和可能兵力的判断，魏国也就仅仅动员了 10 万军队——战争的最终结果，也证明了魏国判断之准确。

作为一位战争经验丰富的"瞆啫宿将"，为了及时掌握秦军的动态，晋鄙必然遣出了大量斥候在对手阵后活动和捣乱。

相继担任攻城秦军统帅的王陵、王龁，也是当世名将，他们对魏军的战略企图自然不会毫无察觉，尤其是这些成天活跃在阵线后方的魏军斥候，更是让他们头疼。

但他们必须耐心等待。

由于晋鄙的援军就在背后虎视眈眈，所以王陵一直没敢对邯郸城展开猛攻，战争因而陷入了旷日持久的围城战。由于对"战不善"的极端不满，秦昭襄王嬴稷在次年初便撤换了王陵，取而代之的是在秦军中威望仅次于白起的名将王龁。但面对和王陵一样无解的战场僵局，王龁也只能继续采取围困战术。

晋鄙的魏军在耐心等待机会，而王龁的秦军也在耐心等待——等着国内逐渐缓过气来，送来更多的援军和粮草，直到能确保在兵力上同时对邯郸城和晋鄙展开两线作战。

王龁并非没有希望，毕竟就国力而言，秦国对魏国仍具有碾压性的优势。

他只是需要一些时间。

秦与魏在比拼耐心，可就苦了邯郸城里的赵国人。随着围城战的持续，城中逐渐缺粮，开始出现"炊骨易子"的情形——长平之战对赵国的农业影响也同样巨大，虽然秦军并未完全封锁邯郸城，但赵国的存粮也不够吃了。

此际，赵国的执政大臣是平原君赵胜，他的夫人是魏安釐王和信陵君之姊。所以赵国就由他出面，频频遣使向魏安釐王和信陵君这两位舅爷求救。

但魏国国策既定，晋鄙又难得一次抓住了至少是不败的战术机遇，驻邺魏军眼观六路而不动如山的态度，由此可想而知结局——

只要秦军不拼死攻城，魏军就坚持端坐不动，饿死多少赵国人对秦、魏而言都不算事儿。

一眨眼，两年过去了。

冰冷现实的国际社会

眼见两位大舅子手下的魏军打死不动，平原君欲哭无泪，只得另寻援手。

放眼宇内，此际的战国七雄之中，自己是苦主，秦国是对手，魏国在看戏，关系还不错的韩国远隔山河帮不上忙，剩下的列强自北向南数来还有燕、齐、楚三家。

燕国是骑墙派，一向是秦、赵谁强亲谁，眼前不趁火打劫就算极好了，显然不能指望；齐国在乐毅主导的五国伐齐中伤了元气，他们最怕的就是赵国强盛，眼下是既不愿帮忙也帮不上忙。

唯一还能指望的，就只有楚国了（历史上楚国确曾有过抗魏救赵的动作，详见后）。

所以，平原君不惜亲自出马，前往楚国求援。他准备带20名文武双全的门客使楚，但在其三千门客中只挑出了19人就选不出来了，于是就有了著名的"毛遂自荐"，最终以自荐的毛遂补足了第20人名额。

平原君带着这支精干的20人小分队，千里迢迢来到楚都陈。

话说楚国自怀王以来，一直被秦国玩弄于股掌之中，秦国对其偶尔拉拢，但主要是打压，连楚国故都郢城都给抢了去。白起所率秦军还在郢都当起摸金校尉，掘了楚先王之王陵，逼得楚王只好迁都至陈（今河南淮阳）。

此刻在位的是楚怀王的孙子——楚考烈王熊完，平原君来访时正是他继位的第六年（公元前 257 年）。

此后的故事就是中国人耳熟能详的段子了——平原君与楚考烈王从日出议论至日中，而未定决议。于是毛遂冲进会场，按剑威胁楚王，楚王遂立刻同意了援赵之议。

然后毛遂出而向 19 位同事嘚瑟，又造出一句成语："公等碌碌，所谓因人成事者也！"

由于平原君、信陵君皆是"太史公胸中得意人"，所以在写他们的故事时，司马迁就难免情不自禁地爱屋及乌，让毛遂先生一下子创造了三句成语。

至于为啥两位大佬从日出至日中议论不决，太史公却并没有给出一丝理由。

毛遂自荐的真相

打开地图一瞅。楚军从陈出发援救邯郸，其行军里程约 420 千米，折合汉制约 1000 里。以日行军 30 里计，约需 33 日。这条行军路线，必须穿越魏国腹心地带，在魏都大梁以东仅百里之白马津渡过黄河。

楚国在战国列强中，不是一个守信靠谱的盟友。在不久前的乐毅五国破齐之战中，楚国就曾假借援齐的幌子，挟持并杀害了现任齐王建的亲爷爷齐湣王，并从齐国强割了淮北之地。

这次楚军以救赵为名穿越魏国，还要从大梁城边经过，魏国会怎么想？

若再回味一下《战国策》对公元前 353 年魏军攻邯郸之役，楚国是怎么"救赵"的记述，就不难理解平原君跟楚考烈王该有多少掏心窝子的话要讲了——

> 邯郸之难，昭奚恤谓楚王曰："王不如无救赵，而以强魏。魏强，其割赵必深矣。赵不能听，则必坚守，是两弊也。"
>
> 景舍曰："不然。昭奚恤不知也。夫魏之攻赵也，恐楚之攻其后也。今不救赵，赵有亡形，而魏无楚忧，是楚、魏共赵也，害必深矣！何以两弊也？且魏令兵以深割赵，赵见亡形，而有楚之不救己也，必与魏合而以谋楚。故王不如少出兵，以为赵援。赵恃楚劲，必与魏战。魏怒于赵之劲，而见楚救之不足畏也，必不释赵。赵、魏相弊，而齐、秦应楚，则魏可破也。"
>
> 楚因使景舍起兵救赵。邯郸拔，楚取睢、濊之间。

那一次，楚国就是装模作样、虚造声势援赵，但直到邯郸陷落也没出现在赵国土地上，反而自顾自地攫取了魏国东南的"睢、濉之间"（今商丘一带）。

所以可以想见，平原君必须对楚国做出足够的承诺，双方必须达成足够的共识——包括对楚军穿越魏国的外交协调、楚军行军路线中的后勤支援等等细节事项。

然而，毛遂的冒失行为，导致了一个轻率的决策承诺。

楚国动了，邯郸危了，齐国急了

楚军真的出动了，名目也确实是救赵。但随着楚军逐渐深入魏境，魏国的态度迅速发生了转变。

首先是晋鄙的10万魏军主力，突然放弃了与秦军的一线对峙，从邺城向南退到了荡阴（即今汤阴）。

全军之战斗姿态从对邯郸秦军进攻，改为了很明显的对入境楚军的警戒防御。

原本被晋鄙牢牢扯着后腿的王龁，突然获得了行动自由，他会怎么干呢？虽然一时还没有闹明白魏军为什么后撤，但他绝不会放过这难得的机会。

邯郸城遭到了空前猛烈的攻击。

平原君这次才真的急了，《史记·魏公子列传》是这样记述的——

> 平原君使者冠盖相属于魏，让魏公子曰："胜所以自附为婚姻者，以公子之高义，为能急人之困。今邯郸旦暮降秦而魏救不至，安在公子能急人之困也！且公子纵轻胜，弃之降秦，独不怜公子姊邪？"

一言以蔽之：请两位舅爷赶快伸出手来吧，不然你们家姑娘就要当秦军的俘虏了！

面对背后越境而来且态度极不明朗的楚军，魏安釐王失去了继续关注邯郸的闲情逸致，他采取了息事宁人和稀泥的态度，派遣新垣衍进入邯郸城，劝说赵国认怂服软，尊秦为帝——秦国也已经精疲力竭，赵姑爷您就给嬴稷老爷子一个台阶下吧，毕竟他也得给国内军民一个交代不是？

正在平原君犹豫未决之际，旁边看戏的却听着急了。

尊秦为帝这档子事儿，魏国早就干过。

上一次赵、魏、韩"三晋"跟秦国抱团的结果，是大家一块儿揍齐国。

齐国从乐毅破齐之后已经失去了大国的军事底子，为了确保自身的国家安全，才转换思路从既往的军事对抗转为意识形态渗透。齐国从襄王开始布局，学燕国用死间苏秦的套路，好不容易把张禄扶上秦国相位再加上一套组合拳，这才挑起了秦、赵这两个西方列强的死斗，齐国也因此赢得了前后 40 余年的和平，有了在西方列强互殴时看戏的闲暇——现在你们居然说不玩了？

齐国人民必须做一些事，来抵制对秦投降派，支持赵国人民坚持抗秦斗争。

于是就有了《史记·鲁仲连邹阳列传》。

鲁仲连这个齐国说客，赶巧不巧"恰好"正在即将陷落遭罹兵火洗劫的邯郸城里，又"恰好"听说了赵国正犹豫要不要认怂"帝秦"这种国家级机密。

于是他就找上平原君，要求与新垣衍对话。

两人的见面，在新垣衍看来是很尴尬的——对方冷笑着看着他，却一言不发。

新垣衍：今天天气很好啊……你也来找平原君有事儿？

鲁仲连：我能让魏国帮赵国，还能让楚国帮赵国，你信不？

新垣衍：啥？我可就是魏国官方全权代表哦！

鲁仲连（冷笑）：这世界，有些事情你并不理解。附耳过来，我告诉你一个小秘密……出门就说我只是讲了些大道理吧！

新垣衍（满头冷汗，起身，再拜谢）：始以先生为庸人，吾乃今日知先生为天下之士也。吾请出，不敢复言帝秦。

此时，魏国的军队指挥权已经易手。信陵君正在垂泣。他身旁一个屠户模样的壮士讥责道："怕死？哭了？"公子擦擦泪，抬起头来望着远方："可惜了晋鄙这样一位猛将啊！我们此去，他是一定不会听命的，必当杀之。我不怕死，只是很替他惋惜。"

邯郸城下，秦军将士正在拼命攀城进攻。

忽然，阵后传来一阵惶恐的喧哗声，正散乱攻城的秦军将士扭头回望，只见 8 万魏军已静悄悄地以战阵姿态出现在背后，战场已更无悬念。

公元前 257 年，邯郸解围。

（作者：江上苇）

争雄镇边两不误的三国时代

"东汉末年分三国,烽火连天不休……"

东汉末期,曹操挟天子以令诸侯,刘备凭借"天府之国"的险要地势割据西南,孙权占据东南之地称霸一方,魏、蜀、吴频繁互相发动战争,意图兼并另外两国,一统天下。

中原政权动荡时,边疆游牧民族往往会趁机入侵,比如秦末匈奴的崛起,西晋八王之乱后的北方少数民族南迁。但是,在史料上我们却很少看到三国时期的外族入侵记录,这是为什么呢?

灭南匈奴

西汉初年,北境匈奴的冒顿单于把汉高祖刘邦围在白登七天七夜,逼得刘邦给单于阏氏送礼示好,利用阏氏的"枕边风"才得以逃脱。但匈奴在经过西汉、东汉不断的征讨之后,早已分裂为南、北匈奴,北匈奴不断西迁,南匈奴则归附汉朝,偏安于东汉北部边郡。

东汉后期,南匈奴内部反汉和亲汉势力矛盾激化,不过,由于单于支持汉朝统治,所以南匈奴内部的反汉斗争往往被单于出兵协助汉朝镇压。但在公元 187 年以后,南匈奴成为骚扰边境的一股"恶势力"。

起因是公元 188 年,汉朝朝廷征发南匈奴兵配合镇压反叛的前中山太守张纯,单于命令左贤王率兵出征,但是南匈奴人不愿意,"恐单于发兵无已",担心频繁发兵打仗导致流离失所,所以,南匈奴内部反汉势力联合杀死单于。他们又害怕即位的新单于於夫罗为父报仇,所以另立须卜骨都侯为单于。一时之间,南匈奴竟有两位单于,并且各有一众部落拥护。於夫罗上京告状,要求东汉朝廷给他确认唯一单于的身份。但此时正值灵帝病死,董卓带兵入京,东汉自身尚且不保,根本无暇他顾。

於夫罗目睹东汉内乱,朝廷无力约束各路军阀,遂与白波军合兵攻打郡县,想要趁火打劫。但当时各地多聚众筑壁自保,於夫罗抄掠无所得,部众受到挫伤,只好在河东郡平阳（今山西临汾市西南）停住。其后，於夫罗先后投靠袁绍、袁术，袭杀汉朝的度辽将军耿址，一时名声大振。袁术被曹操打败之后，於夫罗又返归平阳，不久病死，其弟呼厨泉继立为单于。

公元202年，呼厨泉联合并州刺史、河东太守背叛曹操，但是实力太过悬殊，曹操都不用亲自动手，只派出司隶校尉钟繇，就将呼厨泉围困在平阳。呼厨泉当即投降，之后虽然安生了一段时间，但曾经反叛的"黑历史"时常回荡在曹操的脑海中。终于在公元216年，呼厨泉在入朝觐见时，被曹操留在了邺城，令比较顺服的右贤王代行国事，又将匈奴之众分为五部，命汉人为各部司马，去其势，收其权！

当时中原混乱，南匈奴部众缓慢向南迁徙。曹操"恐其户口滋蔓，浸难禁制"，对他的统治构成威胁，对内迁民族采取了一系列措施。其中政治方面的两个重要措施：吸收上层贵族担任地方官职，使其与部落脱离关系；征调匈奴牧民壮丁，将其编为义从、勇力，分遣各地打仗、驻防，家人迁至邺城，充当人质角色。

此举效果显著，南匈奴在曹魏政权统治下，再也没有能力发动大规模的反叛活动。

北征乌桓

东汉末年，居住在辽东、辽西、河北一带的乌桓族，由于东汉内乱、匈奴分裂而得到发展机会，乌桓首领蹋顿统一了辽东、辽西、右北平三郡乌桓，经常骚扰汉的东北边境。一次，蹋顿攻破幽州，掠去汉民10万多户。袁绍又以和亲及册封的方式与乌桓建立了军事同盟关系，乌桓助袁抗曹。公元204年，曹操歼灭了袁氏主力，袁尚等北遁与乌桓连兵，欲复立，并勾引乌桓骚扰边境。曹操于是在公元206年北征三郡乌桓。

但是，曹操"将北征三郡乌丸"一事与群臣共议，多数仍持反对意见，担心刘备趁此机会向北进攻。只有曹操的首席军师郭嘉支持北伐：一是为了防止袁尚借乌桓兵力死灰复燃；二是料定乌桓依仗与中原距离过远，不设防备，可出其不意，必然能破灭乌桓；三是认为刘备得不到刘表重用，无力偷袭许都。通过郭嘉的深入分析，曹操及众臣坚定了北征决心。

北征时，曹操起用了大量本地人士，其中田畴成为后来曹军成功兵袭柳城的关键。田畴是当地名士，袁绍请了5次他都不出山，但因为乌桓经常横行其郡，劫杀乡里，田畴有意征讨"而力未能"，所以曹操北征乌桓时使者请他加入，他立即去了。

曹操大军行进时，因为天下大雨，道路受水浸泡成泥洼无法通行，作战计划受到严重影响。此时田畴献上"明修栈道、暗度陈仓"之计，"旧北平郡治在平冈，道出卢龙，达于柳城"，从古道袭敌。曹操听从田畴的建议回师改行古道，并立木于滨海路边，上书"方今暑夏，道路不通，且俟秋冬，乃复进军"，用一招"能而示之不能"之计以麻痹敌人。果然乌桓以为大军已退，自此戒备渐松。曹操引军兵锋直指乌桓之柳城，终于占得出其不意的先机。

当曹军急行至柳城约200里时才被三郡乌桓候骑发现，乌桓首领蹋顿、楼班等匆忙"将数万骑"出兵迎战。两军战于白狼山，三郡乌桓兵"众甚盛"，而曹军为达到出其不意的效果，轻辎重、弃重甲，所以当时曹军"被甲者少，左右皆惧"。而乌桓由于仓促应战、阵型散乱，曹操决定趁敌立足未稳之际，将兵击之。大将张辽亦"劝太祖战，气甚奋，太祖壮之，自以所持麾授辽"，于是张辽为先锋带兵冲击敌阵，乌桓不意曹军先发制人，在冲击下败散，曹军"斩蹋顿及名王已下，胡、汉降者二十万口"。后曹操继续北上，将三郡乌桓的主要力量全部消灭。

北征胜利之后，曹操把被乌桓掠去的十万户汉人接回国，同时还把乌桓十万户迁入关内，利用乌桓族的上层贵族统率其部众，并征发青壮年当兵。乌桓骑兵在当时驰名国内，号称"天下名骑"。曹操将乌桓骑兵收为己用，成为后来其逐鹿中原的突击力量。乌桓族也不断汉化，逐渐与汉族融合。

"腹黑"鲜卑，终成一县

东汉一朝，鲜卑有史可循的投降于汉朝就有5次，但每次投降之后不久便再反叛，鲜卑成为汉朝北部边疆的一个不稳定的炸弹。

东汉末年，鲜卑首领在劫掠北地时被人射死，因其子年小，由其兄代立，但其子长大后与叔叔争国，造成鲜卑部族离散，分崩离析。其中一个势力集团的首领轲比能，公元211年曾率三千骑兵协助曹军西征关中，由此得到曹操信任，并向朝廷进贡而得到了朝廷的支持，有了通商贸易的权利，逐渐发展成为鲜卑三大部落之一。在公元220年，轲比能探听到曹丕组建骑兵缺少战马，立刻进献了数千匹战马，曹丕大喜，当即封轲比能为附义王。有了朝廷的正式封号，轲比能开始向另外两大部进攻。但魏国的乌丸校尉田豫看出了轲比能的野心，随即出兵打败了轲比能，使其不得不转向漠南。

被田豫打败后，轲比能立刻向曹丕上表称述自己冤枉，因为他一直给曹魏统治者留下忠心耿耿的印象，再加上曹丕身在长安，不明内情，辅国将军鲜于辅又接受了轲比能的贿赂，在曹丕面前为轲比能说好话。曹丕下旨申斥了田豫，并禁止朝廷各部再向轲比能用兵。而后田豫部下夏舍被轲比能的女婿所杀，田豫大怒出兵三万，却没想到轲比能已经拥有十多万骑兵，田豫被围。幸好阎柔对轲比能有恩，经过阎柔的劝说，轲比能退兵，并向朝廷申诉自己是逼不得已才出兵。

公元 231 年，诸葛亮与轲比能商议共同出兵击魏，许以事成之后西凉尽归轲比能。可惜诸葛亮被击败，轲比能还没来得及出兵就退了，所以没受到魏国攻击。

公元 233 年，轲比能终于露出獠牙，出兵攻下并州，统一鲜卑各部。至此，正式成为鲜卑领袖的轲比能已经拥有骑兵十余万、步兵数万，一个比蜀国和吴国还要强大的国家出现在魏国的北方。魏明帝曹叡终于意识到危险，派遣秦朗率中央军征讨，并授意乌丸校尉王雄加强防备。

史书记载："（青龙）三年中，雄遣勇士韩龙刺杀比能，更立其弟。"一次刺杀解决了为祸边境多年、控弦十万的一族首领。

关于韩龙是何方神圣，如何刺杀轲比能，之后是死是活，历史上再无记载。但是轲比能死后，鲜卑族群龙无首，政权再次崩溃，直至后来附魏，魏设辽东属国，置昌黎县安置鲜卑归附人口。韩龙几乎以一人之力瓦解一个政权，其风采引后人无限遐想。

"攻心"西南夷

蜀汉的统治区主要在四川，它的西南边境居住着泛称为"夷、叟"的少数民族。诸葛亮在《隆中对》中就讲"西和诸戎，南抚夷越"，对待边境民族主要实行怀柔政策。

在《三国演义》中，刘备死后，地方太守联合益州大姓孟获等人反抗蜀汉政权，向"夷、叟"散布谣言，说蜀汉要向他们强征非常难得的"三丈驲木"，"夷、叟"等族人民听信了孟获等人的谣言，于是群起叛乱。

诸葛亮亲自率军出征，并在南征中严厉约束部下，禁止烧杀掠夺，并且采用马谡"攻心为上，攻城为下；心战为上，兵战为下"的建议。在与孟获对战时，七擒七纵，最后孟获诚心归附，对诸葛亮说："公天威也，南人不复反矣。"于是，先后平定朱褒、孟获、高定元等叛乱。

从此，蜀国西南边境稳定。

高压镇山越

吴国的统辖区内，有众多山区，山里居住着许多越族人民，当时称为山越、山民。东吴对山越战争非常频繁，查《三国志》东吴将领的传记，参加对山越战争的将领有太史慈、凌统、陆逊、孙休、孙辅、周泰、诸葛恪、张承、陆凯等 30 人，甚至东吴国主孙策、孙权也都亲自讨伐过山越。

东吴征讨山越的目的，无非是获得财富和劳动力。对于被征服的山越，"强者补兵，羸者补户"，或分赐给将领充当部曲、佃客。公元203年，吴将贺齐讨福建山越，"斩首六千级，名帅尽擒……料出兵万人"。公元237年，吴派诸葛恪讨伐苏南、皖南、赣东地区的山越。诸葛恪采取围而不攻的战略："候其谷稼将熟，辄纵兵芟刈，使无遗种，旧谷既尽，新田不收，平民屯居，略无所入，于是山民饥穷，渐出降首。"

　　这一次大围剿，杀伤人数缺乏记载，诸葛恪却从出山的山越人中，抽出4万名青壮年当兵，剩下的老弱被编为郡县的编户。居住在山中的山越人，逐渐成为吴国统治下的军士与农民。

　　一般情况下，中原内乱容易令周边少数民族政权有机会崛起，而乱世三国却成了历史上的一个例外。魏、蜀、吴三国各方人物，都是经过东汉以来数次军事历练的杰出人物，无论政治谋略还是军事实力，都高出同时期少数民族一个段位。加之魏、蜀、吴均重视边境安定，征讨与安抚并重，促进了少数民族与汉人的融合。正因如此，少了边境困扰的三国时代，成为乱世中颇具英雄主义浪漫色彩的一个时代。

（作者：小黄鱼儿）

参考资料：

[1]陈寿.三国志·魏书[M].北京：中华书局，1952.

[2]胡玉春.南匈奴附汉若干问题研究[D/OL].内蒙古：内蒙古大学，2005.

[3]朱绍侯.三国民族政策优劣论[J].河南师大学报（社会科学版），1981（03）.

[4]王长印.两汉魏晋史料所见东北战争[D/OL].长春：东北师范大学，2018.

隋炀帝南巡开凿了大运河，西巡时又干了什么？

"滔滔下狄县，淼淼肆神州。"

1000多年前，一次出游过程中，心情颇好的隋炀帝经过渭源（今甘肃定西市渭源县北）时，目及沿途景观，留下这首诗作。此时的他或许并不知道，这次始于长安，途经扶风、陇西、狄道等地，长达11个月的出巡，不仅被史书工笔如实记录，更再度开启了中原王朝与"神秘"西域的交流。

史书称其为"炀帝西巡"。它的背后有着何许故事？

决意西巡：一场征服与检阅

大业五年（公元609年）的三月，暖风和煦，草长莺飞，簇拥着皇家仪仗的车马和40万大军一起，浩浩荡荡地从长安出发。车上坐着的不是别人，正是隋朝的第二位君主——隋炀帝。

与以往的玩乐不同，此去路途漫漫，为的是解决一个"心头大患"。

事情还得从隋文帝时期说起。公元581年，北周覆灭，一个统一的中央集权国家——隋朝正式出现在版图中。历经一番金戈铁马、狼烟四起，汉末以来400余年的分裂格局基本宣告终结，诸番邦虽然说不上完完全全心悦诚服，但大都守着自己的地盘，放羊牧马，休养生息，没来给隋文帝添堵。这其中却偏有例外。

吐谷浑便是其中之一。吐谷浑也被称为吐浑，算是鲜卑族中的一支，大约在公元4世纪时举族来到甘肃与青海之间，与羌人杂居。别看吐谷浑向来靠畜牧为生，与水草为伴，可要说起来，算不上安分。隋开皇初期，吐谷浑可汗夸吕就不喜欢消停，时不时就要率军来骚扰隋朝边境、四处抢掠。面对吐谷浑的挑衅，文帝也没忍，派遣乐安郡公元谐等人带领大军讨伐。多次交战后，隋军虽取得了关键胜利，使得部分吐谷浑兵败归附，可伴随剩余部众的反攻与重回旧地，再加上后期两军的胶着，吐谷浑再次活跃在隋朝边境，以更频繁的骚扰挑衅将"心头大患"这个名头顶了个结结实实。

后来，大隋公主嫁入吐谷浑，二者恩怨渐渐平息，两国也开始化干戈为玉帛。

公元597年，吐谷浑发生内乱，慕容伏允继位为首领，隋文帝将光化公主嫁与伏允，两国再次结亲，吐谷浑对毗邻的隋王朝也开始"朝贡岁至"。只是，如此的"表面平静"终归没能维持太久。

这一次，故事的主人公换成了两位关键人物。其一是隋炀帝，其二是裴矩。

裴矩出身世家，尤其擅长谋划和外交。炀帝将裴矩派往张掖主持互市工作，为其才能发挥搭建起一方舞台。裴矩把互市搞得像模像样，还在工作间隙积极结交外国使者、商客，把西域40多个国家的自然、地理、风土人情摸了个七七八八，更在这基础上写出了鸿篇巨制《西域图记》整整3卷，献呈给炀帝。

裴矩如何受宠还是后话，问题的症结就出现在《西域图记》上。其珍贵不用多言，其中绘制的西倾山以北、贝加尔湖以南纵横2万里的地图，还有从河西走廊到地中海的3条商路，真正掀开了西域的神秘面纱。

遗憾的是，历经沧海桑田，如今只剩《西域图记》的序言存世。而在这份序言中，裴矩郑重其事地分析了西域形势，还汇报了自己的重要发现。简单来说，裴矩发现，西域诸国早就有了与中原互通商贾、依附隋王朝的愿望，可惜中间多了两块绊脚石——突厥和吐谷浑。这二者国力相对强大，对诸番邦存在相当大震慑力和吸附力，以至于小国小邦不敢轻举妄动。尤其是吐谷浑，盘踞在河西走廊附近，地处要道，关键还近在"国门之外"，霸占着重要商路不说，还有着随时长驱直入的风险。裴矩进而给炀帝献策，要想诸国真心归附，实现"混一华夏"，那就得"诸蕃既从，浑厥可灭"。

也怪吐谷浑自己，势力已然受到忌惮，还看不清局势，在炀帝大业初年便"职贡不修"，试图重新蹦跶。

大业四年（公元608年），隋王朝第一次出手。裴矩说动贪汗山（今新疆中部天山东支博格达山）一带的部族铁勒出兵吐谷浑。吐谷浑大败，转头向隋求援。炀帝表面答应，背地里却派安德王杨雄、许国公宇文述等人前往追击。宇文述等先后在曼头城（今青海兴海县北）、丘尼川再次痛击吐谷浑，"斩三千余级"，"获其王公、尚书、将军二百人"，"前后虏男女四千口而还"。第一次交手在吐谷浑的惨败中落幕。

怎奈吐谷浑还是没安生下来，前脚隋军刚刚得胜回朝，后脚首领伏允就带兵卷土重来，开始侵扰张掖。这下算是踩到了炀帝的底线，一场针对吐谷浑残部的彻底清剿就此被提上议程。

隋大业五年（公元609年），庞大的车马与军队从长安出发，炀帝西巡开始，针对吐谷浑的彻底征服与清剿也拉开了序幕。五月二十日，隋炀帝一行到达浩亹川。此时的伏允率部据守覆袁川。炀帝没留情面，派遣史元寿向南进驻金山，兵部尚书段文振向北进驻雪山，将军张寿向西进驻泥岭，太仆卿杨义臣东屯琵琶峡，形成了对吐谷浑的四面包围。伏允抵挡不住，只能率骑兵出逃。五月二十六日，右屯卫大将军张定和的副将柳武建大破吐浑军，吐谷浑汗国仙头王率领部众向隋投降。六月初二，决战打响，卫尉卿刘权率兵出伊吾道进攻吐谷浑，这一战直接追击到青海，吐谷浑的首都被攻陷。

随着伏允兵败出逃党项，追击战在隋朝的决定性胜利中画上句号，吐谷浑的势力至此被基本清除，盘桓在隋王朝身边的潜在威胁几乎化为乌有。

这场缠斗是惨烈的，隋炀帝穷兵黩武、不顾黎民苍生的罪名中，就有对吐谷浑的残酷围剿。

齐聚张掖：汇集 27 国的盛会

大业五年（公元 609 年）六月十七日，解决完吐谷浑的炀帝又干了一件大事儿。夏意正浓，这一天，位于祁连山北麓的焉支山上草色清新，大草滩上支起了一座极为华美贵气的行帐。

隋炀帝与高昌王、伊吾吐屯设等西域 27 个国家的使者在这里举行了"万国博览会"。帐外，陈列着诸国商旅从西域带来的玉石、马匹、珠宝、香料等，不久之后，这些珍奇物什将成为商品，作为西域与中原的联道要件，正式开始流通。

隋炀帝在历史上是出了名的奢靡讲排场，仅仅一场宴会显然是不够的。他反客为主，邀请高昌王和伊吾吐屯设等人继续欢宴。席间，炀帝特地要求乐人宫伎们演奏起《九部乐》。《九部乐》由隋初的《七部乐》发展而来，包括清商乐、西凉乐、龟兹乐、疏勒乐、康国乐、安国乐、天竺乐、高丽乐、礼毕（又称"文康伎"）9 种乐舞，相当于当时的中外经典乐舞大合集。几天后，炀帝又想出一招，下诏赦免天下罪犯，收获一片感恩戴德。

炀帝使出浑身解数，终于让自己过足了瘾，客观上也彰显了隋朝的强盛。受此影响，吐谷浑彻底臣服，土地均被隋王朝收入囊中。

为方便管理，征服吐谷浑后不久，隋朝特设西海（今青海湖东岸）、河源（今青海湖南）、鄯善（今新疆罗布泊西南）、且末（今新疆且末县）四郡，各辖二县，共四郡八县，大量罪人被流放至此，成为当地戍卒。吐谷浑的臣服很快引起连锁反应，一时间，大量西域使节入朝拜贺，宣布臣服，其中，伊吾吐屯设更是献出数千里的土地，不久后，隋朝设置伊吾郡，现在的新疆哈密地区正式接受中原王朝管辖。

此时，大隋坐拥近 200 郡，1200 余县，有户 890 多万，国土东西长 9300 里，南北宽 14815 里，国力几乎攀至巅峰。不仅如此，吐谷浑归附后，炀帝特派兵将把守沿途，保证再无他军流寇骚扰过路商队，自此"道路无壅"，源源不断的特产珍宝作为商品流通于中西，这条贯连着中原和神秘西域的道路彻底畅通。春去秋来，秋过冬至，直到十一月，炀帝一行才历经艰辛返回东都洛阳。不过，这次返程的代价是惨痛的。他们途经大斗拔谷时赶上风雪，许多士卒被冻死，队伍分散，甚至后宫的嫔妃、公主也在混乱中狼狈走失。回程时，原本浩浩荡荡的车马队伍也显得颓乱了不少。

一场风光无两的盛会背后，终究免不了劳民伤财。某种程度上讲，隋炀帝西巡，与他营建东都洛阳、三次奢华南巡、开凿京杭大运河与三征高句丽一样，无不是劳民伤财的事情，也让炀帝成为传统史家以道德为基准评价体系中的"暴君"和"昏君"。

隋的建立终结了多年的分裂战乱，文帝杨坚多年的休养生息，创下"开皇之治"，中原商业得到了发展，哪怕是一个四川蜀郡，也是"水陆所凑，货殖所萃，盖一都之会"。隋大业年间，经济发展到了一个高峰，几乎是"天下承平，百物丰实"，以至于唐朝诗人罗隐目及炀帝陵寝时，回顾起以往隋王朝的繁盛强大，也不免哀叹一句："君王忍把平陈业，只博雷塘数亩田。"可以说，炀帝上位时的家底是不错的，但是炀帝想法太多，太能折腾，光是三征高句丽就靡费了大量社会资源。最终，大业十四年（公元 618 年），隋王朝覆灭，曾经不可一世的强大帝国在兵荒马乱中湮没于尘土。

正如学者袁刚所说："隋炀帝区别于历史上诸多昏君的一个最大特点是，他不是一个只顾个人享乐而无所作为的君主，他想干好事干大事成圣王之业，想大有作为。但干好事的心太大，结果走向了反面，成为亡国之君。"

（作者：念缓）

参考资料：

[1]林超民.云南文库·学术名家文丛·唐宋民族史[M].昆明：云南大学出版社，2016.

[2]高荣（主编）.河西通史[M].天津：天津古籍出版社，2011.

[3]张小元（著），刘炘（主编）.嘉峪关."一带一路"建设文化丛书·丝路驿站·驿使卷[M].兰州：甘肃人民出版社，2016.

[4]郭志坤.隋炀帝大传[M].上海：上海人民出版社，2013.

[5]胡戟.隋炀帝的真相[M].北京：北京大学出版社，2011.

[6]张克复，张国藩.人文甘肃·千年回眸·历史卷[M].敦煌：敦煌文艺出版社，2010.

[7]王克芬.中国舞蹈史：隋·唐、五代部分[M].北京：文化艺术出版社，1987.

[8]佐藤长，梁今知.隋炀帝征讨吐谷浑的路线[J].青海社会科学，1982（01）：90-95.

[9]申世花.从临津关看隋朝与吐谷浑的关系[J].丝绸之路，2020（03）：57-58.

李渊何以凭借3万兵马7年定天下？

"玄武门之变"后"被退位"的惨淡收场，令本该名垂青史的唐高祖李渊，在正史之中频频沦为衬托其子李世民英明神武的背景。这位一手开创大唐帝国的枭雄，才干究竟如何？我们不妨回首这位乱世枭雄从太原起兵直至一统天下的传奇人生。

得国太易——李渊为什么不受人待见？

乱世是枭雄最好的舞台。站在后人的角度来看，中国历史上那些大一统皇朝由于自身积弊导致的内部坍塌，都会不可避免地演化为"秦失其鹿，天下共逐之"的局面。如秦末的刘项之争、汉末的三国鼎立、唐末的五代十国，都可谓群雄并起，好戏连台。

与上述这些乱世相比，隋末的局面便有些尴尬了。首先，这场纷乱看似热闹，持续时间却并不算太长。即便从大业七年（公元611年）隋炀帝杨广下诏征调天下兵马、讨伐高句丽而引发社会动荡开始算起，至武德七年（公元624年），唐帝国斩杀降而复叛的辅公祏，一统天下，也仅仅过去了13年而已。

其次，在这场残酷的淘汰赛中，闪现出了太多亮眼的明星。有擅长谋划、隐忍洞观堪比司马懿的李密，有屡建军功、十足曹操作派的王世充，更有起于草莽、义薄云天、有几分刘备架势的窦建德。然而，这些风云人物都没能够笑到最后。天下最终落入了隋炀帝表哥——李渊的手中。怎么能不令观众失望？

更可气的是，与李渊同时代的群雄个个看似风光，偏偏在李渊面前都瞬间人设崩塌。心高气傲的李密兵败洛阳之后，竟然逃到李渊帐下寻求庇护，后又不甘久居人下，在叛唐的过程中被人射成了刺猬。王世充完成了从权臣到皇帝的华丽转身，却旋即兵败被擒，面对李渊时马上跪地求饶，还乐于接受流放蜀地的命运，可惜还是死在血亲复仇的刀下。来势汹汹的窦建德，更是在战场上一触即溃，以至于死时连句硬话都没敢说。

至于其他的诸如刘武周、杜伏威之流的表现，更是拿不上台面。

拜托，你们这些乱世之中有机会上场的种子选手，即便没有项羽最后力杀百人的实力，也该学学那些末路枭雄自我了断的傲气。最不济，学学袁术留下个"我只喝蜜水"的贵族风雅也是好的嘛！

虽然胜利者本就有不受指摘的特权，更何况中国历史上的汉光武帝刘秀、明太祖朱元璋，也都曾如李渊般迅速平定乱世，但是刘秀和朱元璋好歹还有"白手起家"的人设，中间多少也有昆阳之围、鄱阳湖大战这般的"逆天翻盘"，可李渊却是含着金钥匙出生的世家贵胄，一路走来，别说没有什么危及生命的磨难，连磕磕绊绊都不曾遇到过几次。

或许正是在这样的情绪之下，我们可以看到，在《隋唐演义》《兴唐传》等民间评话中，李渊沦为故事中可有可无的背景板。起兵反隋是二儿子李世民一手策划的；天下是辅佐李世民的徐茂公、程咬金、秦琼等瓦岗旧将打下来的；甚至连在太原留守这个职务，都是李渊的小儿子李元霸通过殿前比武，为他老子赢下的。

那么李渊的天下之路走得真那么顺畅吗？

贵N代的白手起家——李渊早年的奋斗史

表面来看，李渊得天下的确很容易。毕竟他的家族本就是与弘农杨氏平起平坐的"西魏八柱国"之一。于太原起兵之后，更迅速抢占了隋帝国的政治中枢长安。再以关陇之兵大举东进，进而扫平了天下群雄。事情的发展似乎都是那么的顺理成章，然而，又有谁能想到，李渊的贵族身份并没有那么高的"含柱量"。

后世谈及李渊的家世，大多会强调其家族传自"五胡十六国"时代的西凉君主李暠。李渊的祖父李虎曾跟随宇文泰平定关中，进而位列西魏"八柱国"之一。正是凭借着祖上的荫庇，李渊之父李昞在身无寸功的情况下，受封汝阳县伯，食邑五百户，更先后担任抚军大将军、大都督、车骑将军等职。

李虎去世后，李昞又承袭陇西郡公的爵位，升任骠骑大将军，获得了"开府同三司"的权力。随着宇文氏正式篡夺西魏、建立北周政权，李昞又接下了追封他老爹的唐国公一职。不过在"晋爵"的同时，李昞并未"加官"，反而被外放地方，以刺史、总管的身份出镇以安陆（今湖北安陆市）为中心的安州。

李昞在安州的工作一般，因此后世史料无从溢美，只能粗略称之为"为政简静"。好在，此时北周武帝宇文邕与堂兄宇文护龃龉不断，均有意拉拢李家。李昞这才被调回中枢，并得以都督同、华等八州刺史，在宇文邕与宇文护这两股势力之中，李昞倒向于谁，史料中并未给出明确的记载。但是宇文护倒台的天和七年（公元572年），李昞突然病逝。在李昞的4个儿子中，北周政府独独选中了年纪最小的李渊继承唐国公的爵位，本身便说明了一些问题。

承袭唐国公之时年仅7岁的李渊，显然无法在政治上有所作为。这也使得其家族一度归于沉寂。直至开皇元年（公元581年），隋国公杨坚逼迫北周静帝宇文阐禅位于己之后，李渊才凭借着他那位身为大隋皇后的姨母独孤伽罗，被杨坚任命为了"千牛备身"。

按照隋朝的官职，李渊担任的这个全称"太子千牛备身"的职务，不过是正七品。而且隶属于太子左、右内率府，即便可以在杨坚的长子杨勇身边混个脸熟。但真想要大展宏图，怎么也得等到杨坚殡天之后才能有所指望。李渊很快便耐不住寂寞，再次去请自己的姨母帮忙，干脆去求外放为一州刺史的机会。

有趣的是，李渊的早年经历和李密有些相似。身为蒲山郡公李宽之子的李密于大业初年也凭借父荫当上了千牛备身，不过此时隋炀帝杨广已然登基，一眼就看出李密这小子不是好人，当即让宇文化及的父亲宇文述安排李密下岗待业去了。由此可见，李渊较早离开长安宫廷这个"是非圈"，无疑是明智的。

步入行伍——李渊迟来的军旅生涯

仁寿二年（公元602年），一直对李渊颇为关心的姨母独孤伽罗皇后病逝，两年之后姨夫杨坚也突然病逝。继位的表弟杨广对李渊似乎还不错，先是将他从陇州调任到相对富庶一点儿的岐州，随后又借着改州为郡的东风，先后任命李渊为荥阳、楼烦二郡太守，后来杨广更将李渊召入中枢，让他当上了管理天子衣、食、住、行的殿内少监。

杨广在李渊表哥面前似乎没什么皇帝的架子，甚至在一次宴会公开指着男生女相且满脸皱纹的李渊，管他叫"阿婆"。面对这样的玩笑，李渊当时是什么心情，世人不得而知。但可以肯定的是，李渊并不享受这种陪皇伴驾的日子。

大业九年（公元613年），杨广第二次出兵征讨高句丽之际，李渊离开行在，主动留在了前线枢纽"怀远镇"督运粮草。逗留于怀远镇期间，李渊发现越王杨素之子杨玄感偷偷召回了在辽东前线的两个弟弟——武贲郎将杨玄纵、鹰扬郎将杨万硕。李渊把这个信息通报给杨广，杨广得到消息后立马回师扑灭了杨玄感的叛乱。

此时，大隋帝国已经是千疮百孔、民变四起。杨广无奈之下，只能令李渊于大业十一年（公元615年）以"慰抚大使"的身份，前往山西镇压农民起义。

和平年代不太会当官的李渊，在战场上却展现出了惊人的天赋。在龙门与母端儿领导的起义军的交锋中，李渊带领10余骑的亲卫，往来驰射。竟然一口气射出了70余箭，且所瞄准的目标无一不是应弦而倒。最终母端儿战死，起义军全线溃散。李渊命手下将所有敌军的尸体垒砌成一座"景观"。望着那座由累累尸骨组成的"丰碑",已然49岁的李渊摇晃着颇为酸痛的手臂,第一次感到人生竟能如此的充实。

李渊这样的关陇将门家族,显然还保留着强烈的尚武风俗,其多年磨砺的体魄和刻入 DNA 的战斗本能,可以在单兵格斗中轻易碾轧未经训练的民兵。

李渊刚刚击败母端儿所部起义军,杨广便在声势浩大的北巡中被突厥铁骑包围在雁门郡内。李渊虽没有直接参与解围的军事行动,却也将自己16岁的次子李世民派到了"屯卫将军"云定兴的军中效力。这份忠君体国的热忱,令杨广很是感动,随即将老将樊子盖所部兵马交由李渊指挥。李渊进而以怀柔的手段瓦解了盘踞绛郡地区的敬盘陀、柴保昌所部起义军,顺便还在当地收编了数万降卒。

大业十二年(公元616年),活跃于河北、山西一带的起义军领袖"历山飞"(绰号,本名魏刀儿)派遣部下甄翟儿攻打太原。正忙着准备南下江都的杨广任命李渊为"留守",率领虎贲郎将王威、虎牙郎将高君雅等部,前往讨伐甄翟儿。两军于雀鼠谷遭遇,李渊数千人的直属部队随即被数万起义军包围。关键时刻,李世民率领精锐骑卒赶到,配合大队步兵,一举将甄翟儿所部起义军击溃。

解除了太原之围后,李渊这位"留守"才算正式到任。值得一提的是,所谓"留守"并非一个实际的官爵,不过是在杨广巡游天下时,代其处理日常事务的"政治分身"而已。如杨广征讨高句丽和南下江都之时,都命自己的孙子代王杨侑、越王杨侗,分别在长安和洛阳出任"京师留守"和"东都留守",还任命一些亲贵大臣镇守地方,出任诸如东莱留守、江都留守、彭城留守等官职。

除了上述"留守"之外,杨广还会安排一些官员出任"离宫留守",以替自己看守那些短暂居住却囤积有大量财物、豢养众多宫女的行宫。鉴于太原当地还建有一座晋阳宫,因此杨广命李渊同时兼领"晋阳宫监"。不过,不等李渊在太原站稳脚跟,杨广又命他与马邑太守王仁恭一同北上讨伐突厥去了。

李渊和王仁恭对这一任务都不太上心,否则以两人手中掌握的兵力,怎么也不至于只凑出5000多人。这点儿兵力要想与数以万计的突厥正面抗衡,显然是做不到的。因此,李渊特意要求派出的2000人不仅要精通骑射,更要像突厥人一样适应草原的生活。如此一来,此番征讨突厥,李渊虽然没有取得什么太大的战功,却训练出了一支长于远距离奔袭的精锐骑兵。

正所谓"身怀利器,杀心自起",随着手中武装力量的不断强化,李渊的野心也膨胀起来。名义上此时的李渊还没有公然与杨广决裂,但暗中却网罗了诸多为躲避迫害而亡命天涯的隋朝官员。面对"行军司铠"武士彟等人不断暗中鼓动自己起兵自立,李渊虽然表面上没有答应,却也给出了"当同富贵"的暗示。

当时,在太原地区真正对他的事业起到决定性作用的人物,除了掌握兵权的王威、高君雅两位将领之外,便是身为"晋阳宫副监"的裴寂。

今天我们所能看到的史料中，对裴寂的拉拢工作都是李世民独力完成的，李渊毫不知情。实际上，很可能是李渊先安排自己的次子李世民，找到与裴寂私交不错的龙山县令高斌廉，安排一系列的赌局，待裴寂高高兴兴赢下那些钱后，高斌廉再把李世民引见给裴寂，却并没有直接说出有关举兵的相关事宜，只是请裴寂为自己的父亲安排几个晋阳宫中的女子侍寝。裴寂利用自己的职务之便把事情给安排了。等李渊把生米煮成熟饭后，才故作诧异地对裴寂表示："你这样是逼我犯错误啊！"此时，裴寂已是进退两难。毕竟，以李渊与杨广的关系，睡了几个宫女罪不至死，但自己拿皇帝的女人去做人情，恐怕罪在不赦，自然只能乖乖将自己绑在了李渊的战车之上。

场外援助——李渊起兵及南下过程中突厥助力

就在李渊成功拉拢了裴寂等太原地方官员的同时，马邑方面却传来了太守王仁恭为部下刘武周所杀的消息。按常理，刘武周占据马邑之后倒向突厥，令太原门户大开，这对李渊十分不利，但李渊对此并不太在意，甚至还利用突厥大军压境、太原人心浮动之际，以勾结突厥的名义，拿下了不愿意跟随自己起兵的王威、高君雅两人。

大业十三年（公元617年）五月十七日，数万突厥铁骑抵达太原城下。李渊却打开了城门，按照相关史料的说法，李渊是用类似于"空城计"的方法，最终令心怀疑虑的突厥骑兵主动撤退。整个过程中，突厥方面不仅派出游骑从太原北门而入、东门而出，充分了解了城内的虚实，还轻松消灭了隋军王康达所部千余人。在这样的情况之下，突厥人却还是只在城外休整了两天，便卷旗退兵了。

显然，促使突厥方面草草收兵的，并非李渊"夜遣军潜出城，旦则张旗鸣鼓自他道来，如援军者"这般的浅显伎俩，而是更深层次的政治交易。就在突厥大军撤走后不久，李渊听从谋士刘文静的建议，亲自致信突厥的始毕可汗。李渊在信中藏头露尾地表示自己"大举义兵"的目的是"远迎主上"，希望突厥出兵配合自己南下，但也不要侵扰百姓。

面对李渊开出的"复与和亲"和"坐受宝货"的丰厚条件，始毕可汗颇为动心，干脆在回信中扯掉了李渊的遮羞布，直截了当地表示："苟唐公自为天子，我当不避盛暑，以兵马助之。"

突厥人的这番表态令李渊欣喜，以至于裴寂等人提出李渊先尊杨广为太上皇、立代王杨侑为帝以安定天下民心之时，李渊竟颇为不满地表示此举实乃"掩耳盗铃"。虽然迫于形势还是做了，但显然始毕可汗的口头鼓励已释放了李渊心中"政治野心"

的猛兽。

在委派从长安逃回的长子李建成与次子李世民一同率军平定了西河郡之后，当年七月，李渊自封大将军，正式以"废昏立明，拥立代王，匡复隋室"的名义起兵。突厥方面没有公开出兵，但陆续向李渊提供了大批优质战马和骁勇骑兵，更为重要的是，与突厥的同盟关系，让他拥有了一个相对稳固的后方。

正是在这样的背景下，李渊所部虽然一度被隋将宋老生阻击于霍邑一线，但通过轻骑诱敌的策略，还是拔除了这颗南下路上最大的钉子。通过联络关中各地的义军，李渊抵达长安城下时，所部兵马已经由离开太原时的3万人扩张至20万。

大业十三年（公元617年）十一月，李渊几乎没有经历太过惨烈的战斗便攻克长安。次年，杨广在江都为宇文化及绞死，提前拥立代王杨侑为帝的李渊更在政治上占据了上风。他不仅首先否定了杨广执政的合法性，更最早推出了属于自己的傀儡。李渊轻松地自导自演了一出禅让大戏，并带着以逸待劳的数十万关陇子弟大举东出，很快便将王世充、窦建德等势力一一击破。

纵观李渊成事的过程，前期隋炀帝杨广混乱施政导致的天下大乱和对李渊的信用，给予其极大的发挥空间。在太原留守任职期间，李渊通过结盟突厥获得稳固的后方和军马、雇佣兵的支持，极大助力了南下长安的军事行动。李渊成功控制了关陇地区，足以凭借当地自西魏以来积累起的庞大经济、军事优势，迅速扫荡全国，完成以唐代隋的天下一统。

（作者：赵恺）

燕云十六州为何如此重要？

1000多年前，辽国与北宋在这里你来我往，打了上百年仗，双方都没有退步的意思。这块地方究竟有多重要，让宋辽穷尽国力都要去争取呢？

何为"燕云十六州"

燕云十六州，大致包括今天的北京、天津地区以及河北北部、山西北部的大部分地区，主要指幽州（治今北京）、檀州（治今北京密云）、涿州（治今河北涿州）、云州（治今山西大同）、儒州（治今北京延庆）等地。其中最靠北的是武州（治今河北宣化），最西为朔州（治今山西朔州），最南为瀛洲（治今河北河间），最东为蓟州（治今天津蓟县）。

从地理位置上看，燕云地区扼守燕山和太行山，地势险要，易守难攻，历来是兵家必争之地，具有很高的战略价值。秦汉时的长城就在此修筑，以抵御北方少数民族。

唐肃宗时，十六州名称基本确定下来。但当时并无"燕云"一词。这两个字最早出现在《宋史·地理志》中："至是，天下既一，疆理几复汉唐之旧，其未入职方氏者，唯燕云十六州而已。"此后方有"燕云十六州"之说。

《宋史·地理志》在这里描述的是一个现象，也是一个问题：燕云十六州不在中原王朝的管辖范围内，更确切地说，当时是在辽国治下。

对于这一局面的形成，石敬瑭要负很大的责任。

燕云问题的由来

石敬瑭是沙陀族，是后唐明宗李嗣源手下的得力干将，还是李嗣源的女婿。史载，此人有勇有谋，为官勤勉，"勤于吏事，廷无滞讼"，算得上朝廷栋梁。

石敬瑭所处时代正值五代十国，这一时期最大的特点就是政变频繁。后唐也没有避免这个命运。公元933年，李嗣源病重，他的后人开始抢班夺权。李嗣源受惊吓而死，其三子李从厚被拥立为帝，即唐闵帝。但李从厚的帝位不久就被明宗的养子李从珂所夺。李从珂杀了唐闵帝后，自立为帝，史称"唐末帝"。

后唐宫廷内斗之时，石敬瑭正任北京留守、河东节度使，是河东地区防御契丹的最高军事将领，手下要人有人，要钱有钱。李从珂称帝后，石敬瑭为试探朝廷对他的态度，假意上表，请求唐末帝解除他的兵权，将他由太原调到其他藩镇。当时有大臣识破石敬瑭的诡计，劝皇帝不要同意。有个手下认为，调动也是反，不调动也是反，不如先下手为强。唐末帝深以为然，于是下诏调石敬瑭为天平节度使，并催促他迅速赴任。

石敬瑭见势不妙，决定起兵造反，自己当皇帝。不过，他虽经营河东地区多年，比起后唐，实力还是稍逊一筹。手下有个叫桑维翰的心腹给他出主意，公开投降契丹人，就一定能灭后唐，称帝中原。此言正合石敬瑭之意，他立即向当时的辽太宗耶律德光上表，以臣儿自称，请求契丹出兵支援，并表示事成之后，将雁门关以北诸州及幽州之地献给辽国，每年还纳贡帛30万匹。他称辽太宗为"父"时，已经45岁，而耶律德光不过34岁，所以后人戏称他为"儿皇帝"。

石敬瑭的请求，自然让耶律德光喜出望外。契丹人对燕云地区觊觎已久，此前曾不时派兵骚扰，但均被李嗣源的后唐兵所败，损兵折将，被打出了心理阴影。此时，面对送上门的肥肉，他自然不会错过。

后唐清泰三年（公元936年）五月，唐末帝发兵，声讨石敬瑭。耶律德光如约出兵相助。结果，唐末帝不仅没有剿灭石敬瑭，还把自己给搭上了。在石敬瑭和耶律德光的双重攻击下，几个月的时间，后唐便土崩瓦解。

石敬瑭称帝中原，对辽人感激不尽，多次表示要报答耶律德光的恩德。进入洛阳不久，他就派大臣赵莹向契丹送上燕云十六州的图籍，并按时纳贡。据《辽史》记载，石敬瑭称帝6年，先后派遣使者43次去契丹，朝内大事小情，都向契丹请示。

燕云十六州归入辽国范围，对中原王朝而言，相当于失去了抵御北方游牧民族南侵的天然屏障。自燕云往南，即河北、河南一片平原，契丹骑兵可以肆意往来。叶隆礼在《契丹国志》中称："石晋轻以畀之，则关内之地，彼扼其吭，是犹饱虎狼之吻……遂乃控弦鸣镝，径入中原，斩馘华人，肆其穷黩。"

之后的中原王朝也看到了这一点，开始努力收复燕云地区。

中原王朝的努力

第一个尝试收复燕云十六州的是周世宗柴荣。

柴荣年轻有为，在他的治下，后周国力逐渐强大。公元959年，趁契丹人内乱之际，柴荣御驾亲征，水陆两路大军齐头并进，目标直指燕云地区。

最初，大军进展顺利，辽国的边关守将几乎望风而降。短短一个月，后周的军队就收复了瀛洲、莫州、易州等地，兵锋直抵幽州城下。辽国的增援部队也抵达燕山之北。就在双方马上举行战略决战之际，柴荣一病不起，最终功败垂成。

第二位是宋太祖赵匡胤。当年柴荣北征时，赵匡胤是其帐下得力干将。他建立宋朝后，一直不忘收复燕云。公元976年，大臣们奏请加尊号曰"一统太平"。

赵匡胤说："燕晋未复，遽可谓一统太平乎？不许。"

他做了文、武两手准备：文的一手是用钱赎买，为此在内府库设"封桩库"，规定凡战争缴获和国家运行剩余的钱财，都归入其中，待蓄满500万缗后，拿这些钱去找契丹人谈判，"苟能归我土地民庶，则当尽此金帛充其赎直"。如果契丹人不同意，就用作攻取燕云的军费。可惜，宋太祖于公元976年驾崩，没来得及实施他的统一大业。继位的宋太宗赵光义在查看库房时看到积攒下来的金帛，不由得感叹，这么多钱，先皇还老说没钱花。

太宗也想解决燕云问题，但他比他哥哥果敢，钱留着自己花，燕云问题用军事解决。

宋太宗太平兴国四年（公元979年）五月，宋太宗挟平定北汉之余威，打算乘胜把幽州拿下。但当时大部分宋军将士接连在外打了几个月仗，都想回开封城休整，所以对进攻幽州不太热心，结果数十万人出工不出力，对着幽州城狂攻多日毫无结果，士气越来越低。七月初，宋太宗亲自督军，在高梁河畔与辽军决战。结果宋军惨败，宋太宗乘驴车逃跑，经部下崔瀚接应才稳定下来。

虽然吃了败仗，但宋太宗收复燕云的斗志并没有减弱。公元986年初，他接到密报，说大辽现在由萧太后执政，政局不稳，是收复燕云的大好时机。这样的情报显然有误，辽国此时在萧太后的主政下，国力不仅没变弱，反而比之前更强。但一心想报仇的宋太宗根本不愿意去辨别这份情报的真伪，第二次出兵北征。出发前，他召集众将领开会，指示他们"持重缓行，毋得贪利以要敌"。

结果，东、中、西三路大军，东路的曹彬贪功冒进，把皇帝的"持重缓行"抛在脑后，在岐沟关被辽军截击，死伤数万人。西路的潘美拒绝了下属杨业的正确建议，与辽军正面硬扛，也是大败而归。杨业孤军被灭，后人创作的评书《杨家将》即由此而来。只有中路的田重进部未受损失。

雍熙三年（公元986年）冬，辽国反客为主，主动南犯，借此彻底打击了宋收复燕云地区的信心。十二月初，双方主力在河北君子馆附近展开大兵团决战，宋军全军覆没，死者数万人。辽军乘胜追击，先后攻占邢州、深州、德州、文安等地，至次年正月撤军北还。君子馆一战，宋军河北的有生力量消耗殆尽，完全丧失了收复燕云之地的能力。

公元1004年，萧太后和辽圣宗率兵30万南下侵宋。宋朝虽进攻不行，但防守还可以。宋真宗在大臣寇准的坚持下，御驾亲征，抵达澶州，与城外辽军形成对峙。辽军一路南下，受到宋军层层阻击，仗打得并不顺利，军中悍将、先锋官萧挞凛被宋军射杀，士气大受影响。他们派人写信给宋真宗，表示愿意与宋重修"旧好"。

宋真宗积极响应，派出殿直曹利用赴辽营谈判。次年初，双方达成停战协议：宋朝每年给辽绢20万匹，银10万两，辽国主"愿兄事南朝（指北宋）"，这就是历史上的"澶渊之盟"。此后百余年，辽宋之间再未发生大规模战事。双方礼尚往来，互通贸易。辽国发生饥荒时，宋朝派人赈济。宋真宗去世时，辽圣宗也率领群臣及后宫在北方集体默哀。

难道北宋真的从此对燕云地区没有想法了？非也！他们在等时机。

"澶渊之盟"后，辽国日衰，后金崛起。宋朝皇帝对自己搞定辽国没有信心，就想出了联金抗辽的损招。双方约定：宋金联合灭辽；金取辽中京，宋取燕京；灭辽后，燕京一带归宋，宋将原来每年给辽的岁币[1]转给金国。结果，宋军在辽兵面前依然不堪一击，最后还是靠完颜阿骨打灭了辽国。

随后，宋、金开始就燕云地区归属问题进行交涉。金军看透了北宋将帅的孱弱，表示宋军出兵晚，不能按原协议把十六州之地归还宋朝，只将燕京及其所辖的六州二十四县交给宋，同时还要求宋每年给金交纳岁币40万贯，另加100万贯作为他们将燕京交给宋的"代税钱"，甚至还威胁道，如果不给就出兵攻宋。彼时的宋徽宗虽然不乐意，但在对方武力威胁面前，只能全部答应。金军撤走时，把燕京及其所属六州的财富及数万军户席卷而去，北宋得到的不过是几座空城。

公元1125年，金军分两路南下攻宋。两年后，开封陷，北宋亡。后面的南宋王朝，连开封都一直未能收复，更别说燕云了。

得幽云，天下定

元朝至正二十七年（公元1367年）十月，已经在元末军事斗争中取得绝对优势地位的朱元璋，召开高级将领会议，准备北上灭元。会上，常遇春主张直捣元都。但考虑到当时的河南、山东尚在元兵手中，且元建都百年，大都城墙必固，如一旦不能速胜，势必屯兵坚城之下，粮饷难济，容易造成军事上的被动，朱元璋采取了一种更为稳妥的办法：先取山东，再攻河南，斩断大都的两条臂膀，然后再直捣元

---

[1] 公元1043年，岁币金额从每年10万两银子增加到20万两银子，绢从每年20万匹涨到30万匹。

都，问题就不大了。

在出兵前，朱元璋先发动舆论战，发布讨元檄文，历数元王朝之罪，著名的"驱逐胡虏，恢复中华"就是在这时提出的。十月底，徐达率部进攻山东，到次年二月下旬，明军全部占领山东各地。之后，徐达马不停蹄，转而进攻河南，四月底，河南元军被赶跑。至此，明军已经完成预期的战略布署，令大都处于孤立无援的境地。

明朝洪武元年（公元1368年）七月，徐达率水陆两路大军进攻元大都。元顺帝在得知明军进逼后，带上妃子、太子仓皇逃往元上都开平。八月初，明军自东面齐化门进入大都，元朝亡。占领大都后，明军接着进军山西和西北，将元朝的残余势力逐至漠北。至此，在经过400多年之后，燕云地区再次回归中原王朝。

明朝建立后，虽把都城定在南京，但军事重心放在北边。为防止北元势力南下，需要委派大将，统率重兵驻守，但又怕军权旁落，形成尾大不掉之势，于是朱元璋实行封藩制，将他的十多个儿子封为藩王，替他守卫边塞。如此一来，南京为国家财赋之地，边塞安全也解决了，两全其美。

其中，长城沿线的燕、宁、辽、代、庆、晋等9个藩王，是朱元璋分封的重点。9个藩王所管辖的区域，基本囊括了曾经的燕云十六州之地。

朱元璋分封藩王的目的，是为了将军权集中于朱氏皇室手中。但他这一设计的弊病同样明显，军权转移至诸王手中后，必然会导致王权危迫皇权。他去世后不久就爆发了"靖难之役"，燕王朱棣登上皇位，并将都城迁到北京。至此，大明政治和军事中心合二为一。此举对于明朝之后200余年边境的稳定起到了重要作用。尽管也有蒙古族瓦剌部的袭扰，并造成了土木堡之变，但燕云之地未再沦陷，大明的基业并未受到根本威胁。

明亡后，清朝仍以北京为都城，也是看重这块区域的战略意义。

全国性政治中心地位的确立

如果把燕云十六州放在中国2000多年的封建社会历史中考察，会发现其地位的凸显，实际上与历代王朝的政治、经济中心东移密切相关。

自汉至唐，西安一直是全国的政治和经济中心。彼时的燕云地区，无法对中央政权构成实质性威胁。这一局面最终被安史之乱打破。随着唐朝后期中央权力式微，藩镇割据的局面得以形成，北方游牧民族逐渐壮大，成为各藩镇争夺地盘战争中所倚仗的重要力量。这些游牧民族看中了幽州优越的地理位置，遂在此定居，与当地汉族百姓开始融合。

燕云地区归入辽国时，幽州虽还算不上政治中心，但对之后地位的形成起到了重要作用。辽国皇帝在此保护农业、商业、手工业者，任用汉人为官，《燕云台》中的韩德让就是辽朝中著名的汉人。

辽人还学习汉人先进的生产生活方式，对这片地区的经济起到了很好的推动作用，同时也促进了中原民族和北方游牧民族之间的融合。

宋辽相争的百年背后，也是南北双方交融、趋同的百年。经宋、辽、金、元数百年的经营，中国政治中心居北、经济中心在南的格局最终形成。再经明清两代强化，这一格局更加清晰，成为中国古代社会后期发展的一大特色，并一直影响至今。

从这个意义上说，燕云十六州不仅仅关乎南北和战，更关系着古代中国民族融合以及政治经济格局变更和定型。这一功能，恐怕是其他区域所无法具备的。

（作者：番茄汁）

参考资料：

[1] 脱脱. 宋史 [M]. 北京：中华书局，2016.

[2] 脱脱. 辽史 [M]. 北京：中华书局，2016.

[3] 陶晋生. 宋辽关系史研究 [M]. 北京：中华书局，2008.

[4] 军事科学院（主编）. 中国军事通史·第十二卷·北宋辽夏军事史 [M]. 北京：军事科学出版社，1998.

[5] 军事科学院（主编）. 中国军事通史·第十五卷·明代军事史 [M]. 北京：军事科学出版社，1998.

[6] 郭丽萍. 论辽初经略燕云十六州及其历史意义 [D/OL]. 内蒙古：内蒙古师范大学，2014.

[7] 覃旭. 燕云十六州问题的由来及其归宿 [D/OL]. 内蒙古：内蒙古师范大学，2018.

[8] 金婷霞. 宋辽争夺燕云十六州研究 [D/OL]. 南昌：南昌大学，2017.

北宋为何要设置4个京城？

北宋首都开封，因是京都，又称为东京，一些文学作品直接以"东京"代指，如《东京梦华录》。很多人会猜测为什么叫"东京"，难道还有西、南、北3个京都，所以才要把汴京称为东京？

恭喜你，答对了！由于五代战乱，很多朝代都喜欢在首都之外再设陪都，以备不时之需。北宋也不例外，也拥有4个都城：东京开封府、西京河南府、南京应天府和北京大名府。

东京开封府

自周秦以降，五代以前，都城主要在长安和洛阳之间选择，这是由当时社会经济与政治形势所决定的。但是唐朝末年，战乱频繁，长安、洛阳作为当时的军事政治要地，遭到了毁灭性的破坏。

长安在它千余年的首都生涯中可谓鞠躬尽瘁，建造一朝又一朝的宫室民房，养活一轮又一轮的人口吃喝，原本森林密布、沃野千里的关中地区到了唐朝已是"高山绝壑，耒耜亦满"，"田尽而地"。长期缺粮的关中地区只能从富庶的江淮一带运粮进长安，为此隋炀帝开凿了大运河，把江南地区的财赋从淮河运到黄河，再逆黄河而上运到关中。但是路途遥远，且经黄河险滩，漕运成本极高，可以说是"一斗钱运一斗米"。长安粮食长期供应紧张，甚至遇上大旱之年皇帝也要就食洛阳。

而当时的开封，也就是隋朝的汴州，地处中原腹地，又是连接大运河和黄河的枢纽，早在五代时期，这里已是"水陆要冲，山河形胜，乃万庾千箱之地，是四通八达之郊"。在漕运上则已无黄河天险，大大缩短了与江南的距离，所谓"均天下之漕运，便万国之享献"汴河、蔡河、五丈河，作为漕运各地物资进京的黄金水道，被赵匡胤夸作宝贵的"三带"。汴河，更被视作东京的生命线，"利尽南海，半天下之财赋，并山泽之百货，悉由此路而进"。每年漕粮定额为600万石，最高年份有800万石，这些漕粮足以保证百万人口的生存。

因此，从五代开始，除后唐外，后梁、后晋、后汉、后周都先后定都于开封。

而原为后周殿前都点检的赵匡胤通过陈桥兵变登上皇位,其主要的政治势力也在开封,所以在建国伊始,内忧外患尚未平定之时,承袭后周定都开封,不失为明智之举。

况且,有鉴于唐朝后期各节度使手握重兵,造成藩镇割据不听皇帝号令的混乱局面,宋朝建立后将地方精锐部队集合到开封充为禁军。禁军号称"天子卫兵",是承担"守京师,备征戍"任务的职业军队,由国家财政赡养。但是,禁军数量一路增长,从宋初的二十万涨到八十万,如《水浒传》中就提到"豹子头"林冲是八十万禁军的枪棒教头,要养活如此多的人口,后期统治者即便想要迁都,也难以离开漕运便利的开封。

西京河南府

"兴亡一觉繁华梦,只有山川似旧年。"

恰如这一诗句所描述,曾经盛极一时的唐王朝成为历史记忆,唐东都洛阳也随着唐王朝的衰亡而残破不堪:"高亭大榭,烟火焚燎,化而为灰烬,与唐俱灭而共亡,无馀处矣。"洛阳作为都城的宫殿建筑等硬件条件,在战争中丧失殆尽。即使经过五代时期的逐步恢复,也只不过"使隋唐洛阳城恢复过半"而已。

五代时期的古都洛阳与新秀开封曾互为陪都,但总的趋势是西京洛阳政治地位下降。后晋、后汉时期保留在西京洛阳的郊祀大礼活动,也在后周"天子所都,则可以祀百神,何必洛阳"的话语声中戛然而止。开封完全取代了洛阳的政治地位。

赵匡胤建立的北宋继承了后周的政治衣钵,仍以洛阳为西京陪都。但是,洛阳"东有成皋,西有崤黾,倍河,向伊雒",相比开封的无险可守,洛阳优越的地理位置仍然吸引着统治者,让他们时时想着"新不如旧"。

开封因无可依仗的山川形胜庇护,只得养禁军护卫,为了养活禁军就得保证漕运疏通,为保漕运又不得不派兵守护,久而久之形成了"禁军—漕运—防守"的恶性循环。宋太祖深切意识到这一点,有了迁都洛阳的念头,希望能够"据山河之胜,以去冗兵,循周汉故事,以安天下也"。但是,此事在赵光义以及群臣的反对中不了了之。

虽然不让迁都,但是宋太祖对洛阳的偏爱也是有恃无恐,他把祖坟迁过来了!赵匡胤在西京巩县卜占陵地,将其父赵弘殷改葬到西京巩县,并且确定了西京宋陵区,北宋皇帝驾崩后均葬于此,使西京具有了皇陵所在地的神圣光环。从此,"内守宫钥,外奉园寝",成为西京河南府的重要职能。此外,他还重新修葺了洛阳祭天郊坛,使洛阳再现皇家盛典。

此后，从宋太宗到宋仁宗，不断强化洛阳的陪都功能。宋太宗亲征太原之前，在西京进行过阅兵活动，设置了足以与东京中央财政部分庭抗礼的财政机构。宋真宗时又设置国子监、太祖神御殿等设施、机构，明确了洛阳在重大政治礼仪活动中的首要地位。宋仁宗时大规模修建西京外城，使其具有了名副其实的陪都气势。

洛阳以其独特的政治地位，自五代开始就吸引着大批官僚聚居于此。由于洛阳官僚集中，一些政见相同者打着"以文会友"的旗号形成了政治小团体。特别是在神宗时期，围绕变法之争，洛阳形成了一个强有力的反变法派"耆英会"，很多人都是电视剧《清平乐》中"背诵天团"的成员，包括富弼、文彦博、司马光、王拱辰等13人。同时，还有文彦博组织的"同甲会"、司马光组织的"真率会"……神宗逝世后，以司马光为首的反对派，迅速从洛阳各种"会"中物色了一帮人马，很快就把新法废除，其政治力量由此可见一斑。

"朋党"是北宋皇帝在政治上的心腹大患，洛阳城中拥有雄厚政治势力的官僚集团，很快引起了统治者的警觉。为了减少反对派的汇聚、反抗，中央设置了具有侦探功能的皇城司强化对西京的监管，同时皇帝不再临幸西京，使其政治地位日渐衰微。至宋神宗时期，西京外城已经颓缺残破，"卑薄颓阙，犬豕可踰"！

南京应天府

北宋应天府，即现在的河南省商丘市，在隋唐时称为"宋州"。宋太祖在当皇帝之前担任过宋州归德军节度使，可以说，宋州是赵匡胤的龙兴之地，因此在称帝之后，"宋"的国号即由此而来。

沉迷天书符瑞、爱搞封建迷信的宋真宗即位后，为了强调宋朝的合法性，下诏称宋太祖建立北宋是顺应天命，将宋州改为应天府，并在几年后又诏升应天府为南京，成为陪都之一。

此外，这里的应天书院与岳麓书院、白鹿洞书院、石鼓书院并称为"宋初四大书院"。应天书院倡导明体达用，提倡"读万卷书，行万里路"，鼓励学生遍游山川实地考察；并强调发扬苦学精神，把培养人才作为书院教育的核心。所以，应天书院形成了完全区别于科举的书院教育制度，使众多的经世致用人才脱颖而出，其中就有写出"先天下之忧而忧，后天下之乐而乐"的范仲淹。

范仲淹在应天书院求学时，"昼夜不息，冬月惫甚，以水沃面，食不给，至以糜粥继之。人不能堪，仲淹不苦也"。看看，学霸与学渣的区别，就是人家大冬天看书看累了直接一盆冷水泼脸上，而你选择了去睡觉！经过在书院的5年刻苦攻读，范仲淹终于金榜题名。其后因为母守丧而退居应天府，接受当时南京留守晏殊的聘请，掌管府学，教授了一批优秀人才。

南京商丘作为龙兴之地，绝不是说说而已，南宋开国君主赵构决心重建大宋河山时，也选择在商丘正式即位。只不过在金兵的强势追赶下，宋高宗并未在商丘久留，一路逃难至杭州，终生再未北上。北宋的建立者或许没有想到，有一天他的后世子孙会跑得如此之南，以至于3个陪都都没用上！

北京大名府

北京大名府并不是现在的首都北京，而是在今河北省大名县境内。大名府能升为陪都，最重要的资本是它的军事地理位置。

石敬瑭在与后唐末帝李从珂争夺皇位时，为了得到契丹的军事帮助，不仅自降身份称"儿皇帝"，还割让了燕云十六州。

华北平原基本上是一马平川，而燕云十六州有着燕山山脉和太行山的分支，正好形成一个易守难攻的天然屏障，可以保护中原腹地。燕云十六州丢失后，中原王朝尽失地利险要，而辽政权却将燕云地区变成进军中原的桥头堡，直接威胁到了宋都开封的安危。

大名府地处南北通衢，是中原地区通往河北及塞外的咽喉，也是北宋黄河以北地区的政治和军事中心。北宋北方诸城中，"惟北京为河朔根本，宜宿重兵，控扼大河南北，内则屏蔽王畿，外则声援诸路"，素有"北门锁钥"之称。

寇准镇守大名府时，契丹使节路过大名，对寇准施展挑拨离间之术："你这么有才华的人物，你们皇帝不让你坐镇中央，咋把你弄过来看门了？"（"相公望重，何以不在中书？"）寇准答道："我这么厉害的人物国内风平浪静用不上我，就得在大名府时刻准备收拾你们。"（"皇上以朝廷无事，北门锁钥，非准不可。"）除了选任能臣镇守大名府，宋初皇帝北征或者出巡北方，也以大名为行在震慑契丹。宋真宗时，"大驾既驻邺下，契丹终不敢萌心南牧"。

宋仁宗时，李元昊称帝，建立西夏，不断对宋发动战争。契丹又瞅准时机，联手李元昊准备一起进攻。当此危难之际，宋廷官员有要和谈送钱的，有要迁都避祸的。倒是跟范仲淹不太对付的吕夷简站了出来："使契丹得渡过河，虽高城深池，何可恃耶？我闻契丹畏强侮怯，遽城洛阳，亡以示威。""宜建都大名，示将亲征，以伐其谋。"意思是如果让契丹人过了黄河，哪怕城高池深，也要让人家敲个粉碎，契丹人欺软怕硬，咱们匆匆忙忙往洛阳跑，正好示弱了。应该建都大名，表现皇上亲征的决心，彰显绝不退步的意志。

宋仁宗能被称为"仁"，确实是有两把刷子的，他采纳了吕夷简的建议，建大名府为北京，任以重臣，号令全路，对故城营建一如"东京故事"，建成的北京外城周长48里，宫城周长3里。契丹听说宋朝在大名修建了陪都，料到北宋要殊死抵抗，果然打消了这次侵略计划，大家就当无事发生过。

此后，宋辽百年无大战，北京大名府作为军事重镇的功能也日益衰落。金国崛起后，先联宋灭辽，又大举南下灭亡北宋，几乎所有的北宋皇族都被掠到北方。漏网之鱼赵构虽建立了南宋政权，但谈"金"色变，整个北方领土全部被金朝占领，北京大名府辉煌不再。

（作者：张鸿腾）

参考资料：

[1]李合群.再论北宋定都开封——兼与宋长安和洛阳之比较[J].河南大学学报（社会科学版），2010（03）.

[2]朱舸.兵制对北宋国防开支及军事实力的影响[J].西北师大学报（社会科学版），2013（03）.

[3]周宝珠.北宋时期的西京洛阳[J].史学月刊，2001（04）.

[4]张祥云.北宋西京河南府研究[D/OL].郑州：河南大学，2010.

[5]郭文佳.试论商丘在宋代的历史地位[J].商丘师范学院学报，2010（10）.

[6]郭文佳.北宋南京应天府士人及文化成就[J].河南社会科学，2004（01）.

[7]龙坡涛.北宋大名府历史地位论析[J].商丘师范学院学报，2013（11）.

吾养百万兵，为何不费百姓一粒米？

朱元璋定鼎中原后，主持编修《皇明祖训》，确立基本国策，列出朝鲜、日本、大小琉球等15个"不征之国"。不难看出，自建国之始，朱元璋就已决心尽快结束战争，让国家进入和平时期。在《皇明祖训》中，他所奉行的和平外交，既是儒家"怀柔远人"之道的延续，也是对蒙元穷兵黩武对外扩张的否定。但是对于残余的蒙元势力，朱元璋又不敢放松警惕，故而要选将练兵，时时戒备。当硝烟散尽，天下承平后，如何供养一支庞大的军队，同时又要使这支军队保持相当的战斗力，是明王朝必须解决的难题。

从西南开疆说起

实际上，大明王朝于公元1368年正月初四建国时，战争尚未结束，北伐仍在进行。当年秋季，明军攻克通州，元顺帝仓皇北逃，随后朱元璋的得力干将徐达率军攻陷元大都（北京），统治中原不足百年的元朝宣告灭亡。但元顺帝北逃并不意味着政权的终结，残余势力偏安塞北，仍以"大元"为国号。在西南一隅的云南，也有奉元朝为正朔的梁王。元梁王把匝剌瓦尔密割据云南，数杀明使，终于惹怒了朱元璋，他决定兴兵拔除这股前朝残余势力。明洪武十四年（公元1381年）九月初一，朱元璋命颍川侯傅友德为征南将军，永昌侯蓝玉、西平侯沐英为左、右副将军，率兵30万南征。

云南自古为中华之领土，但在明代以前，中央势力鲜有进入，当地土司也希望能够一直维持这样的分治局面。面对明帝国浩浩荡荡的南征大军，云南当地各势力在震撼之余，似乎也凭借着山高地险而有恃无恐。大理土司段世致书明军大将傅友德，信首即赋诗云："方今天下平犹易，自古云南守最难。"信中意思很明显，即明军南征是不智之举，段世信中反复劝说傅友德，希望不要在云南设置"客兵"，陈述理由也有理有据，若明军镇守此地，不仅损兵折将劳民伤财，而且路途遥远也不便供养如此庞大的军队，是"有泰山之损，无鸿毛之益"。不如仍由"土人"自行治理，则"有贡赋之利，无供给之害"。最后，段世还用带着威胁性的语言写道，我们要弄死你傅友德的南征军,甚至不需要厉兵秣马,只要等四五月雨季一来,环境恶劣,兵粮寸断,你想活命门都没有,劝你们还是早日退兵,别自寻死路了。

傅友德看到这封信后,大概会笑而不语。随后直接起草讨逆檄文,在檄文中对段世的威胁进行回复:"新附州县,悉置道府,广戍兵,增屯田,以为万世不拔之计。又岂有兵久生变之弊哉。"总结起来一句话:我大明天兵一到,马上自行开荒种地,自给自足,别拿什么兵粮问题唬我们。云南方面一看,既然吓不走明军,那就拉开架势打吧!元梁王遣悍将司徒平章达里麻率兵十余万迎战,两军激战于白石江(今云南曲靖东北),明军大胜,达里麻及其众两万尽数被俘。首战告捷,傅友德派遣蓝玉、沐英乘胜追击,西进明军迅速攻克七星关,迫东川、乌蒙、芒部、水西各地方武装降服。洪武十四年(公元1381年)十二月二十二日,元梁王兵败自杀,明军乘胜打进昆明,蓝玉、沐英率军相继攻克大理、鹤庆、丽江、金齿,地方武装纷纷降附,明军迅速统一云南全境。

俗话说,"打天下易,治天下难",此次平定梁王之役虽雷厉风行,但要使数十万大军在西南边陲安定下来并非易事,强龙不压地头蛇,雨季一来,兵粮不济,军心哗变,叛军随时可能乘乱反攻倒算,战前段世书信中的威胁之言并非全是危言耸听。但事实证明,明军的确很好地解决了这个难题,方法就是傅友德檄文里的戍兵屯田,朱元璋开国后制定的卫所制度被推广到云南,妥善解决了大军远征粮草不济、久易生变之患。洪武二十二年(公元1389年),留镇云南的西平侯沐英朝见朱元璋后,决定将卫所制度在云南推行到底。他"携江南、江西人民二百五十余万入滇,给予籽种、资金,区别地亩,分布于临安、曲靖、云南、姚安、大理、鹤庆、永昌、腾冲各郡县"。次年,沐英又奏请移湖广、江南居民80万入滇,得到了朱元璋批准。沐英治滇期间,"移民至四百余万,垦田九百万余亩"。迁居的方法,主要是将移民编入卫所,平时为民,能够开垦荒地(军屯),自给自足,定期训练,一旦有战事爆发,可以马上变成具有战斗力的兵士。

毋庸置疑,顺利解决云南问题,巩固了明王朝西南边陲的,正是开国时设立的卫所制度。那么建国之初,明太祖朱元璋是出于什么样的考虑,决定设立这一套制度,并将其作为明朝的最主要军事制度?卫所的设立,又是否真如傅友德所言,为"万世不拔之计"?

"盖得唐府兵遗意"

在《明史·兵志一》中对卫所制度有一段非常简略的概述:

> 明以武功定天下，革元旧制，自京师达于郡县，皆立卫所。外统之都司，内统于五军都督府，而上十二卫为天子亲军者不与焉。征伐则命将充总兵官，调卫所军领之。既旋，则将上所佩印，官军各回卫所，盖得唐府兵遗意……

这段记述阐述了卫所制度的由来和特征。首先，明代革除了元代的兵制，另立一套。其次，卫所制度的形式并非明代首创，而是效仿了唐代的府兵制。先看第一点，所谓元代旧制，即元朝时中央与枢密院统兵，并在地方设行枢密院。这种模式在明代建国之初即被废除。第二，唐代府兵制，最重要的特点为兵农合一。府兵平时为耕种土地的农民，农隙训练，战时从军打仗，参战武器和马匹自备，全国都有负责府兵选拔训练的折冲府。府兵制并非自唐代开始，早在南北朝时期，西魏权臣宇文泰就开始创建这种兵农合一的新模式，历北周、隋至唐初期而日趋完备，唐太宗时期达到鼎盛。从这个层面上看，明代的卫所制度实际上也是袭承了中国传统军事制度之设计。

不过府兵制并未贯穿整个唐代，自唐高宗后期以至武后时就逐渐被破坏，到玄宗统治时期，战事频繁，防御线延长，兵役繁重，原来防戍有一定的番休期限，后来常被强留以至久戍不归，导致人民避役，兵士逃亡，府兵制终于在天宝年间被废除。府兵制被废除后不久，即发生安史之乱，唐王朝由盛转衰。尽管后来叛乱被平定，但此后藩镇日益强盛，成尾大不掉之势，并最终导致了唐朝的灭亡。

前车之鉴历历在目，对于刚经历过元末战争，平定群雄，开创大明王朝的朱元璋而言，如何处理军队是个重大问题。简单来说，军队主要有两大功能：一是对外防御，明建国时，北元仍割据漠北，不时南下侵扰，要防范这些外来军事力量的进犯，边防力量是重中之重；二是对内设防，一旦国内发生民变、叛乱等突发事件，也必须要有军队及时镇压。但纵观历史，军队是一把双刃剑，若兵与将分割，和平时期久了，不仅国家需要花费巨大开支去供养军队，军队本身战斗力也会逐渐下降，甚至不堪一击；若令"兵将相习"，虽然可以训练出战斗力不错的部队，然而一旦他们与地方行政结合在一起，就很容易出现骄兵悍将、军阀割据的局面。

明初设计的军事制度，首先是要解决部队的供养问题。战争时期，通常靠征收赋税甚至沿途劫掠来供养庞大的军队，可一旦战争结束，这样的给养方式必然难以为继。明初时，中原战事虽已平定，但蒙元的残余力量依旧能够对北方形成威胁，朱元璋必须有一支具有战斗力的边防军来防御北元的军事进攻。但同时大局初定，又得休养生息，让人民安居乐业，若靠征收赋税来供养军队，必然加重国民负担，类似的情况可以比照北宋，国家花钱养了上百万的军队，造成严重的财政困难，但军队的战斗力不过尔尔。朱元璋的解决办法就是让军队的编制与土地开荒运动结合起来，基于这样的需求，卫所制度应运而生。

根据《明史·刘基传》中的"太祖即皇帝位，基奏定军卫法"可知，早在朱元璋建国时的公元1368年，这套兵制就已出现。根据军卫法，军官与士兵皆附卫籍，世世不得更改，附籍之后，授地置业。一家之内，除了有卫籍的官兵外，其余人丁，官家子弟称为舍人，士兵子弟称为余丁，一旦出现缺额时，则由舍人或人丁补上。入兵籍者，可免除其他方面的徭役和赋税。

卫所制度要解决的第二个问题是防止军阀割据局面的出现。兵士平时散归各卫所耕作劳动，需要征调时则统于诸将，这样相当于将兵与将分开，不容易形成个人武装势力，同时不仅武将能统兵，文官亦能统兵，且"文武亦无定职"。洪武初年，中央管辖诸卫的机构为大都督府，洪武十三年（公元1380年），胡惟庸案发，胡氏全族被朱元璋诛灭，随后明朝行政系统发生大调整，朱元璋罢左右丞相，废中书省；兵制上，之前的大都督府改为五军（前、后、左、右、中）都督府，分别统帅诸军司卫所。五军都督府拥有统兵权而无调兵权，兵部拥有调兵权而无统兵权。至此，也定下了明代军制的基本格局：地方上都指挥使管军政，布政使分管民政和财政，按察使掌刑狱，这种将地方上军政、行政、司法分割的三权并立设计，有效防止了地方实力派拥兵自重、尾大不掉的局面。

卫所制度一经确立，推行十分迅速，至洪武二十六年（公元1393年），全国已发展至329内外卫，65守御千户所，每卫有军队约5600人，每个千户所有1120人，如以足额计算，全国卫所正规军兵力达191万。

锦衣卫是怎样炼成的？

地方上三权分割，兵将不相习，有事调兵遣将组成部队征战，事毕兵将各归其所，是明代卫所兵制在地方上的主要操作模式。除了要防范武人割据，对于在京的武装力量，更是要防止其将矛头对准皇帝自己，天子的亲军选拔和设置尤为重要。《明史·兵志一》说得很清楚，天子亲军上十二卫不属于五军都督管辖。洪武时期的上十二卫定型于洪武十五年（公元1382年），朱元璋罢废亲军都尉府和仪銮司，正式设置护卫亲军十二卫：锦衣卫、旗手卫、金吾前卫、金吾后卫、羽林左卫、羽林右卫、府军卫、府军左卫、府军右卫、府军前卫、府军后卫、虎贲左卫。这十二卫是不折不扣的天子亲军，负责护驾左右、护卫宫禁，军士皆是通过精选以后经严格训练而入选的将士，而且多为体制内子弟。到了永乐年间，发展为二十二卫，宣德年间又增加四卫，合计二十六卫，一直延续到明朝终结。这点和唐朝不一样，唐朝是地方府兵轮番上调京城宿卫的。

亲军各卫中职业不同，分工各异，其中最特殊也最为著名的，非锦衣卫莫属。锦衣卫下属南北镇抚司十四所，最初为皇帝的仪仗队，后来演变成明代特务统治的标签，这也是出自太祖朱元璋的手笔。朱元璋出身贫苦，当皇帝后为驾驭群臣，依然喜欢耍些江湖伎俩，比如派人监视偷听臣子言行。他发现这招非常好用。跟大臣聊天，昨天你跟谁一起喝酒，都吃了什么菜，回家为啥发火，皇帝像神一样全知道，臣子哪能不战战兢兢？于是明太祖决定将其系统化、制度化，人员嘛，首选自己身边的侍卫。

公元1382年，朱元璋将掌管皇帝安全和仪仗的都尉府和仪鸾司，改组为锦衣卫。在保留原有的保镖和仪仗队功能之外，还增设了一项重要职责——"巡查缉捕"！相比一般侦探捕快，锦衣卫的厉害之处在于可以绕开刑部等司法机构，直接逮捕、刑讯除皇帝以外的任何人。以前历代的特务机构，大多只负责情报，而案件的后续处理则移交司法机关。如果是司法机关处理案件，多少要依据法律，公开审理处罚。而锦衣卫办事，只用向皇帝一人汇报，他人无权过问。由于权力缺乏限制，锦衣卫往往为邀功请赏而不择手段，罗织罪名，扩大牵连范围，制造出了无数冤假错案，令举国官员谈虎色变。后来连朱元璋也意识到锦衣卫太过火，下令关闭诏狱，焚毁刑具，撤销锦衣卫。不过明成祖朱棣夺权上位后，又恢复了锦衣卫，使之形成明代一大特色。

尽管名声不太好，但若论个人的颜值武功，锦衣卫确实堪比007。作为皇家仪仗队员，他们外表必然雄壮俊美，而作为皇帝保镖，又要求他们身手过硬。听锦衣卫这个名字，就能感觉到皇帝对他们的期望，所以今天电影里的锦衣卫再怎么帅都不算过分。其实在历史上，锦衣卫也并非都臭名昭著，其中亦不乏忠厚正直之士，干过利国利民之举。如公元1449年土木堡之变中，明英宗亲征蒙古瓦剌兵败被俘，身边只剩一人——锦衣卫袁彬。他不但始终追随护佑，并且力劝皇帝不要投降，还设计铲除了叛徒。在16世纪末的抗日援朝战争中，锦衣卫也曾远赴异国，探得大量重要情报，策反敌将，为明军大破日军助力良多。

海防重镇永宁卫

明代兵制，大体来讲是京军、卫所、军事管理系统三个方面，无论是天子亲军上十二卫，还是地方上的卫所部队，其核心都离不开一个"防"字，既要防御外来军事力量入侵，又要防止内部武将做大，还要防皇帝身边"总有刁民想害朕"。客观上，卫所制度推行后，对我国土地开荒运动及增强各民族凝聚力，的确起到了不可忽视的作用。如前文提及的，明军南征后，在云南推行卫所制度，结果之一便是大批汉族人口迁居于西南地区，同时朝廷也依据当地一些少数民族人士的愿望，将他们安置到内地卫所。

在东南海防方面，卫所的设立同样起到了积极作用。早在明洪武年间，朝廷就在泉州府境内设立了泉州、永宁 2 个卫。泉州卫设立于洪武元年（公元 1368 年）；永宁卫较晚，到洪武二十年（公元 1387 年）才建立，但较为特殊。根据明史学者顾诚考证，永宁卫下属 11 个千户所，即便除去有争议的白叶坂守御千户所，该卫城内 5 所兵员为 6935 名，卫城外 5 所兵员 5793 名，合计 12728 名，兵力相当于通常的 2 个卫。这样庞大的兵力配置，不难看出明廷对海上防御的重视。自宋元以来，泉州就是中国东南沿海对外贸易中心，但从元末起，倭寇频频侵犯，对东南海防构成威胁，朱元璋建立明朝后，意识到东南海防问题的重要性，遂派遣大将汤和、周德兴巡视海疆，先后设置泉州卫和永宁卫。这两个卫所超出正规卫所兵力，是由于它们是在特殊地点、特殊情况下建立起来的边防重镇。

在永宁卫设置后约 150 年的时间里，有效地抵御了来自海上倭寇、海盗的袭扰，泉州及附近地区得以保持社会安定，内地百姓蒙受其福。不过随着时间推移，卫所军政日益败坏，兵士逃亡现象严重，作战力也远不如明初之时。而当时的日本正处于战国时期，越来越多的战败武士沦为浪人流亡海外与海盗结合，形成了庞大的海上武装力量。这种此消彼长，终于酿成了嘉靖年间的东南大倭乱。自嘉靖三十四年（公元 1555 年）起，倭寇开始袭扰泉州沿海地区，由于卫所军战斗力低下，以至倭寇一度深入内地，烧杀抢掠无恶不作。嘉靖四十一年（公元 1562 年）二月、三月，倭寇竟先后两次攻陷永宁卫城，城中军民死伤惨重。福建、浙江等地均为倭寇所侵扰，直到朝廷派出戚继光、俞大猷等将领重新练兵，率新编练的部队抗倭，才将倭乱平定。

两害相权取其轻

为何洪武年间精心设置的海防重镇，到了明中期后变得不堪一击？这就是卫所制度弊端显现所带来的后果。洪武时推出卫所制度，朱元璋希望卫所内的军人能够世袭，兵农合一，因此不能将卫所与兵营画等号。实际上设立卫所之后，军人不仅会将妻室家小都送往卫所，若是"单身狗"还能包办婚姻。按照朱元璋的规定，军人若有无妻者，应由原军户代为娶妻，若有困难，邻里帮助，务使军人有妻。如此用心良苦，无非也是希望军人有家室后能够安定下来，不至于整天躁动不安频频逃亡，同时传宗接代还能世袭军职，可谓一举两得。

在明代，卫所军人世袭为兵，不得随意改行。犯事的罪犯被充军者也有两种：一种为终身充军，一种为永远充军。前者好理解，就是这一辈子都得当兵了。后者更狠，不仅这辈子要当兵，连子孙后代全部都得在卫所世袭当兵。卫所内的军人既然携带妻儿老小，营房设置上自然也要照顾到他们的家庭需要，这种特殊的文化形成了一个个城镇化的卫城。为了给卫籍人口提供就学条件，朝廷批准设立卫学。所谓卫学，即某某卫儒学的简称，与府、州县学相似，"学有成者，听赴本处乡试"。也就是说，卫籍生员学业优异者可以参加省乡试，考取功名做官。

之所以在卫所制度设计上下如此大的功夫，因为朝廷从设立这一制度之始，就意识到其弊端的存在。简而言之，朱元璋面临一个两难的选择，他既要拥有一支保持战斗力的军事力量，又要防止对国家财政造成过大负担。卫所制度设置的好处，是明廷始终拥有一支军事力量，且不需要花费巨大军饷去供养。其弊端则是随着时间推移，这支部队的战斗力必然会不断弱化，不可能是一支保持强大战斗力的部队，寓兵于农，最后士兵变成了农夫。

无论是唐代的府兵制，还是明代卫所制，最大的问题就是兵员逃亡。共同的原因都出在土地上，府兵制的基础是均田制，随着唐帝国的扩张，兵役日益繁重，国家也没有掌握可以新授予的土地，再加上土地兼并日趋严重，需要依靠土地产出自办装备、粮秣的府兵自然不堪重负。卫所兵世代被束缚在屯田的土地上，随着承平日久，军官老爷们侵占士兵的田地，慢慢地军官成了地主，士兵成了佃农。

在明代，普通军士要想脱离军籍是十分困难的事。《明史·唐铎传》中记载了一个小故事，潮州有位叫陈质的生员，不偷不抢不骗，读书读得好好的，忽然就被抓了起来，原因竟然是他的父亲过世。原来陈质的父亲有军籍在身，父亲一过世，他自然要被抓去袭承父亲的军籍。朱元璋听说这事后，很是同情这位生员，便下令说不如除去他的军籍让他继续读书吧。没想到兵部尚书沈潜却以军队缺人为由，不肯网开一面。最后朱元璋亲自劝说："国家得一卒易，得一士难。"这才成功帮陈质除去军籍。脱离军籍竟要皇帝亲自出面，明代军籍制度之严可见一斑。同时也能看出，军人的地位远低于士大夫。

要知道大多数军人都没有陈质的运气，要改变世袭军籍的命运，只有选择逃亡。到了明中晚期，军士逃亡现象已十分严重，人一走地就荒了，屯田屡屡遭到破坏，造成军粮短缺，卫所军战斗力一落千丈，遇到外患时不堪一击。到宣德年间，无兵可调的卫所开始募兵，土木堡之变后，明廷为了弥补损失，募兵制成为朝廷正式的兵员制度。此后，有了乡兵的兴起，著名的戚家军就属于乡兵性质，这种部队与卫所兵本质上的区别就在于它是由将领亲自训练，是兵知将、将知兵的典型。尽管兵将相知向来是中央朝廷的忌讳，但当卫所军战斗力不足抵挡外患时，明廷也不得不求助于民兵和募兵。

明初让朱元璋自豪地宣称"吾养兵百万，不费百姓一粒米"的卫所制度，最终未能成为明王朝的"万世不拔之计"。但也不必苛责制度的开创者们，卫所制度后来出现的一系列弊端，实际上唐代府兵制已有前车之鉴，明初统治者不可能没有这个意识，然而历史上又岂有完美的制度？政治家通常都是在两害相权取其轻的情况下做出选择。相比军阀割据、武人自重、冗兵冗费的局面，卫所制度的弊端的确要小很多。朱元璋采取让军人在卫所内安家置业、给光棍军人包办婚姻等做法，都是从延缓卫所制度弊端出现的角度出发的。洪武一朝，卫所制在开疆拓地、奠定国基上发挥了重要的作用；终明一代，卫所制度在开垦荒芜土地、加强边防与海防以及促进民族融合方面所发挥的影响力与积极作用，远远超过了制度设计者维护王朝统治这一核心目的。

（作者：周渝）

崇祯是如何远程"帮倒忙"的?

刘宋元嘉十三年(公元436年),宋文帝刘义隆病危,担心开国功臣檀道济在他死后作乱,下令处死檀道济。檀道济死前,留下了一句流传千古同时也很自恋的话:"乃复坏汝万里之长城。"

历史上,皇帝坑能臣的案例并不少见,刘义隆还算不上什么,后来的明思宗朱由检才是其中翘楚。

纵观崇祯朝十七年,其实可以说是能人辈出,卢象升、孙传庭、洪承畴、曹文诏……但崇祯皇帝和他哥哥朱由校不同,他并不相信臣下的办事能力,对自己的能力过分自信,喜欢越级指挥。这种现象在崇祯十二年(公元1639年)以后愈演愈烈,从松锦会战到孙传庭出关,他的自信,渐渐将他自己和大明引向绝路。

对峙松锦,促战洪承畴

作为清廷全取辽东的跳板,取锦州才能取辽西走廊,而取得锦州之后,清廷与关外明军的持久耗战就有了胜算。

崇祯十二年,剿寇有功的洪承畴顺利登上人生巅峰,他被授兵部尚书兼右副都御史总督蓟辽军务,带着新胜的曹变蛟、马科等人走马上任。对于辽东局势,洪承畴的指导思想很简单,只有依托多年来在辽西走廊的防务建设,守而兼战,以小股部队接触。

崇祯十三年春,皇太极做足准备再度攻打锦州,多尔衮、豪格屯兵义州,为与关外明军持久耗战准备。此时的洪承畴与清军斡旋交战,刘肇基与济尔哈朗交战有小胜。不久,清军后勤开始扛不住,多尔衮在攻城进展不顺的情况下,只能放松对锦州的包围,后撤营地,而明军在此时寻机运入大批粮草,局势渐渐向洪承畴希望的方向发展。

崇祯对这件事并不糊涂,此时也在着手筹集粮饷。但兵部尚书陈新甲和洪承畴在战略上仍然出现了分歧,陈新甲认为应当速战速决,在敌军军力还没有集中时解决战事,以免因粮饷问题使得明军再度陷入被动挨打的状态,而洪承畴的慎战目的很清楚——

练兵，整合各军

明军大战的野战表现不佳，并非明军战斗力低下。如浑河之战，白杆兵[1]虽然曾打得巴牙喇（八旗精锐）场面很难看，但因为兵力太少，辽军又坐视不救白杆兵与浙兵，让八旗军聚集优势兵力歼灭明军。洪承畴敏锐地看到各地而来、互不隶属的明军在命令执行上有明显缺陷，这次八镇兵马也不例外。

这种临时组合的军队只能打顺风仗，一旦局势不利就会引起淝水之战一般的溃败，洪承畴需要时间来整合。这一问题在后来松锦会战决战阶段暴露无遗，洪承畴的嫡系人马曹变蛟部死战到底，而正是王朴、吴三桂率先跑路，引发了明军倒卷珠帘之势的溃败。

长对峙，候时机

洪承畴从上任开始，就清楚辽东战场很难毕其功于一役，只能同皇太极拼消耗，比国力。清廷虽然兵强马壮，但是要供养十数万大军于前线的难度远大于大明，在围城之前，清军屯田就屯了一年，而能从蒙古、朝鲜得到的供应更是有限。

只有这样才能发挥明朝的优势，从国力上压倒对方。

不断出击，积小胜为大胜

不管是皇太极还是洪承畴，他们都明白锦州城不是目的，皇太极想通过围点打援消耗明朝的军事力量，洪承畴想把清军困在锦州打持久战，耗死清军。

洪承畴早期的战略取得了很大成功，不断袭扰，寻机作战，接连打败了济尔哈朗、多尔衮，把沈阳的皇太极气病了。

不管是以上哪个目的，无一例外都需要时间，但偏偏崇祯皇帝就是一个很容易动摇的急性子。早年的"五年平辽"是这样，现在也是这样。

被困守锦州的祖大寿也清楚现状，他提醒京师的兵部尚书陈新甲："宜车营逼之，勿轻战。"祖大寿和洪承畴的话，陈新甲明显没听进去，他责备洪承畴："用师年余，费粮饷数十万，而锦围未解，内地又困。"

在洪承畴与陈新甲之间，崇祯是犹豫的，转机在张若麒去到辽东前线以后。张若麒上报崇祯，从崇祯十三年起，明军一直取胜，可以决战了。崇祯一听张若麒这么说，就不再相信洪承畴的持久战略，尽管洪承畴多次上疏陈述利弊，崇祯仍然命令洪承畴迅速在关外出战，没办法，准备不充分的洪承畴只能硬着头皮上。

洪承畴率军进抵松山的同时，皇太极也下诏书，"传檄各部兵马，星集京师"，征集全国兵马决战。到达松山以后，皇太极决定将援军主力直接放在杏山和松山之

1　明末四川石砫土司秦良玉训练的一支擅长山地作战的部队，以其所持兵器白杆枪而得名。

间，一来横亘于明军交接之处阻滞明军的会合，二来阻断明军的退路，决一死战。

第二天，清军开始在松山和杏山之间布防，命令部队各处挖壕，断绝松山要路，待明军粮草用尽之后进行攻击。是夜，明军八总兵不和，吴三桂和王朴率军出逃，皇太极围点打援战略成功，除曹变蛟部以外明军悉数溃败，大明九边精锐葬送于此。

一年后，松山告破，洪承畴降清，张若麒下狱。

一副家当，偏要轻动

在明军九边精锐尽没辽东以后，崇祯手里其实已经没牌了，这会儿崇祯才想起几年前被他关进监狱里的孙传庭。

崇祯十二年，孙传庭因为和杨嗣昌闹矛盾，心里不舒服，装作耳聋，上疏闹情绪要引疾乞休，被杨嗣昌告发。崇祯皇帝大怒，将孙传庭削籍为民，关到了大牢里，这一关就是3年，直到崇祯十五年。

"一副家当"，其实也是孙传庭给崇祯造出来的。

崇祯起复孙传庭的时候，命孙传庭"总督京营，提兵剿寇，兼理粮饷"，崇祯只给了孙传庭五千京营，孙传庭要负责剿寇，还要自己想办法解决粮饷的事。

孙传庭苦哈哈地到了陕西后，发现情况比想象的更加恶劣，有专坑督抚的骄兵悍将贺人龙在不说，东边的李自成已经成了气候，但崇祯此时已经坐不住了，开始催促孙传庭出战。

孙传庭觉得这情况五千京营哪里够用，向崇祯请示再给他3万人，崇祯表示说好5000人就5000人，责令"练所发兵，足饷一月即卷甲出关，毋逗挠取咎"。

崇祯警告孙传庭："你集齐一个月的粮饷就可以出战了，别弄得又进了监狱。"在崇祯的催促之下，孙传庭出关了。本来设伏的孙传庭取得小胜，但在追击李自成的时候兵力不足，不出所料地战败了。

战败了的孙传庭也算看清了李自成的实力，认为现在不能像之前那样硬打，顶住了朝廷的压力，自己带着剩下的兵马跑回陕西苦练基本功，养精蓄锐，备战待敌。

回到陕西的孙传庭因为崇祯没给他多少兵马钱粮，靠着屯田和压榨富户硬生生给崇祯造出了一副家当。崇祯对孙传庭陕西练兵的成果也是相当满意，崇祯十六年，崇祯皇帝给孙传庭不断地加官。

"进孙传庭督师，总制应天、凤阳、安庆、河南、湖广、四川、贵州剿寇军务，仍总督陕西三边，兵部尚书兼左副都御史，铸督师七省之印。"

头衔很多很威风，但加官之后，当然是要催促孙传庭出战了。这时朝中其实也不乏支持孙传庭的声音。

兵部侍郎张凤翔再三向崇祯皇帝强调:"孙传庭所有皆天下精兵良将,皇上只有此一副家当,不可轻动。"

冯元彪的意见也和孙传庭相同,他告诉崇祯:"官军新募,未经行阵,宜致贼而不宜致于贼。"

无奈崇祯固执己见,孙传庭想到崇祯先前说要再抓他坐牢的威胁,只能长叹:"奈何乎?吾固知往而不返也,然大丈夫岂能再对狱吏乎!"不得已准备出关东进围剿李自成。

其实孙传庭练兵几个月还是很有效果的,几乎将李自成的军队打到要投降,一度孙传庭还跟崇祯吹牛说:"贼闻臣名皆惊溃,臣誓肃清豫、楚,不以一贼遗君父。"之后差点儿还抓住了李自成本人,但李自成命不该绝,连日降大雨,道路难行,明军出现了缺粮危机,汝州战败,明军溃军撤入潼关,大明仅有的"一副家当"损失殆尽。

不久,孙传庭战死潼关,李自成也趁机扩大战果,乘势夺取陕西。

执政后期的崇祯像输红了眼的赌徒一样,把希望寄托于孤注一掷,带着侥幸心理,希望一战翻盘取胜,又过分相信自己的能力。

两次决定国运的战役,蓟辽总督洪承畴、陕西总督孙传庭都是在他的严令下领兵出战,至此,大明也被崇祯带向了煤山。

(作者:湘桥蓬蒿人)

"亚洲第一舰队"的全军覆没

1888年12月17日,北洋水师于山东威海卫的刘公岛正式成立。这支近代化海军舰队,是清朝建立的4支近代海军中实力最强、规模最大的一支。但不到10年的时间,就在中日甲午战争中全军覆没。

中日两国都是在西方国家坚船利炮的攻击或威胁下,被迫对外开放门户的。从19世纪60年代起,两国相继开始学习西方,大举建设和发展新式海军。但是,为什么在19世纪末的这场海战中,看似更为庞大的北洋海军会遭遇如此惨败呢?

隔海相望的海军发展竞赛

1840年的鸦片战争和1853年的"黑船来航"事件,在中日两国近代史上均具有重要意义。从此之后,两国都面临被西方列强侵略和吞并的民族危机。以30余艘舰船和万余人组成的英国远征军,远涉重洋,闯入中国的宁静海湾,使拥有近百万常备兵员的中国军队一触即溃。清廷从全国各地调兵遣将,动用了一切可以动员的部队和武器装备,但在历时两年的战争和绵延数千公里的战线上,却没有打过一场胜仗,没能守住一处重要阵地,最后只能被迫接受割地赔款的《南京条约》。同样,海军准将佩里率领的一支美国舰队驶入日本江户浦贺港时,不过是4艘军舰,却使日本德川幕府政权十分惊恐,被迫与美国签订《神奈川条约》,对外开放门户。

鸦片战争使清廷受到强烈的震撼,并促成统治集团中的有识之士睁开双眼去观察世界,发出"师夷长技以制夷"的时代呐喊。魏源、林则徐等人认为,"夷之长技,一战舰,二火炮,三养兵练兵之法"。他们建议并规划出创立中国近代海军海防的初步方案,以期形成"中国水师可以驶楼船于海外,可以战洋夷于海中"的有利战略格局。

日本明治政府从建立之初,就对海军建设给予极大关注。1868年10月,登基之初的明治天皇就看到发展海军的重要战略意义,发布谕令称:"海军建设为当今第一急务,应该从速奠定基础。"明治政府还以对外侵略扩张为最高国策,制定以武力征服亚洲的"大陆政策",将朝鲜和中国列为其侵略扩张的首选目标。为此,日本政府不遗余力地大举扩充以海军为核心的综合军备。

从19世纪70年代到80年代，中国海军在装备实力上较日本海军占据明显优势，这对遏止日本扩张野心起到了积极作用，同时也直接刺激了日本发展海军的狂热情绪。中国虽以日本为假想敌，用李鸿章的话说，就是"今之所以谋创水师不遗余力者，大半为制驭日本起见"，但目的却仅在于防御。清政府从未制定过征服日本的战略方案。日本则完全不同，从1887年日本参谋本部第二局局长小川又次制定的《征讨清国策》，到1893年枢密院院长山县有朋提出的《军备意见书》，都是将中国作为日本的侵略目标来做考虑的。

这场旷日持久的海军军备竞赛，到19世纪90年代发生转折。由于北洋水师成军，以渤海湾为重点的海上防御体系已初步形成。但由于为慈禧太后归政而兴修颐和园和三海园囿、光绪皇帝大婚典礼、黄河河工等巨额开支，清政府的财政变得极为拮据。1891年，户部奏准暂停南北洋购买外洋枪炮、船只、机器两年，将所省银两解部充饷。这一决策使得中国海军的发展停下脚步。

正是在此期间，日本却在加紧完成海军扩展计划，其中包括专为对付北洋海军"定远""镇远"2艘铁甲舰而购造的"严岛""松岛""桥立"3艘海防舰；向英国订造当时世界上航速最快的巡洋舰"吉野"号等。中日海军的差距日渐缩小，此前在发展道路上"领跑"的中国海军，被落后的日本海军迅速追赶上来，渐渐丧失了此前拥有的优势。

高下分明的战略筹谋

甲午战争是日本军国主义者经过长期战略准备而精心策划的一场侵略战争。中日两国隔海相望的地理态势，决定了两国海军舰队在这场战争中的重大战略价值。

1894年6月5日，日本政府组建对华战争的最高统帅部——日军大本营；6月17日，大本营御前会议决定发动对华战争，并确定了日本海陆军作战的基本方针。其作战计划是：将陆军主力从海上输送入渤海湾择地登陆，在直隶（今河北）平原与中国军队进行决战，然后进攻北京，迅速迫成城下之盟。

但日军大本营认为，中国海军"占明显的优势"，"日本海军不仅没有战胜清国舰队的把握，而且还对它怀有一丝恐惧的心理"，中日陆军主力在直隶平原决战的结局首先取决于海战的胜败，即取决于日本海军能否首先在海上歼灭中国海军的主力北洋舰队，掌握黄海与渤海的制海权，从而保证安全输送其陆军主力兵团在渤海湾内登陆，实现作战的最终目标。

出于上述的考虑和预断，日军大本营在其作战计划中设置出作战的两个阶段。

第一阶段：日本出动陆军侵入朝鲜，牵制中国军队；日本海军联合舰队出海，寻找战机歼灭北洋舰队，夺取黄海与渤海的制海权。第二阶段：根据海上作战所可能产生的不同结局，分别设计出三种具体方案：

（1）若日本海军在海战中获胜并掌握预定海区的制海权，则立即输送其陆军主力进入渤海湾择地登陆，在直隶平原与中国陆军实施决战；

（2）若海战平分秋色，日本海军不能掌握预定海区的制海权，则以陆军主力达成对朝鲜半岛的占领；

（3）若日本海军在海上失败，制海权落入中国海军之手，日本军队则全部收缩回本土设置防线，准备全力抵抗中国海陆军大兵团对日本本土的进攻。

日军大本营的上述筹谋与预案十分周密、明确而坚决，它对中国海陆军没有做出任何轻视的判断和决策，这完全符合兵家制胜之道。特别需要强调指出的是，日军大本营制定的是一个典型的具有鲜明近代军事特点的海军制胜战略，因为这场在两个隔海相望的国家之间进行的战争，其发展进程和最终结局，无不依赖于中日两国海军的决战即制海权的得失。完全可以说，两国海军对黄海与渤海制海权的争夺，具有关系战争全局的头等重要战略意义。日军大本营紧紧抓住了这场战争的"命门"，因此，战火尚未点燃之时，日方已居于一种主动而有利的战略态势，这是日方精心谋划的结果。

"变诈情形，殊非意料所及"，正好一语道出其仓促之间匆忙应战的窘态。在战略上，中国最高当局缺乏对战争的全盘筹划与部署，对于战争的各种可能情况也从未做过系统的分析和判断，更未制定出应付各种可能情况的作战预案。战争初起，主战者以为日本不过是海中小国，可以一战而胜之；主和者则强调中国海军装备不如日本，认为若不依赖国际力量居间调停，难以取胜。双方所作的都是政治判断，考虑的是天朝大国的虚荣和派系集团的私利，对于海上战场和陆地战场的战略方向、战略战役的协同配合等，均属心中无数。决策者们根本没有将制海权的争夺和得失置于高度重视之中，甚至对于动员和使用其他地区的海军兵力与北洋水师配合作战这一非常重要的问题，也根本未作认真考虑，更没有专门组建统一的战争指挥与协调机构。

甲午战争打响之前，中日双方在战略筹谋上的高下之别，就已经使战局发展的天平开始明显倾向于日方了。

消极防御战略的终极恶果

1894年7月25日,中日两国海军初次交锋的丰岛海战,拉开了甲午战争的大幕。此战为日本蓄意挑起,对中方而言,属于遭遇战。但战端既起,中国方面仍未积极周密应对,则为大谬。7月27日,丁汝昌率北洋海军主力出海寻找日本海军联合舰队。李鸿章给北洋海军的训令是"惟须相机进退,能保全坚船为妥",主张北洋海军实行"保船制敌"的战略方针。此后,在朝廷的压力下,北洋海军虽多次出海,都只是敷衍了事。表面上奔波于威海卫、旅顺口、大同江一线,实际上不敢越出北纬37度线以南,更不敢前往日本舰队锚地隔音群岛;名义上是搜索日本舰队,实际上却是回避主力决战。黄海大海战后,北洋海军更是放弃争夺制海权,坐视日军部队在辽东半岛和山东半岛登陆,先后完成对旅顺口、威海卫两大海军基地的海陆合围,使战争的局势完全倒向了日本一方,最终导致了北洋海军的覆灭和中国的战败。

甲午战争的失败,在战略层面上给我们留下了深刻的历史教训。近代海军是应资本主义开拓世界市场之需求而生长的,与之相适应的军事战略历来都是以进攻为主,而中国建设和发展近代海军的初衷却是对海上入侵的被动防御,这与近代海军自身的历史使命相矛盾。西方资本主义列强是为了海外贸易和向海外扩张而积极建设和发展海军的,他们需要与进行全球贸易和开拓殖民地相适应的海军舰队,并需要与之相适应的战略战术。所有资本主义海上强国对海权的运用都集中在海军战略上,这是以世界海洋为舞台,为整个国家发展战略目标服务的。清政府在起步建设近代海军时,只欲用海军于守疆土、保和局,而不去积极谋求海权,不建立远洋进攻的能力和信心,更谈不到与之相适应的战略战术。

中国在甲午战争中奉行的消极防御战略,是同清政府的军事和国防战略直接相关联的。不可否认,在不断遭受海上外敌入侵的近代中国,海防是政府着力经营的重要事业。作为中国海军集大成者北洋水师的缔造者,李鸿章力主创办近代化的海军海防事业,源于他对时局的基本评估。在1874年的海防大讨论中,李鸿章指出:"洋人论势不论理,彼以兵势相压,我第欲以笔舌胜之,此必不得之数也……历代备边,多在西北,其强弱之势,客主之形,皆适相埒,且犹有中外界限。今则东南海疆万余里,各国通商传教,来往自如,聚集京师及各省腹地,阳托和好之名,阴怀吞噬之计。一国生事,诸国构煽,实为数千年来未有之变局……"

李鸿章虽然看到了中国当时所面临的前所未有的险恶局势,但他对于国防战略的基本主张却是陆主海从。李鸿章认为:"敌从海道内犯,自须亟练水师。惟各国皆系岛夷,以水为家,船炮精练已久,非中国水师所能骤及。中土陆多于水,仍以陆军为立国根基。若陆军训练得力，敌兵登岸后，尚可鏖战；炮台布置得法，敌船进口时，尚可拒守。"李鸿章在《筹议购船选将折》中指出："况南北洋滨海数千里，口岸丛杂，势不能处处设防，非购置铁甲等船，练成数军，决胜海上，不足臻以战为守之妙……中国即不为穷兵海外之计，但期战守可恃，藩篱可固，亦必有铁甲船数只游弋大洋，始足以遮护南北各口，而建威销萌，为国家立不拔之基。"

李鸿章是清政府中实际主掌海军海防建设大权的重臣，纵观他20年关于海军海防的思想与实践，我们可以看出，在"中土陆多于水，仍以陆军为立国根基"的国防战略指导下，其海军海防思想的基本要素是：

（1）陆主海从的海口防御和近海防御；
（2）不穷兵海外的"建威销萌"；
（3）强调海口要塞的岸台陆防御敌。

李鸿章的海军海防思想，显然带有闭关自守年代大陆民族固有的温顺平和的心态，即以中央帝国自居，满足于自给自足自然经济的生存空间，不愿积极向海外发展，也反映出在重大的时代变化面前，中国政治家的落伍与无奈。

以李鸿章为代表，中国海军海防战略思想中所亟缺的，正是以舰队决战的方式争夺制海权的核心要素。这种消极防御的海军海防战略，曾经导致1884年中法战争中福建水师坐困于闽江，招致被法国舰队全歼的惨痛悲剧，也注定了北洋海军在甲午战争中全军覆灭的必然结局。

李鸿章在甲午战争中为北洋海军制定的作战指导原则是：

（1）保全军舰；
（2）寻找战机袭击日军运兵船队；
（3）保护己方海上运输线的安全。

在此，保全军舰仅用于保护己方的海上运兵线，这就必然使北洋海军本应具有的战略价值被大打折扣，使这支颇具规模的海上机动攻击力量充当运输护航队，最多也只能充当针对敌方运输船的突击队，而不能给敌方海军作战兵力以致命打击，自然难以在战争中获胜。

海军是在海洋上履行战略使命的军种，其最强大的生命力来源于积极进取的海上军事战略。作为一个军种，海军就是"海洋上的野战军"，其最大的特色和本质就是进攻，即使是在防御作战当中，也应该寻求或创造一切可能的战机，去大胆实施积极的攻势作战行动。而任何一支奉行消极防御战略的海军，在战争中必然只能落得被动挨打甚至彻底覆败的结局，甲午战争中的北洋海军正难逃这种下场。

缺乏以舰队决战的方式争夺以制海权为核心的正确战略指导，终于铸成北洋海军的败局。与此完全相反的是，日军大本营非常明确地将通过舰队海上决战而歼灭北洋海军列为日本海军的首要作战任务，其作战指导思想是积极的。这也正是李鸿章和中国军政当局所亟缺的一条。仅此一点，就充分显露出中日两国在海军战略暨海权运用方面明显的高下之分，其在战场上的后果则是必然的。

"伤心问东亚海权"

19世纪末，帝国主义列强在华争夺势力范围，强租军港，构筑炮台，修建军事基地，控制了南起广州湾、北至旅大的众多沿海战略要地，并将炮舰驶入渤海湾内和长江之内的多处重要港口，从而形成了一个中国门户洞开、藩篱尽失，京畿腹地处于列强炮口之下的严重危机局面。

1911年秋，腐朽没落的大清王朝被辛亥革命推翻。1912年12月4日，中华民国第一任海军总长兼海军总司令黄钟瑛将军病逝。面对当时中国所处的严峻外部形势，孙中山先生写下了这样一副情真意切的挽联："尽力民国最多，缔造艰难，回首思南都俦侣；屈指将才有几，老成凋谢，伤心问东亚海权！"

的确，恰如孙中山先生所发出的"伤心问东亚海权"的时代浩叹，中国在自鸦片战争后的百余年中，英、法、日、俄、美、德等列强，从海上入侵84次之多，入侵舰艇达1860多艘次，入侵兵力约达47万人。中国无海权，则国家无兴盛，甲午战争就是最惨痛的历史教训。

在甲午战争前几年，美国海军学院院长艾尔弗雷德·塞耶·马汉以理性思维总结出海权理论而享誉世界。马汉的海权理论，将控制海洋提高到国家兴衰的最高战略层面。马汉后来又高度概括地指出，"海权包括凭借海洋或通过海洋能够使一个民族成为伟大民族的一切东西"，"无论平时还是战时，对海权的运用便是海军战略"。马汉的海权理论昭示世人：海权是一个战略范畴，是国家海洋战略与海军战略的核心与基础；海权的实质是国家通过运用优势的海上力量与正确的斗争策略，实现在全局上对海洋的控制权力。1890年，小罗斯福（后于1901年当选美国总统）在拜读了马汉早期的海权著作之后，立即激动地写信给马汉说："如果我不把它当作一部经典的话，那就大错特错了。"

在以海军制胜为显著特征的中日甲午战争中，中日两国对海权的认识和利用的程度高低，从根本上决定了这场战争最终的胜负结局。我们不应否认，在鸦片战争中领教到西方列强坚船利炮的厉害之后，清政府在海军海防建设方面投入巨大力量，甚至建成了在亚洲首屈一指的庞大海军舰队。但为什么换不来国家的兴旺发达，反而在反侵略战争中接连失败？一言以蔽之的答案是：清政府建设和发展近代海军，从来就不是海权意识的产物，从来就没有与发展海权紧密联系在一起。

19世纪之后，世界已进入这样一个时代：每个国家，尤其是沿海国家的政治、经济、军事和文化，都无可选择地开始与蓝色的海洋紧密地联系在一起；国家的兴衰荣辱也与海军战略紧密地联系在一起。资本主义国家为贸易和海外拓展殖民地而拼命发展海军，海洋和海军，实际上已成为西方各国资本主义发展的国家战略问题。

拥有漫长海岸线且处于封建专制统治之下的古老中国，就这样被迅猛发展的时代无情地裹挟进了这个世界大潮。但是，清政府在建设和发展近代海军时，并没有真正认清这一不可抗拒的世界大潮，而始终局限于对西方列强炮舰政策的一种本能反应，仅仅是一种企图重新关上国门的较低层面的军事防御对策。因此，清政府建设和发展海军的整个过程，始终呈现出一种海患紧则海军兴，海患缓则海军弛的被动、消极和短视的现象。即便是在中法战争结束，光绪皇帝发出"惩前毖后，自以大治水师为主"的战略动员令时，封建统治者也没有透彻洞悉世界发展趋势，没有改变和更新那种将汪洋大海仅仅视为天然屏障的陈腐落后的海洋观念，仍然顽固地将建设和发展海军作为重关国门之策。

中国建设和发展近代海军的起步并不迟于日本，并曾具有与日本同等的在亚洲崛起的历史机遇。可惜的是，清朝封建统治者缺乏明确的海权意识，企图将一个新军种纳入封建主义的陈腐轨道，企图用代表和体现着资本主义先进生产力的坚船利炮，去维护和挽救濒临死亡的封建主义生产关系。从这个意义上说，正是海权这一把无情的时代利剑，决定了近代中日两国不同的历史命运。

（作者：许华）

伍

军事篇

攻人以谋，用兵以智

秦能够统一六国，在地利上究竟沾了多大的光？

> 秦，四塞之国，被山带渭，东有关、河，西有汉中，南有巴蜀，北有代马，此天府也。以秦士民之众，兵法之教，可以吞天下，称帝而治。
> ——《史记·苏秦列传》

八百里秦川

在这个"四塞之国"的中央，是号称"八百里秦川"的关中平原。这是一个由渭河、泾河、洛河及其支流形成的冲积平原。这条狭长的谷地西起宝鸡，东抵潼关，南界秦岭，北接渭北北山，渭河从西到东纵贯整个平原。

此地今日仍是陕西省的粮仓，而春秋战国时期，这里的自然条件远比今日好。根据《左传》的记载，鲁僖公十三年（公元前647年）晋国发生饥荒，秦输粟于晋，由秦都雍派大船队沿水路运粮至晋国都城绛，号称"泛舟之役"。考其路线是由渭水下航，然后进入黄河，再由黄河转入汾河，溯汾河上行，又进入浍河，然后到达绛都。

现在这些河段除黄河外早已不通航了——由于水少河浅之故。实际上，从春秋战国，直到西汉初年，陕、甘之间的陇山一带还有广大的森林。当地的百姓修盖房屋从上到下完全使用木板，不用砖瓦或其他建材，故称为"板屋"。战国后期入秦的荀子也认为，秦地"山林川谷美，天材之利多"，林木资源十分丰富。

关中地区位于黄河中下游的黄土高原和冲积平原上，这里的土壤是肥沃的黄壤，土质结构疏松，在生产工具简单、铁器尚未运用的情况下，易于清除原始植被和开垦耕种。黄土冲积平原的肥力虽不如其他冲积平原，但在黄土高原的原始植被还保存较好的当时，冲积土中的养分比后世水土流失严重时的含量自然高得多。

这块地方是西周王朝的发源地和政治、经济、文化中心。周人首营关中，对于八百里秦川开发较早。而秦人在驱逐西戎，尽收周余民后自然继承了周人先进的农业积蕴，使初秦农业在较高基点上进一步发展。

毋庸置疑，在古代社会，农业的发展至关重要，是国家财政收入的主要来源。

除此之外，在八百里秦川的西北外围，畜牧业比较发达；秦国境内的山地丘陵还多矿产资源，如玉石、丹砂、铜、铁等均含量丰富。关中平原南北的山地，有丰富的矿藏可以利用。从关中不断出土的铁生产工具来看，关中周围的山脉铁矿含量是丰富的。《汉书·地理志》曾记载郑、雍、夏阳、陇西等地都设有铁官，而关中地区出铜的山脉在《山海经》的记载里也有5处之多。在古代社会，铜、铁都是制造武器的好材料，属于重要战略物资。

故而，司马迁在《史记·货殖列传》中写道："故关中之地，于天下三分之一，而人众不过什三（30%）；然量其富，什居其六（60%）。"这表明，在当时的生产条件下，关中地区的富庶是非常令人瞩目的。

天府的加成

虽然如此，当时秦的土地毕竟不过是现在陕西一省和甘肃东部，主要产粮区只有关中平原。司马错就说秦国尚属"地小民贫"，其中的"地"即指可耕之田。直到公元前316年，秦惠文王趁东西两川地区的巴蜀两国相攻，遣司马错统兵击灭巴、蜀，"取其地，足以广国也；得其财，足以富民"，秦的国势才如虎添翼，凌驾于东方各国之上。

巴、蜀所在乃是四川盆地，长江及其支流呈向心状汇入盆地底部，东流出川，江河冲积，形成肥沃的平原，宜于农业生产。兼并巴蜀之后，秦在巴蜀地区苦心经营，筑城邑，兴水利，修栈道，很是下了一番功夫。另外四川地多盐井，获利丰厚。所以到了诸葛亮做隆中对策之时，四川盆地所在的益州已经被认为是"天府之土"、"民殷国富"。

秦取巴蜀，不仅增强了国力，且改变了对楚国的战略态势。在东面和楚国交界的地方，有汉水上游的山地和三峡天险，易守难攻。相反，秦军若沿水路向长江下游进军攻楚，却相当便利。正因如此，秦国占据了对楚国外交的有利地位。至于据有巴蜀对下江政权是不是真的存在巨大的军事威胁，从三国时期刘备、孙权两方争夺荆州之激烈也就可以想见了。

事实上，取得蜀地之后，秦国已经拥有了今天的陕西、四川、重庆大部和甘肃东部，版图比"三晋"和齐任何一国都大。秦的地理位置也远比东方各国有利，攻灭义渠与巴、蜀之后，在匈奴兴起前的很长一段时间，秦国的西、北、南三面都没有敌国，无论攻守，都只消注意东方。

百二秦关

从中国地形图上看，秦地地处我国"第二阶梯"上，俯视着处于"第三阶梯"的东方六国。八百里秦川四周高、中间低的地形，不仅导致包围在山地之中的平原形成四塞之国，而且平原与山地结合之处的山间谷地自然成为冷兵器时代的关隘。在古代，有用"百二秦关"来形容关中险要的说法，意思是以百万之众攻关中，两万人足以拒之。以两万之师挡百万之众，所恃者乃在其地形地势之险。

其中最主要的关隘就是函谷关，其大约在秦献公年间（公元前 384～362 年）设置在今天的豫西灵宝市，因"路在谷中，深险如函，故以为名"。函谷关坐落在关中通往中原的豫西通道上。由于陕西和山西之间的黄河水流湍急，古时大兵团往来困难，故秦国经由豫西通道东进中原乃一捷径，当然反过来对企图攻入关中的东方诸侯联军来说也是如此。《史记》就记载公元前 273 年赵、魏攻韩，秦自关中出兵相救，仅用 8 日便穿过豫西通道，来到华阳（今河南新郑）。

函谷关正是这条通道西段的咽喉要地，敌军无论从崤山南北哪条道路而来，都要经过这座关隘。关中与洛阳往来，必须经过函谷关，而正由于它曲折严峻，控制了函谷关，就相当于把握了战争胜利的关键。

然而，今日的函谷关故址，在宏农涧西畔的王垛村，西倚稠桑原。站在稠桑原顶放目四望，漫坡上农田梯层列布，几座村落相参其间，小路蜿蜒，路边田头有三五树木摇曳点缀，完全可以通过千军万马，根本称不上险峻，当年又何以能设置一座雄关？

原因在于历史上人类活动造成的自然环境变化。特别是在明代中叶以后，由于人口快速膨胀，对新辟农地的需求迫切，日常用材激增，于是黄河流域的森林地带很快缩小，甚至遭到毁灭性的破坏。此时京师（北京）需要的巨量建材已无法就近从黄河中游地区取得，必须派遣大量人力从四川及两湖地区采集。由于人类的破坏太过彻底，森林自我更新的机能几乎丧失殆尽，使得如今黄河中游地区目之所及尽是连绵不断的秃山，不仅现在函谷关故址如此，就是西到潼关的大道两旁，也同样没有再可称道的树林了。

但春秋战国时期的情景与之大不相同。《山海经·中次六经》就说"夸父之山（位于今灵宝市），其木多棕柟，多竹箭……其北有林焉，名曰桃林"。《荀子·强国篇》中称道崤山上的"松柏之塞"（即函谷关），就是因树种而得名。秦汉时期，函谷关附近的松柏繁茂不减前代。直到南北朝时，仍然是松柏荫蔽。因此，旧函谷关道路两侧"崖上柏林荫谷中，殆不见日"，函谷关道东自崤山，西至潼津，深险如函，号称天险。秦军若处于守势时，只需要封锁了这狭仄的路口，外面纵有坚车千乘，精骑万匹，在函谷关前也难以展开兵力，逞其锋锐。

这样的地形令秦国占尽好处，而关东诸侯则吃够了苦头。秦国常常可以在关外某国守备薄弱，有机可乘时骤然出兵攻击，而关外诸国几次组成合纵联盟进攻秦国时，秦军则退守函谷关，以逸待劳，使关外联军无可奈何，自然解体退兵，落得劳民伤财的后果。如贾谊在《过秦论》里所说，列国"尝以十倍之地，百万之众，叩关（指函谷关）而攻秦，秦人开关而延敌，九国之师，逡巡而不敢进"。

当然这个说法略有夸张，关东列国合纵攻秦多次，还不至于胆怯如此，但用"一夫当关，万夫莫开"来形容函谷关的险要则一点儿也不过分。公元前318年，关东五国（魏、赵、韩、燕、楚）联兵攻秦，攻函谷关不下。秦兵出关反击，联军大败。秦王政六年（公元前241年），楚、赵、魏、韩、卫最后一次合兵攻秦，进至函谷关，却再次大败而还。

在整个战国历史上，固若金汤的函谷关只有一次失陷：公元前298年，处于极盛时期的齐国联合韩、魏联兵攻秦，历经3年战争，才终于在公元前296年攻破函谷关，并立即引起了秦国君臣朝野恐慌，被迫割地讲和，足见关中腹地的安全系于函谷关的归属，两者几乎是一亡俱亡的关系。可惜关东诸侯们这样的联合之后就停顿了，齐国在燕国乐毅主导的五国伐齐（公元前284年）打击后，虽未亡国，也已一蹶不振，而恢复过来的秦国则可以继续"据崤函之固，拥雍州之地，君臣固守以窥周室，有席卷天下，包举宇内，囊括四海之意，并吞八荒之心……内立法度，务耕织，修守战之具，外连衡而斗诸侯"。

（作者：郭晔旻）

"破釜沉舟"的巨鹿之战，何以成为秦末最关键一战？

要说历史上以少胜多的战役，巨鹿之战无论如何都应榜上有名。这场战役不仅决定了秦末局势的走向，还贡献了"破釜沉舟""作壁上观"等沿用至今的成语。那么，这一历史性战役到底有着怎样的前因后果呢？

战前局势如何？

公元前209年，那个曾横扫六国统一四海的"千古一帝"已在一年前咽了气，此时是秦二世元年。这一年的七月（秦历，后同），大泽乡的一场雨开始改变帝国的走向。这场雨让900多个戍卒耽误行程，面临杀头的风险，于是他们在两个屯长的带领下揭竿而起，一举攻下大泽乡。这两个屯长，一个叫陈胜（涉），一个叫吴广。此后，各路反秦势力纷纷自立为王，武臣、赵歇先后封赵王，魏咎为魏王，田儋为齐王。楚国名将项燕之子项梁在会稽起兵，并拥立熊心为楚怀王，自号武信君。曾在沛县泗水做过亭长的刘邦也杀了县令举起反旗，后投项梁。

时间来到第二年九月，陈胜、吴广的起义军已被章邯率领的骊山刑徒和奴产子击败。这支看似很不正规的秦军数战数胜，愣是接连打败魏咎、田儋，还在定陶击杀项梁，然后打到了赵歇的地盘。

秦军大将章邯率军顺利攻下赵都邯郸后，逼得赵王赵歇、赵相张耳只能逃到巨鹿城，赵将陈馀则北收常山之兵数万人，驻守在巨鹿之北。章邯又命前来增援的王离、涉间包围巨鹿，自己率军驻扎在巨鹿以南，筑起两面是墙的甬道给前军运输粮草。

赵王见势不妙，派遣使者向各地诸侯求援。转观楚国，自项梁被章邯击败后，楚怀王心生恐惧，便从盱眙迁都到彭城。好在章邯击杀项梁后，认为楚国已经不足为惧，方才转攻赵国，所以才有了巨鹿之围。

这个局面对反秦诸侯来说相当不利，如果秦军攻下巨鹿灭亡赵国，那北边的燕国也岌岌可危。秦军届时南下进攻齐、楚，便无后顾之忧，再度统一天下也不无可能。

在此情况下，楚怀王决定派出两路军队攻秦，一是派宋义、项羽北上救赵，二是遣刘邦西进入关。《史记·高祖本纪》载："怀王乃以宋义为上将军，项羽为次将，范增为末将，北救赵。令沛公西略地入关。与诸将约，先入定关中者王之。"

楚军为何迟迟未到？

巨鹿危急，按理说诸侯军应该日夜兼程火速驰援才对。但畏于秦军的战斗力，诸侯军虽抵达巨鹿，却不敢与之交战。陈馀派出5000士兵前去试敌，也只落个全军覆没的下场。

楚军中，项羽一向以勇猛著称，加之他的叔父项梁刚被秦军所杀，倒是有可能直奔巨鹿，但北上的楚军迟迟未到，反而在安阳久久驻留。其实，军中还不是项羽说了算，虽然楚军在很大程度上可以说是"项家军"，但此时名义上应听从上将军宋义的号令。

宋义为什么能压过项羽一头呢？这还要从项梁在时说起。

起初，章邯也在项梁手下吃了败仗。项梁先是在东阿打败了章邯，然后领兵西进来到定陶，再次击败秦军。加之项羽、刘邦又在雍丘打了胜仗，还斩杀了三川郡守、李斯之子李由。项梁因此更加轻视秦军，难掩骄色，他麾下的宋义见此便从中规劝。

宋义担心骄兵易吃败仗，但项梁并没有听进去，反而派遣宋义出使齐国。宋义在路上刚好又遇到了齐国使者高陵君显，得知对方正是去见项梁，于是对他说："臣论武信君军必败。公徐行即免死，疾行则及祸。"

果不其然，此时各路秦军赶来增援章邯军，在定陶大败楚军，项梁也在此役中战死。而宋义在路上遇到的那位齐使后来拜见了楚怀王，正好就把宋义预见战败的事告诉了怀王。

楚怀王一听宋义还有这种才能，便召见他商讨战事。随后，宋义被任命为上将军，项羽都只是他手下的次将，同时，其他各路将士也都归宋义指挥。

头戴"卿子冠军"的光环，宋义领军北上救赵，但走到安阳的时候却命令将士在此驻扎，接连停留了46天都没有前进一步。这时，项羽就坐不住了，他对宋义说："吾闻秦军围赵王巨鹿，疾引兵渡河，楚击其外，赵应其内，破秦军必矣。"

对于项羽这一里应外合共击秦军的策略，宋义不以为然。他认为应该任由秦军攻赵，即使秦军胜利，士兵也必定疲乏，那时便可趁机发起攻击；反之，如果秦军战败，那他也可以率军西进，一举灭秦。宋义更是直接对项羽说："夫被坚执锐，义不如公；坐而运策，公不如义。"随后还下令全军，称但凡不听指挥的，一律斩杀。

严格来说，宋义的法子虽然有些不义，但就灭秦这个终极目标来看，也不是不行。可他此时偏偏又做了一件触犯众怒的事，彻底把自己送上了死路。楚军在安阳停滞不前，转眼就到了十一月，军中粮草本难以为继，恰巧又遇到下雨，士兵们又冷又饿。宋义却在此时送自己的儿子去齐国为相，还大摆酒席宴请宾客。项羽见状，便对军中将士说："将戮力而攻秦，久留不行。今岁饥民贫，士卒食芋菽，军无见粮，乃饮酒高会，不引兵渡河因赵食，与赵并力攻秦，乃曰：'承其敝。'"

项羽先是痛陈宋义"饮酒高会"的不妥之举，然后直言其想要"承其敝"的法子根本行不通，如果不解巨鹿之围，强大的秦军必定轻而易举地攻下新立的赵国，楚军根本无机可乘。况且楚军先前刚打了败仗，楚怀王正坐立不安，这次聚集兵力和粮草交给宋义，也就是把国家安危交到了他手上，他却如此不体恤军中将士。

最终，项羽得出的结论就是宋义"非社稷之臣"，第二天就在军帐中将其斩杀。军中将士对此也无异议，毕竟楚怀王都是项家拥立的，便公推他代任上将军。消息传到楚怀王这里，他也只能正式任命项羽为上将军，英布、蒲将军等人都纷纷归于项羽麾下。

这一番折腾之后，楚军终于重新踏上了攻秦援赵的征程，巨鹿之战也正式拉开序幕。

项羽如何以少胜多？

项羽斩杀宋义，迅速在楚军中树立起威信，随即率军继续北上，来到漳水南岸。他起初派遣英布和蒲将军率两万人渡河，先行对秦军发起攻击。而赵将陈馀这边，眼见王离军攻势猛烈，于是再次恳请项羽增兵救援。随后，项羽决定率主力部队渡河救赵。

同时，项羽还做了一个重要决定，这个决定极大地振奋了楚军士气，也为后世留下了一个经典成语——破釜沉舟。

《史记·项羽本纪》载："项羽乃悉引兵渡河，皆沉船，破釜甑，烧庐舍，持三日粮，以示士卒必死，无一还心。"这一自断后路的决定，让楚军上下明白了一个道理，那就是此战必须获得胜利方才有一线生机。

项羽之所以如此，或许与他从小修习兵法的经历有关。他小时候并不像个可造之才，"学书不成，去；学剑，又不成"，倒把抚养他的项梁气得不行。项羽却对叔父说："书足以记名姓而已。剑一人敌，不足学，学万人敌。"

项梁就开始教项羽学兵法。项羽开始倒也高兴不已，但学得"略知其意"后就不肯再深入了。话又说回来，虽然只学得一点儿表意，想必他对《孙子兵法》中的经典理论也是熟悉的,后来能做出"陷之死地然后生"的决定倒也不足为奇。

在司马迁笔下,渡河后的楚军士气高涨、勇猛无比,迅速包围了王离军,接连发动攻击。将士们在战斗中"无不一以当十",与秦军大战数次,最终切断甬道,大败秦军,还斩杀了苏角,俘虏了王离,拒不投降的涉间也自焚而亡。

据《汉纪》记载,原本由宋义和项羽率领的这支北上楚军只有5万人,而章邯和王离的联军加起来却有40万之多。这一力量悬殊的战役,为何会是项羽率领的少数方胜利呢?

"卒存巨鹿者,楚力也。"毫无疑问,在巨鹿之战中,项羽及楚军的破釜沉舟之勇起到了关键作用,但各路诸侯军的势力也不容忽视。起初,诸侯军抵达巨鹿后并未立即发起攻击,而是驻扎在陈馀军附近,还筑起高高的壁垒,不敢与秦军交战。等到项羽率领的楚军和秦军开战后,他们只是躲在驻地的壁垒上观望,顺便贡献了一个沿用至今的成语——作壁上观。

诸侯军虽然畏战,但他们的存在好歹在一定程度上是项羽的另一条退路,秦军也有后顾之忧。同时,在楚军英勇作战之际,诸侯军也逐渐放下对秦军的畏惧,转而加入作战。否则,以项羽率领的数万楚军恐怕很难顺利击溃有着光辉战史的长城军团,退守的章邯军后来也不会轻易投降。

《资治通鉴》就对诸侯军的作用予以了肯定,称:"于是至则围王离,与秦军遇,九战,大破之,章邯引兵却。诸侯兵乃敢进击秦军,遂杀苏角,虏王离;涉间不降,自烧杀。"

但项羽在巨鹿一役中的表现,也让他成为诸侯军的首领,得以统摄各路反秦势力。司马迁在《史记·项羽本纪》中写道:"于是已破秦军,项羽召见诸侯将,入辕门,无不膝行而前,莫敢仰视。"当然,司马迁既以帝王专用的"本纪"来为项羽立传,可见其对项羽的肯定。

战后何去何从?

巨鹿之战后,章邯退守棘原,继续与项羽率领的诸侯联军对峙。由于秦军此前大败,秦二世遣人问责章邯,章邯也心生恐惧,所以派司马欣回咸阳请示丞相赵高。赵高非但没见司马欣,还在他返回棘原时派人追捕。司马欣好不容易回到军中,马上告诉章邯:"赵高用事于中,下无可为者。今战能胜,高必疾妒吾功;战不能胜,不免于死。愿将军孰计之。"对于这个胜败都难逃一劫的局面,司马欣劝章邯仔细打算。

刚好陈馀此时也写信劝降章邯,并以白起、蒙恬等名将的悲惨下场为例,说"夫将军居外久,多内隙,有功亦诛,无功亦诛",不如"约共攻秦,分王其地"。章邯有所动摇，秘密派人去见项羽，想要讲和。

讲和未成，项羽令蒲将军率兵渡过三户津，大败秦军。随后，项羽又率领全军再击秦军，章邯继续遣人讲和。这时候，项羽考虑到军中粮草不足，便答应下来，后在洹水南岸的殷墟上接受了章邯的投降。

章邯降后被项羽封为雍王，司马欣被任命为上将军，率领原本的秦军当先头部队。但到了新安之后，项羽等人忌惮这批秦军人数众多，又心有不服，决定将20万士兵全部坑杀，只留下章邯、司马欣、董翳等将领。至此，秦军的主力部队完全覆灭。

当初楚怀王派出两支军队攻秦，项羽这边大获全胜，刘邦那边又如何呢？自定陶一战项梁败后，楚怀王任命刘邦为砀郡长，封武安侯以统帅砀郡士兵。原本决定领兵西进的人选时，项羽也是其中之一，但怀王身边的老将却认为项羽过于强悍残暴，建议派刘邦前去。所以怀王下令，"遣沛公西略地，收陈王、项梁散卒"。

刘邦率军向关中进发，在一路上大大小小的战役中少败多胜，倒也顺利，同时牵制住了西边的秦军，以防其增援巨鹿。后来章邯投降，赵高则逼死秦二世，还派人来见刘邦，想与他划分关中地盘。刘邦觉得其中有诈，采取了张良的计策，让郦生和陆贾前去游说秦将，利诱其反秦，随即趁势攻克武关，迂回进入关中地区。最终，刘邦兵至霸上，直逼咸阳。随后，"秦王子婴素车白马，系颈以组，封皇帝玺符节，降轵道旁"。继任秦王的子婴这一降，秦朝的统治便正式宣告终结。

按照当初楚怀王的许诺，先入关的刘邦理应封关中王。但项羽在巨鹿之战中名声大噪，诸侯军唯他马首是瞻，随即他也领兵向西。听到刘邦已先行入关的消息后，项羽大为震怒，这便有了著名的"鸿门宴"。刘邦并没有如愿成为关中王，况且怀王自己也只是有名无实的"义帝"，反而是项羽一时占据上风。

巨鹿一役，之所以成为秦末的关键一战，正在于其胜败可能决定"秦末"这个前提是否成立。

假若章邯、王离率军击败项羽，攻下赵国，秦军便可分出手来增援关中，也可继续北上灭燕，再回过头来消灭已经吃了败仗的齐、楚。如果巨鹿之战是秦军获胜，赵高可能也不会急于逼杀胡亥，秦朝是否二世而亡就成了未知数。

而现实是，项羽胜了，巨鹿之战直接把他推到了历史的潮头，让他成为西楚霸王。同时，项羽在巨鹿击溃秦军主力，为刘邦顺利入关创造了有利条件，实际上也为后来的楚汉之争埋下了伏笔。

正如后世评价："首难者虽陈涉，灭秦者项王也；入关者虽沛公，灭秦者项王也。"

（作者：南麓）

参考资料：

[1] 司马迁. 史记[M]. 北京：中华书局，2011.

[2] 张荫麟. 中国史纲[M]. 北京：中国和平出版社，2014.

[3] 田昭林. 中国战争史（第1卷）[M]. 南京：江苏人民出版社，2019.

[4] 董寅生. 巨鹿之战探微[J]. 邯郸学院学报，2012（01）：88-92.

[5] 阎盛国. 从《孙子兵法》审视项羽巨鹿之战的致胜因素[J]. 史学月刊，2012（07）：125-127.

[6] 靳成诚. 巨鹿之战的经过和影响——兼论安阳位置与秦军运输线[J]. 邯郸学院学报，2017（02）：78-84.

"官渡之战"中袁绍军队突然崩溃背后的军事逻辑

"官渡之战"乃曹操定鼎北方的决定性战役。战役过程在罗贯中所著《三国演义》中被描写得淋漓尽致。然而,这场看似条理清晰的战役中,也存在着一些令人无法理解的细节。

谜之操作:官渡之战中袁绍的逃离和曹操的杀俘之谜

依照"失败者无论干什么,都会成为其失败原因"的"马后炮"定律,袁绍在"官渡之战"前后似乎没有做过正确的选择。在无数"昏着"中,袁绍将全军的粮秣集中于后方乌巢的决定,招致曹操奇袭而被付之一炬,却似乎并没有为后世兵家所指摘。

客观地说,处于外线作战的大兵团,往往都会在战线纵深构筑一个乃至多个粮仓。这样做的好处大致有二:其一,在后方运输因为气候、动乱、敌袭等因素而出现短暂停滞时,依旧可以保证前方短期内调用不缺;其二,在前线作战失利的情况下,位于后方的粮秣仍有时间转移,不至于悉数落入敌手,甚至粮仓本身也能成为一个挽回颓势的防御支撑点。

正因如此,虽然有了袁绍的前车之鉴,古今中外仍有不少战略家犯过与其相同的错误。如自称熟读中国兵法,而将"风林火山"写在军旗之上的日本战国武田家,便在长篠之战中将粮秣存放于后方的鸢之巢山砦,最终为德川家康的部将酒井忠次奇袭后夺占。在丰臣秀吉侵略朝鲜的过程中,日军也一度将数十万石军粮集中于汉城附近的龙山馆,结果遭到明军远程火器的打击,损失惨重。

不过,粮仓遇袭后,武田军选择了正面出击,抱着"拼亦光,不拼亦光"的心理,对织田、德川联军的阵地展开了几近自杀的冲锋。侵朝日军在龙山馆粮仓被焚之后,则是借助与中、朝联军展开和谈的烟幕,缓步南撤,在釜山一线重新站稳了脚跟。

通过上述战例不难看出,后方粮仓遇袭,对于远离本土的军队而言,虽然是一次沉重的打击,但只要应对得当,并非没有全身而退的机会。如果能以破釜沉舟的姿态调动部队的士气,纵使不能反败为胜,也能在一定程度上打疼对手。

然而，在官渡之战中一度占据上风的袁绍，却在乌巢遇袭之后突然失去了组织进攻或后撤的能力。身为军队主帅的袁绍也没有做任何激励部下、重整旗鼓的努力，仅带长子袁谭与少数亲卫仓皇出逃。

如果说，袁绍的表现只是其个人"色厉胆薄"的性格缺陷，那么曹操接下来的动作便更令人费解了。曾经收降过百余万自成体系的"青州黄巾"以及臧霸、昌豨等"泰山群寇"的曹操，对于官渡地区群龙无首的七八万袁绍所部表现得格外严苛，竟以"伪降"的名义将其悉数坑杀。

袁绍和曹操缘何那么害怕这些人？以至于一个宁可抛弃辎重、细软也要逃之夭夭，另一个则不顾"杀俘不祥"的古训也要将其诛杀呢？答案，或许要从袁绍集团的兵员构成谈起。

层层累加：如何在乱世拉起一支队伍？

在汉末乱世的群雄逐鹿中，虽然各方势力有着不同的境遇，但其军事力量的组成结构大致相同。基于血缘而团结在一起的宗族武装，无疑是枭雄们手中的核心力量。如曹操身边的曹氏、夏侯氏子弟，孙坚军中的孙氏、吴氏（孙坚妻族）、徐氏（孙坚妹女婿家族）。

从这一点上看，家族越是庞大，在乱世中起点越高。

袁绍所在的汝南袁氏虽属名门望族，但他庶子的身份决定了家族资源会更多地向他同父异母的嫡弟袁术倾斜。父亲袁逢更将袁绍过继给自己的二哥袁成。袁成的政治成就远不如自己那位历任太仆卿、司空、执金吾的弟弟袁逢，但他善于交友，因表字文开，所以当时洛阳坊间有流传着"事不谐，问文开"的民谚。

正是在这位养父的言传身教下，袁绍少年时代"折节下士"，网罗了一批洛阳当地的游侠，更与张邈、何颙、吴巨、许攸、伍孚等当时的风云人物结为"奔走之友"。日后在官渡之战中被袁绍委以前锋重任的颜良、文丑，很可能是袁绍早年豢养的死士。

中平五年（公元188年），为了应对此起彼伏的政治动荡和各地叛乱，汉灵帝刘宏于西园组建了一支新军，袁绍被任命为八校尉之一的"中军校尉"，按照东汉的官制，每校有兵士700人，这支武装力量也就成为袁绍手中正规军的种子部队。袁绍在西园军中招揽了多少人，史料中虽没有准确答案，但与袁绍同为"西园八校尉"之一的淳于琼，日后却成为袁绍麾下的得力干将之一。

在因汉灵帝刘宏去世而引发的外戚与宦官血腥内斗后，袁绍被董卓外放为冀州渤海郡太守，至此袁绍正式在即将到来的乱世中拥有了一块自己的立足之地。东汉时，渤海郡下辖八县，登记在册的户数虽然只有13万，仅比冀州九郡之中魏郡、清河郡略高一点儿，但实际人口高达百万。

户数和实际人口如此悬殊，说明渤海郡中多豪门大户。当地渤海高氏显然是个中翘楚。值得注意的是，汝南袁家与高氏本就是姻亲关系。袁绍的外甥高干便是在袁绍执政渤海郡后逐渐崭露头角的。从袁绍去世后，长子袁谭降曹复叛后据守南皮与曹操展开最后决战来看，袁谭很可能并非袁绍与后妻刘氏所生，而是出自袁绍迎娶的渤海郡当地大户之女。毕竟刘表入主荆州之后，也是通过姻亲关系笼络了当地的蔡氏，才在地方政治中占据了主动权。

在整合了自己豢养的豪杰死士、西园军中的亲信旧部、渤海郡原有郡兵以及当地的豪强武装之后，袁绍很快拼凑出数万兵马，并凭借早年的人脉和政治影响力，在讨伐董卓的联军之中占据了盟主地位。董卓西走长安之后，为了否定董卓所拥立的汉献帝刘协的正统性，袁绍积极与幽州牧刘虞勾兑，试图立刘虞为帝，而为了建立政治互信，袁绍很可能迎娶刘虞族中的女子，而这位刘氏女子便是未来袁绍幼子袁尚的生母。

虽然刘虞最终没有同意称帝，但袁绍与幽州方面也算是结下了香火之情。此后无论是以瓜分冀州为名联络公孙瓒南下，逼迫冀州牧韩馥让出一州权柄，还是联合刘虞之子刘和、旧部阎柔围攻公孙瓒，都可见袁绍在幽州地区的政治影响力。

沙上之塔：看似强大的袁绍集团的巨大隐忧

从初平二年（公元191年）鲸吞冀州，到建安三年（公元198年）攻克易京、灭亡公孙瓒，袁绍用7年时间，逐步完成对河北地区的征服，并整合出一支空前强大的军队。但是这些纸面上看似无敌的资源，实际上不过是积沙成塔，根本无法经受真正的考验。

首先，袁绍表面上坐拥冀、青、幽、并四州，但其中的并州九郡之中，自汉灵帝末年开始，定襄、云中、五原、朔方、雁门、上郡便陆续为南下的匈奴和鲜卑所蚕食。中平五年（公元188年），西河郡内又发生了黄巾军余部领导的白波军起义，白波军与南匈奴单于於夫罗联手将太原郡洗劫一空，大举南下攻入司州所属的河东郡，并最终在当地的混战中为曹操所消灭。匈奴的南下及白波军的洗劫，均令原本便仅有11万户70余万口的并州残破不堪。

幽州的情况比并州要好不少。虽然此前因为张举、张纯勾结乌桓发动的叛乱而损失了一些人口。但在刘虞的励精图治之下，幽州不仅吸纳了百余万来自青州、徐州的难民，更通过边境贸易和盐铁矿收益实现了财政平衡。但是这些积累最终为公孙瓒所窃取，并在与袁绍的拉锯战中逐渐消耗殆尽。

仅以《三国志》中相关记载看，袁绍及与之同盟的刘虞势力与公孙瓒方面对抗，伤亡万人以上的野战便有界桥、拒马河、龙凑、潞河、鲍丘5场。其间双方为了争夺关键城砦而造成的伤亡更是不可尽数。在袁绍攻克易京之后，公孙瓒之子公孙续又带领数万骑兵逃亡塞外。这些损失累加，让曾经兵甲雄于天下的幽州直接被掏空。

作为黄巾叛乱的重灾区和袁绍、公孙瓒拉锯的第二战场，青州原有的63万户370万口还有多少留在故地，恐怕只有天知道。建安元年（公元196年），袁谭率部攻克领有青州刺史的孔融所据守的北海郡治剧县，算是完成了对青州当地公孙瓒势力的清除。很快，辽东太守公孙度便渡海而来，占据了北海郡以东的东莱郡。从这个细节我们能看到，为兵燹焚掠过后的青州已然空虚到公孙度派出几船兵马就能跨海染指的程度。

与上述三州相比，冀州无疑是袁绍手中最为雄厚的本钱。然而，冀州内部也并非铁板一块。除了中山、常山、赵郡等地太行山脉中活跃着"大者二三万，小者六七千"的"黑山军"之外，袁绍还要面对以沮授为首的冀州本土势力的掣肘。

早在韩馥到任之前，沮授便已经通过举茂才和二任县令的历练，升为"总理众务"的冀州别驾了。韩馥到任之后，很快便把沮授从别驾的岗位上调任至骑都尉。

客观地说，别驾虽然位高权重，但终究不过是刺史的秘书，并没有品阶，骑都尉却是秩比2000石的实权官职。韩馥做出这样的安排，大体可以看出沮授在军事领域的特长，相信其善于掌兵。同时，韩馥对其还没有信任到引为心腹的程度。在韩馥让出冀州的决策过程中，沮授虽然进行了规劝，却跟在长史耿武和别驾闵纯的后面。显然作为既得利益集团，沮授当然并不希望更换领导，但作为实权派，他并不像耿武、闵纯那般完全排斥袁绍接掌冀州。

最终，耿武、闵纯被袁绍命田丰秘密处决，沮授被袁绍辟为了从事。在听取了沮授夹杂着"彩虹屁"的战略规划之后，袁绍更进一步任命沮授为监军，并给了一个"奋武将军"的头衔。

当然，袁绍之所以重用沮授，除了其提出的"举军东向，则青州可定；还讨黑山，则张燕可灭；回众北首，则公孙必丧；震胁戎狄，则匈奴必从。横大河之北，合四州之地，收英雄之才，拥百万之众"的战略构想，与袁绍此前对曹操吹嘘的"吾南据河，北阻燕、代，兼戎狄之众，南向以争天下"的思路不谋而合外，很大程度上也有千金买骨，以便收揽冀州人心的意味。随着河北地区的战事逐渐走向终结，沮授的利用价值也耗尽了。

从公开围剿兵败易京前线的麴义所部开始，袁绍对原冀州官员便逐渐从利用转向了清洗。沮授与同为巨鹿郡人士的田丰或明或暗的联系，更令袁绍感到不安。最终在官渡之战前期，拘押了田丰，并将沮授的兵权一分为三，由沮授和郭图、淳于琼分别统率。

如果淳于琼在乌巢的万余兵马便是所部主力的话,那么我们大致可以推算出此前由沮授"监统内外"的冀州军在扣除留守后方以监视"黑山军"的兵力后,参与官渡之战的人马可能在 3 万左右。考虑到领有幽州、并州的袁绍次子袁熙、外甥高干并未出现在官渡战场之上,相对孱弱的幽州、并州可能并未大举南下。

由于要提防曹操留在徐州的臧霸所部,参与官渡之战的青州兵马可能数量也不会太多。那么袁绍南征的 10 余万大军是怎么拼凑出来的呢?如果做个简单的加减法,扣掉冀州军的 3 万人之外,袁绍军剩下那些来历不明的七八万人,似乎恰恰等于被曹操坑杀的降卒数字。那么这些人到底是谁?

结构崩塌:官渡之战真正的胜负关键

在正式与曹操交战之前,袁绍曾让自己麾下的"笔杆子"陈琳洋洋洒洒地写了一篇《为袁绍檄豫州》的战斗檄文。这篇文章除了文采斐然之外,更透露出了大量的信息。其中在吹嘘自身军容强盛之时,陈琳用了这样一组辞藻:"长戟百万,胡骑千群,奋中黄育获之士,骋良弓劲弩之势。"

这段文字固然有夸张的意味,但曹操与袁绍曾长期保持着同盟关系,甚至曹操军中更不乏朱灵这般的袁绍旧将。所谓"操军吏士,其可战者,皆出自幽、冀,或故营部曲"也并非空穴来风。在这样的情况下,陈琳如果牛皮吹得太大,是很容易被戳破的。因此虽然有数字上的夸大,但却基本道出了袁绍军队的主要优势和兵员组成。

"长戟百万"中的"长戟"即是步兵的指代,也是袁绍军中精锐的戟兵部队,在界桥之战中,袁绍便曾以"强弩数十张,大戟士百许人"挡住了公孙瓒所部 2000余骑的围攻。这样一支忠勇的部队,显然并非普通军旅,而是如公孙瓒的白马义从、曹操的虎豹骑般,是袁绍以宗族私兵、西园军旧部为核心打造出来的王牌。当然,这样一支精锐部队的数量是不可能有百万的,但以袁绍此时的财力,豢养个数千人还是可能的。

"胡骑千群"中的"胡骑"自然指的是来自草原的游牧民族。在汉末的乱世之中,这些草原部族以群体或个体形式,成为某一方势力雇佣军的情况并不鲜见。如兴平元年(公元 194 年),刘备出兵救援孔融之时,军中便有为数不少的"幽州乌丸杂胡骑"。在攻灭公孙瓒的过程中,袁绍与自封"乌桓司马"的阎柔结盟,更能大肆招募胡人骑兵为己所用。

"奋中黄育获之士",可谓杂糅了诸多先秦典故,是用上古传说中的大力神黄伯、周朝武士夏育和秦武王嬴荡的贴身侍从乌获,来比拟袁绍军中的骁勇战将。值得一提的是，这些人中可能除了早年便为袁绍召入麾下的颜良、文丑之外，可能还有诸多慕名来投的游侠和客将。毕竟当年号称"飞将"的吕布在走投无路之际，也曾一度在袁绍麾下打工。

当然，真正让袁绍自恃的恐怕还是陈琳所夸耀的"良弓劲弩"。冀州各郡的武库之中都存有大量军械，袁绍入主冀州之时，韩馥麾下的都督从事赵浮、程奂所部便有强弩万张。此后虽然在此次战争中有所消耗，但袁绍军的远程打击能力依旧占据着绝对优势。

除了上述精锐部队之外，袁绍军中却也不免充斥着大量的装备低劣、训练不足的二线部队以及受降自公孙瓒、黑山军的降卒。陈琳在揶揄曹操军中多是"兖、豫之民，及吕布、张扬之遗众"时，袁绍军的情况恐怕也好不到哪里去。这也是沮授、田丰力主袁绍暂缓南下的主要原因。

在袁绍一意孤行之下，其手中的精锐步、骑很快便在白马、延津之战中遭遇重创。虽然随后凭借着弓弩的优势，袁绍军队在官渡地区展开的阵地战中占据了一定的优势。但在曹操奇袭乌巢的过程中，袁绍军淳于琼所部及前往支援的数千轻骑全军覆没，加上派往攻打曹操营垒的张郃、高览倒戈。袁绍军在极短时间内便损失超过2万人，士气全线崩溃之余，袁绍手中更几乎已然没有可以凭借的核心力量。换言之，袁绍是以3万嫡系部队，控制大几万的杂牌，他手中的两个权力基础，一个是3万精锐，一个是许多粮草。3万精锐是威，许多粮草是恩，恩威并施方能控制大军。结果，乌巢一战，精锐损失殆尽，粮草付之一炬。在这样的情况下，表面上还有大几万部队的袁军实际上已经不是袁家的了，为了避免死于溃败的乱军之中，袁绍选择了迅速脱离战场。曹操对于那几万来降的士兵也并没有太多的兴趣。因为袁绍真正的精锐武装力量已然全军覆灭。剩下的这些不是鱼腩弱旅便是为钱而战的雇佣军，留在身边有害无益，还不如坑杀了事。

从这个角度来看，奇袭乌巢对官渡之战真正的影响在于，曹操利用此次战略突击，打垮了袁绍麾下万余精锐的冀州军，并引发了张郃、高览所部的倒戈。进而引发了袁绍军队士气和组织结构的全面坍塌。袁绍军的粮草被焚只是导致全线崩溃的一个辅助因素而已。

值得一提的是，袁绍虽然丢弃了官渡前线的数万军队，但他和袁谭迅速返回冀州和青州的举动，还是平定了由军事灾难而引发的后方叛乱，进而依托黄河防线暂时挡住了曹操的反攻。如果不是袁绍突然病故，袁谭和袁尚为了争夺其父的政治遗产而相互攻讦，那么，袁、曹两家的战争可能还将延续很长的一段时间。

（作者：赵恺）

吕布没杀过一个名将，
为什么还被称为三国"第一猛将"？

中国古代民间，流传着一段三国猛将谱：一吕二赵三典韦，四关五马六张飞，黄许孙太两夏侯，二张徐庞甘周魏，神枪张绣与文颜，虽勇无奈命太悲。三国二十四名将，打末邓艾与姜维。

一吕，即是吕布，可见在老百姓心中，他是三国时代独占鳌头的猛将，无人可以匹敌。而老百姓的这一认知，可能是受到《三国演义》的影响，毕竟在这部小说中，吕布曾以一人之力，大战刘备、关羽、张飞三人。关羽和张飞的武力值是何等水平，这三人加起来居然只能跟吕布打个平手，可见吕布的骁勇善战，不愧为"人中吕布，马中赤兔"。

然而，在正史中，吕布从未杀过一个有名的大将。他一生的战绩，只是在虎牢关之战中，"战无五合"斩杀河内名将方悦，"手起一戟"将穆顺挑于马下，再"十数合"重伤锤将武安国。后来在徐州之战中，"战不三合"刺伤了袁术麾下大将李丰的手。总共斩二伤二，无生擒。

既然如此，他为何被称为"第一猛将"？

天下第一的武力值

吕布虽战绩平平，但是他的武力值堪称变态级别的。

"三英战吕布"是演义小说中的情节，但吕布确实同时大战过关羽和张飞。关、张二人联手，"战到三十合，战不倒吕布"。

在濮阳城下，吕布又一次同时对战曹操麾下最强悍的两员猛将——许褚和典韦，此二人联手也不是吕布对手，最后迫使曹军六将围攻，吕布方才退走。

关羽、张飞、许褚、典韦这四人都是三国时代的顶级武将，威名赫赫。然而，他们在吕布面前，一个人根本就没有胜算的可能。

我们再拿一个参照物——袁术麾下猛将纪灵，来衡量吕布的武力。盱眙之战，关羽与纪灵阵前厮杀，"一连三十合，不分胜负"，纪灵气力不继，大叫稍歇；徐州之战，张飞与纪灵交手，"斗无十合"，张飞大喝一声，挺矛将纪灵刺于马下；而在辕门射戟宴席上，吕布揪住欲走的纪灵的脖领子，凌空拎回帐中，"如提童稚"。也就是说，能跟关羽、张飞厮杀数十回合的猛将，在吕布面前就像是一个毫无反抗之力的小孩子。《三国志》里记载了这样一件事：

  布令门候于营门中举一只戟，布言："诸君观布射戟小支，一发中者诸君当解去，不中可留决斗。"布举弓射戟，正中小支。诸将皆惊，言"将军天威也"！明日复欢会，然后各罢。

  这就是大家耳熟能详的"辕门射戟"，这种百步穿杨的能力，在整个三国时代，屈指可数。

  一人能同时对峙关羽、张飞，说明近战能力恐怖；射箭百步穿杨，说明远距离攻击能力也首屈一指。由此可见，吕布的武力之强，还真不是《三国演义》吹出来的。

  《三国演义》里唯一对吕布的吹嘘，可能就是他的颜值。书中描写他身高一丈，腰大十围，眉清目秀。持方天画戟，骑赤兔马，头戴三叉束发紫金冠，体挂西川红锦百花袍，身披兽面吞头连环铠，腰系勒甲玲珑狮蛮带，弓箭随身，帅得一塌糊涂。然而在《三国志》中，陈寿却没有提到吕布的长相，这说明吕布可能就是普通人相貌，没必要刻意去提。

吕布有政治心机

  论武力值，吕布毫无疑问首屈一指，但若想成为一个真正的猛将，还要会排兵布阵、统帅三军，否则就是武夫而已。

  《三国演义》里虽夸耀吕布的武力值和颜值，但却把他描写成一个智商明显偏低的粗人，干什么事都不过脑子。

  然而，这不是历史事实。

  《三国志》中记载，吕布一开始出身普通家庭，"本出自寒家，为人粗略，有武勇，善骑射"，只是以勇武被推荐当官的。"以骁武给并州。刺史丁原为骑都尉，屯河内，以布为主簿，大见亲待"。吕布在并州给刺史丁原当主簿，一个文官，这说明吕布并非只会打打杀杀。吕布还能跟长官丁原关系处得不错，说明他待人接物、察言观色的情商也不低。

  所以，吕布并非粗陋、没文化的武人。

  汉灵帝死后，吕布随丁原到京都洛阳，参与了诛杀宦官的行动。当时，并州牧董卓率凉州兵进驻洛阳欲篡权,而丁原是其最忌怕的力量。董卓于是暗中派人以高官厚禄收买吕布,刺杀丁原。吕布立即"斩原首诣卓",丁原所部被董卓吞并。吕布以老上司的性命,换来了骑都尉的官职,又拜董卓为义父。

董卓对他十分信任,很快将他提为中郎将,封为都亭侯。然而好景不长,董卓为人"性刚而褊,忿不思难"。一次,吕布不知怎么惹恼了董卓,董竟操起铁戟向吕布刺去,若不是吕布躲得快,差点儿死于非命。吕布由此对董怀恨在心。

吕布利用值事中阁之便,和董卓宠爱的一个侍婢勾搭成奸。恰好此时司徒王允正密谋刺杀董卓,便利用吕布"忧死不暇"的心理,拉他为同党。随后,吕布乘董卓上朝之时将其杀死。王允以吕布为奋威将军,封温侯。这段历史,后来被演义成了吕布和貂蝉的爱情故事。

跳出"背叛"的观察角度,我们会发现,吕布的反水时机都恰到好处,为自己获得了巨大的名利。他从执金吾被提升到中郎将封都亭侯,杀了董卓又升到奋威将军,还能"假节,仪比三司,进封温侯,共秉朝政",成为冉冉升起的政治明星。而且,杀了董卓,他还拥有匡扶汉室的功劳,个人声望达到顶峰,隐然有后来曹操"挟天子以令诸侯"的气象。

由此可见,吕布是有政治心机的,懂得如何为自己谋取最大利益。当然,在谋略和判断上,他无法与诸葛亮、郭嘉等人相提并论。但是他的心智水平,也不会像《三国演义》里那样任人利用。

强悍的统兵作战能力

吕布杀掉董卓后,害怕并厌恶凉州人,凉州人也都怨恨他。因此董卓的部下李傕等人纠合一处,回军进攻长安。吕布抵挡不住,使得李傕等攻入长安。吕布不得不率领数百名骑兵逃出武关,准备投奔袁术。

他带着数百人,在逃跑路上,"绍与布击张燕于常山。燕精兵万余,骑数千匹。布常御良马……与其健将成廉、魏越等数十骑驰突燕阵……连战十余日,遂破燕军"。

吕布就这么点儿人马,把万余人的黑山贼给剿灭了,可见"飞将"的名号,不是浪得虚名,其统兵作战能力算得上是上乘水平。

再来看吕布与曹操的濮阳之战。曹操进入濮阳城,吕布很快找到了突破点——即号称"精锐"的"青州兵"。所谓"精锐"是相对于黄巾军而言,本质上还是黄巾军出身,缺乏战斗力,也缺乏战斗意志。吕布用骑兵冲击曹操阵中的"青州兵",果然扰乱了曹操的军阵。这次"濮阳之战",以曹操失败告终。

正因如此,即使吕布后来被曹操所擒,也豪言"明公所患不过于布,今已服矣,天下不足忧。明公将步，令布将骑，则天下不足定也"。

当时，曹操都心动了，不忍心杀他。曹操是何等精明之人，吕布如果是夸大其词，曹操不可能不知道。而吕布的骑兵统帅能力的确是高水平，所以连曹操这样麾下猛将如云的人都对他爱惜不止。最后还是刘备提醒曹操说："不可，明公不见吕布事丁建阳、董太师乎？"曹操点头称是，这才狠下心将吕布缢死，永绝后患。

除了统领骑兵作战的能力，吕布也会使用计谋。

仍以濮阳之战为例，曹操进攻濮阳，吕布出兵迎战。曹操出师不利被击败，此后几次交锋均遭挫败。濮阳城中，有大户田氏向曹操诈降，曹操不知是计，进入濮阳城，结果被吕布军队包围。在北门，吕布引兵冲杀过来，迎面碰见曹操，却不认得他，问道："曹操何在？"曹操连忙回答："骑黄马者是也。"以此免于被俘，被大将典韦从东门救走。

还有一例，吕布投奔刘备后，有一次，刘备向东攻打袁术，吕布乘机袭取了刘备的驻地下邳。刘备回军后只得憋气归附吕布，吕布命刘备驻扎小沛，自称徐州刺史。袁术派遣将纪灵等人率领步骑兵3万人进攻刘备，刘备向吕布求救。吕布手下众将对他说："将军您总想杀掉刘备，现在可以借袁术之手来实现愿望。"吕布说："不对。袁术如果击败刘备，就会北向联合泰山郡的诸将，那我们就处于袁术的包围圈中，不能不救刘备。"便集结步兵1000人、骑兵200人，火速赶往小沛去救刘备。吕布也深知唇亡齿寒的道理，在战略上有一定远见。

纪灵等人听说吕布率军来到，尽皆收兵不敢再攻。吕布在小沛西南1里的地方安下营寨，派传令兵去请纪灵等人见面，纪灵也回请吕布一起饮宴。吕布对纪灵等人说："刘玄德，是我的弟弟。我弟弟被各位围困，所以我赶来救他。我生性不喜欢撮合别人来争斗，只喜欢排解争斗。"于是，吕布命令门候在军营门中竖起一支戟，说："诸位请看我射这支戟旁边的小支，如果一箭射中，诸位就撤军离去，如果射不中，你们可以留下来决战。"说完举弓就射，正中戟上小支。众将大惊失色，同声说："将军真是天神般的威风！"第二天，大家又在一起欢宴，然后各自罢兵返回。

吕布用"辕门射戟"，成功化解了纪灵与刘备之间的战事。他兵不血刃达到了自己的目的，又成功震慑了纪灵与刘备双方，提高了自己的威武形象，可谓一箭双雕。蔡东藩曾评价："一箭能销两造兵，温侯也善解纷争；辕门射戟传佳话，如听当年嚆矢声。"

可见，吕布既有统领骑兵作战的能力，也有一定的战术技巧。《三国演义》为了突出前期大主角曹操与刘备，对吕布在武力上极尽吹捧，谋略上却有所贬低，并不完全符合历史事实。

无头苍蝇的悲剧

不过，吕布的能力也就这个水平了。他虽有战术谋略，却没有战略规划，只能凭借自己的勇武和作战经验，投身于一场场具体的战斗中。

归根结底，源于他根本没有一个清晰的奋斗目标。

我们来看刘备，他从编草鞋时期，就已有匡扶汉室的志向。《三国志·蜀书·诸葛亮传》中记载："汉室倾颓，奸臣窃命，主上蒙尘。孤不度德量力，欲信大义于天下，而智术浅短，遂用猖獗，至于今日。然志犹未已；君谓计将安出？"

尽管刘备一直流浪，但他的目标非常清晰，知道自己要的是什么，不要的是什么。刘备曾投靠曹操，后来则跳出来攻打于他有恩的曹操，却没有人骂刘备反复无常，因为大家都知道他的目标从未改变。

反观吕布，他一直没找到自己的长远目标，反而执着于个人成绩的得失。他的每次反叛，看到的都是眼前利益，而非长远布局。董卓垮台后，吕布"创业"的7年，就像个无头苍蝇，不知道在忙些什么。当曹操的老朋友张邈反叛曹操时，张邈找吕布联手，吕布二话不说就答应了；这波突如其来的攻势，让曹操猝不及防，吕布占据濮阳，各个郡县群起响应，对曹操造成很大的伤害。

曹操重整兵马，击退吕布，吕布暂时投靠徐州刘备。但没多久，吕布又发挥了"背刺"技能，发兵偷袭刘备的下邳城。他先投奔刘备，却两度把刘备打败，第一次，刘备向吕布求和；第二次，刘备带军投奔曹操。

于是，曹操带上更强大的阵容来打吕布，最终包围下邳城，活捉吕布，将吕布处斩。

吕布对外征战缺乏明确的方向，对内又没有真正的头领风范，他虽然想得到大家的尊敬，但所作所为却不是那么一回事。吕布疑心重，他有一个很厉害的谋士陈宫。徐州一战，陈宫帮助吕布从刘备手里夺取徐州，并指挥军队大破张飞，俘虏刘备的妻妾儿女及其部曲的家眷。不料有一天，吕布部将、河内人郝萌在袁术的怂恿下发动叛乱，据其部将曹性所言，其同盟还有陈宫，吕布自此不再相信陈宫。

建安三年，曹操大军攻打吕布于下邳城。此时吕布欲投降，陈宫劝阻，认为曹操远道而来，其局势不能持久，吕布可以用步兵和骑兵驻守城外，自己率领其余人马关城门把守。曹操如果向吕布进攻，自己就带领部队从后面进攻曹军；要是曹操只是攻城，吕布就从外面救援。用不了一个月，曹军粮食全部用尽，发起进攻就可以打败曹操。

尽管陈宫的计策可行性很高，但吕布对陈宫不信任，转而求救于袁术。此战期间吕布虽勇猛，却心胸狭隘多猜忌，不听陈宫建议，导致逢战多败。吕布军中也因此军心不稳，最终部下反叛，缚了陈宫投降，吕布失去谋士，最终投降被斩。

没有争夺天下的野心，又不甘心寻明主忠心扶持，"第一猛将"吕布终究迷失在英雄辈出的三国时代，成为真正英雄崛起的一块光鲜的"垫脚石"。

（作者：柏舟）

参考资料：

[1] 陈寿. 三国志 [M]. 北京：中华书局，2011.

[2] 卢弼. 三国志集解 [M]. 北京：中华书局，2020.

[3] 罗贯中. 三国演义 [M]. 北京：中华书局，2019.

[4] 范晔. 后汉书 [M]. 北京：中华书局，2012.

当战术天才吃了战略短板的亏

> 唐庄宗以童子提数万之师,虏刘守光父子,灭梁而夷其家庙。命将入蜀,取王衍若縶豕之豚。据千里之地,而号令天下,何其壮哉!及志得功成,勋臣外溃,奴隶内叛,匹马独出,归身无所。流矢一集,骨烬庑下,妻子倾散,屠戮人手……
>
> ——方孝孺《逊志斋集》

明洪武末年时,方孝孺在自己的诗文集《逊志斋集》中,对后唐庄宗李存勖纷繁复杂的一生,做出了简要的概括。

早年的李存勖英明神武,少年便独自领军,多次以寡击众,戎马一生几乎未尝一败,以区区河东之地东并幽燕、鲸吞后梁、剪灭前蜀,武功之盛直追汉武唐宗。无论战阵指挥能力,还是对于战局的把控,历数中国古代帝王也算得上个中翘楚。

那么,这样一位强大人物,为何在短短三年里,落得身死族灭的下场,统一天下的大业也随之化作云烟?

战功之基:"晋王三矢"和"鸦儿军"

提到后唐庄宗李存勖,就绕不开一个颇负名气的典故——晋王三矢,这也是李存勖一生中卓绝战功的起点。

李存勖的父亲是受唐朝敕封的晋王李克用,李克用祖籍西突厥别部沙陀,李克用的父亲李国昌(本名朱邪赤心)在唐懿宗咸通年间屡立战功,又随康承训镇压庞勋起义,还拜单于大都护、振武军节度使,被赐名"李国昌",预备宗室属籍郑王系,安置于今日的山西之地。此后,李国昌父子和他们的沙陀骑兵虽然偶有叛逆之举,但多年来也为垂危的唐朝立下了赫赫战功,一直延续到了唐朝灭亡。

朱温篡唐以后,李克用仍然沿用唐朝的天佑年号,心忧国事,他的身体状况也在此时急剧恶化。后梁开平二年(公元908年)正月,李克用的生命即将走到尽头,临终之时,他叫来了自己的儿子李存勖,拿出了三支箭,对着李存勖说道:"与尔三矢，尔其无忘乃父之志！"

第一支箭：割据幽燕之地的刘仁恭，只有李存勖攻下幽燕，消除后患后才能攻略黄河以南。

第二支箭：占领燕山以北的契丹，耶律阿保机曾与李克用结盟，后来契丹在战争中失约。

第三支箭：与李克用纠葛不断，作为李克用一生中最大宿敌的朱温。

此后，李存勖将三支箭存放于宗庙，每每征战之前都要告祭宗庙"请箭"，而李存勖继承父亲遗愿的同时，也继承了父亲颇为强悍的沙陀"鸦儿军"。

"鸦儿军"的组建来源是自朱邪执宜（李存勖曾祖父）以来的沙陀部落兵，当时被安置于代北的沙陀军半农半牧，征战时以部落组织出征，早期的沙陀部落生存于金娑山（今新疆博格多山，一说为尼赤金山地区），当地出产良马，马匹数量却不多，这也就在沙陀军中演化出了具装甲骑兵与步兵协同战术。沙陀军骑兵极精，作战时以少量骑兵冲击破坏阵线，步兵跟进围剿敌人，这种战法早在朱邪执宜时期就已经初露头角。

到李克用时，这支军队已经完成了军队体系的嬗变，从单一的游牧民族"兵民合一，军政合一"的军事体系，开始转变为偏向汉地传统组织的职业军队。而沙陀部的大小头领，也逐渐变成单纯的职业武官，成为牙兵统领、各镇节度使与刺史。

本就熟于弓马的沙陀军在完成了军队组织化后，开始爆发出强大的战斗力，从黄巢之乱到之后的藩镇互相攻伐，虽然军队数量并不庞大，但"鸦儿军"的强大早已闻名天下，其战斗力之强悍，当世难有其他军队能出其右。

带着父亲未尽的心愿以及强悍的"鸦儿军"，李存勖也开始了他独自领军的戎马一生。

战术天才：从潞州之战到曲道灭梁

虽然军队强悍、将星云集，但在李存勖初为晋王时，局势很不乐观。内有父亲李克用新丧，叔父李克宁觊觎王位；外有朱温各路大军星集泽、潞。内忧外患之下，晋军上下人心惶惶，晋国的存亡，似乎也就在旦夕之间。但这一切不利的态势，因为李存勖如神来之笔的骑兵奔袭战，战局发生了逆转。

面对种种危局，李存勖首先诛杀李克宁等人，制止内乱蔓延，下令前线将领死守潞州前线，等待李存勖救援。为了配合潞州的反攻计划，李存勖遣使约岐王李茂贞从侧翼威胁关中，出兵牵制朱温。

李存勖放弃了先前李克用一度考虑的暂时收缩兵力策略，选择了坚守潞州前线，这也是基于对潞州所在的上党地区地缘因素的考量。在梁、晋双方的漫长对峙中，争夺重点一直都在河东与河北的潞州、邢州和泽州。其中潞州最为关键，潞州是晋梁交界的要冲，也是上党地区的核心城市。

上党地区的重要性早在战国时秦、赵长平之战就有所体现。上党地区被太岳山、王屋山、太行山所环绕，地势高险，境内主要有长治盆地、晋城盆地两块盆地，潞州州治所在便是长治盆地的核心，两盆地依丹朱岭、羊头山和发鸠山等山脉为界，这也就是自古以来潞、泽两州的传统界山，割裂了晋南的两大盆地。

而太行山地势南高北低，地势险峻，也因此极难通行。虽然自南而北有数条河流穿越太行而出，但这些河谷蜿蜒曲折，对于军队来说也是难以通行。为了穿过太行山脉的天险，山脉中断的山口就成为行军通道，这些山脉中断处也被称之为"陉"。太原山脉一共有八陉，而上党地区就有滏口陉、白陉、太行陉三陉可以直通，是连接山西、河北、河南地区的枢纽。

对于后梁的朱温而言，如果占据上党盆地，可以节省进攻晋地时长途行军的资源，既西顾临汾，又可以北攻晋国腹地太原，夺取了潞州，才能将军队推进到晋国腹地。而对晋国来说，如果想避免和体量更大的后梁陷入拼国力的消耗战，就要占据前哨站潞州，进而可通过太行陉（自北向南走向）南下，逐鹿中原。

因此，潞州作为门户必须死守。此时，为了长期围困潞州，梁军在潞州城墙外围修建起了夹寨，朱温为了支援在潞州苦战多日的疲惫之师，亲自率军赴泽州督战，同时命令部将匡国节度使刘知俊率军赶赴潞州，代替多日攻城无果的李思安指挥全军。刘知俊也马上改变了李思安围城的战略，除继续坚持包围潞州外，又派军攻击晋军占领的潞州外围，并在取得小胜后屯兵长子[1]。

在接连胜利之下，加上晋军新丧，后梁诸军开始放松了警惕。并没有将李存勖放在眼里的朱温，在完成了对前线的布置后，自己先行折返，并命令刘知俊移驻晋州防备李茂贞偷袭关中。

此时的梁军虽然调动移驻，但仍然对潞州形成了合围。梁军以优势兵力相攻，又坐拥强大的国力，李存勖意识到，如果不主动寻求决战，梁军不会主动撤下对潞州的包围，很容易陷入持久消耗，而通过国力将对手耗死，也是朱温惯用的手段。

趁着梁军调动的时候，在经过与众将的短暂商议后，李存勖做出一个判断，李存勖认为："梁军以为在自己新即位后，主少国疑，因而易心生骄横，此时正是打破梁军包围圈的好时机，不能陷入持久消耗。"由此，李存勖决定主动率军攻击潞州外围的梁军，打破被动局面。

---

[1] 地名，在潞州附近。

公元 908 年，李存勖星夜兼程从晋阳南下，避开了梁军的侦骑耳目，充分发挥鸦儿军长于奔袭作战的特点，几日后就已率军抵达在潞州与黄碾之间的三垂冈，并在此地扎营休整，计划利用地势冲击敌军的夹寨。

所谓"夹寨"，有两个比较明显的特点：一是两军隔河相对；二是环绕敌城而建。一般来说，夹寨是在陆地筑寨，屯集重兵；寨外以修筑堑壕，水面上以水师策应，沟通南北两寨之间的联系，从而组成一个严密的立体攻防体系。

但夹寨也有一个致命缺陷，以今长治城外的夹寨遗址为例。西南的夹寨，到城西的堠南、堠北、南寨、北寨各村为点作一条连线，就形成了一个弧形结构，将潞州城西南及西面围得严严实实。南到寨子村，北到北寨村，弯弯曲曲 10 余里长呈"蚰蜒"状的夹寨，包裹着潞州故城。全面的包围体系意味着要保持整个阵线的防御，如果有一点被敌军突破，就会有被分割歼灭的危险，而在刘知俊移驻晋州以后，后梁军在夹寨的兵力已无力全阵线布防，甚至出现了局部斥候不足的情况。

李存勖看到了这一点，休整后的第二天，他亲率军队，与李嗣源、周德威分诸路借大雾掩饰突袭夹寨，梁军由于分布太过分散，没能组织起有效防御，在李存勖的夹击下大溃败，统军招讨使符道昭落马被杀，将士死伤无数，大量堆积在潞州城外的兵器甲胄、攻城器械以及粮草物资，都被晋军所得，就连后梁军的总指挥康怀贞也只能率百余残兵逃出。

潞州之战是李存勖独自指挥的第一战。李存勖通过分析局势、精准判断敌情和灵活的战术指挥，几乎全歼泽潞之地的梁军，从此闻名天下，就连对手后梁皇帝朱温也不得不感叹："生子当如李亚子，李克用后继有人矣。"

当时的朱温不会知道，这只是李存勖神奇经历的开始，更不会知道，李存勖将亲手埋葬他一手建立的后梁王朝。在之后的征战中，李存勖通过柏乡之战、杨刘城之战、德胜城之战等一系列胜利，吞并幽燕，占据后梁黄河以北的多个据点，逐步占领黄河南岸，扭转了晋弱梁强的局势，胜利的天平开始向李存勖倾斜。

公元 923 年，李存勖在梁、晋交战中多次取胜后，在魏州称帝，建立后唐，宣布继承唐朝法统，改元同光。后唐与后梁的决战也随之迎来。

虽然处在灭梁前夕，可当时的李存勖面对战局也是焦头烂额。由于对重要将领李嗣昭之子李继韬处理失当，时任安义军兵马留后的李继韬举兵投降后梁，潞州易手。

李继韬投降给后唐带来了灭国之危，当时后梁以霍彦威进攻镇州，董璋接应李继韬威胁晋阳，名将段凝沿黄河牵制李存勖主力，东路由后梁名将王彦章率领，趋郓州，四师并举定于当年十月对晋阳形成包围圈。

后梁的战略部署相当有针对性，面对失去潞州的后唐，以一路军队牵制主力，其余部队利用军队的数量优势合击后唐，态势对后唐相当不利。在危局面前，李存勖力排众议，终于等来了后梁左右先锋指挥使康延孝投降的时机。

在探明后梁军队部署情况后，李存勖当即制定了反制后梁的计划。计划得到了兵部尚书、枢密使郭崇韬的大力支持，李存勖随即否掉大多数将领"约且休兵。我国力稍集，则议改图"的意见，决定率军直插后梁首都汴梁。

随后，李嗣源的前锋在郓州取得大胜，俘虏名将王彦章。李存勖又一次力排众议否决了向山东扩大战果的计划，下令李嗣源舍弃辎重，轻装简行继续向汴梁进军，自己亲率大军跟进。在李存勖大军压境的恐惧中，后梁末帝朱友贞自杀，汴梁失守，各路梁军纷纷归顺，后梁也宣告灭亡。

所谓战术能力者，就是善于把握战场上稍纵即逝的机会，李存勖便是这样的人，从潞州之战到最终的灭梁之战，李存勖把沙陀骑兵长于奔袭作战的特点发挥得淋漓尽致，又通过自己的灵活战术，屡屡以寡击众并取得酣畅大胜，最终实现了北方统一。

战略短板：操之过急的李存勖

在李存勖平灭后梁以后，后唐鲸吞了后梁河南、山东、关中等广袤领土，统治架构也随之发生剧变，吸收了大批原后梁藩镇后，摆在李存勖面前的，是如何维持自己的统治基础和解决自中唐以来就不断坐大的藩镇下骄兵悍将问题。

此时的后唐统治架构由河东宿将、原河北藩镇将领、后梁降将三股政治势力组成，多个统治集团并立无疑削减了李存勖的个人权力。为了将个人权力被削减和藩镇问题一并解决，李存勖开始向各地方势力渗透。

首先，李存勖恢复唐朝旧有的军队传统：在军中大举任用宦官，让他们去藩镇给节度使当监军，参与军政决策，瓜分节度使决策权；破格提拔两个伶人作为刺史下放地方，直接向李存勖负责，改变了旧有的藩镇统治格局。除此之外，李存勖加强了租庸使（管财务）的权力，让他们可以在藩镇绕过节度使执行公务，收拢了财权。

除此之外，李存勖在位的数年时间里，后唐统治区内除了义武王都、京兆张筠、宣义李存渥的藩镇节帅没有被更换过，其余都有过更换。有的藩镇，比如青州，甚至到了一年一任节度使的夸张程度。各藩镇节度使的调动频率能达到如此之高，也说明在李存勖一朝已经开始收归中央权力，李存勖对各藩镇有着很强的掌控程度。

不过凡事过犹不及，李存勖的手段过于快速狠辣，这一系列决策已经无意间把中央地方、军队上下得罪个遍。

虽然得罪了藩镇，但李存勖只要维护好自己的嫡系部队，在多年积威和后唐强大的中央军的震慑下，也可以维持国家不发生内乱。但李存勖为了防止骄兵悍将的滋生，却有意打压河东元从的亲信。

除了一批李克用时期的"老资格"以外，后唐建国后，大部分元从功勋都是居功甚伟而名位不进，并未参与后唐中央集权所带来的利益瓜分。

而李存勖为扼杀地方权力，任用伶人为刺史的行为，更是带头破坏了唐末五代的军功授官传统。李存勖的重臣郭崇韬曾对他进言："陛下所与共取天下者，皆英豪忠勇之士。今大功始就，封赏未及一人，而先以伶人为刺史，恐失天下心。"

结果不出郭崇韬所料，"时亲军有从帝百战未得刺史者，莫不愤叹"。打破了军官升迁原则的李存勖，招致了大量中下层军官不满。

此时后唐的行伍里，自上到下开始隐隐有离心离德的迹象，这种不满的情绪随着皇甫晖在魏州点燃反叛的火苗而爆发，曾经效忠李存勖的河东系军头霎时间响应叛乱，一时间反旗林立，而李存勖的嫡系部队被儿子魏王李继岌带去讨伐前蜀尚未归来，重山横阻之下无力参与中原事务。祸不单行，各地反叛的烽火尚未扑灭，李存勖本人也在众叛亲离的兴教门之变中因为箭伤离世，一代雄主的一生惨淡落幕。

灭亡前蜀以后，李存勖似乎距离统一天下咫尺之遥，但由于执政手段过于刚猛，太过急于求成，后唐此时强大的外壳下，早已三军怨愤。由于缺乏长久的战略谋划，李存勖的帝国和统一天下的大业也在他如日中天时被反叛所吞噬，这样的结果也并不意外。

（作者：湘桥蓬蒿人）

参考资料：

[1] 曹兴华.唐末五代沙陀骑兵论述[D/OL].成都：四川师范大学，2015.

[2] 薛居正等.旧五代史[M].北京：中华书局，2016.

[3] 台湾三军大学（编）.中国历代战争史·第十册：五代十国[M].北京：中信出版社，2016.

[4] 刘冲.论后唐庄宗明宗嬗代事[J].人文杂志，2016（01）.

宋太宗北伐失利，辽人报复南侵，
结局却来了个大反转

宋太宗即位后，一改宋太祖对于北方辽国的战略态度。宋太祖主张维持和平，积累国力，待到合适时机，通过赎买方式购回幽云十六州，此举不成，再行征讨；宋太宗则意图通过对北汉和辽的军事打击，巩固皇位。于是，宋太宗刚一即位，就对北方发动了两次大规模的战争，一次是统一北汉的战争，另一次则是在北汉统一之后仓促上马的北伐幽州的战争。

如果说，统一北汉的战争经过此前周世宗、宋太祖时期的努力和准备，其攻击的计划、操作的手段都已经经过演练而准备成熟，那么北伐幽州的战争则是仓促上马的。宋太宗只看到了宋军挟灭亡北汉战争之余威，而却没有做周密的战略、战术的部署，因此，这一仓促的行动，最终遭到惨败。

宋太宗第一次北伐幽州，最终折戟高粱河下。非但宋军损兵折将，即便是太宗皇帝本人，也中了箭伤，此后年年发作，严重影响健康。宋太宗第一次北伐，以及关于宋辽高粱河决战的内容，学界多有论述，且不在本文讨论范围，故而略过不提。

高粱河之战作为宋辽战争的转折点，对宋对辽的影响都相当大。宋太宗的仓促北伐结束了宋辽之间于太祖时期逐渐升温的和平关系，也直接导致了此后辽军年年南侵的惨重后果。本文所要介绍的宋辽满城会战，就是在高粱河惨败之后，辽人寻求复仇，而南下入侵的历史背景下产生的。

满城，处于宋辽对峙的河北前线，在关南之地西北方向。关南之名在后改为高阳关，大概位置在今天河北高阳附近，是北宋防御辽军南侵的重镇。辽军南侵的主要路线有两条，一条是东线，即幽州南下后，直入宋人河北西路，在大平原上纵横驰突。但是宋人鉴于辽人骑兵优势，在高粱河惨败后，于东线疏通河渠，挖开水塘，种植水稻，使之形成人工水网，因此有效地抑制了辽国骑兵集团的运动。因此，辽军南下后多选择第二条路线——西线，即易县、满城、遂城、保州、徐水一线。

这几个地方，基本处于今天河北省保定市的地理区划内，其中保州就是河北保定。高阳关处于西线的东南防线，处于东西两线的中间接合部。宋辽战争期间，此处屯集重兵，一旦边防有警，则高阳关驻军和诸路宋军会合在唐河、徐河结阵，与辽军交战。这当然是宋军野战部队的无奈，毕竟自从后晋割让幽云十六州以来，中原政权由于缺少崇山峻岭的阻隔，北方骑兵可以自由进入华北大平原纵横驰突。宋人也只有退而求其次，于大平原之上选择河流来对辽国骑兵迟滞作战。

高粱河之败后，宋太宗就意识到辽军会有报复性的入侵行动。因此，他任命知定州崔翰、定武军节度使孟玄喆驻屯定州；彰德节度使李汉琼驻屯镇州，李继隆为镇州都监；河阳节度使崔彦进驻屯关南。此外，鉴于宋军野战能力较弱的情况，宋廷中枢机构在战前也制定了引诱辽军深入，而后设伏歼灭之的作战计划。

宋太宗太平兴国四年（公元979年），辽景宗乾亨元年九月三日，辽景宗下诏南侵。辽军出动了10万精锐，规模堪称豪华：

辽军东、西两路齐下，不过西路军为偏师，统帅为大同军节度使耶律善补，主要是牵制宋军河东（山西）驻军，使之不能抽身东向支援河北宋军作战；东路军为主力，主要有南院大王耶律斜轸、辽军名将耶律休哥、权奚王耶律抹只的部队组成，统帅为燕王韩匡嗣。耶律斜轸和耶律休哥都是宋辽战争中的辽国名将，动用如此豪华阵容，看得出辽军的势在必得。

与辽军10万精锐对比，宋人迎战军队的规模与之大抵相仿，宋军主要由这么几部分组成：

镇州都铃辖、云州观察使刘廷翰，彰德节度使李汉琼，知定州崔翰，右龙武将军赵延进，河阳节度使崔彦进。

其中除了河阳节度使崔彦进外，其他将领指挥所部共约8万人负责正面对抗辽军，而崔彦进则潜师长城口，绕到辽军侧后。如此布置，实际是执行了宋太宗战前所制定的诱敌深入并伏击歼灭之作战计划。算上崔彦进的伏兵，宋军差不多也有10万之众，与辽军规模大致相仿。只不过，宋人多步兵，而辽军为骑兵，双方又在旷野交战，因此，宋军并没有多少优势。

此外，通常说来，骑兵与步兵交手时，至少可达到1∶3的使用比例。比如1000骑兵组成的方阵，起码可以冲击由3000步兵组成的方阵。如果使用得当，甚至可以冲击人数更多的步兵方阵。当然，战场形势瞬息万变，指挥员如何指挥作战也相当关键。双方交手，当然不能只看人数多寡和简单以1∶3的比例来衡量彼此的力量。毕竟辽军集结10万骑兵不算太难，而宋军一下集结起码30万人的难度可不小。但现实历史是，宋辽交手互有胜负，所以，1∶3的比例问题严格说来只是纸上谈兵的理论数据而已。现实交战，还是需要考虑战场的各种因素。

宋军得知辽军南侵的情报后，镇州都铃辖、云州观察使刘廷翰挥军北上，于九月三十日抢先辽军到达徐河滩头阵地列阵布防。不久，李汉琼和崔翰等人也加入徐河阵地完成集结。而与此同时，崔彦进则挥师沿黑卢堤向北，折向西北方向，出长城口，进入埋伏阵地。

辽军九月三日发兵后，进军却颇为拖拉。迟至十月十八日才最终进入徐河战场。随着辽军主力全部进入徐河战场，满城会战就此拉开大幕。

十月十八日是会战的第一天。辽军倚仗骑兵优势，强渡徐河。这一天双方的战斗基本是围绕徐河桥梁而展开的。宋军为了不让辽军渡过徐河，严防死守徐河上的桥梁。辽军则发起多次攻击。负责桥梁守卫的是刘廷翰的部队。刘廷翰麾下有将领丁罕，与辽军反复拉锯，多次打退辽军的进攻。但是，因为辽军攻势太猛，刘廷翰部支持不住，渐次撤出战场，向宋军主力集团靠拢。辽军在夺取了徐河桥梁之后，顺利渡过徐河。丁罕在十八日当天的战斗中表现突出，战后被擢升为本军都虞侯。

辽军渡过徐河之后，前出至满城以西。宋军则因为失去了徐河屏障，只有依托满城进行防御。双方在满城外围又一次爆发战斗。辽军名将耶律休哥指挥麾下精锐也投入战斗，但是，宋军越战越勇，阵线岿然不动。这一仗一直打到十八日结束，宋辽双方打成平手，各自收兵，准备来日再战。

次日，双方再度交手。

宋军依据宋太宗所传授阵图布阵。宋军列为八阵，每阵相隔百步。赵延进登眺山远观敌情，不由得大吃一惊。辽军 10 万骑兵裹着滚滚尘土而来，宋军如此八阵，首尾相去太远，完全无法与辽军骑兵对抗，极易遭辽军分割歼灭。那些久经战阵的将士对八阵也没有信心，大家都觉得，这么打下去，这一仗必败无疑。

赵延进赶紧跟崔翰商量：

> 主上委吾等以边事，盖期于克敌尔。今敌众若此，而我师星布，其势悬绝，彼若持我，将何以济！不如合而击之，可以决胜。违令而获利，不犹愈于辱国乎？

崔翰听到赵延进的建议后，不敢赞同，万一不胜，又违反了太宗的阵图，这责任谁承担？

宋太宗每次大军作战，都要"将从中御"进行控制。具体操作就是派监军监督主帅，同时赐予主帅阵图，要求主帅临阵严格遵守阵图作战。这是一种完全不顾战场实际的做法。因此，宋军主帅的战场能动性完全被束缚住，无法克敌制胜。"兵无常势，水无常形"，行军作战，怎么能依靠固定阵图作战呢？但是崔翰知道，这阵图毕竟是皇帝亲赐，不能随便改动。万一改动了再打不赢，这责任是要有人承担的。而他，可不愿意承担这个后果。赵延进当然知道崔翰所担心的是什么，于是，他主动表示："倘有丧败，则延进独当其责。"

话虽这么说，崔翰等人知道，毕竟赵延进是皇亲国戚。赵延进的老婆是宋太宗前皇后尹氏的妹妹。赵延进说这样的话，他自然是不怕什么，到底是后台硬，说话也硬气。崔翰等人还有点儿犹豫。可就在这时候，另一个关键人物出现了。这就是李继隆。

李继隆是北宋名将，也是位列宋理宗昭勋阁二十四功臣的武将之一。实际上，因为宋人重文轻武，这二十四功臣的选择，只有5位武将位列其中。这5位分别是李继隆、曹彬、潘美、曹玮和韩世忠。除了韩世忠，其他4人都是北宋时代的将领，曹彬、潘美自是有统一天下的战功于其身，其发家也早于李继隆。曹玮主要是对西夏作战，战功卓著。

李继隆是北宋开国宿将李处耘之子。因为父亲与太祖结义兄长慕容延钊之间关系不和，而被排挤。李继隆虽然是将门之后，官二代出身，却是从行伍起家，累迁高级将领。当然，此人作战也相当勇猛。根据《宋史·李继隆传》记载，他在参与平乱四川的战斗中，甚至人马摔落山崖，幸亏是一棵横生的老松将之挂住，否则性命不保。他参加了宋太宗年间统一北汉的战争和两次北伐战争，在湖南长沙地区与蛮族的战斗中甚至中过毒箭，也险些丧命……李继隆这会儿虽然只是镇州都监，但早已经是久经沙场的功臣宿将了。

李继隆见众将犹豫，便站出来力挺赵延进，他对大家说："事应有变，安可预定？设获违诏之罪，请独当也。"至此，两位将领站出来愿意承担责任，这让大家放心了许多。当然，最让大家放心的还在于他们的身份。赵延进是外戚自不用多说，这李继隆也不是普通子弟。除了父亲与太祖皇帝关系紧密之外，李继隆的妹妹是宋太宗皇后李氏。同为皇亲的两人愿意承担责任，那大家还好意思再提反对意见吗？更何况他俩的建议也是正确可行的。

于是，众将遂定下变八阵为两阵的决定。可是，辽军近在眼前，人家能给你充足的时间调整阵形？不会在你变化阵形的时候趁乱攻击你，打你个措手不及吗？

这是个常识性的问题，中国古代兵法中就有"半渡击之"的说法。大抵就是说，敌人渡河渡过一半，军队不成列，阵形混乱时，应当趁势进攻。宋襄公当时就没听进意见，非要等楚军渡河完毕，列阵结束之后，再堂堂正正地跟人家过招，结果被打得惨败。

辽国军队可没有宋襄公这么看重贵族道义。如果近在咫尺的宋军变化迎敌队形，辽军必然是要利用骑兵优势猛烈冲击宋军阵列，不会给宋军任何调整的机会。

可是，这一次，辽军放了宋军一马。只因为辽军统帅，是一朵奇葩——韩匡嗣。

韩匡嗣是这次南侵的10万辽军的最高指挥。韩匡嗣位高权重，被封燕王。原本，他的儿子韩德让是要娶辽景宗皇后萧绰（燕燕）为妻的，但是，辽景宗登基后，向萧燕燕求婚，萧燕燕就嫁给了辽景宗。辽景宗驾崩后，辽圣宗即位，萧燕燕最终跟韩德让结婚，韩德让也尽心辅佐年幼的辽圣宗。当然，这段契丹婚俗情况让宋人实在无法理解，咋说大臣都没法跟皇太后结婚吧？皇太后咋说都该给先帝守节吧？

韩匡嗣根本就不是统军之材，只不过位高权重，又是辽景宗登基功臣，所以才被辽景宗任命为南侵统帅。

既然如此，宋军就打算要他韩匡嗣一番，保不齐韩匡嗣还真留给宋军调整方阵的机会呢？

于是，宋军派人前来约降。考虑到宋军昨天且战且退，韩匡嗣天真地认为宋军已经没了斗志，完全被辽军的锐气和战斗力给震慑住了。他激动地答应了宋军的请求，但在一旁的耶律休哥觉得不对劲，就赶紧提醒韩匡嗣说："彼军众多而齐整，且有锐气，必不肯就此屈降，此乃诱我之计，应严兵以待。"

但是，韩匡嗣哪里听得进去？有鉴于此，耶律休哥也没有办法，只好严令自己所部严阵以待，以防宋军突袭。同时，他指挥部队向战场高处移动，以保持居高临下的冲击态势，作随时应对宋军攻击的准备。然而，耶律休哥的努力并不能改变整个辽军的心态，宋军将要投降的消息很快传遍全军，辽军上下怕是不想打了。

韩匡嗣焦急地等待着宋军接下来的投降，而此时此刻的宋军却在做作战前的最后布置。宋军迅速将阵形从太宗规定的八阵改变为前后两阵。阵形变化完毕之后，战场上宋辽双方力量对比的天平完全改变了过来。宋军不给辽军任何思想准备的机会，在阵形调整完毕之后，竟然主动擂鼓，发起了对辽军的攻击。

这让韩匡嗣措手不及，后悔不已。原本辽军可以在宋军变换阵形时给宋军一个措手不及，眼下，自己却陷入了手足无措的境地。这韩匡嗣本非将才，又没多少战场经验。当宋军擂鼓进攻的时候，韩匡嗣仓促迎战，完全失去了章法。宋军连续发起三次冲锋，辽军慌乱不已，进退失据。韩匡嗣眼看作战失利，只有下令撤退。宋军诸部紧追不舍，辽军且战且退，从满城直到遂城。

然而，这时候的韩匡嗣才发现，更大的梦魇正在这里等着他。宋军河阳节度使崔彦进，此前潜师出长城口绕到了辽军的侧后方。此时的崔彦进已经完成了迂回，出现在了遂城以西，完全将辽军退路截断。后有宋军追兵，前面又有宋军生力军刚刚投入战斗，锐气正盛。反观己方，早已丢盔弃甲，溃不成军。交战至此，辽军伤亡不下万人，已经无法做有力抵抗了。

韩匡嗣无奈，只有向易州方向突围逃生。其余辽军也多走入山林，才最终没有遭到宋军全歼，避免了全军覆没的结局。

与韩匡嗣相比，耶律休哥因为战前颇有准备，并未松懈。故而在宋军攻击时应对自如。但是，面对宋军强有力的攻击，加之己方兵败如山倒，仅靠自己一己之力，也无法力挽狂澜，可谓回天乏术。耶律休哥部且战且退，但是相比韩匡嗣和其他大军的惨败，耶律休哥不失名将本色。满城会战中，只有耶律休哥部全军而退，损失最少。耶律休哥也因为此战的功勋，而被辽廷擢升为北院大王。

权奚王耶律抹只所部在战斗中伤亡不小，但耶律抹只努力维持着本部兵马，不使溃散。加之耶律休哥部建制较完整，两支部队合兵一处，互相配合，宋军才最终放弃了对辽军的进一步打击。耶律休哥在撤退途中，又将辽军所丢弃的物资尽可能多带走一点儿，因此也减小了辽军此战的损失。

此战辽军的损失是相当大的。根据《续资治通鉴长编》卷二十的记载，辽军这次损失如下："斩首万余级，获马千余匹，生擒酋长三人，俘老幼三万口及兵器、车帐、羊畜甚众。"但是也有不同说法，《宋史·太宗本纪》则记载辽军被斩首"万三百级"，战马被俘获"万匹"。《宋会要·蕃夷》记载"斩首万两百级"，马匹数量也是"万匹"。后两本史料也都提到了辽将三人被擒，应该就是《长编》里所记载的酋长三人。

满城会战是宋辽两员名将李继隆和耶律休哥继高粱河之战后，又一次正面、大规模交手，尽管两人都还不是大军的最高统帅，但是随着历史的发展，这两人最终成为宋辽双方的统军大帅，而在不久的将来，两人正面交手的机会越来越多。当然，他们彼此都在成就着对方的名将之名。而耶律休哥在公元989年被尹继伦偷袭成功，遭受大败，也是拜李继隆所赐。

满城会战就这么结束了。这次会战本是由于宋太宗北伐幽州失利，继而导致的辽景宗报复性南侵，但这次报复性侵宋战役却远没有达到辽景宗所期待的战果。辽国一败于满城，丢盔弃甲；二败于雁门关，被杨继业、潘美伏击；三战于瓦桥关，总算获得一定胜利。可宋军却连败连战，斗志不减。最终，辽景宗不得已只有撤军而去，这次报复也就此结束。

宋军虽然经过了高粱河的惨痛，但是其败不足以伤元气。而宋太宗和他的朝廷也在调整对北作战的方法。双方的力量维持在了一个比较平衡的状态，宋辽战争的拉锯战还会持续下去。

（作者：吴启雷）

熙宁开边无愧为大宋第一军功

> 及神宗继统，材雄气英，以幽、蓟、云、朔沦于契丹，灵武、河西专于拓跋，交趾、日南制于李氏，不得悉张置官吏，收籍赋役，比于汉、唐之境，犹有未全，深用为耻，遂慨然有征伐、开拓之志。
>
> ——司马光《传家集》

"尽复唐之故疆"

宋神宗即位时，大宋开国已历百年。但他继位的第三天，三司使韩绛就奏报：自仁宗朝宋夏战争以来，征调财力，动用国库，"百年之积，惟存空簿"。神宗这才知道自己继承的是怎样一副烂摊子。说起来很难令人相信，在大宋建国的第一个世纪，增长最快的居然是军队。宋太祖时，全国军队只有20余万，结果到仁宗朝已经增加到120多万；神宗继位时，仍然有116万之多，足足增加了5倍有余，成为当时全世界当之无愧的（人数）第一大军，即使放到1000年后居然也能排到前四。

以当时的人口来负担如此巨大的军队开支，其困难可想而知。宋仁宗皇祐年间任过三司使的蔡襄，曾对当时的军费开支做过统计：按禁军每人50千、厢军每人30千计算，军队开支总额达4800多万，占全部财政收入的5/6，简直令人难以想象！难怪刚刚继位的神宗无法理解这一"积贫"现象，直呼："穷吾国者，兵也！"另一方面，宋军人数增加的主要原因是为了加强对外敌（辽和西夏）的防御，以及为避免流民造反而大量招募流民为军。但日益庞大的人数换不来战斗力，以致"盗贼攻之而不能御，戎狄掠之而不能抗"。宋军在与辽、西夏的边境冲突中，仍旧败多胜少，竟致泱泱大国赂奉夷狄以换取边疆无事，令人气短，是为"积弱"。

在不过20岁正是血气方刚年纪的宋神宗看来，这样"积贫积弱"的局面是不可容忍的。他求治心切，对当时的元老大臣寄予很大的期望。即位次年，他召见前宰相富弼，问以边事，早已在对夏战争失败中磨尽了棱角的富弼答曰："须是二十年不说着用兵二字。"再问治道，回答是"安内为先"。而老夫子司马光所能提供的治国忠告也只有"官人、信赏、必罚"六个字，实为老生常谈，说了等于没说。

如此回答大不合新天子的心意。另一位元老大臣韩琦日后就总结，神宗的志向是"聚财积谷，寓兵于民，则可以鞭笞四夷，尽复唐之故疆"。

实际上，宋朝的建立，彻底扭转了唐代"安史之乱"之后东亚大陆政治版图的碎片化趋势。就连当时的各个割据政权也看到了赵匡胤的统一雄心，后蜀宰相李昊就对其主说："臣观宋氏启运，不类（后）汉、（后）周，天厌乱久矣，一统海内，其在此乎。"但宋代从未完成将东亚大陆重新整合为一体的目标，虽然比较顺利地兼并了南方的荆南、后蜀、南汉、南唐与吴越，却在幽州（今北京）惨败于契丹人的铁骑，被迫放弃了"华夷一统"的梦想，承认契丹（辽）是对等的兄弟之国，并不甘心地接受了宋、辽二元并存的天下秩序格局。

但在汴梁朝廷看来，契丹只是一个例外，"蛮、夷、戎、狄，舍耶律氏则皆爵命而羁縻之。有不臣者，中国耻焉"。对于地处"汉唐旧疆"之内的周边政权，更被视为宋廷"恢复"的对象。这些地方主要包括：名义上是"静海军"的"大越"李朝（今越南北部）；法理上是"定难节度使"，却公然反宋自立的"河西李氏"（即西夏）；孤悬河西走廊一隅的"归义军"（后被西夏吞并）；在唐代后期逐步被吐蕃占领的河湟地区（"武威之南……皆故汉郡县"）以及念兹在兹的契丹占领下的"燕云十六州"，虽然与契丹约和后，表面上"中国之人遂以燕为外物，不置议论之内"。至于原是汉代郡县却在唐代自立的南诏（大理），"艺祖（太祖）皇帝鉴唐之祸，乃弃越寓诸郡，以大渡河为界，欲寇不能，欲臣不得"，后世宋帝遂也不将其列入"汉唐旧疆"之内。

这位年轻气盛的宋神宗，"知祖宗志吞幽蓟、灵武，而数败兵，帝愤然将雪数世之耻"。一个非常具有象征意义的事件是，在宋神宗即位之初，新皇帝亲自为宋仁宗时期著名将领狄青题写了祭文，以表彰其"在仁宗时，奋于戎马间，捍西戎连取奇功"的卓越战绩。这在武人地位卑下的宋代实在异乎寻常，显示出神宗一改之前"真宗、仁宗意在无为，一用至柔，凡外敌慢侮、请求，无不可忍"，决心"用武开边，复中国旧地，以成盖世之功"的态度。也正因宋神宗有开边之意，"已而擢用王介甫（安石），首以用兵等说称上旨，君臣相得甚欢"。对于宋神宗而言，由王安石主导的一系列改革旨在"富国强兵"，而其中"富国"与"强兵"相比较，"富国"只是手段，"强兵"才是目的。反观王安石，"自翰林以来，未尝一日言及于用兵"，似乎对外用兵并不是他的兴趣所在。

《平戎策》

对于宋神宗而言，在名列"汉唐旧疆"的各地中，尤以西夏的"收复"最为迫切。

早在宋太宗、真宗时，李继迁时叛时降，与辽结成掎角之势，共同对付宋朝，并攻取北宋西北枢纽灵州（今宁夏吴忠市境内），对北宋构成了很大威胁。虽然继迁子德明改变了对宋策略，与宋议和，有过近30年的友好相处时期，但是之后元昊公然称帝，使西夏在法理上成为大宋王朝立国之后唯一通过公然叛乱分离出去的政权。直到庆历四年（公元1044年）元昊因连年用兵使西夏财力枯竭，夏辽邦交破裂，不得不与宋议和，订立庆历和约，名义上向宋称臣（换取"岁赐"），战争才有所减少，双方维持对峙局面。但西夏仍是威胁宋朝西北国防的一个心腹大患，正所谓"中国之所患者，辽人也，夏人也"。实际上，自从公元1005年澶渊之盟后，宋朝与契丹保持了长期和平，而宋夏之间却常有大小规模的战争出现，西夏带给宋朝的军事压力远比辽朝严重。

或许正是体会到了宋神宗有志于天下，王韶廷奏《平戎策》三篇，陈述"开边"方略，得到皇帝赞赏，然后被委以重任。

王韶（公元1030～1081年），字子纯，江州德安人。进士及第，任新安主簿、建昌军司理参军。后参加制科考试不中，随客游陕西，访采边事。他的《平戎策》最重要就两句话"欲取西夏，先复河湟"。首先，"西夏可取"，欲取西夏，先要收复河湟地区的吐蕃部族，"以绝西夏右臂"，"则夏人有腹背之忧"，"河西李氏在吾股掌中矣"；最终消灭西夏，进而讨平辽国。

位于西夏之南的河湟地区在青藏高原东北部，是由湟水和黄河冲击而成的两个谷地的统称。公元763年，吐蕃军队利用唐军陷入"安史之乱"的机会，完全侵占了这块地方。公元842年，末代赞普被杀后，吐蕃中央政权瓦解，而河湟地区实际上仍在吐蕃各部落的实际控制之下。宋太宗对吐蕃还是置之度外的态度。到了11世纪之后，奉吐蕃赞普后裔为主的唃厮啰政权在这里兴起。公元1035年，西夏元昊曾遣军攻打唃厮啰，意图趁其立足未稳一举消灭之，结果反被打得落花流水。北宋朝廷看到它作为"西北藩篱"的价值，遂封唃厮啰为"保顺军节度使"。"自元昊拒命以来，终不敢深入关中者，以唃厮啰等族不附，虑为后患也"，说明唃厮啰政权对西夏有相当大的牵制作用。

但唃厮啰死后，诸子不和，分占黄河以北湟水流域和黄河以南洮水流域，使唃厮啰政权势力大为削弱。王韶就认为，一旦西夏兵南下将其攻灭，大掠秦州（治今甘肃天水市）、渭州（治今甘肃平凉市）之间，占据兰州、会州（治今甘肃靖远县），南山生羌也将归附于西夏，进而出兵掠夺洮州（治今甘肃临潭县）、河州（治今甘肃临夏市）两地。洮州、河州不保，则陇、蜀诸郡也就免不了受其掠扰。因此宋廷应抢先下手，改变过去对秦陇以西吐蕃诸部"抚宁部落，务令安集"的怀柔政策，转而以武力开拓和经营。虽然唃厮啰对宋比较友善，但在收复"汉唐旧疆"的政治正确之下,"恢复"本身就是正当的出师之名。宋廷从来没有考虑过寻找战争借口的问题,因为"擅命一方,不归版图"本身就是过错,毕竟"卧榻之侧岂容他人酣睡"的发明权属于宋人。

与"恢复"河湟的大义名分相比,另一个理由更加实际:河湟地区产马甚多。公元1115年,这里的部落一次即向宋进贡战马,"估共值得钱七百六十万"。在历代中原王朝中,宋王朝由于彻底丧失了西北、东北两块传统牧马地,战马供应最为紧张,于是更为重视作为产马重地的河湟地区。在与西夏交恶后,设环(治今甘肃环县)、文(治今甘肃文县)州等地的买马场已经成为宋军战马的主要来源。这些战马主要来自秦凤路沿边吐蕃等部族和四川境内各少数民族。在宋朝战马需求急切,马源却日益枯竭,完全仰赖商业途径购买吐蕃等族战马的情况下,占据河湟,控制和保障马源,以增强武备、抵御西夏,就必然成为宋朝的重要战略目标。

河湟大捷

北宋朝廷先是委派王韶到秦凤路经略安抚司主管机宜文字,后来在王安石的支持下,王韶开始整体负责秦州西路招抚蕃部、创设市易司、募人营田等事务,开始着手进行他在《平戎策》中设计的战略,具体的方针政策则是:"先以恩信结纳其人,有强梗不服者,乃以杀伐加之。"即用恩信,积极争取吐蕃各部的同时,兼以武力对付不归顺者。

首先是古渭州,旧称古渭寨(今甘肃陇西县),系渭水所出之地。熙宁年间(公元1068~1077年),宋政府开边的军事行动就是以古渭寨作为开拓河湟的基地,在这里开垦荒地,设置市易司,招纳蕃部,为战役作前期部署与准备。熙宁四年(公元1071年),王韶成功招抚吐蕃俞龙珂部,俞龙珂"率所属十二万口内附",被宋神宗赐名包顺,使其永镇岷州(治今甘肃岷县),受此事影响,远近大小蕃部纷纷归附北宋,前后有20余万口,北宋由此所辖疆土拓展了1200里。通过对秦州蕃部的招抚,宋廷基本上控制了这里的局面。

为了更进一步向西深入,王韶又选择熙州(治今甘肃临洮县)作为经营洮西的基地。熙宁五年(公元1072年)七月,王韶在渭源堡(今甘肃渭源县城)和乞神坪(今甘肃渭源西南)筑城,进兵至抹邦山,与吐蕃蒙罗角、抹耳和水巴等族对垒。宋军居高临下,吐蕃兵士翻上宋营,王韶身先士卒,指挥宋军奋勇迎击,大败番兵,焚其庐帐,洮西震动。唃厮啰的孙子木征渡过洮河来援,吐蕃余众复集。王韶命令别将在竹牛岭(今甘肃渭源县至临洮县间)南虚张声势,自己亲率一支军队奇袭武胜军,建为镇洮郡。不久王韶又打败木征亲军,招抚其部落20余帐。十月,北宋政府改镇洮郡为熙州，并以熙、河州（治今甘肃临夏市东北）等一路，任命王韶为经略安抚使，兼知熙州。

第二年，王韶进驻康乐寨（治今甘肃康乐县）、刘川堡（治今甘肃康乐县），开通驿道。二月，王韶一举攻克河州；四月，攻占诃诺木藏城和香子城（治今甘肃和政县）；八月，穿越露骨山，南入洮州境内。其间道路狭隘崎岖，骑马难行，宋军每天要多次下马，方能通过险途。木征乘王韶行军作战的机会，再次入据河州，并亲率人马追击宋军。王韶不畏艰险，奋力作战，打败了木征，再次平定河州叛乱。九月，岷州吐蕃首领木令征听到河州已定，遂主动举城归宋。宕（治今甘肃宕昌）、洮（治今甘肃临潭）、叠（治今甘肃迭部）三州的吐蕃部落也相继归附。此次出征，王韶前后行军54天，跋涉18000里路，平定五州之地，招抚吐蕃诸部无数。自宕州临江寨北达安乡关，幅员2000里，斩获不顺蕃部1900余人，招抚小大蕃族30余万帐。包括熙、河、洮、岷、叠、宕六州之地全部收复，恢复了安史之乱前由中原王朝控制这一地区的局面。这也是北宋王朝在结束十国割据局面之后，80年来所取得最大的一次军事胜利。

消息传来，汴梁朝廷一片欢腾。王韶被加官晋爵自不待言，他被北宋朝廷授予左谏议大夫、端明殿学士。苏轼也写下《获鬼章二十二韵》庆祝这一胜利（虽然几年后他又指责"王韶构祸熙河"），就连劝宋神宗"二十年不言兵"的富弼对"恢复"熙河也大加肯定，认为"开拓故疆，诚为国朝美事"。

但胜利的代价也是惊人的。光是熙宁五年（公元1072年）的战役，耗费钱、粮、银、细、绢之费，竟达1200万贯匹，司马光日后指责当时"掊拾财利，剖析秋毫，以供军费"并不是没有道理。而这次战争，毋庸讳言，是残酷的武力征服，宋军杀蕃部老弱、焚荡帐户不计其数，致使新纳入统治的熙河一路，"自用兵以来，诛斩万计，遗骸暴野，游魂无依"，变成一片白地。这就带来了巨大的经济负担，"熙河虽名一路，而实无租入，军食皆仰给他道"。每年北宋政府都需要向熙河地区支22万石军粮，10万石马料，还要买草80万束，才能养活这里的驻军和官吏。这些物资的运输又要大量的民夫来转运，路程遥远艰难，民夫回程时更是艰辛无比，"及代回，又无日食，不免乞丐"。"自开建熙河，岁费四百万缗"，后来虽然熙河由于开发有了一定的财政收入，仍然"岁常费三百六十万缗"，而当时宋廷岁入不过六千万缗。但北宋政府坚持以如此巨大的经济代价维持熙河路的存在，一方面，还是想把这里建成一个进攻西夏背部的桥头堡，实现"以绝西夏右臂"的战略计划，王安石就说过，"今所以招纳生羌者，正欲临夏国"，"他时兼制夏国，恢复汉、唐旧境，此乃基本"；另一方面，仍是因为这里已经变成了宋朝的主要战马来源，"国马专仰市于熙河、秦凤矣"，良种蕃马年以万匹输入内地，解决了北宋战马奇缺的燃眉之急。

"调一天下，兼制夷狄"

无论如何，河湟地区的收复毕竟是北宋自宋太宗之后，主动进行的一次比较成功的军事行动。而这一胜利，实际上也是为宋神宗、王安石君臣"调一天下，兼制夷狄"大战略开了一个好头。所谓"兼制夷狄"的对象，就北方而言，既包括西夏，也包括"兄弟之国"辽："首用王韶取熙河，以断西夏右臂；又欲取灵武，以断大辽右臂。"

可惜，在很长时期里，熙河路的建设与镇压蕃部反抗已经使北宋朝廷疲于应付。熙宁七年（公元1074年）正月，王韶奉旨入朝，唃厮啰第三子董毡就趁熙河地区新定，人心不稳之时，以数万众进入河州、岷州，意图收复失地。河州知州景思立领军六千前往讨伐，在踏白城全军覆没，景思立战死。这是熙河之役以来宋军的最大败绩，直到王韶闻讯后急驰入熙州，带兵绕道踏白城，焚毁吐蕃营帐8000余，斩首7000余级，迫使木征投降，才稳定了熙河地区的局势，这也使得北宋朝廷无法从河湟地区出兵来攻击西夏。

但是西夏对这一如芒刺在背的威胁还是比较在意的。在宋朝河湟开边最盛的熙宁六年（公元1073年），西夏已大力备战，"恐我（宋）大兵至，修筑于凉州"。元丰四年（公元1081年），西夏"大点集"，"陕西路缘边诸路，累报夏国大集兵至"，西夏以2万大军袭宋。其实，当时宋神宗已经在酝酿对西夏的大规模攻势，此次西夏"领大兵入寇"，离宋军西征"所定师期尚远"，却意外地使得宋朝即将启动的"恢复"战争更有出师之名，宋神宗就说，宋朝"未尝侵犯夏国"，而西夏使"我师出境，其名益直"，虽然王安石更说过："若力足以制夏国，岂患无辞！"

这一年，神宗发动"恢复"西夏的战争，此战的目的是"直捣兴、灵，覆其巢穴"，"恢复汉、唐两河之地"，换句话说，即是意图一举灭夏。结果，宋军"五路出兵，问罪夏国"，却在灵州（宁夏吴忠市境内）败北，只能"无所获而归"。次年的永乐城之战更遭惨败，"死者将校数百人，士卒、役夫二十余万"。"灵州、永乐之役，官军、熟羌、义保死者六十万人"，两次惨败使宋神宗身心深受打击，"深自悔咎，遂不复用兵"，放弃了对西夏的征伐。

另一方面，对于宋朝大张旗鼓的开边活动，辽朝也明确感受到"（宋）若已服夏国，当觇幽燕"的威胁。宋朝"朝廷遣兵问罪，与北朝不相干涉"的外交辞令自然无法取信于人，故契丹人"引先发制人之说，造为衅端"。熙宁五年（公元1072年）开始，北宋驻守雄州边境（今属河北省保定市）的官员已多次向宋廷报告，说契丹的兵马多次越过作为两国边界线的拒马河，看样子是要在拒马河南岸安置口铺（哨所）。熙宁七年（公元1074年），辽使萧禧更进呈辽朝国书，以宋人侵入辽境为借口，要求重新划分地界，实际上辽人坚持欲以蔚、应、朔三州的分水岭为界，并以军队侵入代州相威胁，把军队开到了边界上。尽管宋人据理力争，杰出的科学家沈括更亲自考察边界地势后令契丹人哑口无言，但宋廷终究让步，熙宁九年（公元1076年）十一月，沿分水岭重新划分了地界，"河东当日割地与辽，边民数千家坟墓田业皆入异域，驱迫内徙，哭声振天，至今父老痛入骨髓，而沿边险要，举以资敌……"。

这次划界事件后不久，王安石再次罢相，就此退出了历史舞台。日后反对派上台，划界事件就成为他们诽谤王安石的一个口实，王安石俨然成为"弃地七百里"的主导者。所谓"王安石再入相，独言'将欲取之，必固予之'，以笔画地图，命韩缜悉予之"，此事的始作俑者就是反对王安石变法的苏辙，正是这位大文学家开始用"闻"听别人谈论的口吻，污蔑王安石弃地。

这实在是冤枉了王荆公，在熙宁七年（公元1074年）四月到熙宁八年（公元1075年）二月这段宋辽谈判的关键时期，王安石并没有在朝廷为相，如何能够干预这段时间内的交涉？而在王安石再相并赶回开封府的熙宁八年（公元1075年）的九月，他急切地见到宋神宗主张对契丹强硬，维护国家权益。这时候反而是宋神宗惧怕契丹，执意妥协，"今中国未有以当契丹，须至如此"。即便王安石告诫神宗，"陛下非睡王（指庸主辽穆宗耶律璟），契丹主非柴世宗"，宋神宗还是对武力抗辽没有信心，决意暂时对辽妥协，以割地来换取对辽的和平，"沮中国而生外敌之气也"。显而易见，王安石是替宋神宗背了黑锅。

结果，从"恢复汉唐旧疆"的目标而言，宋神宗开边以全面失败而告终。对契丹割地，对夏战争惨败，甚至公元1075～1076年对交趾（李朝）的战争也未能达到"郡县而治之"的预定战略目标，遂令王韶拓边熙河成为这一时期宋廷军事上的唯一胜利。

（作者：邢静）

靖难之役开始前，没人猜到朱棣会赢

一场政权更迭的战争，大体走向应该如是这样的：

要么是强大的一方经过长期准备，最后以狮子搏兔之势一锤定音；要么就是在经过几年步步为营的拉锯之后，一方实力耗尽，患生肘腋，人心思变，最终放手一搏，孤注一掷，在决战中被击败。

从哪个角度上讲，都不该是靖难之役的图景。

从战术上讲，燕王一方明显更占上风，在塞外北境淬炼的劲旅拥有更坚韧的战斗意志和更加娴熟的战术技巧，总能取得战术上的辉煌胜利。

然而在战略上，燕军打了3年多，仅仅控制了北平周边的保定、永平，"所克城邑，兵去旋复为朝廷守"，连今天天津地区的三卫都长期在朱允炆的中央军队手中。

建文帝毕竟是名正言顺的大明皇帝，调动了全国的资源，面对燕军凶狠的攻势，采用了持久战的策略，同时在朱棣的根据地北平不远处布置了吴杰、平安、盛庸的大军，只要燕兵一动，他们随时可能突袭北平，直接结束战争。拿出一副建文三年（公元1401年）秋天的形势图给任何一个人看，恐怕不会有人对朱棣的命运保持太多的乐观——以三郡兵马对抗天下围攻已有3年，粮草、兵马逐步消耗。

6个月后，战争迎来了出乎所有人意料的结局。

无将可用的建文帝

朱棣的野心在当时并不是秘密，据朝鲜史书记述，洪武二十三年（公元1390年），时为燕王的朱棣在朝鲜使臣经过北平府时便"倾意待之"，使臣从藩王府出来后便对外说道："王有大志，其殆不在外藩乎！"朝鲜使臣一顿饭的工夫就能看出朱棣的野心，朱元璋恐怕更是洞若观火。

建文元年（公元1399年），在控制北平城后20余天里，朱棣迅速平定了北平周边地区。这20余天里，七月初六，通州主动归附；七月初八，攻破蓟州、遵化、密云归附；七月十一，攻破居庸关；七月十六，攻破怀来，擒杀守将宋忠；七月十八，永平府（今河北卢龙县）归附。七月二十七，用反间计使松亭关内讧，守将卜万下狱。如此雷厉风行，充分说明朱棣起兵准备已久。但他的影响力也仅限于此。这已经是他提前规划所能取得的最好结果，目前掌握在他手中的兵力勉强过万。

建文帝往往被后世描绘成白面书生形象，身边往来的也都是齐泰、黄子澄、方孝孺等书生。整个靖难战争期间，中央军队严格执行了以文驭武的政策，大幅提升了文官地位，也并没有号召其他藩王起兵，反而在第一时间就召回了在辽东就藩的辽王朱植。辽王原本颇有军功，但这一离开北境也再无作为。建文帝身边可用的武将，目之所及实在寥寥无几。建文帝环顾四周，发现了一位60多岁的老将，他就是当年在长兴坚守10年的耿炳文。耿炳文守长兴倒是不假，但战局稍微一胶着，觉得划不来就会退兵。这种情况下坚守10年虽然不易，但并不是什么特别突出的军事奇迹。

就这样，南军以守成老将统率，执行着保守战略，踏上了向北方的进攻之路。

朱棣为什么敢以身犯险？

在为耿炳文饯行时，传说建文帝说了这样一句话："今尔将士与燕王对垒，务体此意，毋使朕有杀叔父名。"

这句话出自清末夏燮《明通鉴》一书，400年前朱允炆是否说过这话，单靠这一条证据显然牵强。但考察靖难战例不难发现，朱棣在战役中毫不介意以身犯险，经常带着几个人就敢冲大营，甚至独自一人就敢给大军殿后。

此时的朱棣40多岁，已经过了冲动的年纪。无论朱允炆是否说过那句话，南军的确没人敢动朱棣一根毫毛。在真定之战中，朱棣通过樵夫提供情报，亲率轻骑数十绕出城西，先破耿炳文二营。此时耿炳文去城外送客，护城河上的吊桥都没收起，绳索就被燕军轻骑砍断，耿炳文在最后关头冲入城内，城门马上紧闭。朱棣距离城头200余步，从容满弓放箭，一名在城头叫骂的南军应弦而毙，城中惊惧。

之后，耿炳文出城列阵，在前线胶着之时，又是朱棣亲率轻骑，沿着城墙绕到南军背后，一个冲击直接把南军大阵冲了个对穿。惊慌失措的南军士兵争相逃跑入城，乃至于自相残杀。耿炳文再次收拢士兵，坚守真定城3天，力保不失。此战燕兵斩首3万余级，积尸塞满了护城河，被河水冲走的尸体更是数不胜数，缴获马2万余匹，获得数万俘虏，朱棣大手一挥尽散遣之。这固然有打击南军士气的考量，但也可见此时燕军的后勤上限就是万余人的水平，突然多了这么多张吃饭的嘴实在是养不起，朱棣能做的也仅仅是返回北平而已。

兵败的消息传到南京，朝野震怒。建文帝将大军派到真定，距离朱棣的根据地如此之近，相信他是希望通过一场决战，毕其功于一役，一次性打垮朱棣原本不多的野战主力，随后迅速平定了这次战争。

朱棣此次战胜，不过是巩固了他那仅有3个府的小小根据地而已。建文帝却被这次战术性失败刺激，决心临阵换将。黄子澄说曹国公李景隆是名将李文忠之子，力荐李景隆；齐泰反对，但建文帝不听，李景隆遂拜为大将军，誓师出征，并召回耿炳文。

李景隆表现得如同燕军的内应

李景隆是个官二代，其存世画像可见，人长得很是高大帅气，但自视甚高，众老将都讨厌他。

朱棣闻讯大喜过望，在他眼里，李景隆不过是"豢养之子"，一个草包二世祖。汉高祖刘邦何等人杰，不过能将10万兵，而建文帝这一次让李景隆统帅了号称20万的庞大部队，朱棣评价，纸上谈兵的赵括让赵军40万被秦将白起坑杀，如今建文帝这波操作，就是自己挖了个坑让李景隆带着南军主力跳进去。

朱棣提出，李景隆有5条必败之理：

领导力缺乏，团队缺乏统一思想（为将政令不修，纪律不整，上下异心，死生离志）；

水土不服，缺乏补给（今北地早寒，南卒裘褐不足，披冒霜雪，手足皲瘃，甚者堕指，又士无赢粮，马无宿槁）；

孤军深入（不量险易，深入趋利）；

领导个人素质太差（贪而不治，智信不足，气盈而馁，仁勇俱无，威令不行，三军易挠）；

团队素养也不行（部曲喧哗，金鼓无节，好谀喜佞，专任小人）。

朱棣对李景隆的鄙视可见一斑。

整整两个月时间里，朱棣都带着主力机动部队在外，北平城只有残疾世子朱高炽坚守，李景隆硬是没有抓住机会。他先是磨磨蹭蹭，紧接着来到城下又中了守军的夜袭。当时围攻北平的南军士兵亲眼见到城墙上有女人向他们投掷石块，可见城内兵力物资缺乏到何种地步。南军都督瞿能眼见就要攻下彰义门，却被李景隆叫停。几个月前趾高气扬将周王从开封王府押回南京的李景隆，此时表现得极其颟顸，一直有种说法流传于世，说他根本就是朱棣的内应。

等朱棣率领朵颜三卫骑兵回到北平城下时，这几十万南军的命运已经注定悲剧了。在坚城之下，优秀的将领可以围而不发，专门在援兵必到之途设伏，所谓"围点打援"是也。李景隆则命令手中的机动部队丢掉一切辎重,向山东战略性转进。李景隆的大帐在郑村坝,即今天北京市朝阳区五环外的东坝。在这个比四环还多一环的地方,李景隆撤退时忘记通知二环外的攻城部队,数万大军被燕兵全数扫荡。

拼光了朱元璋留下的野战部队

等到建文二年(公元1400年)春天再次决战时,南军已经全无当初的士气。此时的南军统帅还是李景隆,因为黄子澄隐瞒了李景隆的败绩,只说什么李景隆打了几个胜仗,天冷了回德州休整一下,来年春天再进军。李景隆约武定侯郭英、安陆侯吴杰,合军60万人自德州分兵两路,大举北伐。

两军会战于白沟河,离北平城也不远。南军一开始占上风,因为前锋平安长期追随朱棣,朱棣称他为平保儿,他非常了解朱棣的套路。而当初几乎攻破北平彰义门的都督瞿能也一同配合,居然逼退了燕兵。郭英又及时赶到,封堵了朱棣的退路。朱棣先后换了3匹马,射光了3筒箭,宝剑也砍断,差点儿被平安、瞿能所伤,结果又是李景隆的神操作,叫停了攻势。

两军各自休整后,瞿能再次引众搏战,南军大阵高呼口号:"灭燕!灭燕!"山呼海啸般,攻势如火如荼,形势再次对燕军不利。正当南军即将得胜时,一股旋风刮起,刮断了李景隆的帅旗,中央军顿时大乱。李景隆自从率军出征以来总是能招致这种不吉利的倒霉事。郑村坝大败之后,建文帝被蒙在鼓里,还以为李景隆这么久了没有捷报传来,大概是权力太小,放不开手脚。于是像赌徒一样加大了赌注,建文帝派了个太监带着玺书、黄钺弓矢过去,如同尚方宝剑一般,给了李景隆的将兵大权。结果还没过长江,风雨大作,这些赐物全都被卷进江水里冲走了。

此时的南军阵后燃起大火,原来是朱棣又带着那支忠心耿耿的亲卫轻骑奔袭绕后了。在一阵混乱中,燕军士气大振,数十万南军再次尽没。在李景隆的中军帐中,燕兵搜出了建文帝赐李景隆的斧钺,原来第一次赐物被卷进长江之后,建文帝又派人送了一套。

随后李景隆又丢失了德州,并在济南城下逃跑。自此,朱元璋留给建文帝的野战机动部队拼光了,攻守之势逆转,纵使拥有天下财富,但重新练兵终归需要时间。从此,朱棣不再老老实实等着南军将几十万人的大营扎到北平大门口,而是选择主动出击,这对一支以骑兵见长的部队而言再合适不过。

三次得大风相助而胜

接下来的一年里，燕军的日子并不好过，战场从平坦的华北平原转移到山东丘陵地带。燕兵原本将李景隆从雄县打回山东，一口气攻下德州，准备转攻山东首府济南。结果坚守此地的山东参政铁铉和接替李景隆的盛庸奇计频出。铁铉诈降，命勇士埋伏在城墙上，待朱棣进入，便抛下铁板袭击他，并另外设伏断桥。结果朱棣还未入城，铁板便突然被抛下，朱棣坐骑被击中倒毙，伏兵暴露，桥在仓促之间也未截断，朱棣换马奔驰而去。

朱棣十分气愤，决定使用大炮攻城。铁铉在一些木牌上写了"高皇帝神牌"几个字并挂在城头，燕军只得停止炮击。围城共3个多月，可济南终固守不下。朱棣此前从未在一座坚城下逗留如此之久，只因为他相信，攻下济南后，整个山东落入手中，南北粮道尽在掌握，在河北等地的南军将不战自溃。说到底，朱棣和建文帝一样，期待速胜，建文帝是不想拖，而朱棣则是拖不起。这年冬季，燕军听闻南军主力再次北上，一场新的决战就此展开。双方都试图沿着大运河向南打，这样方便粮草转运和兵力调动。而当初燕军攻占的沧州、德州等地，早已随着燕兵北撤而被建文帝一方重新掌握。

然而，朱棣此番得到了情报，先行南下，20余日就从北平打到山东。朱棣决定扰乱南军的粮道，遣轻骑至大名，焚其粮船。燕军从馆陶渡运河，先后到达东阿、东平，威胁南方，迫使盛庸南下。盛庸将计就计，决定在东昌（今山东聊城）决战，并在阵中摆了大量火枪和毒弩。盛庸此前在济南和铁铉并肩作战，有过击败燕军的战绩。此次他依城列阵，准备迎接燕军骑兵的冲击。朱棣的骑兵如期而至，冲击左翼，左翼岿然不动。也许想起了此前对付李景隆的办法，朱棣亲率骑兵直冲中军，果然，大阵被冲开了！朱棣眼见着自己的骑兵冲开盛庸的大阵，却像是盐撒进了水中，逐渐被稀释在南军步兵的密集阵型中，而两翼的南军也开始收缩，向中心合围——中计了！

最终，在燕军名将张玉、朱能的拼死冲杀下，朱棣避免了被俘的命运，大将张玉却殁于此战。

建文二年（公元1400年）十二月的东昌之战是靖难以来中央军的第一场大捷。朱允炆十分高兴，告捷太庙。盛庸军势大振，燕军经此败，以后再南下，皆由徐州、沛县，不再走山东。

建文三年（公元1401年），燕军又来到两年前大胜南军的真定，将守军诱出城池，在藁城大战一场，又是天降狂风，燕军借风势又获大胜。从白沟河、夹河到藁城，燕军三次得大风相助而胜，朱棣认为这是天命所在，非人力所能为。

疾趋京师

至此，燕军靖难已有两年多。虽然屡战屡胜，但战术上的胜利根本无法转换成政治上的成功。燕军兵力太少，如果分兵，就根本无法与动辄数十万的中央部队周旋，而如果不分兵，那好不容易打下的城池，转手就被建文帝的部队克复。经过几次大战后，朱棣还想像以前那样，让部队休整一番，而他手下的军师、僧人姚道衍清楚，无论南军损失多少次，他们终究可以重新练兵，东山再起，而只要燕军的主力遭遇一次大败，战争就结束了，他们每个人都会顶着反贼的罪名，被押到南京的法场上。

"毋下城邑，疾趋京师。京师单弱，势必举！"姚道衍如是说。这是一次豪赌，朱棣掷出了骰子。建文四年（公元1402年）正月，燕军没有像以前那样一开始就沿着运河南下，而是绕开了沧州等地，直接穿过华北平原，过保定蠡县而趋德州，随后在此地沿着大运河迅速南下。两个月内到达徐州，徐州守军坚守不出，燕军也不纠缠，一路向南驰奔，一个月内到达安徽宿州。平安见到燕军一路南下，带兵来追。

在齐眉山，燕军前锋被徐辉祖击败，再加上暑热，燕军陷入窘境，众将要求北返。朱棣说"欲渡河者左，不欲者右"。大部分人站于左侧。朱棣明白，此时返回北方，根本不可能安全撤回北平——之前强行军绕过的那些北方雄镇，此时成了撤军道路上最大的绊脚石。多亏了当初在东昌拼死救援朱棣的朱能这时强力支持，表示"汉高祖十战九不胜，卒有天下"，燕军听罢居然也就稳定了军心。

朱棣马上利用这难得的一点儿士气，取得了一个战术性胜利——截取了南军平安部的粮道，这直接改变了战争的最终结局。南军居然在距离首都如此之近的地方陷入了缺粮窘境，平安等将领决定以三声炮响为信号，组织士兵突围。第二天，三声炮响如期而至，南军士兵纷纷向灵璧各城门奔去，城门打开，眼前的一幕让他们惊呆了——一群扛着云梯的燕军士兵正向灵璧城墙冲来。原来燕军选定的攻城时间正是同一天，信号也是三声炮响！就这样，原本一心突围的南军前锋部队不知突向何处，后排士兵却一心想出城求生，挤成一团。城门已开，燕军的骑兵顺势而起，南军门户最后的力量被杀了个一干二净。

此后的燕军以直线向南军全速前进。18天后，扬州失陷，金陵震动。朱允炆赶忙遣庆成郡主（朱元璋的侄女、朱棣的堂姐）与朱棣谈判，表示愿意割地。朱棣对姐姐说："这不过是奸臣的缓兵之计，就等着远方的援兵。"郡主默然，此时的一切有条件谈判都不可能得到朱棣的正面回应了。在燕军进兵距离南京30里的龙潭时，建文帝已经彻底坐不住了，朝中大臣劝他逃去浙江，或沿着长江溯游而上到达武昌，以图兴复。结果方孝孺前来说："城中尚有禁兵二十万，唯有力守以待援兵。即事不济，国君死社稷，正也！"

就这样，建文帝丧失了最后的求生机会。守卫南京城西北面金川门的谷王朱橞和李景隆望见朱棣麾盖，直接打开了城门。建文帝绝望地点燃宫殿。此时他也许想到了被自己逼得自焚的湘王朱柏，也许会回想这3年多的战争中他曾有无数机会，但几乎每一次机会的拒收单上都有他的签名。爷爷亲手交给他的华丽宫殿笼罩在火海中，那个25岁的皇帝朱允炆在冲天大火中不知所踪。

（作者：罗山）

抵挡后金功不可没的熊廷弼，
为何摆脱不掉被杀的命运？

天启五年（公元 1625 年）八月，明朝京师，狱中。一个满脸络腮胡子的中年男人枯坐在地上，他眼眶深陷，神情疲惫，面前案上的丰盛饭菜已经变得冰凉。

"熊廷弼，用饭吧，吃完了就该上路了。"一道冰冷的声音在牢外响起。

熊廷弼愣了愣，自己自幼家境贫寒，放牛读书，靠着刻苦强记，才登科入仕，为官以来一直忠君报国，如今怎么会落到这步田地？

他的思绪不由得回到了 6 年前……

临危受命

万历四十七年（公元 1619 年），在努尔哈赤相继攻陷抚顺、清河以后，万历皇帝感到事态严重，决定主动出击彻底消灭努尔哈赤，遂起用杨镐为辽东经略，希望能一举荡平后金。

这年二月，明朝 10 万大军兵分四路，企图合围后金于赫图阿拉。但努尔哈赤审时度势，"凭尔几路来，我只一路去"。最终明朝四路大军，在萨尔浒及其附近地区，三路被歼，损失兵力 45000 余人。

战败的消息传到都城，明廷上下震惊。危局之下，万历皇帝想到了 8 年前曾经巡按辽东的熊廷弼，急召入京。熊廷弼于四月十二日在原籍武昌接到任命书，星夜前往京师。六月，"癸酉，擢熊廷弼为兵部右侍郎兼右佥都御史，经略辽东"，统领整个辽东事务。

事实上，早在万历三十六年（公元 1608 年）到三十九年（公元 1611 年）他巡按辽东时就在上奏给朝廷的《酌东西情势疏》里一针见血地指出：

> 人皆为河西危，而臣独为河东危，何也西虏虽强盛，然所欲不过抢掠财物，而止无远志而东虏城郭、田庐、饮食、性情与辽同，所志在我土地也。

从前西虏（漠南蒙古）南下入侵只不过是为了抢掠财物罢了，但东虏（建州女真）志向远大，贪图的是我们的土地和人口，因此河东的东虏最值得朝廷忧虑。但他的警示没有引起明廷的重视，明王朝继续养虎为患，任由努尔哈赤带领建州女真发展壮大，最终于万历四十六年（公元1618年）起兵反明，明王朝自食其果。

熊廷弼接手的是个烂摊子。萨尔浒之战以后，明军损失惨重形势急转直下，再也无力发动大规模的反攻，后金夺取了辽东战场的主动权。熊廷弼还没有离开京城，后金就攻下了开原，他刚刚走出山海关，铁岭又失守了，沈阳、辽阳和其他城堡都人心惶惶，军民纷纷逃窜。明军军事防线大大后撤，已经退守沈阳和辽阳。熊廷弼兼程向前，遇到逃出来的，就劝说他们回去。把逃将刘遇节、王捷、王文鼎斩首来祭奠死节的将士，又处死了贪污的将领陈伦，并上书弹劾、罢免了拒援铁岭的总兵官李如桢。

熊廷弼很清楚开原失陷以后明朝在辽东的军事形势十分严峻，后金下一步就会进攻沈阳和辽阳。沈阳和辽阳是辽东的两大军事重镇，辽阳更是明朝在辽东地区的行政中心，辽沈绝对不容有失。因此"不守辽沈阳，必不能保辽镇，以保京师；不复开原，必不能保辽沈，以保辽镇"，只有收复了开原，才能守住辽沈，进而守住辽东，乃至于保护京师。

为了稳定辽东战局，进而为收复失地做准备，熊廷弼向朝廷要求赋予更大的权力和独立自主的决策权。他上疏说："乞速遣将士，备刍粮，修器械，毋窘臣用，毋缓臣期，毋中格以沮臣气，毋旁挠以掣臣肘，毋独遗臣以艰危，以致误臣、误辽、兼误国也。"奏章递上去以后，朝廷全部应允并赐给他尚方宝剑以加大他的权力，允许他便宜行事。

熊廷弼亲自出关巡视，考察了辽东的实际军事情况以后，认为在军队战斗力、后勤保障供给上，特别是在士兵的士气方面，明朝与后金相比，都处于下风。辽东局势固守尚且非常艰难，短时间内主动出击恢复旧土是不切实际的。因此他提出了"以守为正着"的军事防御思想，主张修筑坚城固守，指出明朝现在能做的就是要认真做好辽东的军事防御，恢复辽东的实力，稳定军民之心，然后才能伺机恢复。

他督促士兵打造战车，置办火器，开挖战壕，修筑城墙，做御敌守城的准备。几个月以后，防御就大为牢固了。接着他上书朝廷进呈方略：

请召集军队十八万人分布在云阳、清河、抚顺、柴河、三岔儿、镇江等战略要地，首尾呼应，小的战事各自拒敌防守，大敌来时则互相接应、援助。另外再挑选精兵悍将组织游击，乘机出动，攻掠敌人的零散兵马，扰乱他们的耕种和放牧，轮番出击，使敌人疲于奔命，然后瞅准机会进兵剿敌。

奏章递上后，万历皇帝听从了他的建议。

他还十分重视辽东军民的思想感受，他刚刚到达辽东就派遣佥事韩原善去安抚沈阳，韩原善被敌人吓破了胆不敢去。又命令阎鸣泰前去，阎鸣泰走到虎皮驿，大哭而返。于是熊廷弼决定亲自去巡视，他从虎皮驿抵沈阳，再乘雪夜赴抚顺。

总兵贺世贤以地近敌人劝阻，他却满怀信心地说："冰雪满地，敌不料我来。"打鼓奏乐进入抚顺城后，祭奠了先前阵亡的将士。又深入奉集展示军威、观察防务以后才返回。他所到之处，召集流民，整修守具，布防兵马，由此而人心大定。

熊廷弼在辽期间，令行禁止，严肃军纪，惩办不法将官，重视选拔优秀将领，又积极建议联络朝鲜、蒙古以牵制后金。虽然联络蒙古的计划最终流产，努尔哈赤捷足先登抢先与蒙古达成结盟。但在熊廷弼的苦心经营下，稳定了军心，提升了士气，军事防御设备得以巩固，增强了明军的战斗力，大大提高了辽东的军事防卫能力，使得明军能够抵挡住后金军的一次次猛烈进攻，功不可没。

祸起萧墙

熊廷弼有报国之心亦有报国之才，但他脾气暴躁，禀性刚直，眼高于顶，盛气凌人，因而朝廷舆论对他不太推许。熊廷弼认为辽东危局"全被一宽字所坏"，因此执法极严。但他所处的时代是明王朝崩溃前夕，朝廷从上到下政治败坏，大臣们正为所谓的伦理纲常口水相加的时候，他的清高和智慧就越发显得是那么的不合时宜。

当时的辽东"文骄忲，武贪懦；上懒傲，而下纵狗"，此时出现一个办事认真的人，犹如鹤立鸡群，与这些官员形成了鲜明的对比，格格不入，熊廷弼受到排挤、攻击、诬陷也就变得合乎情理了。

万历四十八年（公元 1620 年）七月，一直尽力支持他的万历皇帝驾崩。八月，明光宗即位，刘国缙、姚宗文因为私人恩怨上书诋毁他的功绩，又鼓动其他人一起来攻击，想让熊廷弼非去职不可。紧接着，御史冯三元也上疏诬陷熊廷弼，甚至认为他对大明的危害比后金对明之危害更甚。诬陷熊"经臣之虑，别有自谋"，把与君权专制最矛盾的、最能刺痛皇帝神经的言辞都加到了熊廷弼的身上。

这时候，明光宗也驾崩了，天启皇帝即位，御史顾慥"伏乞皇上敕下廷弼，速为分理，毋复推诿，以失众心，以误国事，全辽幸甚，宗社幸甚"。随后御史冯三元又说熊廷弼"欺君罔言,逞臆行私,妒贤忌能,愁民误国",刑科给事中魏应嘉说他"不能斩贼擒王,上功募府,而殃民蹙地,不为建州所笑哉"。

在朝廷群臣的接连攻击下,熊廷弼的火暴脾气再也忍受不了了,上书为自己竭力辩解,并且请求罢官回乡。御史张修德又弹劾他破坏辽阳。熊廷弼更加愤恨,又一次上书自白说"辽地现已转危为安,为臣却要由生向死了"。于是交回尚方宝剑,竭力请将自己免职罢官,并请求朝廷派遣那些诋毁他的官员亲自到辽东核实调查。

于是明廷派出朱童蒙到辽东详细调查熊廷弼的功过是非。朱童蒙在详细地进行了调查和论述后,在给天启皇帝的上疏中给予熊廷弼相对比较公允的评价,完全肯定了熊廷弼镇守辽东的功绩。

最后天启皇帝定论:

> 熊廷弼保危城,功不可泯,因言求去,奉旨回籍,情有可原,中外多事,用人方急,该部仍议及时起用,以为劳臣任事者劝。

朝廷最终还是同意了熊廷弼的去职请求,并派遣袁应泰接替了他的位置。

二次受命

袁应泰接任以后,虽然决心打理好辽东事务,收复失地,但他并不擅长用兵,规划也不周密,性格也过于宽柔。天启元年(公元 1621 年)三月十二日,努尔哈赤趁熊廷弼被罢,明军军心浮动的大好时机,亲率八旗铁骑攻下沈阳。紧接着,后金大军又直奔辽阳而来,经略袁应泰虽然竭尽全力抵挡后金的进攻,但无济于事。三月二十一日,辽阳城破,袁应泰自杀殉国。

在不到 10 天的时间里,明朝在辽东的两大重镇相继沦陷以后,辽河以东"大小七十余城,官民俱剃发降"。至此,努尔哈赤已经拥有了大半个辽东。一时之间,朝野震动,京师哗然,"及辽阳破,河西军民尽奔,自塔山至闾阳二百余里,烟火断绝,京师大震"。

明朝面临着深刻的国家危机,辽东的军事形势更加危险,已经是病入膏肓,深入骨髓。这时候天启皇帝终于又想起了熊廷弼,他对过去弹劾熊廷弼的人都加以治罪,又下达诏书从家里起用熊廷弼,并且提拔王化贞为巡抚。

辽、沈失守以后,山海关以东,辽东最重要的重镇就是广宁了。广宁是一军事重镇,东隔辽河与后金相望,辽河水浅可渡,东又无险山峻岭作为屏蔽,沈阳和辽阳先后失去以后,广宁在整个辽东就被推到了最前线,能否守住广宁至关重要,广宁一旦失去，明朝就失去了整个辽东，就把战线内退到山海关，明朝京师就岌岌可危了。

这年六月，熊廷弼入朝，他向朝廷提出了"三方布置"的思想：

> 广宁用马步兵在河上设立壁垒，凭山川形势打击敌人，牵制敌人的全部兵力；天津、登、莱各港口建置水军船队，乘虚打入敌人南方的驻地，动摇他们的军心，这样敌人势必有内顾之忧，辽阳就可以收复了。

于是像天津一样建议在登、莱设立巡抚，在山海关特设经略一人，管辖一方，统一事权。这些得到了天启皇帝的认可，最终朝廷加"熊廷弼为兵部尚书兼都御史，驻扎山海关，经略辽东军务"。

七月，熊廷弼启程时，天启皇帝特地赐给他一身麒麟服，四枚彩币，设宴于郊外，派文武大臣为他陪酒、饯行，这是极少的礼遇，又派遣5000名京营士兵护送他前去赴任。

经抚不和

在熊廷弼到任之前，辽东巡抚王化贞部署将领沿河设立了6所军营，每营设置参将一人，守备一人，各自划地分守，在其他一些要害地也分别设立防哨。

熊廷弼到任后对此很是不认可，他上书朝廷认为河面狭窄不可靠，城堡太小难容驻兵，如果分兵在河上驻守，部队分散力量就弱小了，敌军集中兵力攻打一所营房必然抵挡不了，其他各营也会跟着溃败。河边上只适合设立游击队，轮番出入，让敌人不好揣测。虽然这道奏章得到了皇帝的表扬，王化贞的主张最终没能得到实行，但熊廷弼也因此得罪了刚愎自用的王化贞。

八月，熊廷弼再一次提出联系朝鲜，用朝鲜牵制后金的军事思想。明廷采纳了他的意见，准备派遣梁之垣出使朝鲜。至此，熊廷弼也就完成了"三方布置"的战略规划，主要精神还是"以守为主，守后方可以战"，先守卫辽东，恢复实力，壮大军力，然后再伺机出战恢复辽东。

熊廷弼历来是主张明军应该积极主动地防守的，但巡抚王化贞却与他意见相左，主张积极进攻后金。

王化贞认为明军可以得到漠南蒙古各部的支持，相信蒙古科尔沁部林丹汗会派40万大军支援，因此一切事务如兵马、甲仗、粮草、营垒等都放置一边不加过问，想要不战而获全胜。他又盲目信赖河东民众，认为只要明军渡过辽河，河东人民一定会起来反抗努尔哈赤，就可以恢复辽阳，恢复辽东了。

但实际上，这时候的林丹汗根本就没有 40 万兵力来支持辽东的明军，林丹汗一再向明朝声称派兵支援也只不过是为了换取大量的经济利益。他受到了林丹汗的欺骗与愚弄。他连河东都没去过就靠着主观的幻想去估计哄骗中央内阁与兵部，为他的进攻找理由和根据，是极不负责任的，拿军事当儿戏，不实事求是制定科学的军事方略，一味以积极进攻作为自己的政治资本，来提升自己在辽东军事上的地位，来对抗熊廷弼。

当他还在为已经投降后金的李永芳答应做明军的内应而信以为真时，他的亲信部下孙得功暗中早已被后金收买，他却浑然不知，还在大声主张进攻。

后金的崛起与扩张给明朝首都京师带来了严重的威胁，也给明朝中央带来了巨大的精神压力，此时的明朝也很难有足够的国力去支撑熊廷弼的主守方针，王化贞的主动进攻思想迎合了明廷速战求胜的愿望。这时，王化贞派遣的毛文龙深入敌后，趁后金镇江主力不在，率 100 余人成功地夜袭镇江，消息传来，明廷认为这是重大的胜利，满朝官员鼓舞雀跃，欢喜异常，也加重了王化贞的军事地位。

就在满朝文武盲目乐观地沉浸在胜利的喜悦中时，熊廷弼却给所有人泼了一盆冷水，他认为毛文龙的进攻选择时机不对，过早暴露了明军在辽东的军事部署，使敌人因为憎恨而屠戮周围的军民，耽误了联络朝鲜的打算，不应该看作奇功而应该看作奇祸。

这引来了群臣的不满与攻击。内阁首辅叶向高是王化贞的进士主考官，兵部尚书张鹤鸣更是器重王化贞，朝中言论以压倒式的力量支持王化贞而抵制熊廷弼。朝廷由此剥夺了熊廷弼的实际兵权，而把统兵权交给了王化贞。由此导致熊廷弼只是辽东名义上的最高军事指挥官，实际上他直接可以统领的军队却不足 5000 人。

传首九边

天启二年（公元 1622 年）正月，努尔哈赤发兵攻打广宁，大战随即拉开。

明军在广宁设置了三道防线：一是借助辽河拉筑第一道防线；二是借广宁城外围的西平堡、镇武堡、镇宁堡等构防第二道防线；三是以广宁的城防，作为第三道防线。

努尔哈赤率领 6 万大军出其不意，越过明朝的第一道防线——辽河，包围广宁城外围的西平堡。西平危机，王化贞听信了孙得功的话，发动了广宁的全部兵力，派遣孙得功与祖大寿汇合祁秉忠救援西平，熊廷弼也派刘渠拔营赴援。

援军在西平堡外与后金遭遇，孙得功早已偷偷地投降了后金，两军刚刚交锋，孙得功就率先领头逃跑，明军大败，祁秉忠、刘渠战死。西平守将罗一贯待援不至，在城墙上向着北京方向跪拜，说道："臣尽力了。"然后，自刎而死。至此明军全军覆没。当时熊廷弼驻军闾阳，参议邢慎言劝他紧急救援广宁，却被佥事韩初命阻挠，熊廷弼最终没有出兵。

孙得功逃回广宁后，便进行叛变，他派兵夺取城门，封锁府库，并在城中宣扬，前方战事打败了，应该投降后金了，并诈称后金军已到城边。城中一时大乱，人各奔逃。

王化贞这时正关起门来办理军书，对外界毫无所知。参将江朝栋推门闯进来，王化贞大声训斥他。江朝栋大声喊道："事情危险了，请您快走！"王化贞不知发生了什么事，江朝栋就搀扶他出来骑马逃走，后边两个仆人徒步跟着，于是丢了广宁城，不战而逃。

孙得功叛变后亲自跑去见努尔哈赤，请努尔哈赤进城。努尔哈赤怎么也不敢相信自己就这样兵不血刃地得到了广宁城，他万万不会想到辽东的首府这样容易就会被他占领。在再三打听确认了消息的可靠性以后，努尔哈赤率军进城，广宁沦陷。

辽东巡抚王化贞逃亡后在大凌河遇见辽东经略熊廷弼。王化贞感到惭愧，建议驻守宁远和前屯，熊廷弼这时却犯了一个战略错误，他说："已经晚了，现在只有保护老百姓退入山海关！"于是把自己所领的5000人交由王化贞来殿后，把全部积蓄都放火烧了，直接向南撤退，进入了山海关。广宁沦陷以后，大量的粮食补给，全部的辽西土地，数以万计的辽西百姓沦落后金之手。

战败的消息传到朝廷，京城为之震惊。广宁失守，由谁来承担丢失城池的责任，是整个朝廷关注的问题。

兵部尚书张鹤鸣害怕受到牵连，把失地罪责全加在熊廷弼的身上，他诬陷熊廷弼，给熊廷弼扣上了通敌卖国的罪名。

广宁失守后，熊廷弼为自己进行了辩解，认为自己的经略只是徒有虚名，实权落在王化贞手上，失地的责任理应由王化贞以及支持王化贞的内阁和兵部诸大臣负责。

事实也的确如此，朝廷对王化贞所请示的没有不同意的，熊廷弼所请求的却绝少答应。王化贞拥兵14万，熊廷弼只有5000，身为辽东最高军事长官，与其身份着实不相匹配，徒有经略之名而已。但朝廷拒绝了熊廷弼的申辩。

天启二年（公元1622年）二月，明廷将王化贞、熊廷弼逮捕入狱。熊廷弼当然要继续鸣冤，三月十二日上《请发从前疏揭质对疏》，指出王化贞的决策失误；三月二十一日上《辩张本兵疏》指出张鹤鸣是王化贞的后台，是广宁失守的真正罪魁祸首。

但明廷最后的司法裁决依然是颠倒黑白，明廷将王化贞定性为"有忧国之心，无谋国之智"，应当从轻发落。而熊廷弼则是"刚愎性存"意气用事"开衅化贞"，"比杨镐更多一逃，比袁应泰反欠一死"，"宜用重典，以儆将来"，非杀熊廷弼不可。

快到行刑时，熊廷弼许诺用4万两金子贿赂内廷请缓期执行，后来却违背了4万金的许诺。这使得当权的大太监魏忠贤大为恼恨，发誓要尽快杀掉熊廷弼。

天启五年（公元1625年），魏忠贤为排除东林党，诬陷东林党坐收熊廷弼的贿赂，以此加重熊廷弼的罪行，熊廷弼又成了党派斗争的牺牲品。这年八月，熊廷弼最终被处死，传首九边（将他的首级在北方的九处军镇辗转示众），尸弃荒野。

熊廷弼临死赋绝命诗云：

他日傥拊髀，安得起死魄？绝笔叹可惜，一叹天地白。

慨叹自己生不逢时，与时代的格格不入。最终他成为那个时代的殉葬品。

大明崇祯十七年（公元1644年），熊廷弼死后19年，八旗铁骑踏破山海关，占领北京城，随后席卷全中国，明清易代，开启了清朝对中国近300年统治的历史。

（作者：石振宇）

参考资料：

[1] 中华全国图书馆文献缩微复制中心. 足本按辽疏稿[M]. 北京：中华全国图书馆文献缩微复制中心，1996.

[2] 张廷玉. 明史[M]. 北京：中华书局，2015.

[3] 作者不详. 明实录[M]. 上海：上海书店出版社，2015.

[4] 中华书局影印. 清实录[M]. 北京：中华书局，2012.

[5] 谈迁. 国榷[M]. 北京：中华书局，2010.

[6] 沈国元. 两朝从信录[M]. 上海：上海古籍出版社，1996.

[7] 王伟. 英雄与时代——明末守辽名将熊廷弼研究[D/OL]. 华南师范大学，2007.